U0756109

西北政法大学自编系列教材

证据法学

ZHENG JU FA XUE （第二版）

主　编○魏　虹
副主编○刘仁琦
撰稿人○(以撰写章节先后为序)
　　　　魏　虹　宋志军　刘仁琦　侯智武
　　　　罗长征　张　斌　杨　恪　姚　剑
　　　　陈建军　步洋洋

中国政法大学出版社

2019·北京

总　序

　　西北政法大学是一所法学特色鲜明，哲学、经济学、管理学、文学等学科相互支撑、协调发展的多科性大学。学校是西北地区法学教育研究中心和人文社会科学研究的重要基地，被誉为政法人才培养国家队的"五院四系"之一，是陕西省重点建设的高水平大学、一流学科建设高校，是全国政法大学"立格联盟"和西安高校"长安联盟"的成员单位。建校82年来，学校扎根祖国西部，形成了"政治坚定、实事求是、勇于创新、艰苦奋斗"的"老延大"优良传统，铸就了"严谨、求实、文明、公正"的校训，凝练了"法治信仰、中国立场、国际视野、平民情怀"的育人理念，培养了15万余名德才兼备、德法兼修的高素质专门人才。这些人才以"专业扎实、工作踏实、作风朴实、为人诚实"的特点深受用人单位和社会各界好评。

　　教材体系建设是育人育才的关键，高水平教材是培养德才兼备、德法兼修高素质专门人才的重要依托。习近平总书记提出："要抓好教材体系建设，形成适应中国特色社会主义发展要求、立足国际学术前沿、门类齐全的哲学社会科学教材体系。"西北政法大学历来高度重视教材建设，在积极推进"马工程"重点教材统一使用的基础上，鼓励和支持专业学术造诣高、教学经验丰富的教师参与教材编写，加强教材研究，创新教材呈现方式和话语体系，大力推进习近平新时代中国特色社会主义思想进教材、进课堂、进头脑。学校自2017年启动新一轮自编系列教材建设，重点编写系列特色教材、实践（实验、技能）类教材、双语教材，力求做到重点难点突出、理论实践结合、深度广度兼容、原理前沿兼顾，确保教材的科学性、前沿性，增强教材的针对性和实效性。

　　系列教材凝结着全体编写人员和出版社编辑的辛勤付出，欢迎选用，同时期望广大师生和实务界同行提出宝贵建议和意见。我们将及时根据使用和评价情况，丰富内容，优化结构，持续打造西北政法大学高水平特色系列教材，为哲学社会科学教材体系建设做出贡献。

西北政法大学

2019 年 8 月

前　言

证据法学是法学教育的重要课程，也是必修课程。根据学校的课程安排，由刑事诉讼法教研室负责编写本教材。

近年来，我国证据法学的发展很快，《刑事诉讼法》《民事诉讼法》和《行政诉讼法》相继修正，相关的司法解释不断更新和增加，而且国内外证据法学的最新研究成果也大量出现，尤其是"不得强迫任何人自证其罪原则"在我国的确立、有关非法证据排除规则的法律规定逐步完善等。鉴于此，我们编写了本书，以适应证据法学的发展和教学的需要。

本书由主编提出编写体例和要求，集体讨论后分工撰写。所述内容主要体现了新的法律规定及学界观点，也反映了作者对本学科内容的理解和把握。书稿最终由主编、副主编审定。

具体撰稿分工如下：

第一章　　魏　虹　宋志军

第二章　　刘仁琦

第三章　　魏　虹

第四章　　侯智武　罗长征　张　斌

第五章　　杨　恪

第六章　　姚　剑

第七章　　魏　虹

第八章　　陈建军

第九章　　宋志军

第十章　　步洋洋

第十一章　刘仁琦

第十二章　陈建军　步洋洋

编　者
2019 年 8 月

本书法律文件全简称对照表

序号	规范性法律文件全称	本书名称（简称）
1	《中华人民共和国宪法》	《宪法》
2	1979 年《中华人民共和国刑事诉讼法》	1979 年《刑事诉讼法》
3	1996 年《中华人民共和国刑事诉讼法》	1996 年《刑事诉讼法》
4	2012 年《中华人民共和国刑事诉讼法》	2012 年《刑事诉讼法》
5	2018 年《中华人民共和国刑事诉讼法》	《刑事诉讼法》
6	《中华人民共和国刑法》	《刑法》
7	1991 年《中华人民共和国民事诉讼法》	1991 年《民事诉讼法》
8	2007 年《中华人民共和国民事诉讼法》	2007 年《民事诉讼法》
9	2012 年《中华人民共和国民事诉讼法》	2012 年《民事诉讼法》
10	2017 年《中华人民共和国民事诉讼法》	《民事诉讼法》
11	1989 年《中华人民共和国行政诉讼法》	1989 年《行政诉讼法》
12	2014 年《中华人民共和国行政诉讼法》	2014 年《行政诉讼法》
13	2017 年《中华人民共和国行政诉讼法》	《行政诉讼法》
14	《中华人民共和国国家安全法》	《国家安全法》
15	《中华人民共和国人民警察法》	《人民警察法》
16	《中华人民共和国律师法》	《律师法》
17	《中华人民共和国民法总则》	《民法总则》

序号	规范性法律文件全称	本书名称（简称）
18	《中华人民共和国继承法》	《继承法》
19	《中华人民共和国人民法院组织法》	《人民法院组织法》
20	《中华人民共和国人民检察院组织法》	《人民检察院组织法》
21	最高人民法院、最高人民检察院、公安部、国家安全部、司法部、全国人大常委会法制工作委员会《关于实施刑事诉讼法若干问题的规定》	六机关《规定》
22	最高人民法院、最高人民检察院、公安部、国家安全部、司法部《关于办理死刑案件审查判断证据若干问题的规定》	两院三部《办理死刑案件证据规定》
23	最高人民法院、最高人民检察院、公安部、国家安全部、司法部《关于办理刑事案件排除非法证据若干问题的规定》	两院三部《非法证据排除规定》
24	最高人民法院、最高人民检察院、公安部、国家安全部、司法部《关于办理刑事案件严格排除非法证据若干问题的规定》	两院三部《严格排除非法证据规定》
25	最高人民法院《关于适用〈中华人民共和国刑事诉讼法〉的解释》	最高院《刑诉解释》
26	最高人民检察院院《人民检察院刑事诉讼规则（试行）》	最高检《规则》
27	最高人民法院《关于适用〈中华人民共和国民事诉讼法〉的解释》	最高院《民诉解释》
28	最高人民法院《关于适用〈中华人民共和国行政诉讼法〉的解释》	最高院《行诉解释》
29	公安部《公安机关办理刑事案件程序规定》	公安部《规定》
30	最高人民法院《关于民事诉讼证据的若干规定》	最高院《民诉证据规定》
31	最高人民法院《关于行政诉讼证据若干问题的规定》	最高院《行诉证据规定》

续表

序号	规范性法律文件全称	本书名称（简称）
32	最高人民法院《关于建立健全防范刑事冤假错案工作机制的意见》	最高院《防范冤假错案的意见》
33	最高人民法院《关于贯彻执行〈中华人民共和国继承法〉若干问题的意见》	最高院《继承法意见》
34	最高人民法院、最高人民检察院、公安部《关于办理刑事案件收集提取和审查判断电子数据若干问题的规定》	《电子数据规定》
35	最高人民法院《关于贯彻执行〈中华人民共和国民法通则〉若干问题的意见（试行）》	最高院《执行民法通则意见》
36	最高人民法院《关于审理环境侵权责任纠纷案件适用法律若干问题的解释》	最高院《环境侵权责任解释》
37	最高人民法院《关于审理人身损害赔偿案件适用法律若干问题的解释》	最高院《人身损害赔偿解释》
38	最高人民法院《关于审理劳动争议案件适用法律若干问题的解释（三）》	最高院《劳动争议案件解释（三）》
39	最高人民法院《关于审理环境民事公益诉讼案件适用法律若干问题的解释》	最高院《环境民事公益诉讼解释》
40	最高人民法院《关于审理行政赔偿案件若干问题的规定》	最高院《行政赔偿规定》

目 录

第一章 证据法学概论

⚫学习指导

通过本章学习，应当理解和掌握证据及其属性、证据能力和证明力等含义，认识和领会历史上存在的三种证据制度的内容及其评价、我国古代证据制度的内涵及其对现代证据制度的启示。学习的重点与难点是认识案件事实、事实认定的内涵及其与证据的关系，证据法学的学科属性，以及法定证据制度、自由心证证据制度的内容及其相互关系。

第一节 证据界说

按照传统的解释，证据是证明案件事实的材料，是法官在司法裁判中认定过去发生的事实之重要依据，即经查证属实的证据是认定案件事实的根据。在司法审判中，据以认定案件情况的事实又称为证据事实。只有正确认定案件事实，才能正确适用法律，从而正确地处理案件。因此，证据问题历来是诉讼中的关键问题。对证据制度的研究已经成为一门学科，称为证据法学。

一、证据的定义

"证据"是证据法和证据法学的基本概念，但人们对它的理解颇不一致。《现代汉语词典》将证据定义为"能够证明某事物的真实性的有关事实或材料"。[1]学术界关于证据的定义有多种学说，影响较大的有"事实说""原因说""材料说""信息说"和"统一说"。

1. 事实说。事实说曾经是影响最大、几乎成为通说的证据定义。主张事实

---

[1] 中国社会科学院语言研究所词典编辑室编：《现代汉语词典》，商务印书馆 2005 年版，第 1741 页。

说的学者认为，证据是能够证明案件真实情况的一切事实。2012 年前的《刑事诉讼法》给"证据"所下定义，将证据等同于事实，采取了证据概念上的事实说。

2. 原因说。主张原因说的论者认为，证据是确信某种事物存在或者不存在的原因。有学者认为，"证据者，谓使某事项明显之原因，故凡使某事实或某法则明显之原因，皆证据也"。[1] 日本学者松冈义正认为，"证据原因者，即审判官对于当事人主张事实之真否，具有确信之原因之元素或事情也。故证据原因，必须有使审判官对于当事人之主张事实，具有确信为无争执之理由。是以在形式证据主义方面，则证据原因，即系允许具备法定要件之当事人履行法定之方式"。

3. 材料（资料）说。在一般意义上，证据是指"能够证明某事物的真实性的有关事实或材料"。[2] 在证据法学界，将证据定义为材料或者资料的论者认为，证据是证明案件事实的材料。我国台湾地区学者陈朴生认为，"证据，乃为证明要证事实，使甄明瞭之原因，亦称证明之手段，即依据已知之资料，以推理其事实之存在或不存在。证据一语，本指从其物体调查所得之资料，因而使法院得以确信其事实为真实之义"。[3] 2012 年《刑事诉讼法》为证据所下的定义从"事实说"改采"材料说"，这一法律定义将证据的定义表述为材料。

4. 信息说。信息说是近年来广为接受的关于证据定义的学说。信息说认为证据是与案件有关的信息。日本学者松尾浩也主张，"证据是多种多样的，但所有证据的共同特点是，它们都是反映特定事实的信息媒体"。[4]

5. 统一说。统一说认为，证据是内容（证据所含有的有关案件事实的信息）与形式（表现为各种证据种类的载体）的统一体。证据是以法律规定的形式表现出来的能够证明案件真实情况的一切事实。[5] 证据由内容和形式共同构成。证据的内容即事实材料，亦即案件事实的有关情况；证据的形式，又称为证明手段，是证据的种种表现形式。证据是事实与证明手段的统一体。统一说的主张者不同意将证据的内容与形式分割开来或者无视证据的形式的观点，对

---

〔1〕 石志泉：《民事诉讼法释义》，三民书局 1987 年版，第 320 页。

〔2〕 中国社会科学院语言研究所词典编辑室编：《现代汉语词典》，商务印书馆 2005 年版，第 1741 页。

〔3〕 陈朴生：《刑事证据法》，三民书局 1979 年版，第 69~72 页。

〔4〕 ［日］松尾浩也著，张凌译：《日本刑事诉讼法》（下卷），中国人民大学出版社 2005 年版，第 26~27 页。

〔5〕 陈光中、徐静村主编：《刑事诉讼法学》，中国政法大学出版社 2002 年版，第 129 页。

证据的事实说和双重含义说进行了诘难，指出证明手段如不包含案情和事实，就什么都不能证明；反之，如果事实材料不依附于一定的证据形式，就无法存在并进入诉讼轨道成为裁判依据。

我们认为"材料说"的观点是合理的，即证据是指能够证明案件真实情况的材料。2012年《刑事诉讼法》即采纳了材料说的观点，将"证据"定义为"可以用于证明案件事实的材料，都是证据"。2018年修正后的《刑事诉讼法》第50条第1款也作了同样的规定："可以用于证明案件事实的材料，都是证据"，同时三大诉讼法都规定"证据必须经过查证属实，才能作为定案的根据"。《刑事诉讼法》第50条第3款的"证据必须经过查证属实，才能作为定案的依据"的规定实质上也是这个精神，即不能查证属实的材料既不能作为定案的根据，也不能把这些材料当成证据对待。从三大诉讼法中关于证据的定义可以看出，"证据"具有如下含义：①从证据内容看，它含有与案件有关的信息；②从证据形式看，表现为法律所确认的形式；③从证明关系看，它具有能够证明案件真实情况的作用。[1]

二、证据的属性

在我国证据法学研究中，对于证据属性的研究有不少成果，但意见并未达成一致，有些问题成为学术研究长期争论的焦点。

（一）证据属性的传统观点及其理论争议

关于证据的属性，一直存在传统的"三性说"和"两性说"之争。"三性说"认为，证据具有客观性、关联性（相关性）和合法性。"两性说"认为合法性不是证据的自身属性，而客观性和关联性才是证据的属性。证据法学者中，两性说者的支持者原本多一些。近年来，由于非法证据排除规则越来越受到重视，"三性说"的支持者有所增加。我们认为，就证据的本质属性而言，"两性说"更为可取，即相关性和真实性是证据的自身所具有的属性。证据具有证明案件事实的能力，并不以其具有合法性为必要条件。因为《刑事诉讼法》和相关司法解释也只规定排除一部分非法证据，其他非法证据、瑕疵证据可以作为证据使用。因此，法律性（合法性）并非证据的本质属性，它只是人为附加的外在特征，目的在于通过排除非法证据来遏制非法取证行为，与证据自身的规

---

〔1〕 张建伟：《证据法要义》，北京大学出版社2014年版，第115页。

定性无涉。[1]

1. 证据的相关性（关联性）。证据的相关性，也可以称为关联性，是指证据必须与案件事实存在某种联系，对案件事实具有证明作用。证据的关联性对于确定某一事实能否被作为证据使用至关重要，因为关联性决定了其是否具有证明力以及证明力的大小。作为证据的材料必须能够证明案件事实。证据的关联性是采纳该证据的前提条件，不具有关联性的材料，在法律上不具有可采性。

证据关联性的内涵具体包括以下四个方面：①作为证据的材料必须与案件事实具有客观上的联系。如果没有联系，就不是证据，因为证据是在案件发生过程中在案件事实的作用或影响下形成的，有些是案件事实所产生的结果，如对财物所造成的损失；有些是在案件事实的影响下形成的，如目击者受到感官刺激而留下的记忆。②证明性。"所有的证据，只有具有能够证明在诉讼上有某种意义的事实的证明力时，才能作为关联证据纳入诉讼的范围"。[2] 证明性是指证据依据事物间的逻辑或经验关系，具有使实质性问题可能更为真实或不真实的能力。证据与案件事实联系的程度不同，有大有小，有强有弱，从而决定了证明力大小有异。③多样性。证据与案件事实的联系性是多种多样的，主要可以归结为因果联系、条件上的联系、时间上的联系、空间上的联系、必然联系、偶然性的联系。[3] 此外，我们认为证据与案件事实的联系还包括直接联系与间接联系。④实质性。从证据与证明对象（待证事实）之间的关系来看具有实质关联性，运用证据将要证明的问题属于依法需要运用证据加以证明的待证事实。如果某一项证据并非指向本案的争点，那么该证据在本案中就不具有实质性。一般认为，这种相关情况不仅包括主要争议事实本身的各个部分，也包括所有为辨明或者解释主要争议事实所需要的辅助事实。

2. 证据的真实性。证据的真实性，又称为证据的客观性。证据的客观性是指证据本身以及作为证据内容的事实是客观存在的，即证据事实必须真实可靠，而不是主观想象、猜测或杜撰的，而且作为证据内容的事实与案件待证事实间的联系也是客观的。

对证据真实性可以从以下三个方面进行理解：①证据都表现为客观存在的实体，无论证据的形式表现为人还是物，都是客观存在物。②证据的内容是对

---

[1] 张建伟：《证据法要义》，北京大学出版社 2014 年版，第 123~124 页。

[2] ［日］松尾浩也著，张凌译：《日本刑事诉讼法》（下卷），中国人民大学出版社 2005 年版，第 9 页。

[3] 参见刘金友：《证据法学》，中国政法大学出版社 2003 年版，第 88 页。

与案件有关的事实的反映。与案件有关的事实都是客观存在的事实，而不是主观臆断的事实。③作为证据内容的事实与案件的待证事实间的联系是客观的，没有此种客观联系，该证据实际上无法履行揭示案件真实情况的功能。以没有客观联系的证据去证明案件的待证事实，往往歪曲案件的真实情况，造成错误的裁判。

对证据的客观性的质疑来自于证据并不都是纯客观的。近年来，也有一些论者质疑证据的客观性，认为"客观性"具有浓厚的哲学色彩，"真实性"更接近法律表达，应当用"真实性"取代"客观性"。就证据的存在形式来看，证据无疑都是客观实在，无论其表现为人还是物。从这个意义上来说，证据都是客观的，具有客观性。但是，证据的内容是否仅具有客观性而不具有主观性，值得讨论。证据的事实中含有的主观性内容能否发挥证明案件事实的作用及其发挥作用的条件为何，都是值得深入研究的问题。根据诉讼中收集或者提供的证据与客观性的关系，可以将证据分为三类：①客观性的证据，如物证、书证、视听资料、电子数据等"物的证据"。这一类证据的共性是客观实在物，这些物上承载的有关案件信息也都是客观的。②客观性与主观性兼有的证据。这种证据主要表现为人证，如当事人陈述、证人证言、被害人陈述等。在其他证据的收集过程中，收集者主观因素也会对证据造成一定的影响，可能使证据的证明价值得到充分的保存、展现，也可能部分甚至全部毁损。③主观性的证据。最为典型的主观性的证据是鉴定意见。鉴定人对于待证事实提供的判断，虽然表现为书面形式，但是其实质是鉴定人就需要鉴定的专门问题表达的个人意见。一般证人通常只能就自己所感知的事实进行陈述，不能发表自己的判断意见，除非另有法律规定，证人的意见不能被用于证明案件事实。

3. 证据的合法性。证据的合法性，又称证据的法律性，是指证据必须具有法律规定的形式和由法定人员依照法定程序收集、保全、查证和运用。证据合法性在世界各国的立法中都有规定，在大陆法系被称之为证据能力，在英美法系则被称之为可采性，具体是指证据必须为法律所允许。

在我国的证据理论中，证据的合法性主要包括以下四个方面的内容：①证据必须符合法定的形式。证据法定形式是法律根据证据材料的表现形式在法律上对证据进行的分类，即法定证据种类。三大诉讼法关于证据种类的规定是根据证据的外在表现形式所进行的划分，是具有法律效力的法定形式。证据的法定形式除了立法根据证据内容所进行的形式归类之外，还包括证据的结构形式。例如，证人证言，被害人陈述，犯罪嫌疑人、被告人的供述与辩解，民事诉讼和行政诉讼中的当事人陈述都必须以文字记录下来，而且在结构形式上有特别的要求，如必须有这些证据提供主体的签名或者盖章；勘验、检查、辨认、侦查实验等笔录及现场笔录等，必须以文字、绘图、照片等形式记录下来，并有制作笔录的侦查人员或者行政执法人员、见证人等的签名。②证据必须由法定人员收集或者提供，即收集或者提供证据的主体必须符合法律的规定。一方面，证据的收集或者调查主体必须符合有关法律规定。另一方面，证据的提供主体必须符合法律规定。③证据收集的方法和程序必须符合法律规定。为了确保证据合法性，我国三大诉讼法都严格规定了证据的收集、固定保全、审查认定等程序和方法。例如，《刑事诉讼法》第 52 条规定："审判人员、检察人员、侦查人员必须依照法定程序，收集能够证实犯罪嫌疑人、被告人有罪或者无罪、犯罪情节轻重的各种证据。严禁刑讯逼供和以威胁、引诱、欺骗以及其他非法方法收集证据，不得强迫任何人证实自己有罪。……"在民事诉讼方面，最高院《民诉证据规定》第 68 条规定："以侵害他人合法权益或者违反法律禁止性规定的方法取得的证据，不能作为认定案件事实的根据。"最高院《民诉解释》第 106 条对证据合法性也有了进一步的规定，即："对以严重侵害他人合法权益、违反法律禁止性规定或者严重违背公序良俗的方法形成或者获取的证据，不得作为认定案件事实的根据。"《行政诉讼法》第 43 条第 3 款规定："以非法手段取得的证据，不得作为认定案件事实的根据。"最高院《行诉证据规定》第 58 条规定："以违反法律禁止性规定或者侵犯他人合法权益的方法取得的证据，不能作为认定案件事实的依据。"④证据必须经过法定程序查证属实。我国三大诉讼法都对证据的使用规定了法定的查证程序。在刑事诉讼中，证人证言，必须在法庭上经过公诉人、被害人和被告人、辩护人双方询问，质证听取各方证人的证言，由审判人员认证；物证必须当庭出示，让有关诉讼参与人辨认。未到庭的证人证言、鉴定意见、勘验检查、辨认、侦查实验等笔录要当庭宣读，听取当事人及辩护人、诉讼代理人的意见，经查证属实后，才能作为定案的根据。《民事诉讼法》第 68 条规定："证据应当在法庭上出示，并由当事人互相质证。对涉及国家秘密、商业秘密和个人隐私的证据应当保密，需要在法庭出示的，不得在公开开庭时出示。"《行政诉讼法》第 43 条规定："证据应当在法庭上出示，并由当事人互相质证。对涉及国家秘密、商业秘密和个人隐私的证据，不得在公开开庭时出示。人民法院应当按照法定程序，全面、客观地审查核实证据。对未采纳的证据应当在裁判文书中说明理由。……"

证据的合法性之属性也是备受争议的。主张证据不具有法律性的学者认为，法律性并非证据的本质属性，理由是：其一，法律性不是证据本身的特征，只是认定证据的诉讼程序问题，具有主观性质，承认它等于将主观性的因素带到证据中，影响其客观性。其二，证据先于办案人员的收集、运用、判断而存在，认识它，它存在；不认识它，它也存在。否认这一点，就否认了通过诉讼程序认定案件事实的客观基础。其三，作为定案根据的诉讼证据具有法律效力，并不意味着证据本身具有"法律性"的特征。这是因为，所谓"法律效力"，不过是我们对于证据相关性和客观性的确认而已，不是证据本身的属性。证据的客观性和关联性是证据自身的特性，证据的合法性并不是证据本身所固有的属性，而是基于诉讼活动本身的特点而提出来的，这也是诉讼证据在使用时不同于其他领域对证据的使用的一个特点。其四，证据具有法定形式和必须依法收集，这是将证据本质特征与对证据的审查判断混为一谈。对于收集证据手段是否合法与证据本身的真实性，不能混为一谈。[1]

（二）证据能力与证明力

证据能力与证明力是证据法学之中有关证据性质的两个重要概念。证据能力是某种材料作为证据的资格，证明力是证据价值的大小。有证据能力者，证明力才有诉讼上的意义；有的材料虽然有证明力，但不具有证据能力，因而不能产生诉讼上的实际效果。

1. 证据能力。证据能力，又称"证据资格""证据的适格性"，指的是某一材料能够用于严格证明的能力或者资格，亦即能够被允许作为证据加以调查并得以采纳的资格。大陆法系对于证据能力，一般都不作积极的规定，而只是消极地对证据能力或者限制证据能力的情形作出规定。在德国，依据程序禁止和证据禁止的理论对证据能力加以限制。程序禁止是对收集和调查核实证据的程序加以限制，如违背搜查、扣押程序而取得的证物和违背勘验程序所形成的笔录，有时不认为具有证据能力。证据禁止是对作为定案依据的证据材料的范围加以限制，如非出于任意性的自白，一般不认为具有证据能力。

有些国家的立法或司法判例确立了证据能力规则。大陆法系国家为了发挥职权主义的功能，对于证据能力很少加以限制。英美国家对证据能力的限制较为严格，证据的关联性和可采性是证据能力的两项重要判断标准，大量的司法判例确立了证据关联性和可采性的证据规则。

2. 证明力。证明力，是指证据材料对案件事实有无证明作用或者证明效力。

---

〔1〕 张建伟：《证据法要义》，北京大学出版社 2014 年版，第 124 页。

证明力是证据的根本属性，如果没有证明力，就不是证据，不能作为认定案件事实的根据。证据具有客观性并与案件待证事实具有关联性，就具有一定的证明力。证明力的基础是证据材料与案件事实有联系并对案件事实有证明作用；没有联系或者有联系但对案件事实没有证明作用，就不具有证明力。所以证明力是证据的必备条件，法院对证据是否采信关键要看证据材料是否具有证明力。但是，在现代法治社会强调人权保障和程序法定的情况下，有证明力并不意味着证据能被法院采信，如有些非法证据会被排除。证据所具有的证明力因其自身的特性及与案件事实的关系不同，对待证事实的证明价值（证明力）各有不同，发挥着不同程度的证明作用。

证明力所要解决的是诉讼对立双方提交的证据材料有无证明作用及证明力的大小问题。判断具体的证据材料有无证明力及证明力的大小就是要看证据材料能否对案件事实起到证明作用。对证明力有无及大小的判断由谁来进行、如何进行，这是立法和实践都必须解决的。在法定证据制度下，证明力是由法律明确规定的，而在自由心证证据制度下，证明力是由法官依据理性和良心自由判断的。自由判断证据的证明力的制度，顺应了诉讼证据本身的复杂性和规律性，可以使法官对证据进行理性的自由判断，成为现代世界各国普遍采用的证据制度。

三、案件事实、事实认定与证据的关系

我国审判中心主义的司法改革强调的是事实证据调查在法庭。而法庭上的事实调查与我们日常生活中的事实确定没有本质的区别。基于案件证据，事实认定者依据自己的生活经验来确定案件的真相。这种经验推论方法，因为更加贴近我们的生活实际，因而可以引起社会各界的关注与讨论。毕竟，所有案件事实本身，都是我们生活中发生过的事情，即生活事实或者社会事实。在任何一起案件的审判过程中，都需要通过事实认定而形成证据链，最大限度地再现乃至还原生活事实的本来面目。可以说，事实认定是证据的核心，而证据又是诉讼的核心问题，全部诉讼活动实际上就是通过事实认定而围绕证据的搜集和运用进行的。事实认定的过程具有其客观规律，更具有其自身的逻辑结构。要达到事实认定的准确，就需要对其逻辑进行详尽的分析和了解，理清事实认定过程中的规律，然后将其运用到司法实践中去。

（一）案件事实与证据的关系

事实在不同的语境有不同的含义，哲学本体论意义上的事实是指"脱离主

观的客观存在"或"自在之物"。但认识论上的事实并不是指未被认知的"客观存在"的事实，而是被主体知觉到的经验事实。因为孤立于人的认识之外的客观事物没有进入人的认识领域，那只是纯粹的"自在之物"，不可能成为认识主体所把握的事实。只有当客观存在的事物、现象呈现在我们感官之前、为概念所接受，并为主体作出判断的时候，我们才可以说是知觉到了一个事实。[1] 易言之，一切感性呈现只有经过认识主体的判断（而主体一作出判断，就意味着该现象的感性呈现已为主体的概念所接受、摹写或者规范了）才能成为经验事实。因此，事实是人对呈现于感官之前的事物或其情况的一种判断，是关于事物（及其情况）的一种经验知识，亦即关于客观事物的某种判断的内容，而不是客观事物本身。[2] 可见，本体论意义上的事实是对象，认识论意义上的事实是一种判断。事实之所以是事实，在于它是对某物存在某种性质或某些事物存在某种关系的一种基于感性经验的判断和把握，也就是对它们的一种直接的、经验的认识和知识。

一切事实在本质上都是经验事实。黑格尔认为，"法律的普遍规范是通过诉讼中的个案来实现的。并且这种个案中的特别事件必须是某种确定的事件。诉讼证明或诉讼上的认识的对象是经验事实，诉讼证明或诉讼上的认识是对经验内容的证明或认识"。[3] 不可能有任何离开人的经验而纯粹自在的所谓"自在事实"。因而，事实是被人们所感知的关于事物情况的一种判断，它既是客观存在的，又带有一定的主观性，或者说事实不是纯客观的。一方面，就事物的情况即使不为人所感知，不为主体概念所接受并从而由主体作出判断，它也客观存在着这一点而言，事实具有客观性；另一方面，就事物的情况只有为主体的概念所接受，并由其作出断定才算是陈述和确定了一个事实而言，事实又具有一定的主观性质。[4] 但是，并不能就此认为存在着主观上的事实。

案件事实由"证据事实"和"待证事实"两部分构成，证明对象中的"七何要素"（何人、何事、何时、何地、何原因、何手段、何结果）所断定或陈述的内容就是用来重现已经成为"历史"的、"存而不在"的案件事实的，证据事实和待证事实之和就是人们认识到的案件事实。证据事实是证据载体所具有的

---

[1] 张南宁：《事实认定的逻辑结构》，中国人民大学出版社 2017 年版，第 11 页。
[2] 彭漪涟：《事实论》，上海社会科学院出版社 1996 年版，第 4 页。
[3] ［德］黑格尔著，贺麟译：《法哲学原理》，商务印书馆 1961 年版，第 234 页。
[4] 彭漪涟：《事实论》，上海社会科学院出版社 1996 年版，第 135 页。

性质或关系，它是从证据载体中提取出来的。具体而言，证据事实是关于证据载体具有什么性质、证据载体与案件的其他构成要素之间具有何种关系（如同一关系、条件关系或因果关系等）的断定和陈述，是证明待证事实是否存在的证据。待证事实是从证据事实推论而来的。凡案件都是已经发生过的、不可能重演的，但可以通过人们对事实的把握而"重现"。[1]

法律推理过程中，必须以事实作为得出判决结论的根据。因为作为法律推理大前提的法律规范中列举的是法律事实必须具备的基本特征，这就要求小前提必须是关于案件事实是否具有这些特征的判断，只有当小前提所描述的案件事实具备这些基本特征时，才能真正做到"以事实为根据，以法律为准绳"。就此而言，法律适用的过程中，应当以事实作为得出正确的判决结论的依据（证据）。从事实认定的逻辑上来说，事实的发现和确认离不开命题。从诉讼证明的结构来看，证据就是证明的论据，而论据都是以命题的形式出现的，所以证据也只能以命题的形式出现。我们平时所说的证据之间必须形成证据链条，这只可能存在于命题与命题之间，亦即只有当命题与命题之间存在着蕴涵关系时，证据与证据之间才能形成首尾相接的链条。在法定证据种类中，物证（血迹、匕首等）、书证（票据、合同书等）、证人证言等并不是证据（事实），它们只是证据（事实）的载体。以最为典型的物证为例。一滴血只有在鉴定人给出它是人血，并且运用人类遗传基因技术等方法作出它与某个特定人的基因分型是同一（或不同一）的肯定性（或否定性）鉴定意见之后，血迹上所承载的案件信息才能成为一个发现和确立相关案件事实的命题，这滴血才称得上是一个名副其实的证据。而在此之前，它仅仅是证据的载体而已。因此，区分证据载体与证据是十分必要的。

诉讼过程中是否能够客观、全面地再现案件真实情况，受两个方面的因素制约。其一，要看收集到的证据载体与案件是否有关联，即证据的关联性程度，人们是否真实地感知了案件事实，记忆能力如何，是否愿意或是否能够客观地对案件情况作出描述，等等。因为，只有当证据载体来自于案件本身或者说是从案件本身分离出来的，人们才能由此作出正确的判断，才能从中提取真正可以反映案件真实情况的（证据）事实，才能根据证据事实推导出与证据事实有着内在联系的待证事实，从而反映出案件的真实情况。如果证据载体不是从案件本身分离出来的，证据载体与案件本身没有内在的关联，由此得出的判断就

---

[1] 张继成："事实、命题与证据"，载《中国社会科学》2001年第5期。

是虚假的。采用一个不是以事实为内容的虚假判断作为证据，显然无法查明案件的真实情况。其二，要看证据载体及人们从中所提取的事实（具有法律意义的事实，否则即使是事实也是无用的事实）的数量是否充足，即证据事实的充分性。只有少数几个事实是不行的，因为它们能为人们提供太多的答案，可以拼出许多图案，唯有足够数量的事实（不一定需要许多证据载体，因为有时一个证据载体就可供截取足够数量的事实）才能拼出唯一确定的图案，才能全面地再现案件的真实情况。[1]

（二）事实认定与证据的关系

事实认定是证据裁判的基础。严格地说，事实认定是一个舶来品，它是英美法中 Fact-finding 的中文翻译。按照《牛津法律大辞典》的解释，事实认定是指"确定可适用的法律以及适用法律作出司法判决之前，对尚未确证且必须认定的事实的确定，是法院在每一案件中所必须采取的程序"。[2] 我国台湾地区学者陈朴生认为："事实之认定，乃法官就诉追机关假定事实之范围，依据证据材料为之判断，即具有排除疑问之作用。盖诉追机关就一定事实加以假定为其诉追之对象，在其假定范围内，使法官发生合理的疑问，然后凭其合理之证据，确信何种事实存在，而为合理之判断，籍以排除其疑问。惟事实之认定，系就诉讼上命题而为之解答。"[3] 事实认定就是在争议解决的过程中，裁判者基于争议双方的证据和证明过程，对争议事实进行内心确认的过程。裁判者（通常是法官或陪审员）作为事实认定的主体，被称为"事实认定者"。

事实认定通常要经历两个过程：其一，外在过程，即争议双方的举证证明过程；其二，内在过程，即事实认定者的内心判断和决策过程，它由逻辑、推理、推论等复杂的心理活动所构成。如果将事实认定的过程比作建设一座大厦，那么"施工"过程就是事实认定的过程，它包括三个要素：一是以何种方式构建事实的大厦，即证据如何通过推理达到事实的认定。二是事实大厦构建到怎样的强度才能够满足法官裁判的需要，即证明标准。三是当作为建筑材料的砖块（证据）不足，不能建起完整的大厦时，面对未成品，法官该如何处理，即证明责任。从证据到事实，由证明作为连接的桥梁。事实认定作为证明的结果，是证据、证明方法、证据规则、证明标准、证明责任、诉讼模式等诸多程

---

〔1〕　张继成："事实、命题与证据"，载《中国社会科学》2001 年第 5 期。

〔2〕　［英］戴维·M. 沃克著，李双元等译：《牛津法律大辞典》，法律出版社 2003 年版，第 411~412 页。

〔3〕　陈朴生：《刑事证据法》，三民书局 1979 年版，第 579 页。

序和证据因素的综合产物，其中任何一种因素都会对证明结果产生影响。[1]

　　事实认定过程中的事实通常被称为"争议事实"，它包括与争议标的相关的所有事实。争议事实一般通过控辩双方的举证而清楚地显示出来，通过质证而得到澄清，最后由事实裁判者认定。证据理论把争议双方所主张的有待证明的事实称为"待证事实"或"要件事实"。待证事实或要件事实具有两个特点：其一，它是对争端的法律解决至关重要的、实质性的事实主张，它能够通过推论与适用于本案的实体法要件之一联系起来。其二，它不是由控辩双方所提出的，而是事实认定者可以根据推论决定予以相信的事实。[2]

第二节　证据法学及其属性

一、证据法学的概念

　　证据法学是以证据法为主要研究对象的学科。裴苍龄教授的《证据法学新论》第一次系统地提出了证据法学的概念，并逐步为学界所接受。他认为，证据制度的核心是证据法，即"有关证据的一切立法"。[3] 理论界对证据法有广义和狭义两种界定。广义的证据法，是指关于证据的定义和分类、证据的收集与提供、证据的运用与采信、证据规则、证明责任和证明标准等的法律规范的总和。它包括诉讼证据法和非诉讼证据法。诉讼证据法涵盖刑事诉讼证据法、民事诉讼证据法、行政诉讼证据法三个领域；非诉讼证据法包括行政证据法、仲裁证据法、公证证据法和监察证据法等。狭义的证据法，通常仅指诉讼证据法，也即专门订立的证据法典以及诉讼法中与证据有关的各种具体规定。由于证据在诉讼活动中的运用较为广泛，也最具有代表性，同时各种证据规则大多产生于诉讼制度的发展进程之中，因此一般意义上的证据法指的是狭义证据法。

　　由于证据法有广义和狭义之分，因此证据法学也可以分为广义证据法学和狭义证据法学。广义证据法学，也称为法律证据学，除研究诉讼证据外，还研究在处理其他法律事务，如行政执法、仲裁、公证、监察等活动中如何运用证

---

[1] 张弘："从证据到事实——比较法视角的证明过程分析"，载《政法论坛》2011 年第 5 期。

[2] [美] 罗纳德·J. 艾伦等著，张保生、王进喜、赵滢译：《证据法：文本、问题和案例》，高等教育出版社 2006 年版，第 149～150 页。

[3] 裴苍龄：《证据法学新论》，法律出版社 1989 年版，第 2 页。

据的问题。所谓狭义证据法学，又称诉讼证据法学，专门研究诉讼中的证据法律规范及其证据运用等问题。由于证据在各种诉讼活动中运用最为广泛、要求最为严格，各种有关证据运用的规则也大都产生于诉讼程序的发展进化中，而且有关诉讼证据的法律规范和司法实践对处理其他非诉讼法律事务中的证据运用有重要的参照和借鉴作用，因此，诉讼证据法学应当是证据法学的核心部分。

证据法学作为现代法学体系中的一个重要部门法学，和其他法学一样，有着自己独立的学科地位，也有其特定的研究对象和理论体系。其研究对象包括古今中外的证据法律规范、证据运用的司法实践、证据理论和证据制度，但以我国当今的证据法律规范、实践、理论和制度为其主要内容。

二、证据法学的学科属性

证据法学作为一个独立的法学学科，不仅具有明显的理论性，还具有很强的实践应用性，并且其发展动力源自诉讼实践。证据法学的研究就是要以科学的理论来指导司法实践，同时在实践中接受检验，修正和完善证据理论。因此，证据法学的研究和学习不仅要以证据法律规范为前提和依据，还必须紧密联系司法实践，从证据制度的实际运作中总结经验，发现问题并加以研究解决。

（一）证据法学是一门独立的法学学科

诉讼法学是以刑事诉讼法、民事诉讼法和行政诉讼法等为研究对象的一个部门法学。诉讼程序是它的主要内容，而诉讼任务的完成，则依赖于证据的运用。我国刑事诉讼法、民事诉讼法以及行政诉讼法中都列有专章对证据问题作了规定。可见，证据法学是诉讼法学的重要组成部分，在诉讼法学中占有极其重要的地位。

通常认为，证据法学总体上是诉讼法学的一部分。因为，证据法的具体运作环境是诉讼，其立足点和宗旨直接在于为诉讼裁判提供事实根据。也就是说，诉讼的实质内容是运用证据证明案件中待证事实或争议事实的活动。由此，证据法在宗旨和内容上受制于诉讼法或诉讼机理。如果证据法与诉讼法相违背，证据法的有效性就得不到保证。当然，离开了证据，诉讼活动就不能正常运行，其目的也不能实现。由于证据法内容的复杂性和特殊性，理论界对证据法与诉讼法的关系存在三种不同的观点：第一种观点认为，证据法既不属于程序法学，又不属于实体法学，而是独立于程序法学和实体法学的一个部门法学——证据法学。[1] 国外一些学者主张建立实体法、程序法、证据法三足鼎立的立法体制和法律结构形式。第二种观点认为，证据法兼有实体法和程序法的属性，即具有双重属性。其理由是：其一，证据形成于案件过程之中，而取得于诉讼过程中，这种情况决定了证据法既具有实体法意义，又有程序法意义。从发现证据的过程来看，它具有程序法的意义；但从证据的效能来看，它又具有实体法的色彩。[2] 其二，有一些有关证据的法律规范出现在实体法中，而且这些证据规范与实体权利义务的分配紧密相关。[3] 其三，证据法兼有程序法和实体法这两个方面的意义，这种情况使它成了联结程序法和实体法的纽带，程序法服务于实体法主要也是通过证据法的作用实现的。第三种观点认为，证据法的基本性质是程序性的，即认为证据法属于程序法的组成部分。如我国台湾地区学者陈朴生就明确指出："刑事证据法，乃刑事程序法之一部。"[4] 其主要理由为：其一，从证据法的作用上看，它具有程序性的意义。证据法主要涉及对案情的认定，即从审判上确认法律事实的规则。英美法系国家在学理上也认为证据法是论述法院在确定争执中的事实时所遵守的程序。其二，从证据法的内容来看，应将其归入程序法范畴。证据法作为程序法的重要组成部分，是诉讼程序所固有的既成的程序和规则，如果失去了证据法，那么诉讼程序便失去了存在的基础和形式。

我们认为，尽管证据法与诉讼法的关系是部分与整体的关系，但是不能说证据法完全依赖于诉讼法，它有其自身相对的独立性。证据法的有关规定和某些规则的确包含了实体法的内容，具有一定的实体法性质，这就使证据法与实体法之间存在着某些特殊的、必然的联系，例如关于民事证明责任分配的规定与民事责任的归责原则就存在着密切的关系。也正是由于这种特殊的关系，使得证据法在程序法和实体法中居于特殊的地位，成为在程序中实现法律实体目的的"手段"。然而，在法律体系中，程序法和实体法的划分并不是绝对的，而且，判断一种法律的性质，不能限于它的部分内容，而应当从整体上分析该法律中具有主导地位的内容属于程序性还是实体性。因此，考虑到证据法中绝大部分的内容具有程序法的性质，只是部分条款具有实体法的性质，理论界多数

---

〔1〕 参见刘金友：《证据理论与实务》，法律出版社 1992 年版，第 2 页。另参见裴苍龄：《证据法学新论》，法律出版社 1989 年版，第 8 页。

〔2〕 参见毕玉谦：《民事证据法及其程序功能》，法律出版社 1997 年版，第 13~14 页。

〔3〕 陈光中主编：《证据法学》，法律出版社 2015 年版，第 3 页。

〔4〕 陈朴生：《刑事证据法》，台湾三民书局 1992 年版，第 1 页。

学者认为，证据法属于程序法的范畴。我们赞同这种观点，但同时认为，鉴于证据法作为既包含程序法也包含实体法相关内容的法律规范，加之证据法在诉讼活动中的核心地位以及其应用范围的广泛性，证据法的性质不仅限于程序法的范畴，其最终会成为法律体系中具有独立性质的法律。

（二）证据法学是一门交叉学科

证据法学是一门交叉性较强的学科。主要表现在以下几个方面：

1. 法学与哲学的交叉。证据法学研究如何收集证据、运用证据认识案件客观事实，研究主观与客观、存在与意识的关系，因此，必须坚持辩证唯物主义的世界观和方法论，特别是遵循辩证唯物主义的认识论原理和强调实践第一的观点。但是，不能仅仅停留在哲学一般原理运用的层面上，证据法学还要从诉讼法律的角度、以程序正义的理念来研究诉讼中的证据和证据的运用，研究建立反映诉讼特色和正当程序的证据法律规则。

2. 证据法学与各个诉讼法学学科的交叉。证据法学处于刑事诉讼法学、民事诉讼法学和行政诉讼法学关于证据制度研究的结合点上，因而，它不仅要研究各类诉讼法中关于证据的规定、运用证据的规律及其相关制度，而且要在更高的层次上概括其存在的共性，并总结、提炼出具有普遍指导意义的原理与规则。

3. 实体法与程序法的交叉。在证据运用过程中，解决案件实体问题或争议问题的主要依据是刑法、民法、行政法等实体法律规范，而证据的收集、运用则是在诉讼程序之中。证据法学既要依据实体法的规范来处理案件，又要依据程序法的规则进行证据运用。

4. 证据法学与犯罪学、侦查学、法医学的交叉。犯罪学是专门研究犯罪心理、犯罪斗争的方法、对策的法学学科，因而必然涉及有关犯罪证据的收集、认定，并发挥其对揭露、证实犯罪的证明作用。侦查学是研究如何发现、收集和固定证据以揭露犯罪的学科，它的研究对象主要是侦查的技术、手段、策略和方法等，其中必然涉及证据的发现、收集、证明、认定等问题。由此可见，证据法学与犯罪学、侦查学研究的问题和对象有着重合的部分，具有共同性，即它们都涉及证据及其运用。此外，证据法学还与法医学以及其他部门法学有一定的关系。因为任何部门法学几乎都要用证据来查明案件事实，有的部门法学本身就是研究如何运用科学技术发现证据及其原因的科学。证据法学应该把一切学科涉及的证据收集、判断和运用放在自己研究的范围之内。

第三节　外国证据制度的历史发展

证据制度的发达程度与人类文明程度、认识能力、科技发展、政治制度及诉讼构造等多种因素具有密切的关系。在人类历史上曾经出现了三种具有典型意义的证据制度，分别是奴隶制时期的神示证据制度、欧洲中世纪的法定证据制度和近现代资本主义时期的自由心证证据制度。

一、奴隶制时期的神示证据制度

借助神灵的启示处理纠纷，既是一种古老的人类学现象，又是一种法文化现象。在原始社会里，人们借助神灵断是非、决争讼，产生了最原始的神明裁判。神明裁判是原始初民解决纠纷、处理矛盾的最主要方法。在古代印度、古希腊、古伊朗和中世纪日耳曼等古老文明国家的历史文献、民族习俗中都能看到神明裁判的踪迹。

（一）神示证据制度的概念

神示证据制度，也称神明裁判或者神判，是指用一定的形式邀请神灵帮助，并根据神意的各种启示来判断诉讼中的是非曲直，以作为裁判依据的一种证据制度。神明裁判最初是原始氏族解决纠纷的方式，后来发展为奴隶制国家早期诉讼制度中的一种审判方式和证据制度。不仅奴隶制时代有神明裁判，直至中世纪后期的日耳曼法中仍有少量残存。

神示证据制度产生的历史背景较为复杂。首先，它与奴隶制社会当时极其低下的生产力发展水平有着密切的关系。其次，神示证据制度也是统治阶级在政治上实行神权统治的需要。神权统治起源于原始社会人们对自然的崇拜。自然崇拜是原始社会盛行的一种宗教信仰。掌握国家政权的统治者不但自身是神的崇拜者，而且利用人们的愚昧和迷信，夸大神的能力和力量，利用人们对神的敬畏和压力，即害怕欺骗神灵或者违背神意会遭到神灵的惩罚。最后，神示证据制度与当时的弹劾式诉讼制度相适应。奴隶社会时期采用弹劾式诉讼形式，起诉权由私人掌握，诉讼进程完全由双方当事人控制。而且，原告与被告的诉讼地位平等，法官在审判过程中处于消极的仲裁地位，只是起到主持审理过程的作用。

（二）神示证据制度的内容

在欧洲的初民社会，既可以把神明裁判解读为证明方式，也可以解读为裁判方式，还可以解读为某种宗教仪式，三者在功能上并无实质差别。神明裁判的形式很多，运用较多的有"冷水审""沸水审""火审""占卜""宣誓"和"决斗"，等等。

1. 宣誓神判。宣誓神判，又称"对神宣誓""神誓"或"诅咒判"。宣誓神判是一种古老的神判形式，起源于原始巫术形式中的诅咒，它表达了原始初民对恶神的憎恶和对善神的无比信赖和顺从。当诉讼双方的陈述发生矛盾或冲突时，裁判者要求诉讼当事人或证人等向神灵发誓来证明自己所作陈述为真实，以便裁判者认定案件事实。宣誓神判在神示证据制度中应用最为广泛。

在宣誓神判中，诅咒总是和宣誓紧密联系在一起。咒语由巫师带领当事人双方说出，或者由当事人自己说出，然后是向所宣誓的神灵发誓，表明自己的清白。早期的人类由于自身力量的渺小，面对强大而无法抗拒的"超自然力"和"超人间"的神灵，自然会产生强烈的畏惧，认为违背神灵的意志或对神灵不忠诚必然会受到神灵的惩罚，因而诅咒是令人恐惧的，誓言便自然具有了较强的担保的效力。这种具有较强担保效力的宣誓靠的是当事人的内心自觉，而这种自觉在某种程度上会形成内心约束。[1]

2. 水审。水审，是指通过一定的方式使当事人接受水的考验，显示神意，并以此判定当事人对案情的陈述是否真实，或者刑事被告人是否有罪的方法。水审在不同的地区表现为两种不同的方式：冷水审与沸水审。①冷水审。一般是将被告人一方投入河水中，看其是否沉没，以检验其陈述是否真实或者是否有罪的方法。②沸水审。沸水审就是让被告人用手从沸水或沸油锅中捞出某种物品，接着包扎好烫伤的手臂，同时向神祈祷，过一段时间后再根据其烫伤是否日渐愈合来判定其陈述是否真实以及是否有罪。

3. 火审。火审是通过一定的方式让被告人接受火或烧红的铁器的考验，显示神意，借以判定当事人的陈述是否真实或刑事被告人是否有罪的方法。火审与水审一样，这种考验或者折磨主要用于重大案件的检验，通常都伴随着由牧师或神父等神职人员主持的宗教仪式。

4. 决斗。决斗是让诉讼中争讼的双方当事人进行搏击，以搏击的胜负结果来显示神意，并据以判断当事人的陈述是否真实或刑事被告人是否有罪，从而认定案件事实的方法。决斗是盛行于欧洲中世纪的一种习俗，这种习俗也被用于诉讼中，而且决斗通常也有一定的规则，要在法庭安排的宗教仪式下进行。

---

[1] 叶英萍、李春光："论神明裁判及其影响"，载《法学家》2007年第3期。

司法决斗不仅仅适用于刑事案件，后来也扩大到民事案件之中，不过在具体适用时有不同。在刑事案件中，这种决斗往往是指控人和被指控人之间的生与死的决定，因为决斗的负者会被送上绞刑架。在民事案件中，当事人不必自己决斗，可以雇佣职业剑手去决斗。这种"司法决斗"在中世纪欧洲广为流行，尤其在法国延续的时间最长，直到1818年法国国会才废除了"司法决斗"。

除了上述神判方法之外，还有卜筮法和十字形证明法等方法。卜筮法也称抽签审，是由当事人就双方争议的事实向神祷告，然后进行占卜，法官根据卦象或签牌的内容判断何者胜诉的神判方法。十字形证明就是让当事人双方对面站立，双腿并拢，手臂左右伸直，使身体呈十字形，保持这种姿势时间最久者胜诉的神判方法。十字形证明法主要为信仰基督教的民族所采用。

（三）对神示证据制度的评价

神示证据制度的积极意义包括以下三个方面：

1. 神示证据制度为近现代审判制度奠定了基础。古老而原始的神明裁判作为古代较为有效的纠纷解决机制具备了现代审判制度的最基本要素。现在看来非理性的、带有一定原始愚昧和落后的神明裁判程序，具有最早的审判程式化的特征。神明裁判的程序性、公开性、公认的程序以及公众参与等要素，为近现代公开、公平、公正的基本司法理念的生成提供了土壤；神明裁判中严格的程序为后世诉讼制度中"程序至上"的理念产生奠定了基础。因此，该制度对西方国家诉讼制度中程序至上观念的形成产生了重要的影响。

2. 神誓为近现代西方国家证据制度奠定了基础。宣誓神判对当事人双方和助誓人的内心会产生明显的约束力。这就促使宣誓在后来的司法审判中成为一种举证责任的依据，进而成为证据制度的重要内容，成为法庭质证的一种制度化形式。在西方法文化中，许多国家的法典关于证据制度的规定中都有宣誓证明的痕迹。宣誓证明在诉讼证明过程中有着极强的证明力，在证据制度中占有重要地位。宣誓证明与原始社会神判中的宣誓判，无论在形式还是在理论依据上都极为相似。因此，西方国家证据制度中的宣誓证明是由神判中的宣誓判演变而来的。[1]

3. 神示证据制度对于查明案件事实、正确断狱息讼也有一定的作用。神示证据制度作为一种古老的、朴素的解决纠纷的方法，不仅在远古时代起到了定分止争、维护社会秩序的作用，而且对以后人类社会的发展也产生了深远的影响。

---

[1] 叶英萍、李春光："论神明裁判及其影响"，载《法学家》2007年第3期。

神示证据制度强调以全知全能的神灵的各种启示作为解决各种纠纷的依据，这对于当时认识能力低下的人们所产生的心理强制作用是巨大的，唯恐作不真实的陈述会遭到神的惩罚。正是有了这种对神的敬畏和恐惧，才在一定程度上保障了人们陈述的真实性。如当时被广泛采用的对神宣誓法，有时会因当事人的有罪心理影响其宣誓时的神态，甚至会使其心神不定或丧失意志；有时也会出现为了不受神的惩罚而不敢不说出真实情况的状况。这对于法官查明案件事实、正确断案都具有一定的作用。

神示证据制度的局限性主要包括以下三个方面：

1. 神示证据制度是特定历史时期下生产力发展水平的产物，是一种不科学的司法证明制度。随着人类社会的发展，神示证据制度大约在 12 世纪末开始走向衰落，最终逐渐退出了司法证明的历史舞台。其中最主要的原因是人类认识能力的提高，即随着人类社会的发展和进步，人们认识自然与社会的能力不断提高，对于神的信仰开始变化，逐渐对神示证据制度的合理性和可靠性产生了怀疑。当然，国家权力的膨胀和社会环境的变迁也是其中的原因。13 世纪末，神明裁判基本退出了欧洲司法证明的历史舞台。

2. 审判过程和处罚过程同一。在神明裁判中，审判的过程与处罚的过程是同一的，所以说审判与处罚合二为一是神判的重要特征。如水审，在头人或氏族长老的主持下，将失主与被诉者置于水中，若失主浮出水面而被诉者未浮出，则审判结束，被诉者有罪，此时处罚已经完成，因为被诉者已溺死于水中；反之，若被诉者浮出而失主未浮出，则证明是失主诬陷好人，审判结束且不需要处罚被诉者。由此可见，审判过程进行完了，处罚也就随之完成了，审判的过程实际上就是处罚的过程。[1]

3. 证明手段原始、残忍。在神明裁判中，许多刑事被告人无法通过"神明"的考验，在证明过程中即接受"神明"的处罚，致残乃至丧命。[2] 现存的一些史学资料记录了许多因接受水审、毒物审、食物审、司法决斗而丧命的案例。即便到了中世纪早期，欧洲每年仍有为数众多的刑事被告死于神意裁判，尤其是司法决斗。

---

〔1〕 叶英萍、李春光："论神明裁判及其影响"，载《法学家》2007 年第 3 期。

〔2〕 施鹏鹏："法定证据制度辨误——兼及刑事证明力规则的乌托邦"，载《政法论坛》2016 年第 6 期。

二、法定证据制度

（一）法定证据制度的概念

法定证据制度，又称为"形式证据制度"，是指在立法上确立精确的证据证明力等级体系，对每种证据的可采性、不同种类证据的证明力进行详细规定，并且具体规定证据之间出现冲突时的优先取舍规则的证据制度。

从 12 世纪至 16 世纪，法定证据制度在欧洲盛行了数百年。法定证据制度的产生深受古典自然法思想的影响。格劳秀斯、普芬多夫、多玛等古典自然法学派学者将启蒙思想注入了欧洲刑事证据制度，并孕育了无罪推定、排除合理怀疑、保障被告人的人权等现代刑事证据制度的核心要素。此外，欧陆成文法的形成对法定证据制度的产生具有重要的影响。除沙俄、英国等极少数国家外，欧洲各国的刑事证据制度基本类似，并一直延续至 18 世纪末。[1]

法定证据制度具有如下特征：

1. 证据的形式化和等级性色彩明显。神示裁判制度开始消亡，庭审不再是充满宗教色彩的语言和仪式，现代意义上的证言、物证及书证得到极大发展和运用。在法定证据制度中，法律对于证据证明力和判断证据规则的规定，主要是根据证据的外在形式，而不是根据证据的实质内容。由于封建等级特权极为盛行，证据的等级性也较为明显，即根据提供证据的人的社会等级来判断证据的效力。

2. 司法官享有极大的权力，在证据的收集、审查和运用上发挥积极主动的作用。刑讯及酷刑获得合法地位，并广泛适用于特别严重的刑事案件。在法定证据制度下，被告人的自白被认为是最有价值和最完善的证据，它对案件的判决和被告人的命运起着决定性作用。因此，法官会千方百计或不择手段地获取被告人的自白。当时的许多法典，对于讯问被告人的内容、步骤、方式都有明确的规定。例如，法国 1670 年《刑事法令》第 19 编第 1 条规定了适用预备刑讯程序的三个要件：被指控的罪名应判处死刑、犯罪事实确实存在、存在不利于被告的重要证据。法律还规定了法官违法刑讯，特别是导致被告人死亡或残废的应当受到法律处罚的后果。

3. 立法者对证据形式及其证明力作了严格的等级设定，法官在裁判中严格受证据规则的限定。法官只能依据法律的预先规定裁判案件，不得自由裁量。

---

〔1〕 施鹏鹏："法定证据制度辨误——兼及刑事证明力规则的乌托邦"，载《政法论坛》2016 年第 6 期。

即在法定证据制度下，法官在判断证据证明力时，没有任何主观能动性，只有机械地按照法律规定对证据证明力进行计算，或者将几个不完善的证据相加成一个完善的证据。可见，法定证据制度不仅限制了法官在判断证据及其证明力问题上的自由，还不允许法官在采证问题上进行裁量。

（二）法定证据制度的内容

法定证据制度主要由两项内容构成：①法定的证据形式。②法定的证明力规则。

1. 法定的证据形式。欧洲各国的立法明确规定了具有证据资格的证据形式，具体包括书证、证人证言、口供以及推定等。

（1）被告人的自白，即口供。被告人的自白在法典中被规定为最完全的证据；口供作为"证据之王"，成为法定证据制度的基础。法律对口供的取得和运用进行了较为具体的规定。值得注意的是，刑讯自13世纪开始成为基督教会和世俗王权集权统治的重要手段，被作为合法有效的侦查措施，到17世纪中期开始广受学术界的诟病和反对，直至18世纪末期才逐渐消亡。在罗马教会诉讼中，原则上被告人供述应当是自愿的，不得进行刑讯以强迫其自证其罪。只有在特别严重的刑事案件特别是可能判处死刑的案件中，且有证明力较强的不利于被告的证据时，法官才可以决定对其进行刑讯。即便在这种情况下，口供也不能被直接作为证据使用，而是应在被告人身体恢复后，经重新讯问才可以作为证据。

（2）证人证言。对于证人证言的证明力，法律只是作了形式上的规定：两个典型的证人的证言应当被认作是完全的和完善的证据；一个可靠证人的证言，算作半个完全的证据。证人证言的适用须遵循如下规则：①证人应具有作证资格，即不在回避之列。②证人证言应具有"说服力"，严格适用传闻证据排除规则。具体而论，证人须亲眼指控事实的发生，而不得转述或以听闻事实作证。③两人作证规则。即至少有两名证人对同一指控事实及情节提供证言，且在根本内容上具有相似性。④证人有作证义务。[1]

（3）书证。法定证据时代，刑事诉讼中运用书证并不普遍，仅在阴谋暴乱罪、异端罪、伪造罪、暴力罪以及文书恐吓罪中可见到书证的运用。然而，书证在中世纪后期的民事诉讼中得到极大的发展，既包括公证文书，也包括私人文书，其证明力高于证人证言，即所谓的"文书优于证言"规则。法律对书证

[1]　施鹏鹏："法定证据制度辨误——兼及刑事证明力规则的乌托邦"，载《政法论坛》2016年第6期。

证明力的大小也作了具体的规定，如认为书证的副本没有原本的证明力大，公文书的证明力大于私人写作的文书的证明力，等等。

2. 证据证明力的判断规则。法定证据制度的核心在于对各种证据的证明力作预先规定，以此约束法官在证据运用和认定事实方面的裁量权。根据证据之证明力的强弱分为三类：确实的证据、半证据和不完整的证据。依中世纪的立法、惯例及学说，确实的证据主要包括：无争议或者经公证的书证、两份相互印证的证言、有确实的基础事实的事实推定以及被告人口供。半证据主要包括：单一证人的证言或者强证明力的基础事实。不完整的证据主要由弱证明力的基础事实构成。从法定证据制度的内容上看，确实的证据、半证据和不完整的证据之间大部分不能转换。不完整证据通常仅用于发布传唤令或者拘提令，其证明力不是完整证据的 1/4。法定证据制度下更不存在所谓的 1/8 证据。[1]

在法定证据制度下，法官并非毫无证据审查和采用的裁量权，对全案多个证据也并非不加审慎判断地机械地进行"加减运算"，而是为了防范冤案的发生，在一定程度上发挥主观能动性并且对犯罪事实与证据进行审慎地审查，且作必要的智识分析。有学者将法定证据原则分为积极与消极两种。"积极的法定证据原则意味着不达到类似于上述卡洛林纳法典所示的证据要件，则法官即使确信被告有罪也不得认定罪责并科刑。消极的法定证据原则在证据达不到法律规定的标准时对法官的要求与积极的法定证据原则一样，但在证据达到法定要件时却允许法官保留怀疑的态度，进一步搜集证据乃至对被告作其他处分。一般而言，积极的法定证据原则在法定证据制度发展的初期占有重要的地位，在其发展后期较有弹性的消极法定证据原则逐渐获得了优势。"[2]

（三）对法定证据制度的评价

法定证据制度应封建君主专制的政治需要而建立，它取代神示证据制度具有历史必然性。法定证据制度作为人类司法证明的一项重要制度，既有其进步性，也有其局限性。

在历史上，法定证据制度对欧洲近代刑事证明理论产生了较大的影响，不少技术设计依然在时下的自由证明之中有所体现。法定证据制度的进步性表现在：

1. 法定证据制度体现了人类的进步和理性。法定证据制度在人类历史上实

---

[1] 施鹏鹏："法定证据制度辨误——兼及刑事证明力规则的乌托邦"，载《政法论坛》2016 年第 6 期。
[2] 王亚新："刑事诉讼中发现案件真相与抑制主观随意性的问题"，载《比较法研究》1993 年第 2 期。

现了从非理性司法向理性司法的跨越，创设了一种更为有效的查明案件真相的方法。法定证据制度是在对神示证据制度否定的基础上建立起来的，它的产生是人类认知能力提升和科学发展的结果，是人们运用证据的经验在法律上的反映。

2. 法定证据制度还促成职权主义国家设立更为完备的侦检机构以及赋予法官在量刑上更大的自由裁量权。一方面，立法对定罪证据的严格要求及沉重的证明责任设定势必要求欧陆各国设立更强大的侦检机构以及赋予侦检人员更大的权力以进行证据收集。这可以理解为何欧陆的警检机构远比英国更为发达。另一方面，法官在法定证据制度下虽无罪责认定的裁量权，但享有适用刑罚的专权（尤其是中世纪后期），可依据被告人格及案件的具体情况进行刑罚的个别化，判决通常有利于被告。在司法实践中，法官常为避免适用死刑或其他严苛刑罚而"废法"。[1]

3. 法定证据制度有助于提高司法裁决的规范性。由于在法定证据制度中证据的证明力和运用规则是明确规定的，人们是知晓的，所以人们能事前预见到结果。而且，按照统一规范的证据规则认定案件事实并在此基础上作出判决，比较容易获得社会大众的接受和认可，从而提升司法判决的权威性。[2]

法定证据制度的局限性表现在：

1. 法定证据制度违背了认识论的基本法则。法定证据制度完全从形式化的因素来考量和确定证据的证明力，把证据的外在形式特征视为其内在的、具有普遍性的规律，因而不符合认识论的原理。尽管在法定证据制度的具体内容中，也包含一些有价值的实践经验，具有一定的合理性，然而法定证据制度却把这些具体的经验无条件地奉为一般性准则，运用于一切情况。

2. 法定证据制度束缚了法官的理性，限制了法官的主观能动性的发挥。由于法定证据制度预先规定了各种证据的证明力，并以法律的形式详细、具体地规定了法官必须遵守的运用证据的规则，使法官无法从实际出发裁量和取舍证据，从而束缚了法官的手脚，使他们难以从客观实际出发，揭露和查明案件事实真相。正是由于法定证据制度忽视了法官在审查判断证据中的主观能动性，使其在法官运用证据的时候束缚了法官的理性。

---

[1] 施鹏鹏："为职权主义辩护"，载《中国法学》2014 年第 2 期。
[2] 参见何家弘、刘品新：《证据法学》，法律出版社 2013 年版，第 26 页。

三、自由心证证据制度

（一）自由心证证据制度及其产生背景

自由心证证据制度，是指一切证据证明力的大小和证据的取舍与运用，以及案件事实的认定，均由法官根据自己的良心、理性进行自由判断，并根据其形成的内心确信认定案件事实的一种证据制度。

法定证据制度于 16 世纪便开始逐渐衰微，在法国大革命胜利后英国陪审团制度引入欧洲大陆，尤其是自由心证制度萌芽的历史背景下彻底终结。随着酷刑废除运动的兴起，法定证据制度亦在欧洲大陆各国普遍遭受质疑。欧陆启蒙思想家亦开始对法定证据制度进行批判，认为这种证明系统根本不能揭示案件真相。[1] 资产阶级启蒙思想家提出的"自由""平等"等人权思想以及对等级特权的否定，成为自由心证证据制度产生的理论基础。在这些思想观念的影响下，人们对以刑讯逼供为特征的法定证据制度展开了猛烈的抨击。此外，诉讼模式的变化直接促进了证据制度的发展。1808 年的法国《重罪法典》以明确的方式提出了自由心证原则，它在国际范围内产生了重大而深远的影响。此后，原先适用法定证据制度的欧洲国家几乎均效仿《重罪法典》确立了自由心证制度。[2] 继法国之后，欧洲大陆各国的立法也相继将自由心证制度确立下来。法国《刑事诉讼法典》第 353 条规定，"重罪法庭退庭之前，庭长应当宣读以下训言，并用大号字体书写张贴在评议室最明显的地点：法律不责问法官形成确信的理由，也不规定他们应当特别依据全部足够证据的规则；法律仅规定法官必须平心静气、集中精神、自行思考、自行决定，本着诚实、本着良心、依其理智，寻找针对被告及其辩护理由所提出之证据产生的印象。法律只向法官提出一个概括了法官全部职责范围的问题：你们已有内心确信之决定吗？这是他们的全部职责所在"。这被称为自由心证的现代公式。德国《刑事诉讼法典》第 261 条规定，"对证据调查的结果，由法庭根据它在审理的全过程中建立起来的内心确信而决定"。自由心证制度也传到了亚洲，日本从明治九年开始就确立了自由心证证据制度。日本《刑事诉讼法》第 318 条规定："证据的证明力由审判官自由判断。"

---

[1] 施鹏鹏："法定证据制度辨误——兼及刑事证明力规则的乌托邦"，载《政法论坛》2016 年第 6 期。
[2] 施鹏鹏："刑事裁判中的自由心证——论中国刑事证明体系的变革"，载《政法论坛》2018 年第 4 期。

（二）自由心证证据制度的内容

自由心证制度是在否定、批判法定证据制度的基础上建立起来的。关于自由心证制度的内容，从自由心证理论以及各国关于自由心证证据制度的具体规定来看，可以概括为以下几个方面：①法律不预先规定证据的证明力；②证据的证明力由法官自由判断；③理性和良心是法官自由评判证据证明力和证据取舍的依据；④内心确信是法官认定案件事实的标准。

有学者提出，自由心证理论的主要内容有两点：一是法官的理性和良心；二是心证达到确信的程度。自由心证理论有两根支柱和一个中心。两根支柱一是抽象的理性，二是抽象的良心。理性是判断证据的依据，良心则是真诚地按照理性的启示判断证据的道德保障。其中心则是"自由"，即法官根据理性和良心自由地判断，在内心达到真诚确信的程度。当然，自由心证理论也明确指出，"确信"必须产生于证据材料在理性中的印象。同时，在自由心证理论中，还有一种"盖然性"的理论，按照这种理论，法官不可能完全准确地判断证据的证明力，因而不可能完全准确地查明案件事实。他们对案件作出的结论，只能具有一定的盖然性。〔1〕 自由心证并不意味着法官享有绝对的自由，法官对案情的认定必须以证据为前提和基础，而对证据证明力的判断又必须达到内心深处确实相信是真实的程度。在大陆法系国家，早期的自由心证和现代的自由心证制度并不完全相同。早期的自由心证是绝对的，法官几乎不受任何限制，而现代的自由心证则是有限制的；早期的自由心证是秘密的，法官无须公开自己的心证过程，而现代的自由心证法官必须公开自己形成心证的经过。

（三）对自由心证证据制度的评价

自由心证制度在资产阶级与封建阶级斗争的过程中逐渐确立并广泛适用至今，其进步性主要体现在以下方面：

1. 自由心证制度符合诉讼文明和民主的发展趋势。自由心证制度是对法定证据制度的彻底摒弃；它的确立，推动了诉讼制度的民主化，引起了诉讼结构的变革；它废除了刑讯逼供的证明方法和封建等级特权，确定了举证责任由控诉方承担的原则，还使被告人获得了辩护权，并在诉讼中确定了当事人平等对抗、举证辩论原则，使公民的基本权利在法律上得到一定程度的尊重。所有这些都体现出自由心证证据制度的进步性和时代要求。

2. 自由心证制度可以更好地在个案中实现司法公正。自由心证制度否定了

〔1〕 参见樊崇义：《证据法学》，法律出版社 2017 年版，第 21~22 页。

法定证据制度的形而上学的形式主义，将法官从法律对证据证明力的僵化规定中解放出来，可以依据自己的经验和良心对证据的证明力进行自由判断，保证了法官在运用证据认定案件事实上的自由裁量权，使其可以根据案件的具体情况进行审查证据和运用证据，为查明案情和正确处理案件提供了可能性。

3. 自由心证制度对司法制度的发展也有一定的推动作用。自由心证制度以对法官的理性和良知的信赖为基础，使现代社会的司法权威获得了新的内容，同时自由心证制度的确立，对法官的资格和素养提出了更多的限制和要求，这对于推动现代法官制度的建设乃至司法制度的发展无疑具有重大的意义。

尽管自由心证制度较之法定证据制度有其历史进步性，但同时也有其内在的局限性，主要表现在两个方面：首先，自由心证制度缺乏统一的认证标准或尺度，容易造成司法实践中的混乱。自由心证制度给法官和陪审团过大的自由裁量权，排斥判断证据时应遵守的规则，为法官的主观擅断打开了方便之门。其次，自由心证制度在认识论上存在一定的缺陷。自由心证制度以纯主观的"内心确信"真实为依据，而不是以特定的客观实在性为依据，缺乏主观认识与客观事实真相的统一。目前，无论是大陆法系国家还是英美法系国家，在实行自由心证的同时，都建立了一些证据规则对心证加以限制，避免自由心证的主观随意性，防止法官心证的滥用。因此，两大法系证据制度出现了融和的趋势。

第四节　中国证据制度的历史发展

中国古代证据制度的形成与发展是与中国古代社会的发展紧密联系在一起的。数千年来，在司法实践中为维护统治阶级的统治地位和社会秩序，必然要用法律开展各种案件的审理，而各种案件的审理必要涉及查清案件事实，分辨是非曲直。因此，相应的证据制度就必然应运而生。经过几千年的发展和传承，中国证据制度在清朝末期变法修律的时代背景下吸收了国外证据制度的经验，保持传统证据制度精华的基础上对传统证据制度进行了丰富和发展。新中国成立以来，证据制度虽然历经坎坷，但是在改革开放之后取得了丰硕的成果。

一、中国古代证据制度

与其他国家一样，我国古代的证据制度较为简单、粗疏且不成体系，在传统的法律体系中并不具备其应有的地位。但是，中国古代特殊的政治、经济和文化背景，使得古代证据制度在其形成和发展过程中必有其特点。[1] 从中国古代的各种法律中，可以概括出证据制度主要有以下几方面的特点：

（一）证据制度中的伦理、法理与情理并重

中国古代证据制度中充分体现中国传统伦理思想。法律伦理化是中华法系的重要特点，中国传统伦理对证据制度产生了深远的影响，其中最具代表性的是"亲亲相隐"原则。所谓"亲亲相隐"，是指法律规定一定范围内的亲属之间负有相互隐匿违法犯罪行为的义务，如果亲属间相互告发，则无论犯罪事实是否存在，告发者必须受到处罚。[2] "亲亲相隐"的理论依据来自于孔子的学说。据《论语·子路》记载，孔子认为"吾党之者异于是，父为子隐，子为父隐，直在其中矣"。"亲亲相隐"作为一种主张，在战国、秦、西汉前期并未得到统治者重视而上升为法律，到西汉中期情况才发生改变。汉宣帝于地节四年专门颁布诏令允许以隐匿的形式正面肯定妻、子、孙为夫、父、祖隐在法律上不作证的正当性。此后各代，国家立法基本上都遵循这一原则，"亲亲相隐"成为中国古代证据制度的重要组成部分。《唐律》名例律规定："诸同居，若大功以上亲及外祖父母、外孙，若孙之妇，夫之兄弟及兄弟妻，有罪相为隐。部曲、奴婢为主隐；皆勿论。若小功以下相隐，减凡人三等。"《大明律》虽较唐律严苛，但同样规定了"同居亲属有罪互相容隐""弟不证兄、妻不证夫、奴婢不证主"的法律原则。《大清律例》也规定："子告父，若所告不实，即父无子所告之罪行，子当处绞刑；若所告属实，即父确有子所告之罪行，子亦须受杖一百、徒三年之罚。妻告夫，或告翁姑（夫之双亲），同子告父之情况处理。"在中国这样一个以家庭为本位的伦理社会里，家庭内部的和谐稳定对于社会稳定有着巨大的意义。允许家庭成员间的互相告发和作证虽会在一定程度上有利于打击犯罪，但它破坏伦理纲常，给社会带来的负面影响将远远大于它的积极作用。

有学者研究发现，至隋代，与"证"互不统属的"情"的概念开始形成，情证结合的模式逐渐发展成熟。[3] "情"是指能够查明案件真相的一切资料，有广狭二义。广义的"情"既包括能够证明争议事实存在与否的证据，也包括对争议事实发生与否可能产生影响的相关事实；狭义的"情"仅指对争议事实

---

〔1〕 郑牧民、易海辉："论中国古代证据制度的基本特点"，载《湖南科技大学学报（社会科学版）》2007 年第 2 期。

〔2〕 郑牧民、易海辉："论中国古代证据制度的基本特点"，载《湖南科技大学学报（社会科学版）》2007 年第 2 期。

〔3〕 蒋铁初："中国古代诉讼中的情证折狱研究"，载《南京大学法律评论》2009 年第 1 期。

发生与否可能产生影响的相关事实，既包括客观事实，也包括能够体现行为人心理状态的各种表情和体态，但不包括证据本身。唐律"虽不承引，即据状断之"的规定就是要求司法官员从"情"与"证"两方面审查证据，认定案件事实。据《隋书·裴政传》载，裴政总结前人审理案件的经验，提出审理案件的两种模式：一是"察情"，一是"据证"。[1]《唐律》关于"疑罪"的界定以及疏议对疑罪的具体阐释，充分表明了情理与证据兼用的重要原则。依《唐律》规定，构成"疑罪"的重要标准之一是"虚实之证等，是非之理均"，即证明虚与实的证据数量及证明力相抵，表明真与伪的情况和理由均等，无法明确断定案情虚实和是非的，就构成疑案。由此可以发现，唐代律令要求对犯罪成立的认定不仅要证据之间没有矛盾，而且"实"的证据要明显超过"虚"的证据，在情理上支持有罪的理由要超过无罪的情和理。这充分体现了唐代重视证据与情理相结合的原则。[2]

（二）"师听五辞""以情折狱"具有深厚的心理学基础

在中国古代，人们逐渐发现并总结了一些心理学甚至犯罪心理学的知识并应用在了案件的审判中，以保证证据特别是口供的真实性。西周时期，《周礼·秋官·小司寇》记载，司法官吏应当"以五声听狱讼，求民情"。《尚书》记载："两造具备，师听五辞；五辞简孚，正于五刑。"这里的"听五辞"提出了中国古代经典的听讼方法"五听"。"五听"就是"五辞"，即辞听、色听、气听、耳听、目听。实际上就是要求司法官吏在审理案件时，应当注意受审人讲话是否有理，讲话时神色是否从容，气息是否平和，精神是否清醒，眼神是否有神，并由此推断出其陈述是否真实。秦律《封诊式·讯狱》也认为："凡讯狱，必先尽听其言而书之，各展其辞，虽智（知）其地，勿庸辄诘。其辞已尽书而毋（无）解，乃以诘者诘之。"[3]《唐律疏议·断狱律》在"讯囚察辞理"条疏议规定："诸应讯囚者，必先以情，审察辞理，反覆参验，犹未能决，事须询问者，立案同判，然后拷讯。"[4]"五听"制度在我国整个封建社会一直被官吏和法学者所推崇。由于该制度是我国古代司法经验的总结，因此它在我国古代证据史上产生了深远的影响。

〔1〕（唐）魏徵等：《隋书》（第五册·第 66 卷），中华书局 1973 年版，第 1549~1550 页。
〔2〕宋志军："唐代律令与司法史料之证据规则掇英"，载《国家检察官学院学报》2010 年第 6 期。
〔3〕《封诊式·讯狱》。
〔4〕《唐律疏议·断狱律》。

中国古代司法实践中曾通行的"术审"规则，是指不用刑讯而利用经验和推理审查证据、查明疑案的一系列方法。据典籍的解释，"术审"即司法官员在断案中，"或引而亲之以观其情，或疏而远之以观其忽，或急而取之以观其态，或参而错之以观其变。醉之以酒，以观其真；托之侦探，以观其实；要之于神，以观其状"。[1] 司法史料中记载的唐代官员运用"术审"的许多案例流传甚广并被后世借鉴，在诉讼实践中发挥了重要作用。可将其概括为两种：一是运用生活常识和经验审查判断证据；二是运用逻辑推理方法审查判断证据。晋朝张斐认为："情者，心神之使，心感则情动于中而行于言，畅于四肢，发于事业，是故奸人心忧而面赤，内怖而色夺，论罪务本其心，审其情，精其事，进取诸身，远取诸物，然后乃可以正利。"[2] 这实际上已经接近了现代犯罪心理学的范畴了。察言观色作为一个重要的获取证据的手段被广泛运用于案件的审理过程中。[3]

（三）以有罪推定为基础，实行"疑罪惟轻"原则

对于在诉讼中遇到定罪或不定罪都有一定理由的"疑罪"案件的处理，中国古代的刑事司法通常采用以下几种处理方式：一是"疑罪从赦"，即对于疑罪案件的被告人加以赦免。如《吕刑》记载："五刑之疑有赦，五罚之疑有赦。"《礼记·王制》记载，"疑狱，氾与众共之，众疑赦之"。二是"疑罪从轻"，即对于疑罪案件被告人加以从轻处理。如《尚书·大禹谟》记载："罪疑惟轻，功疑惟重，与其杀不辜，宁失不经。"三是"疑罪从赎"，即对于疑罪案件被告人，允许其交纳一定的金钱财物"赎买"刑罚。如《唐律》规定："诸疑罪，各依所犯，以赎论。"

唐律关于疑罪的规定，表明唐代统治者对定罪有较高的证据要求，体现了唐代对案件事实与证据之间关系的深刻认识以及慎刑精神，尽管采取了"疑罪从赎"的有罪推定，然而在当时的历史条件下能达到这一认识水平已经难能可贵。唐律疑罪规定的积极因素有三：其一，重视疑罪认定中情理与证据的综合衡量。其二，明确界定疑罪的标准，即"虚实之证等，是非之理均"，并且列举典型的虚实之证等、是非之理均的情况，便于实践中理解和把握。除此之外，"之类"的规定类似于现行立法常用的"其他"条款，对不能列举的情况用开放

---

〔1〕 （清）魏息园：《不用刑审判书》。

〔2〕 《晋书·刑法志》。

〔3〕 郭成伟主编：《中国证据制度的传统与近代化》，中国检察出版社 2013 年版，第 8 页。

式的条款表明，唐代的立法技术达到了较高的水平。其三，区分了实体上的疑罪和程序上的疑狱，并且规定了疑狱的处理程序。疑罪的标准和疑狱处理程序的规定，既给官员裁量证据是否充分提供了参考，又为官员评议疑难案件提供了程序保证，为司法官员行使自由裁量权，最终形成"理不可疑"的心证提供了富有实际价值的规范和指引。唐律确定疑罪的方法和标准对于我国目前证明标准的界定有一定的借鉴意义。[1]

（四）以人证为主要证明手段，定罪重视被告人的供述

在中国古代社会中，司法官吏审理刑、民事案件，就已比较注意和重视听取当事人的陈述和获取口供。因此，当时司法证明的主要手段是人证，包括当事人陈述和证人证言。当然，最主要的人证就是当事人的陈述。在刑事案件中，被告人的认罪口供被视为最重要和最好的定罪证据。封建法律规定"断罪必取输服供词""罪从供定，犯供最关紧要"。之所以如此，《资治通鉴》的解释是"狱辞之于囚口者为款。款，诚也，言所吐者皆诚实也"。即狱囚在受审时供述的犯罪供词是真实可信的，是最好的证据，必须"罪从供定"。因此，除了少数案件法律规定可以"据众证定罪""据状科断"外，一般的案件都必须有囚犯的供词才能定罪判刑。于是，"断罪必取服输供词"便成为中国古代法律中的一个重要的审判原则，并遵从所谓的"无供不录案"的诉讼规则。

为了保证证言的真实性，中国古代还设立了两项保障措施。一是诬告反坐。《秦律》中就有诬告罪的规定，实行"诬告反坐"制度。汉朝法律也实行诬告反坐，甚至把诬告作为一种严重的罪行进行追究。到了明、清时期，法律对诬告的处罚规定得更加严厉了。二是对作伪证的人进行处罚。《唐律》中明确规定了证人伪证的责任，如《断狱律》规定："诸鞫狱者，皆须依所告状鞫之。若于本状之外别求他罪者，以故入人罪论。"即如果证人作证故意不言实情，造成罪有出入的，则应按被证人所出入之罪减等处刑。

（五）以法律的形式对刑讯进行限制和规范

古代诉讼经常面临二难选择：如果不采用刑讯的方法，很多案件将由于缺乏口供而无法定案。如果不对"拷囚"行为严格规制，则滥施刑讯必将导致大量不堪酷刑而屈打成招的现象发生，最终导致冤狱丛生。从秦汉到明清的历代王朝，都将刑讯逼供明确规定在法律中，使刑讯成为合法的程序和取证手段。《汉律》规定，对犯重罪的被告人，如果有充分的证据足以证明，而他不服狡辩

---

〔1〕 宋志军："唐代律令与司法史料之证据规则掇英"，载《国家检察官学院学报》2010 年第 6 期。

的，即可拷打，但应把已予查证清楚的情况在汇报材料中注明。南北朝时对刑讯的方法、用具及用刑限度等有了具体的规定，至唐朝刑讯制度已相当完备。唐代统治者发挥高超的立法技术，通过制定严密的拷囚规则，防止滥施刑讯，限制不当刑讯，在查明真相和减少冤狱之间寻求平衡。例如，妇女怀孕缓拷；证人也可拷打；若刑讯逼不出供词，告发者就有诬告之嫌，同样应对其刑讯等。唐代拷囚规则的内容分为三个层次：其一，讯囚的前提条件：先以情，审查辞理，证见疑似，事需讯问。尽管唐代律令将刑讯合法化，但是并不是"常规化"，不是所有的案件、所有的涉案人、在任何情况下都要刑讯，而是明确规定了刑讯的条件。其二，拷囚的行为规范：限定刑具规格、拷打部位和拷掠对象。其三，严格限制刑讯之适用，对违法刑讯进行制裁。《唐律疏议》明确规定超过杖击数目以及拷囚致死等违法刑讯的法律责任。若违反律令规定恣意拷掠，或以其他方法拷掠者，"杖一百，杖数过者，反坐所剩；以故致死者，徒二年"。另外，明确规定了拷掠对象不当的法律责任。[1]

（六）重视获取物证，勘验鉴定技术相对发达

中国古代证据制度的一个基本特点是在司法实践中很早就注重获取物证。《周礼·地官·小司徒》记载："地讼，以图证之。"可见，早在周朝的诉讼中，已重视物证的收集与运用。在秦朝时，物证就已经得到了司法官员的重视，成为认定案件事实的重要证据。据《睡虎地秦墓竹简·封诊式·治狱》记载：甲、乙二人捕获丙、丁并将他们私铸的钱币与器物送交官府作为定罪的物证。可见，中国古代的证据种类有多种形式，除当事人陈述、证人证言等人证外，还有物证、书证等。物证在唐宋以后的诉讼中发挥的作用越来越大，系统的物证理论也开始出现。郑克在《折狱龟鉴》中强调物证在审案过程中的重要作用，"按证以人，或容伪焉，故前后令莫能决；让以物，必得实焉，故盗者，始服其罪"。这种物证优于人证的思想，是对传统证据观念的一个重大突破。由于古代司法对物证的重视，与物证的收集、辨别和运用紧密相关的勘验鉴定制度在中国古代起源很早，形成了重视勘验鉴定的传统。[2] 除了重视物证以外，中国古代民事案件审判中非常重视"地契""契约"等书证，甚至在一定程度上形成了"券证"绝对观念。"券证"绝对观念主要体现在以下几个方面：其一，许多律、

〔1〕 宋志军："唐代律令与司法史料之证据规则掇英"，载《国家检察官学院学报》2010 年第 6 期。
〔2〕 郑牧民："中国古代获取证据的基本特点及其理据分析"，载《湘潭大学学报（哲学社会科学版）》2009 年第 4 期。

令、条例将有契券作为受理民事案件的条件。其二，案件受理后无契券等证据，州县官吏通常以"不准"结案。其三，当事人提供的契券证据不足以证明案件事实，司法官责令呈上。另外，券证绝对的观念还体现在司法官员对契券证据的审查判断上。依据判例、判牍，凡涉及户婚、田土、钱债等民事案件，司法官员着重审查判断券证的有无、真伪。由此可见，"交易有争，止凭契券"是中国古代民事证据的基本适用规则。[1]

中国古代有关的勘验技术比较发达。据《礼记·月令》记载："孟秋之月……命理瞻伤，察创，视折，审断。决狱讼，必端平。"即要求治狱之官应认真勘验检查伤皮、伤肉、骨折及截肢等程度大小以证犯罪之轻重。秦朝的官员很重视案件的现场勘验，在"经死""贼死""穴盗"等案件的现场勘验记录中就有了关于绳索、衣物和痕迹等物证的详细描述，还有关于法医检验的纪录。据史料记载，早在三国时期，就有运用笔迹勘查鉴定法破案的案例。古代笔迹勘查鉴定的科技含量不高，从三国时期到清代，基本上是通过比较形成的感官判断，一旦碰到可以以假乱真的模仿，伪造者又矢口否认，司法官或束手无策，使案件久拖不决；或求助于刑讯迫使伪造者承认，草率结案；或依赖智慧，迫使伪造者不得不承认。总之，在古代的笔迹勘查鉴定中，智慧的作用远胜于科技的力量。[2] 唐代以后的勘验及物证检验技术得到重大发展，到宋代已发展到高峰时期。最具代表性的是宋慈的《洗冤集录》，它从法医学的角度，通过大量的鉴定实例，对许多容易混淆的伤亡现象和死亡现象的原因作了比较科学的鉴定结论，如关于暴力死与非暴力死、自杀与他杀、生前伤与死后伤、真伤与假伤、中毒与急死等，并提出了许多关于如何检验、取证和审查判断证据方面的意见。《洗冤集录》作为中国古代出现的首部法医学专著，也是世界上最早的一部系统的法医学著作，它使中国古代的勘验制度在经验的基础上向理论化发展。

（七）取证方法多样，特殊取证技术得到运用

中国古代获取证据的方法是随着文明历史的不断进化而逐步得到完善的。周朝就开始注重运用证据处理案件。在此后的立法和司法实践中，获取证据的技术和方法不断得到发展与完善，获取证据的方法主要有"情讯法""刑讯法"

---

［1］　祖伟：《中国古代证据制度及其理据研究》，法律出版社 2013 年版，第 193~194 页。

［2］　郑牧民："中国古代诉讼中审查判断证据的主要方法"，载《吉首大学学报（社会科学版）》2011 年第 3 期。

"勘验鉴定法""察访询问法",[1] 等等。当案件比较复杂,现有证据不足或难以凭信,而运用通常的方法又难以查明案情时,司法官员在办案过程中充分发挥主观能动性和聪明才智,利用心理、人性、自然规律甚至动植物的特性等科学知识,获取证据或者破案线索,积累了大量的特殊取证方法,例如秘密取证、以谲"覈奸"以及冥司审判中"业镜、业称"的运用等,[2] 宋代郑克将此类侦查手段概括为"用谲察贼"。唐代的特殊取证手段尤为发达。唐代特殊取证规则主要表现为秘密取证、利用动物习性取证和以谲取证等方法的运用。据史料记载,在隋朝已经有"以谲"查明疑难案件的实例。唐代司法官员充分利用生活经验,从日常生活中发现可资利用的侦查取证方法。其中,利用动物习性和植物特性帮助司法官员寻找证据和案件线索就是典型。从司法史料来看,以谲取证也是唐代司法活动中获取证据的一种常用方法。"谲"尽管不是法定的取证方法,但是在当时侦查技术和认识能力有限的情况下,靠计谋查明真伪和揭露隐情,在唐代的司法实践中的确能发挥重要作用。特殊取证手段的运用,体现了我国司法官员取证和查案的智慧,既不轻信供状,又不是通过简单化的刑讯逼供来获取证据,而是明察暗访、善用谋略、巧妙利用人性弱点和趋利避害心理、重视勘查检验等,体现了重证据、重调查、重推理、重情理的高超技巧,既查明了案情,又避免了刑讯的滥用。

二、中国近现代证据制度

自 1840 年鸦片战争之后,中国沦为半殖民地半封建社会。从清朝末年开始,西方国家的政治思潮和法律制度开始大量进入,使中国的政治、经济结构发生了重大变化,对法律制度乃至证据制度也产生了较大的影响。

1905 年由沈家本组织编撰了我国历史上第一部诉讼法《大清刑事民事诉讼法》,又于 1910 年编撰了《刑事诉讼律例草案》和《民事诉讼律例草案》,从而第一次实现了实体法和程序法之间以及刑事诉讼与民事诉讼之间的区分。随着清末刑事、民事诉讼律的独立成篇,中国的证据制度逐步完备起来,确立了无罪推定、自由心证、言词辩论、禁止刑讯逼供等原则,而且对证据种类和证明责任等问题作了比较明确的规定。

1911 年辛亥革命后,南京临时政府即开始进行法律制度的改革,于 1912 年

---

〔1〕 郑牧民:"论中国古代获取证据的方法",载《吉首大学学报(社会科学版)》2009 年第 1 期。
〔2〕 陈玺、宋志军:"唐代刑事证据制度考略",载《证据科学》2009 年第 5 期。

3 月 2 日颁布《大总统令内务、司法两部通饬所属禁止刑讯文》，明确规定："不论行政司法官署，及何种案件，一概不准刑讯。鞫狱当视证据之充实与否，不当偏重口供。"并命令各级官府将"从前不法刑具，悉令焚毁"。从而首次在法律上否定了刑讯制度，实现了中国证据制度史上的重大进步。

1921 年北洋政府年颁布了《刑事诉讼条例》，其中第 305 条规定："犯罪事实，应依证据认定之"，第 306 条规定："证据，由法院判断之"。这表明，受资产阶级法律观点的影响，此后的中国在形式上吸收了资本主义法律制度的先进之处，已开始实行自由心证制度。

国民党统治时期，除了承袭北洋政府时期的法律外，在制定、颁布和施行刑、民事诉讼法时，极力仿效德、日等资本主义国家的诉讼法典。在 1928 年 7 月颁布了《刑事诉讼法》，并于 1935 年和 1945 年两次修正公布施行；在 1930 年颁布了《民事诉讼法》，同样于 1935 年和 1945 年两次修正公布施行。由于西方诉讼法律文化的继续冲击和渗透，在国民党政府时期，中国近现代诉讼法律体系在形式上完备起来，并最终全面确立了资产阶级的证据制度。确立的证据原则主要有：无罪推定、证据裁判、自由心证、直接审理、言词辩论、正当取证、禁止刑讯、举证责任等。尽管国民党时期已有了一些较为进步的证据规定及原则，但其立法上的证据制度和司法实践中的证据制度相差甚远，诸多法律规定很少付诸实践。

三、当代中国证据制度

当代中国的证据制度可以概括为四个阶段：[1]

第一个阶段，从 1931 年到 1949 年，这是当代中国证据制度的初创期。中国共产党从革命根据地时期到抗日战争时期、再到解放战争时期，随着一些法律、法规的建立，也形成了一些重要的证据原则和规定，主要有：重调查研究，实事求是；严禁刑讯逼供，重证据不轻信口供；证据必须确实、充分；当事人等提供证据的责任以及收集、审查、判断各种证据的程序等。尽管这一时期有关证据的法律规范还不系统、不完整，但是它所确立的证据制度的基本原则，为中国当代证据制度的形成和发展奠定了重要的基础。

第二个阶段，从 1949 年到 1966 年，这是当代证据制度的发展期。新中国成立以后，中央人民政府在废除国民党伪法统和总结革命根据地司法工作经验的

---

[1] 四个阶段的划分法，参见樊崇义：《证据法学》，法律出版社 2017 年版，第 26 页。

基础上，建立了新的证据法律制度。尤其是 1954 年《宪法》以及随之颁布的《人民法院组织法》《人民检察院组织法》等，标志着我国社会主义法制进入了一个新的发展阶段，也表明我国证据制度在新的社会形势下正逐步发展和健全。1956 年最高人民法院根据宪法和两院组织法的规定并结合司法实践经验所作的《各级人民法院刑、民事案件审判程序总结》，系统地总结了法庭审理调查证据的原则、方法和程序，这对于健全我国当代的证据制度、树立实事求是的审判作风发挥了重要作用。然而，在 1958 年以后，我国司法制度受"左倾"思潮的影响和干扰，证据制度的发展偏离了健康发展轨道，已确立的重调查研究、实事求是、重证据不轻信口供等证据原则受到了冲击。

第三个阶段，从 1966 年到 1976 年，这是当代证据制度的瘫痪期。"文化大革命"十年，是我国的社会主义民主和法制遭到破坏的十年。在这十年中，公、检、法被砸烂，各种证据原则和规定被抛弃、被践踏，甚至提出办案要着眼于先定性质、再找材料的口号，从而在全国范围内制造了大批的冤假错案。因此，自 1966 年文化大革命开始，中国的社会主义民主法制遭到了践踏，证据制度也受到了全面的重创，遭受了重大损害，处于停滞甚至瘫痪、倒退的状态。

第四个阶段，从 1976 年到现在，这是当代证据制度的完善期。1976 年 10 月以后，中国逐步走向改革开放，尤其是十一届三中全会以后，中国的法律制度以及证据制度逐步恢复、发展和完善，进入了一个新的时期。改革开放之后，随着我国高等教育和法学研究体系的恢复和重建，我国证据法学也开始了学科重建的历程。1979 年、1982 年、1989 年先后通过的《刑事诉讼法》、《民事诉讼法（试行）》（现已失效）和《行政诉讼法》中以专章的形式初步确立了证据制度。《刑法》《民法通则》《海商法》《仲裁法》《侵权责任法》《国家安全法》《治安管理处罚法》《电子签名法》《关于司法鉴定管理问题的决定》等众多的法律、法规，以及两高的司法解释中，都有证据的有关规定。这些证据的立法规定，成为当代中国证据制度的重要基础和依据。随着 1979 年《刑事诉讼法》的颁布，刑事证据的研究开始出现了新局面。1983 年我国第一部《证据学》教材[1]的出版，标志着证据法学理论体系得以初步确立。该书总论的主要内容包括中外证据制度，证据的概念、对象、责任、种类，以及收集证据、保全证据、审查判断证据的要求和方法，分论则阐述了各种证据的意义、提取以及审查判断的问题，其中并没有涉及证据的可采性问题。由于当时刑事诉讼法和民事诉讼

---

[1]　巫宇甦主编：《证据学》，群众出版社 1983 年版。

法中对证据的规定非常简单，使得证据法学学科完全依附于发达的诉讼法学学科而缺乏相对独立的学科地位，证据法学的研究主要集中在证据的调查收集等方面而不是证据的审查规则。应该注意的是，这个时期的证据法学并不被称为"证据法学"，而是被冠之以"证据法"称号，其学科内涵也不仅仅是以证据的制定法为核心，而是涵盖了与证据相关的一些相邻学科。裴苍龄教授的《证据法学新论》第一次系统地提出了证据法学的概念，认为证据制度的核心是证据法，即"有关证据的一切立法"，证据法学的概念及证据法学教材的体系逐步为学界所接受。随着学科独立地位的逐渐明晰，20 世纪 80 年代的证据法学从研究内容上来说有了进一步拓展，学科研究重点逐渐由传统的注重证据的收集调查开始转向证据的收集调查与证据的合法性审查并重的研究格局。进入 90 年代以后，基于深刻的社会变化所带来的案件量等各方面的要求，法院系统开始进行深刻的庭审制度改革。在这一场延续至今的改革中，很重要的一项内容便是将我国传统的职权主义审判方式改革为当事人主义的审判方式。为了执行我国在民事诉讼证据和行政诉讼证据方面的立法，最高人民法院分别于 2002 年 4 月和 7 月颁行了《民诉证据规定》和《行诉证据规定》两部司法解释。这两部司法解释对民事诉讼和行政诉讼中的证据问题进行了系统的规定，它们的颁行是我国证据立法建设上的一个重大进展，为我国证据立法的系统化作出了重要的尝试。2010 年 7 月实施的《侵权责任法》对于侵权行为的证明责任进行了较为细致的规定，进一步丰富和完善了民事证明责任制度。与此同时，为了弥补我国在刑事证据立法方面的缺陷，两院三部《非法证据排除规定》以及《办理死刑案件证据规定》，在很大程度上丰富了刑事诉讼证据规则。近年来，《刑事诉讼法》《民事诉讼法》和《行政诉讼法》均进行了修改，有关的证据规定有了较大程度的完善，确立了一些重要的证据原则和规则，大大推进了我国证据制度的发展。最高人民法院等部门制定的有关司法解释中有关证据的内容，既是对证据立法规定的解释，也是对实践运作的规范性要求。因此，这些司法解释也是当代中国证据制度的重要内容，对证据立法和证据实践运作都有着积极的推定作用。

改革开放四十年以来，我国证据法学的学科建设也取得了巨大的成就。其一，经过几代证据法学学者的努力，建立起了较为完整的证据法学学科体系。其二，证据法学学科取得了独立的地位，逐渐由传统上依附于诉讼法学的附庸地位独立出来，许多专属于证据法学学科的问题也因为证据法学学科的独立地位而到了重视，为证据法学进一步发展奠定了基础。2016 年 7 月，为贯彻落实

《中共中央关于全面推进依法治国若干重大问题的决定》的有关要求，推进以审判为中心的刑事诉讼制度改革，最高人民法院、最高人民检察院、公安部、国家安全部、司法部联合发布《关于推进以审判为中心的刑事诉讼制度改革的意见》，标志着"以审判为中心"的刑事司法体制改革深入推进。以审判为中心实际上是以庭审为中心，实现庭审实质化。要求事实调查在法庭、证据认定在法庭、控诉辩护在法庭、定罪量刑在法庭、裁判说理在法庭。由此可见，证据是以审判为中心的司法改革的核心，证据制度的完善是以审判为中心的司法改革成功的关键。

➲ 练习案例

《疑狱集》记载了吕元膺利用人的反常举动破案的实例。吕元膺在镇守岳阳时，一天外出登高游览，"忽见有丧舆者驻之于道左，男子五人皆缞服随之。公曰：'远葬则汰，近葬则省，此奸党为诈也。'乃令左右搜索之，棺木皆兵刃"。

《朝野佥载》记载了董行成通过仔细观察人和驴的反常之处，查获盗贼的案例。怀州河内县董行成能策贼。有一人从河阳长店盗行人驴一头并囊袋，天欲晓，至怀州。行成于街中见，叱之曰："彼贼住，即下驴来。"贼即承伏。人问何以知之，行成曰："此驴行急而汗，非长行人也；见人则引驴远过，怯也。以此知之。"捉送县，有顷驴主寻踪至，皆如其言。

《折狱龟鉴》记载了张允济"决牛案"。唐张允济，隋大业中为武阳令，务以德教训下，百姓怀之。元武县与其邻接，有人以牸牛依其妻家者八九年，牛孳生至十余头。及将异居，妻家不与。县令累政不能决。其人诣武阳质于允济，允济曰："尔自有令，何至此也。"其人垂泣不止，且言所以。允济遂令左右缚牛主，以衫蒙其头，将诣妻家村中，云捕盗牛贼，召村中牛悉集，各问所以来处。妻家不知其故，恐被连及，指其所诉牛曰："此是女婿家牛也，非我所知。"允济遂发蒙，谓妻家人曰："此即女婿，可以归之。"妻家叩头服罪。

《折狱龟鉴》记载了王璥推奸案。唐贞观中，左丞李行廉弟行诠前妻子衷，烝其后母，遂与潜藏，云："敕追入内。"行廉不知，乃以状闻，朝廷推诘甚急。后母诈以领巾勒项卧街中，长安尉诘之，云："有人诈宣敕唤去，一紫袍人见留数宿，不知姓名，因勒送街中。"县尉王璥令并其子引就房推问，不服。璥先令一胥伏于案下，又令一胥走报云："长史唤。"璥仓皇锁房门去。于是母子相谓曰："必不得承。"复有私密之语。璥至开门，案下之人亦出，母子大惊，并服其罪。

问题：

1. 我国古代司法官员善于采用"以谲取证"的策略获取证据，查明案件事实。上述案例中，哪些案例体现了这一策略的运用？

2. 依情理审查证据的"术审"规则是我国古代证据制度的宝贵经验，结合上述案例分析"术审"规则是如何运用的？

思考题

1. 简述神示证据制度及其内容。

2. 简述法定证据制度的内涵及其特点。

3. 怎样正确认识自由心证证据制度？

4. 怎样理解法定证据制度和自由心证证据制度的关系？

5. 如何认识中国古代证据制度的特点及其文化内涵？

6. 论述对当代中国证据制度发展的认识与展望。

第
二
章
证据法学的理论基础

⟐学习指导

通过本章学习，对证据法学的理论基础有基本的了解和理解，认识传统的辩证唯物主义认识论、程序正义与形式理性、认识论与证据法学的关系等内容。学习的重点和难点包括证据法学理论基础的争鸣、客观真实与法律真实之争、价值论基础的基本内容。

第一节　证据法学理论基础的争鸣

证据法学，是研究关于证据的法律规范和诉讼或非诉讼法律事务处理过程中运用证据认定事实或其他法律事实的规律、方法和规则的学科，是现代法学体系的重要组成部分。证据法学的理论基础是证据法学得以形成以及支撑其演进发展的一套理论和操作标准。新世纪之初，证据"理性主义传统"[1]被各国普遍接受，因传统的"证据学"理论不仅无法包含大量现代的证据规则，而且与现有的刑事诉讼法学理论也显现出明显的不兼容性，我国理论界开始研讨从"证据学"到"证据法学"的理论转型[2]。然而，受传统证据学思维禁锢，关于证据法学理论基础的探讨仍显薄弱。目前学界关于证据法学之理论基础存在着"一元论"和"二元论"之争，尤其是关于"认识论"和"价值论"在证据法学理论基础中的地位问题，也历来存在着不同的认识和主张。

---

[1]　参见［英］威廉·特文宁著，吴洪淇、杜国栋译：《证据理论：边沁与威格摩尔》，中国人民大学出版社 2015 年版，第 18~26 页。

[2]　陈瑞华："从'证据学'走向'证据法学'——兼论刑事证据法的体系和功能"，载《法商研究》2006 年第 3 期。

一、传统的辩证唯物主义认识论

自 20 世纪 50 年代初以来，我国诉讼法学界一直主张以辩证唯物主义认识论作为证据制度的理论基础。以刑事证据理论为例，有论者认为"我国刑事证据制度的理论基础主要是辩证唯物主义认识论和司法公正论"[1]，也有论者认为"在借鉴和移植苏联刑事证据法学理论的基础之上，我国学者不仅将辩证唯物主义认识论作为我国刑事证据制度的根本指导思想，甚至将其作为我国传统刑事证据法学的唯一理论基础"[2]，这正是我国马克思主义证据法学的特色和优势。"辩证唯物主义认识论，是关于人类认识自然、社会的一般规律的科学，揭示了人类认识发展的最普遍的规律；证据理论则是关于办案人员认识案件事实的规律的科学，揭示了司法人员对案件事实认识的特殊规律。因此，证据理论作为部门科学，不能不受辩证唯物主义认识论的制约和指导，不能不体现辩证唯物主义认识论的各个规律和范畴。"[3] 按照辩证唯物主义认识论的基本思想，一般认为，辩证唯物主义认识论在内容上包括三个基本要素：①可知论，认为客观世界是可以认识的，人具有正确认识世界的能力；②实践是检验真理的唯一标准，实践是认识的源泉，认识依赖于实践，实践对认识具有决定作用；③反映论，认为人认识世界是一个由感性认识到理性认识、不断反复发展的过程。辩证唯物主义认识论的影响是明显的，在可知论指导下，证据法确立了查明案件事实真相的认识论目标，对证据和证人资格的规定很宽泛，如所有能够证明案件真实情况的事实都是证据，凡是知道案件情况的人都有义务作证。在实践是检验真理的唯一标准的指导下，我们确立了实事求是、尊重案件客观事实的认识论原则，如在刑事诉讼中，要求公安机关提请批准逮捕书、人民检察院起诉书、人民法院判决书都必须忠于事实真相；侦查人员、检察人员、审判人员、诉讼代理人要依法定程序，收集各种证据，必须保证一切与案件有关或者了解案情的公民，有客观充分地提供证据的条件。

二、程序正义与形式理性

自 20 世纪 90 年代中期以来，我国理论界对西方证据法学理论研究不断深

---

[1] 参见张保生主编：《证据法学》，中国政法大学出版社 2014 年版，第 19～28 页。
[2] 王超："中国刑事证据法学研究的回顾与转型升级"，载《法学评论》2019 年第 3 期。
[3] 裴苍龄："论证据学的理论基础"，载《河北法学》2012 年第 12 期。

入，三大诉讼法的立法不断吸收西方国家诉讼制度的合理因素，证据规范的司法实践不断拓展，传统证据法学理论受到了前所未有的挑战。其中，受到质疑最大的莫过于对于传统证据法学具有指导地位的辩证唯物主义认识论。

证据法的意义即在于实现诉讼活动中人们所追求的对于案件事实的探寻以及在案件处理过程中对于实体法的运用。我们通过证据法所规范的行为，就是在各种各样对案件事实的获得途径中，使裁判者在事先预定的特定价值范畴以及特定方式中，对于案件事实进行认定与评判，使得裁判者对于案件事实的找寻、认定、处理过程处于法律规定的框架内，限制裁判者超出法律界限的行为。"在认识论的层面上，事实是可谬的。"[1] 在法律程序中，重要的问题是人们如何查明案件事实，即对于案件事实的探求并不是可以违背道德或是不择手段的，这正是现代诉讼程序的进步意义所在。

在诉讼活动中，人们通过诉讼程序定分止争，解决利益纠纷，现代法律中的程序法恰恰将解决纠纷的过程纳入法律规定的范畴中，使得裁判者进行司法审判的过程中的行为都处于程序法的规范内容之中，这正是证据制度所涉及的形式理性观念。而在诉讼活动中所涉及的对法律价值的选择与追求正体现了我们所谓的程序正义的理论内涵。由此，证据法学的理论基础可分为两部分：一是形式理性理念；二是程序正义理念。

现代证据法学的构建以及证据规则体系的完善，都依赖于形式理性观念的建立；否则，任何与此有关的努力和尝试都将遭到失败。形式理性观念认为，所有法律原则、规则或制度一旦建立并具有实际的效力，就必须得到遵守；任何对这些原则、规则或制度的违反，不论出于什么样的动机和目的，都必须承受消极的法律后果，或者受到相应的法律制裁。具体到证据法实践方面，所有旨在规范证据能力、证据收集、证据审查和司法证明活动的法律程序规范，都必须得到遵守和实施，而不论这种遵守和实施会带来什么样的后果。[2] 另一方面，必须对诉讼领域中的"事实"作出准确认定。"事实是证据法的逻辑起点"[3]，事实的真实性与存在的客观性分属不同层面。实际上，"事实"在法律程序中有双重含义：一为社会和经验层面上的事实，二为法律层面上的事实。依据形式理性观念的要求，无论是裁判者还是控辩双方，都不能为寻求社会和

---

〔1〕　王敏远："再论法律中的'真实'——对相关问题的补充说明"，载《法学研究》2004 年第 6 期。

〔2〕　陈瑞华："从认识论走向价值论——证据法理论基础的反思与重构"，载《法学》2001 年第 1 期。

〔3〕　参见张保生："事实、证据与事实认定"，载《中国社会科学》2018 年第 8 期。

经验上的事实而无限制地进行活动。诉讼都是在法律程序的严格限制和规范下进行的定纷止争活动，裁判者不可能为探求"实质真实"而任意进行调查活动，他主要对控辩双方提交的证据材料进行审查，并受到控辩双方举证、质证和辩论活动的限制，他对事实的认定还要受到严格的法定程序期限的限制。裁判者不可能为发现真实而反复启动法律程序拖延诉讼，也不能为此而拒绝法律确定的手段和程序。相反，裁判者必须在承担证明责任的一方进行证明的前提下作出裁判。显然，经过这种法律裁判，裁判者对案件事实的认定带有较强的法律适用色彩，实际体现了自己对案件事实所作的主观能动性的判断。因此，在严格的法定形式主义的限制下，裁判者所认定的事实显然不等于社会或经验层面上的所谓"客观事实"，而只能是法律上的事实。建立在认识论基础上的程序工具主义理论，只强调法律程序的工具意义，而完全否认其独立的固有价值，结果最终必然走向程序虚无主义。现代证据法学的核心问题是发现事实真相的方式和手段的正当性问题，它必须建立在程序正义理论的基础之上。根据程序正义理论，法律程序是为保障一些独立于判决结果的程序价值而设计的，这些价值有参与、公平以及保障个人的人格尊严等；一项符合这些价值的法律程序或者法律实施过程固然会形成正确的结果，但是这种程序或过程的正当性并不因此得到证明，而是取决于程序或过程本身是否符合独立的程序正义标准。

从程序正义理论的角度来看，诉讼的最终目标应当是以符合正义要求的程序解决争端，以求得诉讼或仲裁过程的公正性。证据法本身必须具有内在的优秀品质和公正标准。司法实践中，证据法应当发挥"公平竞赛"规则的作用，以维护诉讼两造机会的公平、地位的对等和法律程序的正当性。因此，证据不仅应当具有客观性和关联性，更要符合法律规定的资格与条件。例如，证人要具有提供证言的资格，也必须符合法律所限定的条件，在具有因特定身份或职业而导致其作证可能损害特定的利益和价值的场合下，证人的作证义务应加以免除；非法证据排除规则，则更直接体现了法律对程序的尊重以及对公民自由、隐私权的维护。

三、二元论

辩证唯物主义认识论是马克思主义理论的重要组成部分，其所调整的对象主要是人类的认识活动。实际上围绕着证据的运用所进行的活动都是以解决利益争端为目的的法律活动，其中包含着认识过程，但绝不仅仅等同于认识活动。就证据法学而言，它涉及的价值是多方面的，诉讼中的证明活动不仅要符合人类主观认识客观世界的一般规律、尽量符合或接近客观事实真相，而且要规制发现事实真相的手段和方法，使证明的途径和程序符合现代司法民主和文明的理念，具有正义性、合理性、公平性。[1] 因此，辩证唯物主义认识论的原理和程序正义的理论应当是我国证据制度的理论基础，即所谓的"二元论"。

（一）认识论与程序正义理论

有学者认为，辩证唯物主义认识论为我们提供了正确认识客观世界的方法和途径，程序正义理论则为我们从法律上规范和制约这些认识方法和途径提供了正当性。[2] 二者的对立统一，成为指导我们证据法学的理论基础。在刑事诉讼证明活动中，认识论与价值论的关系也是如此，统一并重、相互作用。认识论在证明活动中始终发挥着指导作用，而价值论则集中体现为程序价值，对认识活动提供指引与制约。首先，诉讼证明活动的整个过程都离不开认识活动，它既包括对证据的认识，也包括对案件事实的认识；其次，诉讼证明必须接受以程序正义为核心的程序价值论的指引及制约，即对事实的追寻要受到法律规定的制约，在二者发生冲突时，法律规定应优于事实之真，无论是证据的收集、审查判断还是运用均须符合正当程序的要求，非法取得的证据应当被排除。即，证据法学必须将认识论与价值论并重，二者有机结合、取长补短、相得益彰，并兼顾实体正义与程序正义的要求。

（二）认识论与法律价值、平衡理论

辩证唯物主义认识论不应是证据制度的唯一理论基础。"诉讼活动并不仅仅为一种以发现事实真相为目的的认识活动，而更包含着一系列诉讼价值的实现和选择过程；将诉讼活动仅仅视为认识活动，必然会导致'重实体，轻程序''重结果，轻过程'，甚至'重权力，轻权利'。"[3] 辩证唯物主义认识论是哲学的范畴，在作为证据制度的理论基础时，提供一般性的指导规则、规律。在承认辩证唯物主义认识论对证据制度指导作用的同时，我们也应看到收集证据和运用证据解决案件的过程与人类一般的认识活动是不同的。随着单一理论基础的局限性逐渐暴露和对刑事诉讼活动认识的深化，一些学者对之提出了质疑并构建了新的理论基础，有学者认为"围绕着证据的运用所进行的活动无论具

---

〔1〕　卞建林：《证据法学》，中国政法大学出版社 2014 年版，第 10 页。

〔2〕　参见陈学权："证据法学理论基础论纲"，载《西部法学评论》2008 年第 2 期。

〔3〕　陈瑞华："从认识论走向价值论——证据法理论基础的反思与重构"，载《法学》2001 年第 1 期。

有何种诉讼类型，都是以解决利益争端和纠纷为目的的法律实施活动"[1]，其中尽管包含着认识过程，但并不仅仅等同于认识活动。该观点认为，认识论是证据法学的理论基础之一，追求客观真实是刑事诉讼的主要目标之一；证据法学的另一理论基础是法律价值及其平衡、选择理论，证据法的价值既不是一元的，也不是二元的，而是多元的。

纵观证据制度的发展和更替史，任何一种证据制度无不以在当时有限的物质基础和认识能力的条件下尽可能地发现案件事实真相为主要目标，因此，发现案件事实真相以实现实体公正无疑是证据法永恒的价值目标。与此同时，查明案件事实真相也必须遵循现代文明法治国家正当程序的基本要求，实现目的与手段在伦理、价值上的一贯性，因此程序正义理论应成为证据法的另一价值目标。另外，面对实践中司法资源的有限性与社会纠纷、矛盾的增加所导致的司法资源的供需矛盾，效率也逐渐成为司法的主题之一，因此证据法在以公正为其基本的价值目标的同时也必须兼顾到诉讼效率。综上，我们认为，以利益衡量原则为指导，证据法学的价值基础既包括诉讼上的实体公正、程序公正以及效率等价值，也包括诉讼价值以外的一些实体价值。在多元的价值体系中，有的价值是相互一致的，然而更多的是相互冲突和矛盾。当这些价值发生冲突时，只能根据利益衡量的基本标准和原则，确定某些价值更为优越而放弃其他价值。

第二节　认识论

无论是在诉讼活动中还是在非诉讼活动中，围绕证据的运用所进行的证明活动都包含着认识过程。认识活动贯穿诉讼的始终。"审判是一种认识论意义上的事件，在审判中知识之主张被预设、考量、否定和接受。"[2] 作为争辩双方的各个当事人，确实要收集、保全、出示、质疑各种有关证据，查明未知案情，并向裁判者证明案情；作为裁判者的法官、陪审员等，确实要听取、收集和审查各种有关的证据，对争辩的案件事实作出判决或裁定。这些查明、证明与认定的做法都是围绕案件真相进行的。司法证明作为认识活动的一种，自然应受

---

〔1〕 陈瑞华：《刑事诉讼的前沿问题》，中国人民大学出版社 2000 年版，第 197 页。

〔2〕 ［美］罗纳德·J. 艾伦著，张保生、张月波译：《证据法的理论基础和意义》，中国人民大学出版社 2014 年版，第 11 页。

认识论的指导。因此，认识论属于证据法的理论基础之一，并受价值论的制约。

一、关于认识论的一般认知

认识论是哲学的一部分，是"关于人类知识的来源、发展过程，以及认识与实践关系的学说"。[1] 认识论基本问题包括认识的起源问题、认识的确实性问题和认识的本质问题。关于认识论的三大基本问题存在不同的学说，不同学说指导下的证据法存在明显的差异。

（一）关于认识论基本问题的不同学说

对于认识的起源问题，主要有三种观点：唯理主义认为认识是先天固有的，其起源于思考；经验主义认为认识起源于内外之经验；批评主义调和了前两种学说，认为先天和经验同为知识源泉。

对于认识的确实性问题，主要有四种观点：①独断论是不加验证而独断其真实的观念，信奉者完全依赖感觉与知识的结果，认为世界的事实情况与我们所见所想完全一致。②怀疑论与独断论相反，极端怀疑认识的可能性，因而不作一切积极的主张。怀疑论产生是因为当时哲学家所持的见解互相矛盾，因而诱发怀疑论的产生。怀疑论的贡献在于，告知人们在断案的前提未达到完全时，不要轻易下判断。③批评论注重研究认识的限度和可能、发展和起源，目的在于发现经验的产生依赖主观要素的状况，并认识人类所认识的范围。主张者对教条和自己的认识能力持批评态度，其认为无论何事，不先考证确实，不信以为真。④实证论认为认识的确实，只限于经验范围之内。其只主张科学研究现象的法则，不要研究实体究竟如何，那是不可知的。

对于认识的本质问题，观念论和实在论存在争议。观念论认为，认识不能获知外物的真实，外物只不过是我们意识中的观念。实在论认为，认识是意识描摹的客观事物。朴素的实在论认为周围独立存在的世界的表现就是真相。现象论属于实在论的一种，主张者认为人们所能知道的只限于现象。如康德所说："我们一点都不知道事物本身是些什么东西，我们仅仅知道事物的现象，即事物对我们的感觉发生作用时我们之内所产生出来的表象。"[2]

---

[1]　中国社会科学语言研究词典编辑室：《现代汉语词典》，商务印书馆1996年版，第1067页。

[2]　转引自〔苏〕柯普宁著，王天厚、彭漪涟等译：《科学的认识论基础和逻辑基础》，华东师范大学出版社1989年版，第46~47页。

（二）不同认识论指导下的证据法

证明活动和证据法深受上述认识论的影响，如神示证据制度的理论基础就是认识论中的独断论，神灵的存在是不能得到切实证明的，它被认为是"能想象的最伟大存在体"，而神明的启示被认为是神向人的晓谕，是神通过一定的方式把真理告诉人们，否则单靠个人的力量可能永远不能获知真理和事物的真相。法定证据制度也受到独断论的影响，中世纪欧洲大陆法定证据制度盛行之时，经院哲学大行于此。中世纪欧洲大陆的哲学屈服在神学之下，但人类的理性也有所伸张，经验与归纳研究法即寻求观察正确的条件，从个别的经验事实寻求普遍适用的结论或原则。法定证据制度中对证据证明力所作的若干预先规定，目的在于防止缺乏经验的法官在认定证据和确认案件事实时发生错误，将来源于司法实践中的经验结合等级观念总结、概括为一系列客观标准，并对这些客观标准采取教条的、独断的态度。

二、辩证唯物主义认识论与证据法学

我国在构建自己的证据制度之时，应当遵循辩证唯物主义认识论，它在本质上符合诉讼证明认识活动的基本要求。辩证唯物主义认识论主要有三个基本的理论要素：①物质论，即认为物质（存在）是第一性的，意识（或思维）是第二性的，物质（存在）决定意识（思维）；②反映论，即认为思维是大脑的技能，是对存在的反映；③可知论，即认为思维与存在之间具有同一性，人的认识可以正确地反映客观世界。[1] 探讨辩证唯物主义认识论对证据法的指导作用，就是要考察上述三论对证据法学的影响。

（一）物质论与证据法学

辩证唯物主义认为，世界是物质的，物质是运动的。这种物质论对证据法的最大指导作用在于，它表明任何案件都是物质性的；仅存在于个体人脑中的思想活动或意向，而不以犯罪行为、违法行为、违约行为或者侵权行为等方式表现在外的，都不构成案件。[2] 物质是标志着客观实在的哲学范畴，其基本特征是客观实在性。这种客观实在是人通过感觉感知的，它不依赖于人们的感觉而存在，能为人们的感觉所复写、摄影、反映。这是辩证唯物主义关于物质的基本看法，为人们分析案件的本质属性提供了依据。

---

〔1〕 何家弘、刘品新：《证据法学》，法律出版社2015年版，第42页。
〔2〕 何家弘、刘品新：《证据法学》，法律出版社2015年版，第45页。

　　实践中，案件的表现形式千差万别，但案件的构成要素却是一致的。究其构成，一切案件都是由何事、何时、何地、何情、何故、何物、何人七个要素构成，而每一个要素均具有客观实在性。诚然，这些案件构成要素并不是孤立存在的，而是以各种方式紧密地结合在一起。以刑事案件和民事案件为例，我国刑法学理论将构成犯罪的要件分为犯罪客体、犯罪客观方面、犯罪主体与犯罪主观方面四个方面；民法学理论将侵权责任构成要件分为侵权行为、损害事实、因果关系与主观过错四部分。其实，任何性质的案件均可以从主观与客观、主体与客体方面进行区分。这说明，现实的案件总是以物质元素组合的方式表现出来的。相应地，司法人员所要查明和证明的对象即案件事实，也通常是由七个要素部分组合而成的未知事实。

　　（二）反映论与证据法学

　　辩证唯物主义认为，物质运动的结果必然呈现一定的形态。"人们认识物质，就是认识物质的运动形式，因为除了运动的物质以外，世界上什么也没有，而物质的运动必取一定的形式。"[1] 这种物质的运动形态，正是人们认识事物的基础。虽然现实生活中案件的类型各不相同，但任何案件都可以归结为某种特殊的、极为复杂的物质运动形态，即具有特定性、稳定性与反映性。特定性表明，任何案件都具有不同于其他案件的质的规定性，能与其他案件区别开来；稳定性表明，任何案件都具有相对静止、暂时平衡和稳定的特点，能够在一定时间内保持不变；反映性则表明，任何案件的特征都能在其特征反映体中得到良好的反映，且能够为人们所认识。

　　反映论认为，各种证据就是案件的反映。反映的方式很多，包括位移、接触、分离、剥落、粘附、化合、分解、运算以及感知、记忆、辨识等。案件中广泛的反映，通过证据得以体现，并不以人的意志为转移。通过所发现的各种证据，人们可以认识案件，可以区分不同案件，也可以区分同一案件中不同人的不同行为。反映论还表明，绝大多数司法证明活动就是同一认定的认识活动，是司法人员等借助证据进行"人—事同一认定"的活动。司法人员等接受案件之后，往往最初会在头脑中形成一个推测的案件形态，查明案件事实的过程就是将收集来的证据所表明的案件形态与头脑中已推测的案件形态进行同一认定的过程，法庭上证明案件事实的过程就是将收集来的证据所表明的案件形态与法律相关条文所规定的案件形态进行同一认定的过程。因此，反映论决定了司

---

[1]　毛泽东："矛盾论"，载《毛泽东选集》（第一卷），人民出版社 1991 年版，第 308 页。

法证明方法、司法证明标准等基本理论问题。

另外，我国当前证据立法所确立的一些具体证据规则，也符合辩证唯物主义认识论中反映论的思想。例如，证据的关联性规则就是要解决证据如何同案件事实发生联系，从而确定其证据能力的问题；最佳证据规则要求出示书证、物证的原件、原物，而不是复印件、复制品，这符合第一手材料往往更可靠的认识规律；传闻证据规则或者直接言词原则要求排除传闻陈述，这是因为传闻陈述是间接性认识，其可靠性差，不利于案件事实的证明与回溯。

（三）可知论与证据法学

辩证唯物主义认为，人的思维是至上的，能够认识现存世界的一切事物和现象。这种可知论在证据法中的主要体现，就在于认为任何案件从理论上看都是可以查明和证明的。"事实是认知主体带着特定的意图和目标，利用特定的认知手段，对外部世界中的状况和事情所做的有意识的剪裁、提取和搜集，因而是主观性和客观性的混合物。"[1] 以刑事诉讼为例，刑事证明以及刑事诉讼制度的依据就在于：任何犯罪都必然在现场留下蛛丝马迹，这些犯罪线索可能以不同的载体形式存在，这是不以人的主观意志为转移的客观存在，人的证明活动就是要去发掘这些客观存在。因此，在理论上讲，诉讼证明本质上是一种回溯证明活动，虽然由于时间的不可逆性而较为困难，但是，通过案发时的遗留证据，重建现场仍然可能。

我国过去证据法的许多规定，都在一定程度上体现了辩证唯物主义认识论中可知论的思想。比如，我国法律确立的实事求是与证据为本原则，强调证据必须查证属实才能作为定案的根据或认定事实的根据等；又如，法律规定司法人员与行政执法人员办案必须忠实于事实真相。这些实际上是将案件事实当作一种客观存在，认为司法人员及其他参与者应该并且能够解释案件事实。

在承认辩证唯物主义认识论对证据制度的指导作用的同时，我们也应该看到收集证据、运用证据解决案件的过程与人类的一般认识活动具有区别：①在诉讼过程中活动主体受到严格的程序法限制，不同活动主体受限制的规则、活动范围也不一样；②诉讼过程中，法官审理结果的产生基于当事人双方或控辩双方已完成的对抗、交涉、质证，裁判结果根据的是经过当事人双方或控辩双方举证质证的证据，同时要考虑和吸收双方意见；③诉讼活动的进行是在法庭

---

[1] 陈波："'以事实为根据'还是'以证据为根据'——科学研究和司法审判中的哲学考量"，载《南国学术》2017 年第 1 期。

上，当事人和法官同时参与，活动的完成有时间限制，活动结果成为生效裁判后，就同一案件提起新的诉讼活动受到严格的法律限制；④经过法庭审理所认定的事实是一种法律上的事实，与客观事实不一定严格吻合，仅仅是法官在听取控辩双方或当事人双方提供的证据和意见后作出的主观判断；⑤从诉讼目的看，既要解决纠纷，又要保护人权，利益权衡必然涉及价值的选择。

三、客观真实与法律真实

作为证据法基础理论之一的辩证唯物主义认识论，我们对它的认识并非一成不变，而是一个动态的过程。对辩证唯物主义认识论理解不同，我们所追求的案件真实也会不同。了解不同的真实观，有助于加深我们对辩证唯物主义认识论的理解。

（一）客观真实论与法律真实论之争

根据辩证唯物主义认识论原理，存在是第一性的，意识是第二性的，存在决定意识，人类具有认识客观世界的能力；在诉讼活动中，人们能够通过调查研究认识已经发生了的客观事实。凡是已经发生的案件，必然会在外界留下各种物品、痕迹或为某些人所感知，这就为我们查明案情提供了事实依据；而日益完善健全的实体法和程序法规范则为查明案件事实提供了法律依据，因而能发现案件事实。综上，查明案件的客观真实是完全有可能的。这就是建立在辩证唯物主义认识论基础上的传统的客观真实理论。刑事证明的目的就是要达到案件客观真实，即公安司法人员在诉讼中根据证据所认定的案件事实要符合客观存在的案件事实。自20世纪50年代至21世纪初，该理论一直处于通说地位，并为大量证据法学教材所采用。20世纪90年代至21世纪初，开始出现不同的观点。

有学者指出了传统客观真实论的缺陷，认为客观真实的观点片面强调事物的客观性，排斥甚至根本无视人的主观能动性对事物客观性所具有的潜力和作用；立法的规定为查明案件事实提供了必不可少的条件，但同时也在某种程度上阻却了对客观事实的发现；作为认定案件事实主体的司法人员，因受种种因素的制约，难以达到主观认识与客观事实的完全相等。[1]对一个具体刑事案件的证明，只能达到近似于客观真实，而且越接近客观真实越有说服力。那种"必须"达到或"一定"要达到客观真实的说法在理论上是不成立的，在实务上

---

[1] 李玉萍："论司法裁判的事实根据"，载《法学论坛》2000年第3期。

是有害的，更是无法实现的。这不仅因为，刑事案件是过去发生的事情，根本无法使之再现、重演，而且人们去认识它、调查它还要受到种种条件的限制，客观真实只能成为刑事案件证明的一个客观要求，它告诫办案人员要奋力接近它，它绝不会成为个案的一个具体的证明标准。[1]

随着传统理论被否定，法律真实论孕育而生。法律真实理论是指公检法机关在刑事诉讼证明的过程中，运用证据对案件真实的认定应当符合刑事实体法和程序法的规定，应当达到从法律角度认为是真实的程度。[2]

法律真实的理论和实践依据在于：

第一，诉讼证明追求法律真实与我国刑事诉讼法规定的宗旨和任务相一致。从我国《刑事诉讼法》第 1、2 条规定可看出，我国刑事诉讼的首要功能和根本任务就是为了保证我国刑法的正确实施，以准确、及时地惩罚犯罪，保护人民，保障无罪的人不受追究，尊重和保障人权。诉讼证明的任务和要求必须与刑事诉讼的宗旨与任务相一致，对于各种证据的收集、调查和审查判断，必须以犯罪构成为指导，并符合刑法各罪要件的要求和标准。

第二，法律真实可操作性强，易于适用。法律真实同客观真实相比，标准明确，易于操作，整个证明活动只需紧紧围绕构成本罪的实体要件就可以，客观真实存在的那些悬而未决、无章可循、原则笼统的弊端，基本都可以克服。

第三，法律真实为证据的调查和运用指明了方向，澄清了在运用证据过程中容易混淆的环节和概念。有了法律真实的追求目标后，方向明确，诉讼证明中所有证据的可采性，均以认定的法律事实为标准。坚持法律真实的追求目标，以法律事实为标准，诉讼证明活动高效而准确。

为应对法律真实的诘问，客观真实进行了修正。修正后的客观真实论认为，如果以辩证唯物主义作为指导思想，就应当承认反映论和可知论，即承认客观事物包括客观事实是能够被人们所认知的；正确的认识在哲学上被称为真理或客观真理，客观真理运用到诉讼中被称为客观真实。若承认可知论，就应当承认案件的客观事实从总体上来说是可以被办案人员所认识的。诉讼中认定案件事实即诉讼证明与一般的认识事物相比，有其共性和特性。就其特性而言，诉讼证明必须以诉讼证据作为证明的手段，而证据的收集和运用必须遵循特定的程序和规则。尽管有这些特点，但不能以此否认认识论的共性，认为案件的真

---

[1] 樊崇义："客观真实管见"，载《中国法学》2000 年第 1 期。
[2] 樊崇义："客观真实管见"，载《中国法学》2000 年第 1 期。

实情况根本不可能认识到。诉讼中的客观真实乃是绝对真实与相对真实的辩证统一，把客观真实绝对化是片面的，但否认客观真实中有绝对真实的内容也是不对的。在刑事诉讼中我们应当追求也可能实现客观真实，在一定条件下必须辅之以法律真实。[1] 法律真实就是法律规定的真实，是国家意志的体现，亦即主观真实。正因如此，法律真实的随意性很大，其真实程度不是以客观事实和规律为根据，而是以法律为准绳的。从证据制度的历史发展而言，从神明裁判制度的神示真实，到法定证据制度的形式真实，再到西方的自由心证的真实均为法律真实。因为上述的"真实"，都是不同历史时期的国家法律规定的"真实标准"，除了法律要求外，没有其他符合客观规律的实质要求。至于我国刑事诉讼法规定的"真实"，是"犯罪事实清楚，证据确实充分"，这实际上是客观真实，是法律在辩证唯物主义认识论指导下确认"客观真实"这一科学的理论概括。

（二）法律真实论与客观真实论的共通点

客观真实论与法律真实论均是以马克思主义的辩证唯物主义认识论为指导的，因此两种理论存在共通之处。了解二者的共通之处，有助于发现二者的实质性分歧。

第一，法律真实论与客观真实论均承认在诉讼认识中存在一个前提，即作为裁判对象的案件本源事实，也都承认案件本源事实是外在于裁判者、不以其意志为转移的客观存在。

第二，法律真实论与客观真实论都属于认识的客观主义流派。法律真实论与客观真实论都承认自己所主张的真实乃是由判断的对象所规定的。只不过，客观真实论所主张的真实被认为是由案件的本源事实决定的，所谓"真实"，是指裁判认定的事实与案件本源事实的相合性；法律真实论认为自己所主张的真实是由证据所规定的，所谓"真实"，是指裁判认定的事实与诉讼证据所展示的事实的相合性。

第三，法律真实论与客观真实论均主张证据裁判主义。客观真实论认为证据既要与案件事实相关，也要如实反映案件事实情况。法律真实论虽然注重证据，却往往回避证据的确实性问题。

第四，法律真实论与客观真实论均认为发现案件真相是诉讼的终极目标。并同时认为，裁判者认定的事实并不是案件的全部事实，只是由法律剪裁过的

---

[1] 陈光中："刑事证据制度与认识论"，载《中国法学》2001年第1期。

有裁判意义的事实，在刑事诉讼中主要表现为定罪量刑所必需的事实。二者也同时基于认识的有限性，承认裁判错误的可能性。

第五，法律真实论与客观真实论均可指导刑事证据规则的实施。大多数刑事证据规则是在认识论的指导之下，为查明案件事实真相而设计的。例如，传闻证据之所以要排除，就是因为传闻证据是间接性认识，可靠性较差，不利于案件客观真实的实现。

（三）法律真实论与客观真实论的差异

从表面上看，二者的差异在于案件的本原事实能否被发现。客观真实论者，认为在符合一定条件的情况下，案件的客观真实能够被发现。法律真实论者，往往倾向于认为案件的客观真实不能或者难以被发现，裁判中所能保证的只是法律上的真实。但二者均有所偏颇：不是所有案件都能够发现案件的真相，但也不是所有的案件都不能发现案件的真相。

从实质上看，二者的区别在于对认识的无限性与有限性以及真理的绝对性与相对性的理解不同。

传统的客观真实论并没有对唯物主义认识论作出科学合理的解释，甚至在一些方面走向了它的反面。传统的客观真实论确在一定程度上夸大了人的认识能力，如苏联学者过于乐观地认为："法院虽然在解决个别案件上可能发生错误，但无论如何不能否认苏维埃法院必然能够寻求到客观真实。""我们使用马列主义认识论原理时就可以断定说，正像其他各种调查研究工作一样，诉讼上的调查研究工作是可以认识到客观真实的，这就是说是可以认识到正确的、与现实的事实相符合的实施犯罪的情况的。"就显然低估了人的认识能力在主客观条件的制约下的局限性，夸大了马列主义认识论原理和社会主义法律意识在认识具体案件时的实际作用。[1] 实际上，人们对案件事实的认识受到众多主客观因素和条件的限制。人们在具体案件中对案件事实的认识，在能力上只能是有限的，在目标上只能追求相对真理而非绝对真理。认识到这一点不意味着否定绝对真理，也不否认对案件事实求得的相对真理中包含着绝对真理的因素。因此，传统的客观真实论片面强调反映论和可知论，忽略了认识的辩证法，进而陷入机械唯物主义的泥潭。

法律真实论相比于传统的客观真实论对认识论有更为深刻的认识。法律真实论认为，认识论的精髓在于辩证法。辩证唯物主义认识论在强调人的认识能

〔1〕 张建伟："证据法学的理论基础"，载《现代法学》2002 年第 2 期。

力的绝对性同时，也承认人的认识能力的相对性。对事物绝对真理的认识是渐进的过程，这个过程会在终极的意义上一直延续下去。这是从认识的可能性上着眼的，而撇开了诸多现实因素的考虑；这是从时间上着眼的，而略去了空间对认识的影响。其主要目的是弘扬和肯定人的认识能力，高举人的理性主义、科学主义的旗帜，而不是说任何事物在一定时空内都可以达到真理的绝对性认识。

同时，辩证唯物主义认为，人类的认识活动是绝对性与相对性的辩证统一。认识结果既是绝对的也是相对的，并且"绝对性和相对性这两方面相互依存和相互制约""绝对之中包含着相对……同样，相对也包含着绝对"[1]。恩格斯也作过相关论述："一方面，人的思维的性质必须被看作是绝对的，另一方面，人的思维又是在完全有限地思维着的个人中实现的。从这个意义上讲，人的思维是至上的，同样又不是至上的。"[2] 所以，人们在一定时空范围内对事物的认识，都只能达到相对真理的认识程度，而人们对事物的相对真理的认识，就往往可以包含它的全部现实意义。相对真理的认识在盖然性的意义上有着它独特的价值，其价值主要体现在它可以兼容其他价值的存在，并且和现实有着天然的接近性。因此，辩证唯物主义认为，相对真理中蕴含着绝对真理，绝对真理是对相对真理的发展与超越。人们的认识只能达到相对确定。相对真理和绝对真理表现在诉讼制度和诉讼程序中，便具有两方面的意义：一方面，绝对的真理观可以被选择来作为证据制度设计的终极理念和最高理想；另一方面，相对真理则必然成为为任何诉讼制度所接受的现实归宿和当然的立足之点。前者是思想指导，后者是现实追求。相对真理与绝对真理同时提醒我们，应该从试图恢复案件事实原貌转向去追问法律需要，使诉讼中的证明达到法定的要求即为已足。[3]

然而，客观真实论并未故步自封，而是依据对辩证唯物主义认识论的新的理解，衍生了修正的客观真实论。修正的客观真实论从真实的绝对性与相对性关系着眼，对该理论进行重新解读。任何真理都是绝对的，又是相对的，诉讼真实也是如此。公安、司法人员的主观认识只能最大限度地接近案件全部客观事实，而不能查明案件事实的每一个情节。从这个意义讲，案件真实永远是相

---

〔1〕 肖前主编：《马克思主义哲学原理》（下册），中国人民大学出版社1994年版，第653页。

〔2〕 ［德］马克思、恩格斯：《马克思恩格斯选集》（第3卷），人民出版社1972年版，第126页。

〔3〕 闵春雷、杨波、孙记："证据法学理论基础探究"，载《吉林大学社会科学学报》2003年第3期。

对真实。但就已查明的案件事实情况来说，它是主观符合客观的，是准确无误的，这又是绝对真实的。[1] 修正的客观真实论认为，应从宏观上谈人们的认识能力的无限性与有限性，而绝不能得出结论说，人对具体事物的认识不能达到确实性或绝对真理性。

综上，传统的客观真实理论只承认绝对真实而不承认相对真实，而修正的客观真实理论认为在具体案件中，除了承认绝对真实以外，也承认相对真实的成分。所以，法律真实论者很容易驳倒传统的客观真实理论，而要说服现行的客观真实论则有很多工作要做。[2]

"我们不可能站在世界之外，直接把一个证据命题与它所描述的实在进行比较，然后看这个命题是不是真的。法官在评价某个证据时，他所能做的只是把这个证据与其他证据、已知的东西以及他个人已有的背景信念进行比较，看它们能否形成一种印证关系。如果能够形成，法官就有信心和理由说，这个证据命题可能是真的，但法官并不能保证它一定为真。"[3]

第三节　证据制度的价值论基础

"价值"一词最早被运用于经济学领域，通常用来表明事物本身所具有的劳动量，即事物本身的交换价值，此外还指事物的有用性。无论是哪一领域的"价值"，排除外在的形式与包装，"价值"的含义都有相近的地方，马克思曾认为，价值这种普遍的概念是从人们对待满足他们需要的外界物的关系中产生的。[4] 这个论断清晰地解释了价值属于关系范畴，应当说价值是某种关系的外在表现，对此可以从以下三方面理解：首先，价值的主体是人，如果离开人的主观感受，就妄谈价值的存在；其次，外在物质是价值的客体，无物质则无价值；最后，价值表明的是前两者之间的关系，即人与物的关系。[5] 价值是在人的实践——认识活动中建立起来的。证据制度的设计和在此基础上进行的调整，通常意味着在一定价值规范的支配下进行选择的司法过程，司法运作则是特定

〔1〕 陈光中："刑事证据制度与认识论"，载《中国法学》2001 年第 1 期。
〔2〕 汪建成、王敏远："刑事诉讼法学研究述评"，载《法学研究》2001 年第 1 期。
〔3〕 薛爱昌："为作为证明方法的'印证'辩护"，载《法学研究》2018 年第 6 期。
〔4〕 ［德］马克思、恩格斯：《马克思恩格斯全集》（第 19 卷），人民出版社 1963 年版，第 406 页。
〔5〕 王殿芹："人的价值实现的特点、条件及其制约因素"，载《理论学刊》2006 年第 4 期。

的机关和个人将选定并体现于制度本身的价值规范应用于具体案件的处理活动。[1] 不同的价值取向可能导致制度的设计及其运作状况的不同。

一、诉讼价值

法律价值是法律的灵魂，其作为社会关系主体对法律的一种主观体验，必然存在于人的需要与法律满足人的需要的属性之间的特定关系之中。[2] 证据制度的价值，是指证据立法及其司法能够满足国家、社会和个人的特定需要，而对国家、社会和个人所具有的效用和意义。诉讼中的证明不仅仅是一种认识活动，更是一种适用法律的专门活动，因此其中必然涉及各种价值的冲突和选择问题。法的价值的多元性，决定了证据法学价值的多元性。

（一）秩序

秩序是维护现存社会、政治等制度和一般生存需求的具体内容之一，也是国家法律价值追求的目标之一。秩序价值的意义在于保持规则的可遵守性，以提升主体行为的可预测性，确保社会主体的安全性，"它将法律的普遍性和确定性引入社会生活，以确保社会生活的连续性和人的主体地位的持久性"。[3] 作为法的基础价值，秩序的最终目的在于创造社会公众有序生存、工作与发展的环境。博登海默指出："历史表明，凡是在人类建立了政治或社会组织单位的地方，他们都曾力图防止出现不可控制的混乱现象，也曾试图建立某种适于生存的秩序形式。这种要求确立社会生活有序模式的倾向，绝不是人类所作的一种任意专断的或'违背自然'的努力。"[4] 在近现代社会，人们认识到社会秩序是法治的基础，社会秩序若陷入混乱，法治也就无从谈起。美国学者彼得·斯坦等人在《西方社会的法律价值》一书中指出，"与法律永相伴随的基本价值，便是社会秩序""法律规则的首要目的，便是使社会中各个成员的人身和财产得到保障，使他们的精力不必因操心自我保护而消耗殆尽"。这是因为，"维持社会和平是实现其他法律价值的先决条件""必须先有社会秩序，才谈得上社会公平。社会秩序要靠一整套普遍性的法律规则来建立。而法律规则又需要整个社

---

〔1〕 卞建林、谭世贵主编：《证据法学》，中国政法大学出版社 2014 年版，第 63 页。
〔2〕 刘广三主编：《刑事证据法学》，中国人民大学出版社 2007 年版，第 64 页。
〔3〕 杨心宇主编：《法理学研究：基础与前沿》，复旦大学出版社 2002 年版，第 43 页。
〔4〕 ［美］博登海默著，邓正来译：《法理学》，中国政法大学出版社 1999 年版，第 22 页。

会系统地、正式地使用其力量加以维持"。[1] 在刑事诉讼领域，秩序价值包含两层含义：其一是惩罚犯罪以恢复社会秩序；其二是追诉犯罪的活动必须是有序的。证据制度同样也通过这两种方式达到维护社会秩序的目的。

第一，证据制度运行的目的，在于在发现案件事实的基础上惩罚犯罪，以恢复社会秩序。司法公正首先表现为对案件事实和证据有着正确的判断，发现案件的是非曲直，并正确地适用法律。发现案件事实真相之所以重要，主要原因在于刑事诉讼的目的是确认犯罪事实的发生和犯罪人是谁，并在此基础上实现国家的刑罚权。[2] 行使国家刑罚权以惩治和预防犯罪、维护社会秩序是刑事司法赖以存在的基础。例如，我国《刑事诉讼法》第 1 条规定："为了保证刑法的正确实施，惩罚犯罪，保护人民，保障国家安全和社会公共安全，维护社会主义社会秩序，根据宪法，制定本法。"如果不以证据制度作保障，不建立秩序规则，国家权力在打击犯罪中就无从体现，对犯罪的追究也会陷入混乱状态，任何个人都可以行使自己所认为的追究犯罪的权利，那么整个社会就会陷入同态复仇的恶性循环当中。

第二，通过证据制度来规范诉讼主体的诉讼行为，以维护诉讼秩序。用于维护社会秩序和惩罚犯罪的司法机关，其权力的行使必须要是合乎秩序的。法治社会强调通过正当的程序规范建立国家司法机关权力运作的秩序，对司法权的行使进行严格制约，将权力装进制度的笼子里。证据制度要求作为最终定案的证据必须具有客观性、关联性和合法性，禁止司法机关非法取证，就是为了保障司法活动的纯洁性，维护诉讼秩序。因此，侦查机关在收集证据时在实体上要符合客观性和关联性，程序上要符合合法性，禁止刑讯逼供。检察机关在控诉被追诉人时必须要遵循举证、质证规则，达到控诉标准。审判机关通过证据的认证规则，确保法官在裁量评判证据时遵循相应的原则和程序，从而对法官裁量评判证据的活动加以规制。以我国法庭审判为例，不得强迫自证其罪原则、非法证据排除规则等都是为了维护被追诉人在诉讼程序中的主体资格，使控辩双方在理性的基础上进行平等对抗，从而体现法律对秩序的尊重以及对公民权利的保护，使得庭审过程规范、有序。

---

〔1〕 ［美］彼得·斯坦等著，王献平译：《西方社会的法律价值》，中国人民公安大学出版社 1990 年版，第 38 页。

〔2〕 刘广三主编：《刑事证据法学》，中国人民大学出版社 2007 年版，第 65 页。

（二）自由

人生而自由，自由是人生而具有的属性。约翰·洛克宣称："法律的目的并不是废除或限制自由，而是保护和扩大自由。"[1]　自由作为法的重大价值，其在法学上的界定一般是指一定社会中人们受到法律的保障或得到法的认可，按照自己的意志进行活动的人的权利。由这一定义我们可以得知，法的自由是人类的固有权利，属于人权的范畴。卢梭在《社会契约论》中开篇写道："人生而自由，却又无往不在枷锁之中。"[2]　孟德斯鸠在《论法的精神》中也提到："自由是做法律所允许的一切事情的权利……在一个有法律的社会中，自由仅仅是：一个人能够做他应该做的事情，而不强迫去做他不应该做的事情"[3]，表明了自由以法律为边界和底线，自由应该在法律的范围内才具有实现的可能性。当今社会，崇尚人权、追求自由已成为社会潮流，我们更应该追求证据制度中的自由价值，让证据制度在保障人的自由方面发挥更大的作用。概括来讲，自由可以分为两类：一是消极的自由，就是"免于……的自由"；二是积极的自由，就是"去做……的自由"。证据制度通过以下方式保证自由价值的实现：

第一，证据制度通过对国家权力的控制，实现公民的自由。根据认识论，诉讼中的认识具有相对性，如何约束司法人员的任性与恣意、防止其滥用权力就显得尤为重要。只有将司法人员的权力纳入到法治的轨道中，人们的自由才具有可预见性和得到真正的实现。例如，侦查机关通过非法手段收集的证据，由于其侵犯了被追诉人的诉讼权利和实体权利，为了保障人权，该类证据应当予以排除。又如，各国均确立了相较于民事诉讼，刑事诉讼更高的证明标准，这就对司法人员收集、审查和判断证据提出了更高的要求，司法人员行使权力应当慎重、准确。在证据的运用过程中，要严格规范和限制侦查机关、控诉机关的权力，防止其滥用权力侵犯诉讼参与人的权利，重视对诉讼参与人特别是被追诉人的人权保障，把被追诉人当成一个有自主权且能自由表达自己意志的诉讼主体来看待，而不是作为一个诉讼客体。

第二，证据制度通过对公民权利的积极规定，实现公民自由。自由一方面是法律对国家权力行使的消极规定，另一方面则来自于对公民权利行使的积极规定。因此自由在证据制度中的另一种体现就是以积极的形式规定诉讼参与人

---

[1]　[美] 博登海默著，邓正来译：《法理学》，中国政法大学出版社1999年版，第279页。

[2]　[法] 卢梭著，陈阳译：《社会契约论》，浙江文艺出版社2017年版，第3页。

[3]　[法] 孟德斯鸠著，张雁深译：《论法的精神》（上册），商务印书馆1961年版，第154页。

特别是被追诉人的权利。例如，在证明责任的分配上，根据无罪推定原则，要求公诉方承担证明责任，如果公诉方的举证不能达到法定证明标准，那么就应当承担实体上的不利后果，法官将根据"疑罪从无"的原则判决被告人无罪。无罪推定原则及其中所蕴含的证明责任分配原理，无疑是对公民自由和人权的保障。目前，对于个人权利的保护，不仅表现在刑事诉讼法领域中，而且还表现在各国将公民的许多权利上升为宪法权利。法律所体现的自由价值主要表现为对公民生命权、自由权、隐私权的尊重。刑事诉讼中，对人权的尊重表现为对各诉讼参与人权利的尊重，特别是对被追诉人权利的尊重。

第三，证据制度中对于自由价值的保障符合世界趋向。《世界人权宣言》《公民权利和政治权利国际公约》和《公民经济、社会和文化权利公约》等人权公约及一系列国际刑事司法准则，相继确立了诉讼参与人享有的一系列实体和正当程序权利。国际人权公约及一系列国际刑事司法准则对公民自由权利的保障同样强调对国家机关权力的规范和限制，同时赋予公民积极的自由权。其主要表现在：一是要求加强对被追诉人的积极保护，例如确立无罪推定原则，承认沉默权的合理性；二是加强辩护方的防御能力，例如赋予辩护人取证权，建立证据开示制度，落实质证权等。国际人权公约是世界各国在人权保护方面共同追求的价值取向，也是世界各国通力合作的重要成果，其创立经历了长期、复杂的过程，这一过程始终是与人权保障以及维护自由的价值理念相伴的，是衡量一个国家刑事司法领域文明、自由、民主的国际标准，理应得到遵守。

（三）公平

公平在此处的含义是平等，体现为法律的平等适用，即要求法律不偏不倚地适用于每一个人，做到使人们不感到自己受到的对待与和自己地位相似的人不同。[1] 法律本身具有公正性的一个基本要求是在法律中确立平等适用的原则。"法官必须具有意志及道德勇气，不以个人的喜怒、同情或是憎恶来左右法律的实践，这是一个反求诸己、主观性质的正义观。"[2] 这里需要防止因性别、年龄、民族、种族、宗教信仰等造成法律适用中的偏袒和歧视现象，特别需要防止因为权力因素造成法律适用中的不平等现象。在诉讼中，公平体现在"公平对待""公平游戏"等人们所喜爱的简短格言中。现代证据法中大都以严苛的证据规则保障公平的实现，例如，我国刑事诉讼法为弥补被追诉方的取证弊端，

---

〔1〕 卞建林、谭世贵主编：《证据法学》，中国政法大学出版社 2014 年版，第 65 页。
〔2〕 陈新民：《公法学札记》，中国政法大学出版社 2001 年版，第 288 页。

于《刑事诉讼法》第 52 条明确规定："审判人员、检察人员、侦查人员必须依照法定程序，收集能够证实犯罪嫌疑人、被告人有罪或者无罪、犯罪情节轻重的各种证据……"

（四）效率

诉讼效率是指诉讼中所投入的司法资源（人力、物力、财力等）与所取得的成果的比例。效率一词最早起源于经济领域，特指从一个固定的投入量中获取最大的收益，而后被运用于法学领域，在法学中主要指诉讼成本的相关问题；功利主义学派最早对其进行了阐释和论述，后法经济学派兴起，对效率更加重视，并发展为法的价值之一。人类社会的任何制度设计都是有成本的，诉讼制度也不例外，作为解决社会矛盾冲突的诉讼机制，国家为推动诉讼的顺利进行需要投入相应的人力、物力和财力。

诉讼活动本质为纠纷解决。在此过程中，国家必须付出高昂的诉讼成本。通过诉讼渠道解决法律纠纷意味着司法资源的投入，如何以较少的投入换取最大的诉讼收益，是立法、司法机关和诉讼参与人甚至一般民众都关心的问题。对于我国而言，当前的司法矛盾主要表现为："人民群众日益增长的公平正义期待与经济社会发展水平总体不高的矛盾；社会司法需求扩大与司法资源和司法能力不足的矛盾；维护国家法律统一正确实施与各地区社会发展不平衡的矛盾。"如果有司法资源投入较小而又无损于公正和廉洁的制度，就应当优先考虑采行这样的制度。当然，只有在公正得到有效保证的前提下才能进行这样的选择，因为，在法的诸价值中，公正是首要的价值，为效率而牺牲公平显然是得不偿失的。波斯纳就将正义与效率看作是不可分割的统一体，他认为："正义的第二种含义，简单地说，就是效益。"[1] 因此，在正义与效率产生冲突的时候，应该在保障正义的同时兼顾效率，不能顾此失彼；其次，权衡原则，应该说"任何利益的冲突，都存在选择的一般性的普遍原则，当发生利益之间的矛盾冲突及由此产生权衡与选择问题时，为获得某种利益或者肯定某种事物、行为的价值，就要放弃或者否定与之对立的另一些权益或价值"。[2]

在刑事司法中，存在着偏重效率的诉讼模式。这种诉讼模式在根本上注重的是秩序，因为效率无非是为保持秩序而提出的要求。[3] 但是正像自由取向的

---

〔1〕　[美] 波斯纳著，蒋兆康译：《法律的经济分析》，中国大百科全书出版社 1997 年版，第 1 页。

〔2〕　宋英辉："论刑事程序中的权衡原则"，载《法学研究》1993 年第 5 期。

〔3〕　卞建林、谭世贵主编：《证据法学》，中国政法大学出版社 2010 年版，第 65 页。

诉讼模式并非不顾及效率一样，效率取向的诉讼模式也并非不顾及自由，两者之间的区别在于：当出现价值冲突时，何者被置于优先考虑的地位——前者将自由优先于效率，反对为追求效率而损害自由，在刑事证明活动中表现为注重通过法律的正当性来达到实质真实的发现；后者则相反，将效率优先于自由，为发现实质真实而不惜牺牲法律的正当程序，在刑事证明活动中表现为对非法证据不予排除。

既然诉讼是一种消耗大量人力、物力和财力的活动，那么在当今资源稀缺的情况下，其投入与产出值必须符合经济合理性的要求。面对诉讼成本高昂、案件积压严重、司法活动拖延的共同难题，世界各国不外乎通过科学地配置司法资源和合理地设置诉讼程序的方法予以解决。[1] 在诉讼司法资源的配置方面，完善的证据规则有助于合理配置司法资源，取得良好的诉讼效益。例如，在关于证据属性的讨论中，强调证据的关联性，规定证据必须与案件事实具有关联性，就是为了防止证据收集和审查的范围无限扩大。免证事实和推定制度的设立，都是为了加快对有关事实的认定进程，避免不必要的收集、审查。在简易程序中，往往规定举证、质证可以简化，就是为了提高效率、节约资源。又如，证据开示制度，从社会整体而言，通过证据开示，侦查机关取得的证据，既可以为控诉方使用，也可为辩护方使用，相较于双方各自独立取证，减少了社会总消耗，提高了资源利用率。就单个诉讼而言，通过证据开示，控辩双方明确了争议的焦点，做好庭前准备，避免了审判的拖延和无序，保证审判集中、连续进行，缩短了诉讼周期，实现了诉讼的高效。[2]

二、其他价值

除了上述基本价值以外，证据制度还有一些其他价值，有的价值甚至超越了诉讼本身而具有更传统、更深远的意义，这种意义不是"秩序""自由""公平""效率"所能尽数涵盖的，但对证据制度的体系完善仍具有重要意义。以我国刑事证据法为例，"刑事证据制度改革固然受到法治发达国家证据法的深刻影响，但其成长的主要脉络还是深深地嵌入在我国独特的国家—社会关系和司法

---

〔1〕 刘广三主编：《刑事证据法学》，中国人民大学出版社 2007 年版，第 68~69 页。
〔2〕 参见宋英辉、魏晓娜："证据开示制度的法理与构建"，载《中国刑事法杂志》2001 年第 4 期。

体制当中，受到国家政法体制安排与转型期社会需求的宏观制约"。[1]　因此，我国证据制度的价值必须体现"中国立场"，以及道德、社会传统文化等。

（一）道德

古罗马法学家曾有法谚"法是善与正义的艺术"（Jus est ars boni at aegui）。这句话体现在证据法上，就是要求各国证据法既要保证与体现司法证明的公正性，也要促进与维护其合理性与人道性。也就是说，证据法必须具有"善"的品格。英国著名学者乔治·爱德华·穆尔提出，"善"（good）是伦理学的核心概念，善有三层意思：其一，善的性质，即人们用"善"这一观念所表示的那种性质是什么；其二，何为目的善，即哪些事物是因其本身缘故就值得追求的；其三，何为手段善，即哪些事情是应该做的。穆尔指出，凡是能够产生最大的善结果的行为就是应该做的。

那么，确保证据法通过"善"的方式来定分止争，就是证据法兼顾法律正义与道德正义的主要任务。定分止争是其法律价值的体现，仁义诚信则是伦理价值的追求。两种价值相互融合、相互包含，二者之间存在着千丝万缕的联系，有时甚至一种价值被另一种价值吸收，比如说伦理价值的某些内容可能会以法律形式表现出来；当然，它们确实各有独立性。

作为证明案件真相的重要手段，证据是现代司法证明活动中必不可少的东西。而取证、举证、质证、认证均不是轻而易举之事，常常需要司法人员与行政执法人员的积极努力，以及当事人与其他诉讼参与人的大力配合。为此，各国证据法必须全面平衡证据行为内在善与恶的力量对比，掌握好法律正义与道德正义之间的平衡点。例如，如果诉讼各方在取证时采用各种取证陷阱，在举证、质证时实施突然袭击，则有悖于诚信精神。即便这些证据行为不为法律所禁止，法官也要作利弊的考量。凡是证据行为对伦理价值构成实质性影响的，法官均可以裁定降低甚至取消其证据的证明力，因为所取得的证据在道德上是不正义的。[2]　又如，英美法系关于品格证据可采性的规定。为了防止依据品格证据来认定案件事实所带来的偏见，美国《联邦证据规则》规定了品格证据的一般规则，即有关某人品格或者品格特征的证据在证明该人在特定环境下实施了与其品格相一致的行为时不具有关联性。也就是说，品格证据一般不具有可

---

〔1〕　吴洪淇："刑事证据制度变革的基本逻辑：以 1996~2017 年我国刑事证据规范为考察对象"，载《中外法学》2018 年第 1 期。

〔2〕　何家弘、刘品新：《证据法学》，法律出版社 2013 年版，第 65 页。

采性。用中国的语言表述就是"一次做贼"不能推断"永远做贼"。但是，在司法实务中，刑事被告人的品格、被害人的品格、证人的品格、其他犯罪、错误或者行为，或多或少会对法官的中立裁判有一定的影响。中国的累犯制度、被追诉人的犯罪前科查询亦是如此。经验告诉我们，尽管人的一般品格特征对于案件事实具有一定的证明价值，如品行较差的人做坏事的可能性较大等，但是依据品格特征来认定案件事实存在极大的风险。因为，在很多情况下，案件事实的发生往往与人的品格特征并没有什么关系。再如，司法证明是一种特定的劳动，能够产生一定的社会价值甚至是经济价值。从经济学的角度讲，证据行为本身当然也是一种有效的劳动，同样具有确定价格的可能性。那么，证据能不能像商品一样交易呢？这同样涉及社会基本伦理准则的衡量问题。[1] 基于证据行为可能带来的利益，事实上各国法律在一定程度上或多或少都承认证据的交换价值。如坦白从宽、立功减刑的刑事政策，自首从轻的量刑制度，国外的辩诉交易、证据契约制度，国内的认罪认罚制度等，包括法定的、酌定的量刑情节，都体现出证据行为与一定利益相结合的思想倾向。但是，证据绝不是商品，获取交换利益绝不能成为证据行为的出发点。如证人、鉴定人不能因为哪一方支付的费用多就为哪一方作证，也不能因为传唤自己出庭的那一方支付了多少费用，就按照等价交换的原则给出多大分量的证据。"收买证据""悬赏取证"等做法虽然在司法实践中并不常见，但从证据法的角度来讲，法官必须要进行具体的衡量，最终要评判证人获取的利益是否合理、正当，进而决定是否采用相关的证据。

（二）传统文化

一个国家的司法证明对司法公正价值的追求，也深深地受到其传统文化的影响。如果该因素同发现真相、维护正义之间发生了冲突，也就同样会出现价值权衡的问题。就文化传统而言，东西方国家之间确实存在较大的差异，中国具有其自身的特色。概言之，中国法律文化深受儒家思想的影响，强调伦理性；西方法律文化深受宗教观念的影响，强调宗教性。中国法律注重惩罚犯罪，追求秩序；西方法律注重保障人权，追求自由。中国适用法律时要求情、理、法三者的融合；西方则很早就确立了遵守法治的传统，等等。

取其精华、去其糟粕，我国传统法律文化的价值，有些对现代刑事诉讼法仍有很多的借鉴意义，我国历代法律都承认的亲属相容隐原则就是其中之一。

---

[1] 陈浩然：《证据学原理》，华东理工大学出版社 2002 年版，第 37 页。

《唐律》名例律规定："诸同居，若大功以上亲及外祖父母、外孙，若孙之妇、夫之兄弟及兄弟妻，有罪相为隐；部曲、奴婢为主隐；皆无论。若小功以下相隐，减凡人三等。"《大清律例》名例律也规定："凡同居，若大功以上亲及外祖父母、外孙、妻之父母、女婿，若孙之父、夫之兄弟及兄弟妻，有罪相为容忍。奴婢、雇工人为家长隐者，皆勿论。若泄露其事及通报消息，致令罪人隐匿逃避者，亦不坐。"这表明，在我国古代长期的刑事诉讼中，亲属之间可以拒绝可能陷其于罪的作证。这种法律制度的设定不是因为该证言有虚假的极大可能性，可能误导法官作出错误的裁决，也不是为了限制国家权力使之不被滥用，而是基于维护儒家理想的伦理秩序、培养或鼓励忠孝的品格或行为的理由。按照中国传统的观点，亲属关系的和谐和稳定是整个社会和谐和稳定的基础，亲属、主奴间的相隐，或因恩重或因义重，所以这种制度的设置所要保障的是恩义孝忠这样的法律价值。[1]

我国《刑事诉讼法》第 193 条第 1 款规定被告人的配偶、父母、子女不被强制出庭作证，这一规范的确立，有效缓解了亲属间的信任危机，从而保证证据制度的伦理价值不因狭隘地追求法律价值而被淡化，但与真正赋予证人以作证豁免权还有重大的不同。英美国家刑事诉讼理论认为亲属间存在"特权关系"，这是从信任关系原理发展而来的，并且基于保护秘密通讯的特权的目的而设定。"盖此等之人，因具有人的关系，使之为证言，不特有背人情，且与良心抵触"。[2] 对于姻亲关系，这种信任显然尤为重要。此外，由于亲属间存在亲情关系，强迫其作证可能造成该证言具有极大的虚假可能性，可能误导法官作出错误的裁决，为了保证案件的客观真实，免除其作证的义务有一定的合理性。

当然，刑事证据制度还有一些其他价值。例如，在现代诉讼中，许多国家的刑事诉讼法赋予了律师拒绝披露他从履行辩护职责中获知的其当事人的情况，除非其当事人同意他这样做（但该当事人不能被强迫作出这种同意）。1901 年豪斯伯里（Halsbury, L. C.）指出："为了完美地司法和保护律师与其当事人之间存在的信任关系，基于信任而提供的信息不作为提供的对象被确立为一项公共政策原则。"[3] 这一证据法的规则直接保护的对象是律师与当事人之间存在的信任关系，"信任"在这里是法律所保护的价值，通过对它的保护，防止辩护

---

〔1〕 卞建林、谭世贵主编：《证据法学》，中国政法大学出版社 2014 年版，第 75 页。
〔2〕 陈朴生：《刑事证据法》，三民书局 1979 年版，第 389~391 页。
〔3〕 William Shaw, *Evidence in Criminal Cases*, Butterworth & Co. Lid. , 1954, p. 224.

制度的大厦倾颓，并进而对辩护权乃至实体权利提供保护。医师与病人、宗教活动者与信徒之间的信任关系也受到同样的保护，通过保护隐私权不受侵犯，最终保护医疗中的信赖性和安全性或者宗教制度的存续与发展。

有些证据规则保护的是国家重大利益，许多国家的刑事诉讼法规定国家公职人员对于公务秘密负有保密义务，他们不得就这样的事实作证。例如，意大利《刑事诉讼法典》第 202 条第 1 项规定："公务员、公共职员和受委托从事公共服务的人员有义务不就属于国家秘密的事实作证。"又如，日本《刑事诉讼法》第 144 条规定："对公务员或者曾任公务员的人得知的事实，本人或者该管公务机关声明是有关公务秘密的事项时，非经该管监督官厅的承诺，不得作为证人进行询问。但该管监督官厅，除有妨碍国家重大利益的情形以外，不得拒绝承诺。"这一类规定，既不是为了发现案件的实质真实，也不是为了所谓程序正义，而是将"国家重大利益"作为法律所保护的价值而在具体制度设计中加以保护。

所以，证据法的价值既不是一元的，也不是二元的，而是多元的，它们共同构成了证据法的价值体系。总之，在我国刑事证据法学、证明活动以及证据制度的理论研究中要做到多元价值的平衡，唯有如此，我国的刑事证据制度才有可能逐步趋于完善和合理。

⊃ 练习案例

1988 年至 2002 年的 14 年间，我国甘肃省白银市有 11 名女性惨遭入室杀害，部分受害人曾遭受性侵害。凶手只对年轻女性下手，作案手段残忍，极具隐蔽性，造成巨大的社会恐慌。2004 年，白银市警方向外界公布详细案情，并悬赏 20 万人民币，希望能够取得线索，但一直未破案。后高承勇家族的一个人被外地警方抓获后，在比对基因时发现该人基因和白银连环强奸杀人案嫌疑人基因相似度很高，警方通过染色体 Y-DNA 检验，在海量信息中找到了与高承勇相关的关键信息，通过提取他的指纹和 DNA，与当年命案现场留下的指纹和 DNA 进行信息比对，就此确定了他的嫌疑人身份。2016 年 8 月 26 日，办案刑警在白银市工业学校一小卖部内将犯罪嫌疑人抓获。经初步审讯，犯罪嫌疑人高承勇对其在 1988 年 5 月至 2002 年 2 月间实施强奸杀人作案 11 起，杀死 11 人的犯罪事实供认不讳。2018 年 3 月 30 日 10 时，甘肃白银中院一审宣判"白银连环杀人案"，被告人高承勇被判故意杀人罪、强奸罪、抢劫罪、侮辱尸体罪，数罪并罚判处死刑。2019 年 1 月 3 日上午，经最高人民法院核准，罪犯高承勇被执行死刑。

　　问题：

　　1. 本案中，认识论在证据收集中发挥了何种作用？

　　2. 结合案情，分析客观真实观与法律真实观具有何种相同点？

⊙ 思考题

　　1. 客观真实观的哲学基础是什么？

　　2. 客观真实观与法律真实观的异同点有哪些？

　　3. 证据法学理论基础的演进及其特性有哪些？

　　4. 效率价值体现在证据法立法中的哪些方面？

证据法的基本原则

第三章

●学习指导

通过本章的学习，了解证据法学基本原则的含义及其特征，理解并掌握证据裁判原则、自由心证原则、直接言词原则、无罪推定原则、诚实信用原则。学习的重点和难点是理解并掌握证据裁判原则的主要内容、自由心证原则的限制、直接言词原则的主要内容、无罪推定原则的主要内容及其与反对强迫自证其罪原则的关系、反对强迫自证其罪原则的基本内容等。

第一节　证据法基本原则概述

一、证据法基本原则的概念和特征

证据法的基本原则作为法律原则的重要部分，指在证据立法和证据运用时应当遵循的基本准则。它贯穿于整个证据立法与司法活动，是实践中运用证据证明案件事实时应当遵守的基本行为规范或基本行为准则。证据法基本原则位于证据法原理和证据制度、证据规则的中间位置，对连接证据法原理和证据制度、证据规则起着承上启下的作用。

证据法的基本原则不仅是国家制定证据法及与证据有关的法律规范时应当确立的原则，也是司法及执法人员在实践中运用证据证明案件事实时应当遵守的原则和行为规范。因此，证据法的基本原则，在证据法律规范和证据法学中具有重要的基础地位，是整个证据运行机制的指导思想。证据法基本原则的功能在于将证据法的保障案件事实查明的真实性和证据运用的正当性的价值取向协调与融合。虽然我国目前尚无统一、规范的证据法典，对证据法的基本原则也没有明确的规定和表述，但这一重要的问题已引起证据法学界及立法部门的高度重视，并形成了一致的看法，即要制定好证据方面的规则，应当首先确立证据法的基本原则。

概括起来，证据法基本原则的特征主要有：

1. 统领性。证据法基本原则是证据制度、证据规则、证据运用的基础和依据，是证据法原理和制度的高度概括和总结，贯穿于整个证据立法和司法活动之中，因而对各项证据法律制度、证据规则等具有统领作用，是证据法的制定和实施都应当遵循的基本准则，在证据法理论领域和证据立法及实践运用中具有十分重要的地位。

2. 指导性。证据法基本原则对证据运用的主体进行证据调查收集、审查判断和认定等活动具有指导性和规范性，是他们必须遵循的行为规范。如果在证据运用中出现违反证据法原则的情形，有关的证据将可能会受到制约或者影响，甚至被排除，不得作为定案的依据。

3. 稳定性。证据法基本原则的内容经过长期的证据立法和司法的检验，是对证据法基本理论和证据法真理性认识的总结与概括，是历史的积淀，因而是较为稳定而不易改变的证据运用的基本准则。

二、域外状况及学界的观点

由于法律思想、法律思维方式、立法技术等差异，各国关于证据法基本原则的规定，在立法体例和理论研究上都存在较大的差异。具体来讲，在英美法系国家，其传统上的立法体例属于判例法，但是在证据立法方面也出现了成文化的趋势，如美国于 1975 年通过的《联邦证据规则》，加拿大 1985 年制定的《证据法》等。由于这些成文法是以判例为基础而制定的，因而缺乏大陆法系法典所具有的完整性和逻辑性，因此，英美法系国家一般没有关于证据法基本原则的专门规定。但这并不等于说，英美法系的证据法不存在基本原则；相反，证据法基本原则的精神和理念仍然贯穿了英美法系国家具体的证据法条文。如澳大利亚的《1995 年证据法》中，对证据法的基本原则作了较为明确、系统的规定，具体确立了五项原则，即保障法院发现真实原则、民事诉讼与刑事诉讼区别对待原则、程序公正原则、程序可预测性原则、程序经济原则。

在大陆法系国家，法学家们习惯于通过理论的研究，抽象演绎出经典的概念和原理，并以这些概念、原理为基础构筑本国的证据法学体系结构。而法学家在大陆法系国家法律进程中的重要影响又使基本原则在立法、司法上也受到高度的重视。但是，由于大陆法系国家将证据问题在相应的诉讼法中予以规定，因此，对证据法基本原则的规定系统性、完整性不足，并且往往局限于与诉讼密切相关的证据问题。但也有学者将德国刑事诉讼证据法的基本原则概括为直接原则、自由心证原则、无罪推定原则和有利于被告人原则。[1]

我国长期以来秉承大陆法系的传统，把证据制度作为诉讼法的一部分并分别规定在刑事诉讼法、民事诉讼法和行政诉讼法中，对证据制度的研究也没有突破诉讼法的范畴而将证据法学作为一门独立的学科，因此，证据法的基本原则也少为学者系统论及。近年来，随着证据法学的发展和繁荣，多数学者都肯定了证据法应该有基本原则这一部分，但具体意见有差异。主要观点有：有学者认为证据法的基本原则为：证据裁判原则、程序法定原则、无罪推定原则和反对强迫自证其罪原则。[2] 有学者认为证据法的基本原则主要包括：证据裁判原则、直接言词原则、无罪推定原则。[3] 有学者将证据法基本原则确定为：真实发现原则、证据裁判原则、自由评价原则。[4] 有学者则主张证据法的基本原则包括：遵守法制原则、实事求是原则、证据为本原则、直接言词原则、公平诚信原则、法定证明与自由证明相结合的原则[5]，等等。

目前对于我国有关证据法基本原则的研究，学界尚未达成一致的看法。我们认为，证据法原则有其丰富的内容，而且在不同诉讼活动中，证据法的原则也有一些差异。但相对而言，作为证据法的基本原则主要包括：证据裁判原则、自由心证原则、直接言词原则、无罪推定原则、诚实信用原则。

第二节　证据裁判原则

一、证据裁判原则的含义

证据裁判原则，又称证据裁判主义，是指对案件事实的认定，必须依据有关的证据作出；没有证据不能认定事实。

证据裁判原则作为现代诉讼制度、证据制度的基石性原则，在世界许多国

---

〔1〕　参见宋英辉、汤维建主编：《证据法学研究述评》，中国人民公安大学出版社 2006 年版，第 100~101 页。
〔2〕　陈光中主编：《证据法学》，法律出版社 2015 年版，第 115 页。
〔3〕　参见樊崇义主编：《证据法学》，法律出版社 2017 年版，第 65~78 页。
〔4〕　参见卞建林、谭世贵主编：《证据法学》，中国政法大学出版社 2014 年版，第 76~90 页。
〔5〕　参见何家弘、刘品新：《证据法学》，法律出版社 2013 年版，第 77~96 页。

家或地区的法律中得到普遍的确立。例如，在大陆法系国家或地区，由于实行职权主义模式，因而为了既保障案件事实的查明，同时又规范法官权力的行使，法律大都明文规定了证据裁判原则，较典型的是日本《刑事诉讼法》第317条规定："认定事实应当根据证据。"另外，我国台湾地区的"刑事诉讼法"第154条规定："犯罪事实，应以证据认定之，无证据不得推定其犯罪事实。"也有一些国家，如德国、法国，在刑事诉讼法中尽管未对证据裁判原则作出明确的规定，但其中有关证据制度的规定，充分体现了证据裁判主义的精神。在当事人主义模式下的英美法系国家，虽然其法律和诉讼理论中没有直接明确证据裁判原则，但是在其诉讼和证据法律中存在大量的关于证据关联性、可采性的规范以及关于证据的出示、认定等规定，这些规范和规定都与证据裁判原则在基本精神上是一致的。当然，在有的英美法系国家存在的有罪答辩及辩诉交易的情况，使证据裁判只在正式的庭审程序的案件中得到体现。

二、证据裁判原则的主要内容

（一）对案件事实的认定必须依靠证据，没有证据不得认定，除非法律另有规定

按照证据裁判原则的要求，在诉讼证明中，对案件事实的认定和裁判应当依据证据。这里的案件事实就是待证事实，即必须证明的或者有必要证明的事实。证据裁判原则的这一内容可以从两个方面去理解：其一，从正面证明的角度来看，证据是案件事实认定的基础，是裁判的必要依据；而且，无论是实体法事实还是程序法事实，都必须依靠证据加以证明。其二，从反面否定的角度来看，如果没有证据，就不能对事实予以认定，否则就是违法。这里所谓的没有证据，既包括没有任何证据，也包括证据不充分的各种情形。

另外，需要指出的是，证据裁判原则强调认定事实必须以证据为前提和基础，并不意味着证据是认定案件事实的唯一途径，也不意味着所有的案件事实都需要以证据来证明。也就是说，证据裁判原则并不排斥法律规定的一些特殊的证明方法，如推定、司法认知等。在现代诉讼制度中，出于实现诉讼目的、节约诉讼资源等方面的考虑，对于诉讼中有的事项，如众所周知的案件事实、民事诉讼中当事人自认的案件事实、预决的案件事实等，由于其真实性已经得到了确认或者当事人双方对此没有争议，无须再以证据来证明，而可以直接作为裁判的根据。这种情形应当理解为证据裁判原则的特殊或例外情况。

（二）认定案件事实的证据必须具有证据能力

证据裁判原则不仅注重裁判对证据的依赖关系，而且注重对证据本身的资格要求。所谓证据能力，又称证据资格，是指作为事实认定或裁判根据的证据必须具备的法律资格或要件。证据能力是法律对证据转化为定案根据所提出的法律要求。只有具有证据能力的证据，才具有可采性；反之，则不具有可采性。

作为证明依据的证据应当具有证据能力是现代诉讼制度的统一要求，然而在不同法系却有着不同的规定。关于证据能力，在英美法系国家，由证据的可采性规则进行调整，法律一般从消极的角度就无证据能力或其能力受限制的情形加以规定。因此，不可采的证据成为英美法系证据可采性问题的重心。通常，不可采的证据包括两种情况：一是缺乏关联性的证据，二是应受排除的证据。而在大陆法系国家，通常是由关于证据能力的规范予以调整。一般而言，对证据能力的要求主要包括两方面：一是证据材料不被法律禁止；二是证据应当经过法定的调查程序。目前，在现代西方国家，证据能力已成为一个极为复杂的规则体系。在不同的证据规则的规范下，证据能力有着不同的表现。这也就使证据裁判原则具有了现行实在法的基础。如在传闻证据排除规则下，未出庭的证人证言就不具有证据能力；在非法证据排除规则下，刑讯逼供等非法手段获得的供述也不具有证据能力而不被采用。

在我国，按照通说理论，具有证据能力的证据必须同时具备客观性、关联性和合法性。这些条件或要求，是具有证据能力的证据所应具有的必要条件，但非充分条件。因为，有些证据虽然具备了客观性、相关性，而不具备合法性，或者出于其他价值因素的考虑，法律仍否认其具有证据能力或可采性，如在调解、和解中当事人所作的陈述、自认等在以后的诉讼中不得作为对其不利的证据使用。如果某项证据的提出或使用将造成诉讼的显著不公平或造成诉讼的过分迟延，则排除该证据的使用。再如，在民事诉讼中，当事人无正当理由而超出举证时限所提交的证据，一般也不被法院所采纳，即失去了证据能力。随着我国证据法律规范的不断完善，证据规则和证据制度也在快速发展，目前已经确立了一些有关证据能力的证据规则，如非法证据排除规则的立法确立，不仅使其在证据理论研究和证据立法上逐步完善，也在证据运用的实践中不断推进。

（三）裁判所依据的证据必须经过法庭的查证属实

证据裁判原则不仅要求裁判要依靠具有法定资格的证据，还特别注重法庭调查程序，要求案件事实认定的形成过程有法定调查程序的保障，即用于定案的证据必须在法庭上经过调查、质证并查证属实。

由于证据裁判原则的核心是要求裁判者对事实的认定必须依靠证据，但由于对事实的认识是一个无法为外人所知的内心活动，因而只能通过强调认识的形成过程来约束裁判者。在现代诉讼活动中，只有事实认定的过程和结果公开，当事人的参与权、举证权、知情权等得到了充分的保障，才能有效防止执法人员的个人缺陷影响事实认定的准确性。基于此，作为裁判依据的证据，都必须经过法庭调查；在公开的法庭上出示，并经过诉讼双方的充分辩论、质证，才能作为认定案件事实及裁判的依据。

在司法实践中，证据裁判原则作为一种事实的认定方法，需要通过裁判者的自由心证来实现其目的。可见，证据裁判原则与自由心证原则有着极为密切的关系。因此，在世界各国普遍采用自由心证制度的现代诉讼中，为了使裁判者的心证建立在正当、合理的基础上，也为了赋予和增强裁判的说服力和正当性，在理解和贯彻证据裁判原则时，应当遵循的一项基本要求就是，没有经过法庭调查和查证属实的证据不得作为裁判的依据，即使该项证据确实具有证明价值或对案件有证明作用。

三、证据裁判原则的价值

证据裁判原则在现代诉讼制度中有着十分重要的地位，是所有证据法和诉讼法律制度的核心原则，被称为"证据法之帝王原则"。证据裁判原则的重要价值主要有：

（一）证据裁判原则体现了司法证明的进步性与文明性

主要表现在：一是对历史上神明裁判的否定和批判。将证据作为发现事实真相以及裁判的依据，强调案件事实的认定必须依据证据，其他任何东西都不是认定事实的根据。二是对证据及其运用的规范作用。明确必须根据具有证据能力的证据并且其只有经过调查核实之后，才能成为认定案件事实的依据。可见，相对于神示证据制度下的水审、火审等通过神的意志发现事实真相的做法，证据裁判原则无疑是诉讼历史上的巨大进步，也使诉讼证明更加文明和规范。

（二）证据裁判原则为发现案件真实提供保障

在司法证明活动中，发现真实是诉讼的基本目标，也是实现诉讼公正的重要前提。然而，如何发现真实，遵循不同的原则会导出不同的结果。证据裁判原则在认定案件事实的证据资格、证明方式、证明范围及证明标准等方面均有严格要求，这就为最大限度地发现案件真实提供了保障。

（三）证据裁判原则能够防止法官裁判时恣意擅断

"证据裁判主义不仅要求法官必须依证据而为事实之认定，而且对于一定之证据限制法官为自由心证，如无证据能力、未经合法调查、显与事理有违或与认定事实不符之证据，不得作为自由心证之依据。除此之外。补强证据之有无，及科学证据之取舍，法官亦无自由判断之余地。"[1]法官形成裁判时应当依其内心确信，但内心确信的形成，不应当是任意的或者无限制的，而应当有所约束或者规范，以防止法官的恣意，最终保障司法裁决的公正性。因此，证据裁判原则就是对法官恣意擅断的最为有效的约束机制。

（四）证据裁判原则能够增强司法裁判的确定性和权威性

证据裁判原则要求裁判的作出以证据为根据，这就避免了裁判者以其主观臆断或者其他不具有证据能力的材料作为认定案情基础的现象，从而能够增强司法裁决的确定性；同时，通过证据裁判原则，可以减少裁判形成过程中带来的争议，限定裁判形成者自由裁量的范围，能够增强司法裁判的信服力，维护司法权威。

需要指出的是，作为一种事实认定方法，证据裁判原则也并非完美无缺。恰恰相反，由于人类认识能力和认识活动自身规律的限制和制约，依据证据所证明的事实与客观事实之间总会存在一定的差异，这正是证据裁判原则的问题所在和不足之处。然而，在现代诉讼活动中，证明、认定案件事实并对此作出裁判，从人类理性所及的范围和维护司法裁决的正当性、合理性、科学性等角度出发，证据裁判主义应当是解决诉讼争议和裁判争议的一种最为理想的选择。

四、证据裁判原则与我国证据法

在我国，1910 年《刑事诉讼律（草案）》已经明确规定了证据裁判的内容，具体是该草案第 326 条第 1 款的规定："认定事实应依证据"；第 321 条的规定："为判决资料之证据，以审判衙门所直接调查者为限，但有特别规定者不在此限"。我国台湾地区的"刑事诉讼法"第 154 条规定："犯罪事实，应以证据认定之，无证据不得推定其犯罪事实。"

目前，我国还没有在立法上明确规定证据裁判原则，但在《刑事诉讼法》《民事诉讼法》中体现了证据裁判原则的精神。例如《刑事诉讼法》第 55 条第 1 款规定："对一切案件的判处都要重证据，重调查研究，不轻信口供。只有被

---

[1] 蔡墩铭：《刑事证据法论》，五南图书出版公司 1997 年版，第 428 页。

告人供述，没有其他证据的，不能认定被告人有罪和处以刑罚；没有被告人供述，证据确实、充分的，可以认定被告人有罪和处以刑罚。"第 200 条第 1 款规定，在被告人最后陈述后，审判长宣布休庭，合议庭进行评议，根据已经查明的事实、证据和有关的法律规定，作出判决。《民事诉讼法》第 64 条第 3 款规定："人民法院应当按照法定程序，全面地、客观地审查核实证据。"

证据裁判原则虽然在我国的证据立法上没有明确规定，但在一些司法解释上已经有了清楚而明确的规定。如 2010 年两院三部《办理死刑案件证据规定》第 2 条和 2012 年最高院《刑诉解释》第 61 条都明确规定："认定案件事实，必须以证据为根据。"最高检《规则》第 61 条也有类似的规定，即"人民检察院在立案侦查、审查逮捕、审查起诉等办案活动中认定案件事实，应当以证据为根据"。这些法律规定表明证据裁判原则已经在我国刑事诉讼活动中正式确立。最高院《民诉证据规定》第 63 条规定："人民法院应当以证据能够证明的案件事实为依据依法作出裁判。"最高院《行诉证据规定》第 53 条规定："人民法院裁判行政案件，应当以证据证明的案件事实为依据。"由此可以说，我国已经在证据法律规范中确立了证据裁判原则。

第三节　自由心证原则

一、自由心证原则的含义

自由心证原则，又称自由评价原则，是指证据的取舍及证明力的大小及其如何运用，法律不作预先规定，而由法官秉诸"良心""理性"自由判断，形成内心确信，从而对案件事实作出认定。[1]

关于自由心证的含义，一般认为有广义和狭义之分。广义的自由心证，是从制度层面上讲的，是指包含诸项原则和规则的制度体系。在自由心证制度的诸项原则中，自由心证原则是其中一项基本原则和核心原则。而狭义的自由心证，则是从证明方法的角度讲的，作为法官自由评价证据之证明力的原则，是与法定证据相对应的证据法原则。自由心证原则是狭义的自由心证，是关于法官如何评价证据及其证明力的一项重要原则。证明力，又称证据价值，是指证据对于待证事实的证明作用或者证明价值。

---

〔1〕　卞建林、谭世贵主编：《证据法学》，中国政法大学出版社 2014 年版，第 85 页。

自由心证从诞生到现在，经历了否定之否定的发展过程。第一次否定是针对封建社会的法定证据制度的形式主义、机械主义和绝对主义的非理性缺陷，注重司法及执法人员的事实判断理性，要求法律对证据的取舍和案件事实的认定不作限制，完全由司法及执法人员本着良心和理性自由判断，形成内心确信。第二次否定是从证据资格、证明标准、证明程序、心证公开等方面限制自由心证，防止证据取舍和事实认定方面的恣意行为。应当说，自由心证原则确立以后，证据法发展的一个主线就是如何在确保心证自由的基础上防止心证自由的滥用，即一方面要尊重司法及执法人员的理性，另一方面要设立防范机制，防止非理性的倾向。可见，现代的自由心证保留了传统自由心证的合理成分，并彻底摒弃了传统自由心证的非理性和非民主因素。与传统自由心证相比，现代自由心证否定了法官单方面的自由而强调对等的自由，否定了秘密心证而强调心证的公开，否定绝对的自由而强调法律的规范作用，因此更具科学性。[1] 当然，自由心证原则不可避免地存在一些缺陷，但就目前人类的认识能力而言，自由心证却是人们能力所及的最好选择。也有学者认为，现代证据法上复杂的证据排除规则已经使司法及执法人员取舍证据的心证自由丧失殆尽，有关证据证明力和全案证据事实认定的心证自由也受到良心和职业道德、证明力规则、经验法则、证明标准和认证程序的多重限制。[2]

二、自由心证原则的主要内容

自由心证原则的主要内容包括两个方面，即对证据的"自由判断"和根据"内心确信"作出裁判。

（一）对证据的"自由判断"

对证据的"自由判断"，是指除法律另有规定的以外，证据证明力的大小由法官进行自由判断，法律不作预先规定，法官也不受外部的任何影响或法律上关于证据证明力的约束，而是独立自主地对证据作出评价。对证据的"自由判断"，主要有两方面内容：对证据证明力上的自由判断；在证明方法上的不受限制。

1. 对证据证明力的自由判断。对证据证明力的自由判断是自由心证原则的

---

[1] 叶自强："从传统自由心证到现代自由心证"，载陈光中、江伟：《诉讼法论丛》（第三卷），法律出版社 1999 年版，第 383~386 页。

[2] 高家伟、邵明、王万华：《证据法原理》，中国人民大学出版社 2004 年版，第 181 页。

核心，是自由心证与法定证据的根本区别所在，也是世界各国诉讼制度与证据制度的共同追求和必然结果。对此，我国台湾地区学者陈朴生曾指出："自由心证主义，乃许裁判官依其心证自由判断证据之价值（即证明力）并不受法律之拘束之谓……""裁判官所自由判断者，乃证据之证明力，并非证据能力。"[1]

2. 在证明方法上的不受限制。基于自由心证原则，法律对于法官运用证据进行证明的方法，在原则上不作任何限制。也就是说，法官运用证据证明案件在方法的选择上是自由的，可以根据其自身的需要进行自由的评判，从而对待定事实形成心证。

（二）根据"内心确信"作出裁判

根据"内心确信"作出裁判，是指法官依据对证据的判断所形成的内心信念——心证，达到深信不疑的程度，由此对案件事实进行认定。"内心确信"不允许法官根据似是而非或者尚有疑虑的主观感受来认定案件事实，而是要求法官通过对证据的审查判断，最终形成"真诚的确信"。一般来讲，法官"内心确信"的形成必须符合以下要素：一是法官必须站在客观、中立的立场上；二是法官必须直接接触证据；三是法官必须斟酌本案的全部证据和辩论的全部意旨认定事实；四是法官必须从案件的情况中得出内心确信的结论。[2]

三、自由心证原则的限制

在自由心证原则下，无论是对证据证明力的"自由判断"，还是根据"内心确信"作出裁判，都带有极为浓厚的主观色彩。而且由于法官的认识能力和判断能力有差异，甚至也可能存在偏见或者枉法的危险等。因此，无论是大陆法系国家，还是英美法系国家，均规定了种种制度和原则作为此原则的限制或制约手段，以确保法官在形成心证时享有的"自由"不被滥用，同时使"确信"的结果最大程度上与客观事实相接近。主要的限制有：

（一）证据能力上的限制

自由心证原则不仅与证据裁判原则有着密切的关系，而且以证据裁判原则为其基础。因为自由心证的前提必须是有证据存在，而且作为自由心证前提的证据必须是具有证据能力并经过法庭调查和充分辩论之后查证属实的证据。因

---

[1] 陈朴生："刑事证据法序说"，载刁荣华主编：《比较刑事证据法各论》，汉林出版社1984年版，第25~26页。

[2] 参见宋英辉、汤维建主编：《证据法学研究述评》，中国人民公安大学出版社2006年版，第108页。

此，各国通过各种规定对证据能力加以限制，如英美法系规定了大量的证据规则以制约法官对证据能力的判断。由于大陆法系比较强调合法的证据调查程序，因而其范围相对较窄。但近年来，大陆法系国家正在逐步借鉴英美法系的合理做法，逐步加大对证据能力的规定和限制。

（二）自由心证适用范围的限制

自由心证并不适用于所有事实的认定，有些事实无需法官自由心证。自由心证的客体限于审理事项，而不适用于证据调查。而且，对于免证事实，如众所周知的事实、民事诉讼中当事人自认的事实、民事诉讼中已形成的裁判事实，不适用自由心证。另外，对于已经用了心证但仍然无法查明的事实，不能再用自由心证来强行认定。

（三）证据裁判原则的限制

自由心证原则必须以证据裁判原则为基础，受证据裁判原则的制约，即自由心证原则是在证据裁判原则的基础上发挥作用的。因此，自由心证的前提必须是有证据存在，而且在证据裁判原则下，作为自由心证前提的证据不仅具有证据能力，还必须经过法庭调查程序，我国台湾地区学者陈朴生认为："……是证明力之判断，必先有证据在，不得以理想推测之词，为其判决之基础。此项证据，固指具有证据能力，并经合法调查者而言。"[1]对于程序之外的证据，或者未经法庭调查之证据，不得作为判断对象，更不得作为裁判的依据。

（四）经验法则和逻辑法则的限制

在自由心证原则下，法官就证据之证明力进行自由判断与评价，不得违背经验法则和逻辑法则。"虽为自由心证，但并非纵容法官恣意判断，而必须依照理论法则、经验法则来判断（违反此规定的事实认定，可以作为上告理由）。"[2]所谓经验法则，是指人类基于日常生活经验所得之定则，并非个人主观推测。逻辑法则也称论理法则，是指依照一般推论事理及逻辑演绎，从已知的事实推导出未知事实的证据法则。基于经验法则和逻辑法则的要求，法官心证的形成必须无可指责，即法官的心证过程必须基于客观、理性、逻辑以及合乎一般有效经验法则的论证基础。[3]

---

〔1〕 陈朴生：《刑事诉讼法实务》，海天印刷厂有限公司 1981 年版，第 239~240 页。

〔2〕 ［日］中村英朗著，陈刚等译：《新民事诉讼法讲义》，法律出版社 2001 年版，第 199 页。

〔3〕 宋英辉、汤维建主编：《证据法学研究述评》，中国人民公安大学出版社 2006 年版，第 109 页。

（五）一系列制度或程序的制约

在自由心证原则下，为保证法官形成正确心证裁判案件，避免自由心证可能带来的危险，许多国家建立和规定了一系列程序化制约制度或程序，如回避制度、法庭调查程序、言词辩论程序、合议程序、心证公开制度、事后审查制度、证据规则之限制等。另外，为了使法官的自由心证较为合理和准确，许多国家建立了一些相关的制度，如法官资格制度，以保证法官的精英化；同时法律对法官的伦理道德素质、法律素养、职业背景等都作出了很高的要求。此外，还以法律的形式明确规定了法官必须遵守的纪律以及对法官的弹劾和惩戒制度等。

四、自由心证原则与我国证据法

自由心证原则在我国经历了较为曲折的过程。自从清末沈家本先生主持修定法律引进自由心证原则以来，自由心证曾经一度被北洋政府和中华民国政府所肯认。但在新中国成立以后，由于种种原因，自由心证原则往往与"恣意"联系起来，因而被实事求是原则所取代。20世纪90年代以后，随着法律文化交流的频繁和法学研究的日趋繁荣，人们逐渐对自由心证原则有了较为全面、客观的认识，学界在自由心证的必然性上达成共识，认识到诉讼中法官凭借理性和良心独立而自由判断证据认定案件事实是认识规律的必然要求。

2002年4月1日实施的最高院《民诉证据规定》第64条第一次对自由心证原则作了较为明确的规定："审判人员应当依照法定程序，全面、客观地审核证据，依据法律的规定，遵循法官职业道德，运用逻辑推理和日常生活经验，对证据有无证明力和证明力的大小独立进行判断，并公开判断的理由和结果。"2015年修改后的最高院《民诉解释》第105条规定："人民法院应当按照法定程序，全面、客观地审核证据，依照法律规定，运用逻辑推理和日常生活经验法则，对证据有无证明力和证明力大小进行判断，并公开判断的理由和结果。"这条规定进一步强调了法官在民事审判中审查判断证据的自由心证原则，并规定法官必须公开对证据审查判断的理由和结果。遗憾的是，在我国刑事诉讼法和行政诉讼法及其相关的司法解释中，还没有自由心证原则的明确规定。

不过，从自由心证原则的核心问题，即证据证明力之有无和大小的判断，不是由法律预先规定而是由法官自由判断、认定的角度来看，我国司法实践中证据的运用，其实法官是拥有较大的自由裁量权的，即我国法官评判证据同样是自由判断证据从而形成心证，最终认定案件事实的。而且由于我国的证据法律规定还不够健全，在证据规则方面还不完善，使得法官在评判证据方面有着比西方法官更大的自由裁量权。因此，我国应当在立法确立自由心证原则的同时，完善我国的证据规则体系，健全与自由心证原则相配套的原则及相关制度，如司法独立原则、证据裁判原则、直接言词原则、心证公开制度、心证监督机制、法官素质提高制度等。

第四节　直接言词原则

一、直接言词原则的含义

直接言词原则的起源与法律依据是法官的探明义务，通常被认为是诉讼法上审判程序中的一个重要原则。但由于直接言词原则直接涉及对证据的调查收集、审查和判断采纳等证据运用问题，因而，我国证据法学界普遍将直接言词原则作为证据法上的基本原则之一，其在证据理论研究和实践运用中具有重要的价值和意义。

直接言词原则的基本含义，是指一切证据材料都必须在法庭上以直接、口头的方式进行陈述、讯问、审查和辩论。这一原则是由直接原则和言词原则合并而来的。[1]

直接原则又称直接审理原则，是指法官必须亲自接触案件的所有材料，在法庭上审查核实证据，然后据以对案件事实作出裁判。直接原则不仅要求法官必须亲自接触、审查证据，同时要求诉讼当事人和其他证据提出者应当直接到庭参与法庭审理，而不得假借证据的代用品代替原始证据。[2] 言词原则又称言词审理原则或言词辩论原则，是指法庭审理活动应当基于口头提供的证据材料，以言词陈述的方式进行。言词原则要求法庭审理中的举证、质证、辩论等活动都必须以言词的方式进行，不应以书面陈述替代，庭前形成的各种书面笔录原则上不具有证据能力。尽管直接原则和言词原则的侧重点有所不同，即直接原则强调的是法官的亲历性和证据的原始性；而言词原则强调的则是证据提供和法庭审理的言词方式。但直接原则与言词原则在目的和内容上有许多相通之处，直接审理必然要求以口头辩论方式调查证据；而口头辩论调查证据的目的需要

---

〔1〕　参见樊崇义主编：《证据法学》，法律出版社 2017 年版，第 71 页。

〔2〕　［德〕克劳斯·罗科信著，吴丽琪译：《德国刑事诉讼法》，三民书局 1998 年版，第 491 页。

通过直接审理的方式来实现，因此，两者相互贯通、相互兼容。直接原则是言词原则的基础，言词原则是直接原则的补充。只有将两者结合起来才能发挥作用。故而通常将两者并列，称之为直接言词原则。

直接言词原则是大陆法系国家针对封建时期的纠问式诉讼制度而逐步确定下来的一项重要原则。由于其出发点在于保障法官对证据的直接审查和采信，因而又称为直接采证原则。英美法系国家虽然不使用直接言词原则的说法，但其传闻证据规则却常常被作为与直接言词原则相对应的概念而相提并论。按照传闻证据规则，各种证言都必须以口头的方式在法庭上直接提出，并接受对方律师的交叉询问，以便法官和陪审团审查证据。证人在法庭之外所作的陈述笔录或者审判之前提供的书面证言都属于传闻，一般应予以排除。即传闻证据规则的目的在于确保控辩双方与提供证言的证人直接接触，获得询问、质证和当面听取陈述的机会。由此可见，尽管大陆法系国家的直接言词原则与英美法系国家的传闻证据规则在表述的方式、适用的范围等方面存在差异，但在本质上却是相同的，即两者都是基于公正审判的要求和发现真实的需要而建立的证据原则与规则。

二、直接言词原则的主要内容与例外

（一）直接言词原则的主要内容

1. 直接审理原则的内容。一般认为，直接审理原则有三方面的内容：①在法官开庭审理时，被告人、检察官以及其他诉讼参与人必须亲自到场参加审判，除非法律另有规定，即"在场原则"。②从事法庭审判的法官必须亲自进行法庭调查和采纳证据，证据只有经过法官以直接采证方式获得，才可以作为定案的证据，即"直接采证原则"。在审查中，未经法官本人直接查证的证据，不能成为定案依据，即使在侦查、预审中经过警察、检察官、预审法官调查的证据，也不能例外。法官对证据的调查和认定，必须亲自直接进行，不得委托其他法院或其他法官进行。③法官认定案件事实或制作判决时，必须以原始证据为依据，除非法律有明确规定，不得采纳传来证据或者二手证据，即"采纳原始证据原则"。[1]

2. 言词审理原则。言词审理原则有两个方面的内容：①参加审判的各方都应以言词陈述的方式从事审理、攻击、防御等各种诉讼行为，否则就不具有程

---

[1] 参见宋英辉、汤维建主编：《证据法学研究述评》，中国人民公安大学出版社 2006 年版，第 113 页。

序上的效力。因为，在言词原则下，要求审判中的所有诉讼行为都需以言词方式进行，凡未在法庭审判过程中以言词或者口头方式进行的诉讼行为，均应视为不存在或没有发生，因而均不应当具有程序上的效力；②任何未经在法庭上以言词方式提出和调查的证据均不得作为法庭裁判的根据，除非法律有特别的规定。即在法庭审判时，应当以口头方式询问证人、鉴定人、被害人等，以及以口头方式对实物证据发表意见等，否则，一般情况下就不得作为法庭裁判的根据。

（二）直接言词原则的例外

按照直接言词原则的要求，它应当仅适用于直接审理的案件，而非所有的审判程序。因此，直接言词原则存在一些例外的情形，主要有：

1. 直接言词原则一般只适用于第一审程序中的证据收集、审查、判断（第二审事实上也应包括在内），而第一审中就程序性事项所作的裁定、决定以及二审等复审程序中仅就一审判决的适用法律进行的审查、裁决一般可不适用直接言词原则。

2. 直接言词原则只适用于普通程序，一般不适用于简易程序、速裁程序等简化审理程序。

3. 在一些特定情形下也可以不适用直接言词原则，如证人因死亡、重病、出国、年幼等情况而无法出庭或者不宜出庭作证时，经过法庭调查和辩论的书面证言也可以作为判决的依据。另外，按照直接言词原则，在审判中，法官有变更的，审判程序须重新进行，以保证法官亲自接触证据、作出正确裁判。但有些国家规定，如果审理法官有正当理由需要变更的，当事人应当在新法官面前陈述以前言词辩论的结果，审判程序不必重新开始。

4. 在一些特殊情形或条件下，民事或者刑事案件可以进行缺席审判，因而不适用直接言词原则。

三、直接言词原则的功能

（一）直接言词原则有利于发现案件的实体真实

按照直接言词原则的要求，不仅裁判者必须亲自并全程参与法庭上证据的调查、核实活动，而且诉讼双方必须当庭提出主张并进行攻击和防御，而其他诉讼参与人如证人、鉴定人等也必须当庭作证、接受诉讼双方的发问、质证和辩论等，这些要求和做法，对于案件真实情况的查明、全面揭示案件的实体真实有重要作用，同时由于法官能够直接接触鲜活的证据，能够使其对案件事实和证据产生深刻印象，从而作出正确的裁判。

（二）直接言词原则有助于程序公正价值的实现

直接言词原则下，不仅法官居中调查、核实证据，能够保持其中立的诉讼地位；而且诉讼双方平等地进行发问、质询、辩论等，有助于保障程序的平等性；另外，诉讼双方及证人、鉴定人等其他诉讼参与人的积极参与，可以实现程序的参与性；在公开审判的案件中，还能够实现程序的公开性。这些都是程序公正价值的重要内容。

（三）直接言词原则还有利于提高诉讼效率

首先，按照直接言词原则，在法庭审理过程中，当事人均有充分陈述其主张、观点的权利，而且只有在法庭上以言词方式陈述的证据才能作为裁判的依据，基于此所作的判决，当事人通常容易接受，可以减少不必要的上诉，更会减少再审程序的发生，从而降低了当事人的诉讼成本和国家的审判成本。其次，实行直接言词原则，还能够避免法院大量的庭外调查取证，也可以减少法院不必要的费用支出。再次，直接言词原则要求法庭的审理与裁判合一，即审判者就是裁判者，从而避免审判委员会等机构或人员讨论决定案件，这也会节约国家的司法资源。

四、直接言词原则与我国证据法

目前我国法律还没有明确规定直接言词原则，但我国的法律及司法解释体现了直接言词原则的内容。主要有：

1. 要求证人出庭陈述、法官直接审查证据方面的规定主要有：《刑事诉讼法》第 61 条规定："证人证言必须在法庭上经过公诉人、被害人和被告人、辩护人双方质证并且查实以后，才能作为定案的根据。……"第 195 条规定："公诉人、辩护人应当向法庭出示物证，让当事人辨认，对未到庭的证人的证言笔录、鉴定人的鉴定意见、勘验笔录和其他作为证据的文书，应当当庭宣读。审判人员应当听取公诉人、当事人和辩护人、诉讼代理人的意见。"《民事诉讼法》第 68 条规定："证据应当在法庭上出示，并由当事人互相质证。对涉及国家秘密、商业秘密和个人隐私的证据应当保密，需要在法庭出示的，不得在公开开庭时出示。"最高院《民诉证据规定》第 47 条规定："证据应当在法庭上出示，由当事人质证。未经质证的证据，不能作为认定案件事实的依据。"第 55 条规定："证人应当出庭作证，接受当事人的质询。证人在人民法院组织双方当事人交换证据时出席陈述证言的，可视为出庭作证。"第 59 条规定："鉴定人应当出庭接受当事人质询。"《行政诉讼法》第 43 条第 1 款规定："证据应当在法庭上出示，并由当事人互相质证。对涉及国家秘密、商业秘密和个人隐私的证据，不得在公开开庭时出示。"

2. 要求法官直接采证、判决的规定主要有：《刑事诉讼法》第 185 条规定："合议庭开庭审理并且评议后，应当作出判决。……"最高院《刑诉解释》第 78 条第 1 款规定："证人当庭作出的证言，经控辩双方质证、法庭查证属实的，应当作为定案的根据。"第 178 条第 1 款规定："合议庭审理、评议后，应当及时作出判决、裁定。"《民事诉讼法》第 75 条规定："人民法院对当事人的陈述，应当结合本案的其他证据，审查确定能否作为认定事实的根据。当事人拒绝陈述的，不影响人民法院根据证据认定案件事实。"《行政诉讼法》第 43 条第 2 款规定："人民法院应当按照法定程序，全面、客观地审查核实证据。对未采纳的证据应当在裁判文书中说明理由。"

3. 直接言词原则的例外情形，即证人出庭作证的例外规定。《民事诉讼法》第 73 条规定："经人民法院通知，证人应当出庭作证。有下列情形之一的，经人民法院许可，可以通过书面证言、视听传输技术或者视听资料等方式作证：①因健康原因不能出庭的；②因路途遥远，交通不便不能出庭的；③因自然灾害等不可抗力不能出庭的；④其他有正当理由不能出庭的。"最高院《刑诉解释》第 206 条也有类似的规定，即"证人具有下列情形之一，无法出庭作证的，人民法院可以准许其不出庭：①在庭审期间身患严重疾病或者行动极为不便的；②居所远离开庭地点且交通极为不便的；③身处国外短期无法回国的；④有其他客观原因，确实无法出庭的。具有前款规定情形的，可以通过视频等方式作证"。

虽然我国的诉讼法及相关的司法解释在一定程度上体现了直接言词原则的要求，但由于没有明确地确立，使得直接言词原则没有得到很好的贯彻。例如，我国法律规定证据必须当庭质证才能作为定案的根据，但实践中证人不出庭的现象十分普遍，这使证人证言无法当庭质证。还有，审判委员会依法对"重大、疑难、复杂"案件的讨论和决定，基本上采用的是书面审理的方式，主要是听取办案人员对案件的汇报，而并不直接与当事人及其他诉讼参与人接触，造成"审者不判""判者不审"的局面。这些做法都是与直接言词原则的基本要求相违背的。

第五节　无罪推定原则

一、无罪推定原则的含义

无罪推定原则，是指在刑事诉讼中，任何被怀疑犯罪或者受到刑事追诉的人，在未经司法程序最终确定为有罪之前，在法律上都应当被推定为无罪。无罪推定原则是刑事诉讼法学，尤其是证据法学的一项基本原则和上位理念。[1]

无罪推定的雏形可追溯到古罗马时期的"有疑，为被告人之利益""一切主张在被证明之前推定不成立"原则。但最早系统表述的是 19 世纪中叶的意大利法学家贝卡利亚，他在其名著《论犯罪与刑罚》中提出："在法官判决之前，一个人是不能被称为罪犯的。只要还不能断定他已经侵犯了给予他公共保护的契约，社会就不能取消对他的公共保护。"[2] 此后，无罪推定原则逐渐得到世界各国的肯定和接受，并成为联合国刑事诉讼基础性理念和原则。主要规定有：1789 年法国的《人权宣言》第 9 条规定："任何人在其未被宣告为犯罪以前，应当被推定为无罪。"1947 年意大利《宪法》第 27 条规定："被告人在最终定罪之前，不得被认为有罪。"1948 年联合国《世界人权宣言》第 11 条第 1 款规定："凡受刑事控告者，在未经获得辩护上所需的一切保证的公开审判而依法证实有罪以前，有权被视为无罪。"1976 年联合国《公民权利和政治权利国际公约》第 14 条第 2 项规定："受刑事控告者，在未经依法证实有罪之前，应有权被视为无罪。"至此，无罪推定原则经过漫长的历史发展，现已成为世界上大多数国家奉行、国际性法律文件确认的刑事诉讼原则，因而成为国际通行的刑事司法准则。无罪推定与罪刑法定、罪刑相适应原则被认为是刑事法律的三大基石性原则。

二、无罪推定原则的主要内容

无罪推定既是刑事诉讼法学也是刑事证据法学的一项基本原则，因此，无罪推定原则的基本内容可以从两个方面认识和理解。

---

〔1〕 樊崇义主编：《证据法学》，法律出版社 2017 年版，第 75 页。
〔2〕 〔意〕贝卡利亚著，黄风译：《论犯罪与刑罚》，中国大百科全书出版社 1993 年版，第 31 页。

（一）无罪推定原则在刑事诉讼中的主要内容

1. 被追诉人在未被生效裁判确定有罪之前，在法律上应处于无罪的地位。无罪推定原则是法律为被追诉人所设定的程序上的诉讼地位。无罪推定原则作为程序性原则，适用于刑事程序启动之后和法院作出生效判决前的诉讼过程之中。在法院作出生效裁判之后，被告人要么被宣告为法律上有罪之人，要么被认定为法律上无罪之人。而且，在刑事诉讼过程中，被追诉人所具有的法律上无罪的地位，既不是事实性的，也不是终局性的，而只是法律为其所设定的程序中的诉讼地位。[1]

2. 最终有权确定被告人有罪的只能是审判机关。按照无罪推定原则，法律意义上的定罪权只能由法院行使，其他任何主体，包括警察机关、检察机关都不得、也无权确定被追诉人是否有罪，更不得施加刑罚。

3. 审判机关应当依照法定程序对被告人是否犯有被指控的犯罪行为加以认定。依据无罪推定原则，在刑事诉讼中，要确定被告人是否有罪以及是否实施了被指控的犯罪事实，应当由合法的、中立的法院，经过公开、公正的审判，才能最终确定。

（二）无罪推定原则在刑事证据法中的主要内容

1. 控诉方承担证明被告人有罪的责任。这一内容包含的要点有：首先，在刑事诉讼中，证明被告人有罪的责任始终由控诉一方承担，具有不可转移性。控诉方提出被告人有罪的控告，质疑其无罪的地位，就应当提供相应的证据来证明自己的主张，因此，提出证据证明被告人有罪的责任应当由控诉方承担。其次，控诉一方应当用合法的手段完成其证明责任，而不得采用酷刑或其他非法方法收集证据，否则这些非法证据不能作为定案的根据。

2. 被追诉人在刑事诉讼中不承担证明自己无罪的责任。在刑事诉讼中，被追诉人依法享有辩护的权利，却没有证明自己无罪的义务，因此，不能因为被追诉人保持沉默或者拒绝陈述，或者不能或没有证明自己无罪就认定其有罪，或者得出对其不利的结论。

3. 控诉一方履行证明责任必须达到法定的证明标准。被追诉人在刑事诉讼中的无罪地位是一种法律推定，并不是事实上的无罪认定，它可以通过控诉方的举证证明活动予以推翻。如果控诉方所提供的证明被告人有罪的证据达到了有罪判决的证明标准，就可以推翻这种无罪的法律推定。但如果控诉方不能证

---

[1] 参见陈瑞华：《刑事证据法学》，北京大学出版社 2012 年版，第 38 页。

实所指控的犯罪事实的真实性，或者事实真伪不明时，就无法推翻这种法律上无罪的推定，法官就应当作出无罪判决或者作出对被告人有利的裁决，即"疑罪从无"或者"疑罪有利于被告人"。

三、无罪推定原则与反对强迫自证其罪原则

学界对于无罪推定原则与反对强迫自证其罪原则的关系有着不同的认识。有学者认为，反对强迫自证其罪原则是无罪推定原则派生出的一项刑事证据法原则；也有学者认为，反对强迫自证其罪原则与无罪推定原则共同构成了沉默权、自白任意性、律师在场权等一系列刑事证据规则的两大基石。[1] 我们认为，从两项原则的产生、内容以及法律地位等来看，无罪推定原则是刑事司法的基本原则，反对强迫自证其罪原则是无罪推定原则发展、派生出的一个重要原则。

（一）反对强迫自证其罪原则的含义

反对强迫自证其罪原则，又称反对强迫自我归罪特权，是指不得以暴力、胁迫等方式强迫任何人提供不利于他自己的证言，或被强迫承认犯罪。这一原则针对的对象是任何人，既可以是犯罪嫌疑人、被告人，也可以是证人。

反对强迫自证其罪来源于"任何人无义务控告自己"的古老格言。1791 年美国宪法第五修正案率先以公民基本权利的形式规定："在任何刑事案件中不得强迫被告人自证其罪。"到 1897 年，美国联邦最高法院规定，反对强迫自我归罪特权不仅适用于法庭证言，而且适用于审前拘禁讯问程序，任何对该特权的侵犯都会导致自白证据的排除。但所谓的"反对自证其罪特权"的概念直到 20 世纪才真正出现。许多国家和地区在本国的宪法或者刑事诉讼法中确立了反对强迫自证其罪原则或者类似的权利、规则。如日本《宪法》第 38 条第 1 款规定："任何人都不受强迫作不利于自己的供述"；第 2 款规定："通过强迫、拷问或威胁所得的口供，或经过不适当的长期拘留或拘禁后的口供均不得作为证据"。意大利《刑事诉讼法典》第 64 条第 2 款规定："不得使用足以影响被讯问者同意能力或者改变其记忆和评价事实的能力的方法或者技术进行讯问，即使被讯问者表示同意。"1966 年《公民权利和政治权利国际公约》第 14 条第 3 款第 7 项将"不被强迫作不利于他自己的证言或者强迫承认有罪"作为刑事被告人享受的最低限度的保障之一。

---

[1]　高家伟、邵明、王万华：《证据法原理》，中国人民大学出版社 2004 年版，第 230 页。

（二）反对强迫自证其罪原则的基本内容

根据西方学者的解释，反对强迫自证其罪原则包含以下几层内容：

1. 任何人没有义务为追诉方向法庭提出任何可能使自己陷入不利境地的陈述和其他证据，追诉方不得采用任何非人道或者有损其人格尊严的方法强迫其就某一事实作出供述或者提供证据。

2. 被告人有权拒绝回答追诉官员或者法官的讯问，有权在讯问中保持沉默。司法警察、检察官或者法官应及时告知犯罪嫌疑人、被告人享有此项权利，法官不得因被告人沉默而使其处于不利的境地，或者作出对其不利的裁判。

3. 被告人有权就案件事实作出有利或者不利于自己的陈述，但这种陈述必须出于真实的意愿，并在意识到其行为后果的情况下作出，法院不得把非出于自愿而是迫于外部强制或压力所作出的陈述作为定案根据。[1]

反对强迫自证其罪原则实质上赋予了公民两项权利：①任何人享有陈述与否的选择权，即对是否陈述、是否提供不利于自己的陈述享有选择权；②任何人对是否陈述享有不受强迫的权利，即如果被追诉人或者证人选择了不陈述，就不得强迫其陈述。

为了保障被告人享有不得自证其罪的权利，又引申出了两项相关的诉讼规则：①权利告知规则，即司法机关应当将其享有的反对强迫自证其罪的权利的信息告知犯罪嫌疑人和被告人；②非任意供述的排除规则，即如果犯罪嫌疑人、被告人受到侦查机关或检察机关的强迫而作出有罪供述——自证其罪，那么该供述将丧失证据资格而被法庭排除，不能作为定罪量刑的证据。

四、无罪推定原则与我国刑事证据法

迄今为止，我国还没有正式确立无罪推定原则，但《刑事诉讼法》中的许多条款都吸收了无罪推定原则的精神，说明我国已初步接受了无罪推定原则。主要的规定和体现有：

1. 我国《刑事诉讼法》第 12 条规定："未经人民法院依法判决，对任何人都不得确定有罪。"一般认为，这一原则包含了法院统一行使定罪权、法院依照

---

〔1〕 参见 Christopher Osakwe, "The Bill of Rights for the Criminal Defendant in American Law", in *Human Rights in Criminal Procedure*, Martinus Nihoff Publishers, 1982, pp. 274~275. 转引自宋英辉、汤维建主编：《证据法学研究述评》，中国人民公安大学出版社 2006 年版，第 173 页。

法定程序进行审理以及在法院依法判决之前不得认定被告人有罪等多方面的含义。[1] 可见，这一原则吸收了无罪推定原则的合理内核，充分体现了无罪推定原则的精神。

2.《刑事诉讼法》第51条规定："公诉案件中被告人有罪的举证责任由人民检察院承担，自诉案件中被告人有罪的举证责任由自诉人承担。"这一规定明确了刑事诉讼中证明责任的分配原则，体现了被告人不承担提供证明自己有罪或者无罪的证明责任，是吸收无罪推定原则精神的体现。

3.《刑事诉讼法》第52条规定："审判人员、检察人员、侦查人员必须依照法定程序，收集能够证实犯罪嫌疑人、被告人有罪或者无罪、犯罪情节轻重的各种证据。严禁刑讯逼供和以威胁、引诱、欺骗以及其他非法方法收集证据，不得强迫任何人证实自己有罪。……"这说明我国已确立反对强迫自证其罪原则。另外，《刑事诉讼法》第56条规定："采用刑讯逼供等非法方法收集的犯罪嫌疑人、被告人供述和采用暴力、威胁等非法方法收集的证人证言、被害人陈述，应当予以排除。……"这是非法证据排除规则的立法规定确立，同时在第56~60条还规定了非法证据的范围及其排除程序。非法证据排除规则是贯彻无罪推定原则的重要保障，因为无罪推定就意味着对刑讯逼供或者威胁、引诱、欺骗等非法方法收集证据行为的否定。

4.《刑事诉讼法》第175条第4款规定："对于二次补充侦查的案件，人民检察院仍然认为证据不足，不符合起诉条件的，应当作出不起诉的决定。"第200条第3项规定："证据不足，不能认定被告人有罪的，应当作出证据不足、指控的犯罪不能成立的无罪判决。"这是疑罪从无在审查起诉阶段和审判阶段的体现，充分反映了无罪推定原则的精神和要求。

第六节 诚实信用原则

一、诚实信用原则的含义

诚实信用原则的直接含义包括诚实、信用两方面内容，两者密切联系，但并不完全相同。两者的联系在于：诚实、信用都具有否定和排斥欺骗的要求和价值观。两者的区别在于：前者强调的是真实，反对虚假；而后者强调的是守

---

[1] 陈瑞华：《刑事证据法学》，北京大学出版社2012年版，第44页。

信，反对食言。

诚实信用原则在证据法中包含两方面的含义：①主观上的诚信，要求诉讼主体在主观上应当是善意的，要秉承真实理念，不隐瞒事实，不欺诈；②客观上的诚信，要求诉讼主体在进行证据活动时，应当尽可能地忠实于案件事实真相，诚实不欺地实施行为。诚实信用原则的主观要求和客观要求是相互统一、不可分割的两个方面，只有将两者结合，诚实信用原则才具有规范性和强制力。在私法领域，尤其是债法领域，诚实信用原则具有"帝王条款"的美誉。[1] 现代的诚实信用原则，不仅适用于私法领域，也适用于公法领域和诉讼领域，成为诉讼法和证据法中不可或缺的原则。

诚实信用原则源自于罗马法当事人之间的善意与衡平观念，而罗马法"善意"与"衡平"观念传至德意志，与古代德意志法相结合即成为"依据诚实信用原则方法而作誓约"。早期的诚实信用原则的道德色彩浓厚，而后成为法律化的伦理准则。自从被德国民法典确立以来，其适用范围一再扩展，已经超出民法本身而扩充、渗透到其他私法部门及民事诉讼等公法领域，并且在民商法及民事诉讼中的基本原则地位已经得到基本认同。[2]

现代的诚实信用原则，其初始形态只是为了确定当事人的真实义务，主要用以规制作为当事人诉讼行为之一的证据行为，要求当事人在实施证据行为时除为保障自身合法利益之必要，不得损害对方当事人之合法利益。这是为克服当事人主义诉讼模式中对抗性、趋利性、竞技性所带来的混淆真相、迟延诉讼等弊端而设置的原则。如今，该原则的适用范围已大为拓展，即其通过调整法官以及当事人、诉讼代理人、证人等诉讼参与人之间的相互关系，保证诉讼可以在诚实、协同的氛围中进行，进而平衡双方当事人的利益以及当事人与社会的利益，确保诉讼公正和诉讼效率价值的实现，确保社会秩序的稳定与和谐。[3]

二、诚实信用原则在民事证据法上的主要内容

诚实信用原则作为证据法的一项基本原则，其规范对象既包括当事人等，也包括裁判法官。在这一原则下，既要求当事人、证人等基于诚信实施证明行为，也要求法官本着诚信审查证据和认定事实。具体来讲，诚实信用原则在民

---

〔1〕 李浩主编：《证据法学》，高等教育出版社 2014 年版，第 103 页。
〔2〕 宋志军：《刑事证据契约论》，法律出版社 2010 年版，第 144 页。
〔3〕 田平安主编：《民事诉讼法原理》，厦门大学出版社 2005 年版，第 164 页。

事证据法上的主要内容有：

（一）真实义务

真实义务，是指当事人等主体不得故意为虚假陈述的义务。法律强调当事人、证人的真实义务，是为禁止其故意作出不真实的陈述。

法律强调当事人的真实义务，要求当事人对于己不利的事实作出完全真实的陈述其实有些强人所难，而且民事诉讼中当事人的真实义务虽说是对国家的，但更主要是对对方当事人为之从而谋求当事人双方的平等，所以，许多国家的法律对于当事人违背真实义务的行为并未规定法律责任。在此意义上，真实义务更多是一个宣示性或象征性的义务，当事人违背此义务也不会受到处罚。因此，对当事人而言，真实义务更多地带有诚实信用原则最初的伦理意义。然而，对于证人、鉴定人等诉讼主体而言，他们的真实义务则是实质性的；如果违反，会有相应的处罚措施。

由于各类诉讼参与人的义务内容有所不同，其义务指向的对象不同，这就决定了诚实信用原则所要求的真实义务有着不同的法律效果。真实义务禁止当事人（包括诉讼代理人）故意作出不真实陈述或者故意对他方当事人及证人等所作出的真实陈述进行争执；要求证人真实地陈述案件事实，不得故意作伪证；要求鉴定人不得故意作出与案件事实和科学原理不符的鉴定意见；要求翻译人员不得故意作出与当事人等的陈述和书写原意不符的翻译；等等。[1] 可见，在若干主体的真实义务中，证人、鉴定人和翻译人员的真实义务与当事人是有所不同的。

（二）禁反言

禁反言又称"禁止反悔及矛盾举动"，或称"不得否认"，是指对若一方当事人实施某种行为后使对方当事人有理由相信该行为，并基于此而实施了其他相应的行为，但该当事人又否认以往行为的合法基础，从而试图否认对方当事人行为的有效性的禁止。[2]

禁反言主要是为了防止当事人和证人等实施前后不一致的诉讼行为，从而损害当事人的利益和整个诉讼程序的安定与权威。而在证据法中，禁反言主要是要求当事人和证人等对于案件事实的陈述应当前后一致。

---

〔1〕 高家伟、邵明、王万华：《证据法原理》，中国人民大学出版社 2004 年版，第 282 页。

〔2〕 宋英辉、汤维建主编：《我国证据制度的理论与实践》，中国人民公安大学出版社 2006 年版，第 397 页。

禁反言可分为直接禁反言和间接禁反言两种。前者是针对同一案件的诉讼程序，而后者是针对前后不同的两个案件。狭义的禁反言一般是指直接禁反言。直接禁反言的构成要件有：①当事人和证人等作了前后矛盾的陈述；②（对方）当事人相信了前面陈述并据此作出相应的行为；③认可后面陈述则必然损害（对方）当事人的利益。具备以上三个要件的，法官则不承认后面陈述。[1]

（三）衡平分配证明责任

证明责任的合理负担不仅应当体现实体法和程序法的正义，还应当衡平当事人的合法权益，而正义和衡平即为诚实信用原则的本质。因此，诚实信用原则应当作为合理分配证明责任和正确履行证明责任的考量因素。

在司法证明中，证明责任的承担通常是有法律明确规定的，对于法律没有具体规定或者法律规定的证明责任承担明显不公的，法院应当根据诚实信用原则等确定证明责任的具体承担。同时，对于法官滥用自由裁量权确定证明责任承担的，应当构成上诉或者再审的理由。如果一方当事人虽然应当负证明责任，但对方当事人故意或重大过失地违反诚实信用原则而实施了妨害证明行为，或者无正当理由实施了反言行为，而致待证事实不能或难以证明的，则由妨害证明的当事人就该待证事实承担证明责任。

（四）及时履行举证责任

在司法证明活动中，当事人举证必须遵守法律规定的举证时限。因此，当事人举证受举证时限制度或者证据失权制度的限制。举证时限制度要求当事人在举证时限内提供证据、及时履行举证责任。若当事人无正当理由超过举证时限举证的，则可能承担不利的后果，其中比较重要的是证据失权或者证明权丧失。

相比之下，诚实信用原则也要求当事人遵守举证时限，还要求在掌握证据的情况下积极提供证据、尽快履行举证责任，以利于案件的及时审结。不过，虽然诚实信用原则要求当事人在举证证明时要及时履行举证责任，但这不具有实质性的不利后果，只是体现了基本的法律精神和要求。

（五）法官合理自由心证

法官自由心证属于法官自由裁量权的范畴。然而，法官自由心证也要受到一定的限制，其中，诚实信用原则就是限制或制约法官自由心证的因素之一。

心证本为主观判断，须具备客观的妥当性或限制，以保证心证的合理、准

---

[1] 高家伟、邵明、王万华：《证据法原理》，中国人民大学出版社2004年版，第281页。

确。诚实信用原则要求法官本着诚实信用形成心证，唯有如此方能博得公众对法官和法院的信任。若法官违背诚实信用原则而形成心证，则将成为当事人上诉或再审的理由。基于诚实信用原则，法官在判断证据时，不仅应当遵守经验法则、逻辑规则等，还应当立足于案件真相，不得对当事人提出的证据任意加以取舍，法官心证基础应当是调查证据及法庭辩论的全部结果。

三、诚实信用原则与我国证据法

（一）诚实信用原则与我国民事证据法

我国 2012 年修改后的《民事诉讼法》第 13 条第 1 款明确规定："民事诉讼应当遵循诚实信用原则。"由此，诚实信用原则已经法定化，成为我国民事诉讼法和民事证据法的基本原则之一。除了立法规定以外，在民事司法解释中也充分体现了诚实信用原则。主要有：

1. 对法官裁量分配证明责任的权力限定。最高院《民诉证据规定》第 7 条规定："在法律没有具体规定，依本规定及其他司法解释无法确定举证责任承担时，人民法院可以根据公平原则和诚实信用原则，综合当事人举证能力等因素确定举证责任的承担。"该条通过确立分配证明责任的基本原则将法官的自由裁量权限制在合理的范围内，诚实信用原则是其重要依据之一。

2. 要求当事人及时并诚实地履行证明责任。最高院《民诉证据规定》第 3 条规定："人民法院应当向当事人说明举证的要求及法律后果，促使当事人在合理期限内积极、全面、正确、诚实地完成举证。"《民事诉讼法》第 65 条规定："当事人对自己提出的主张应当及时提供证据。人民法院根据当事人的主张和案件审理情况，确定当事人应当提供的证据及其期限。当事人在该期限内提供证据确有困难的，可以向人民法院申请延长期限，人民法院根据当事人的申请适当延长。当事人逾期提供证据的，人民法院应当责令其说明理由；拒不说明理由或者理由不成立的，人民法院根据不同情形可以不予采纳该证据，或者采纳该证据但予以训诫、罚款。"另外，最高院《民诉解释》在第 101 条、第 102 条还规定了当事人逾期举证的法律后果，以督促当事人按照法定期限如期举证。

3. 关于证人诚信作证。最高院《民诉解释》第 119 条第 1 款规定："人民法院在证人出庭作证前应当告知其如实作证的义务以及作伪证的法律后果，并责令其签署保证书，但无民事行为能力人和限制民事行为能力人除外。"第 120 条规定："证人拒绝签署保证书的，不得作证，并自行承担相关费用。"最高院《民诉证据规定》第 57 条规定："出庭作证的证人应当客观陈述其亲身感知的事实。……""证人作证时，不得使用猜测、推断或者评论性的语言。"这些规定都体现了证人应当基于诚实信用原则，如实作证。

4. 当事人等违背诚信的法律后果。《民事诉讼法》第 112 条规定："当事人之间恶意串通，企图通过诉讼、调解等方式侵害他人合法权益的，人民法院应当驳回其请求，并根据情节轻重予以罚款、拘留；构成犯罪的，依法追究刑事责任。"第 113 条规定："被执行人与他人恶意串通，通过诉讼、仲裁、调解等方式逃避履行法律文书确定的义务的，人民法院应当根据情节轻重予以罚款、拘留；构成犯罪的，依法追究刑事责任。"其中的"恶意串通"本就有弄虚作假、欺诈的内容，因此是违背诚实信用原则的，必须依法承担相应的法律后果。

5. 当事人或者其代理人的承认问题。最高院《民诉证据规定》第 8 条第 1 款规定："诉讼过程中，一方当事人对另一方当事人陈述的案件事实明确表示承认的，另一方当事人无需举证。但涉及身份关系的案件除外。"第 4 款规定："当事人在法庭辩论终结前撤回承认并经对方当事人同意，或者有充分证据证明其承认行为是在受胁迫或者重大误解情况下作出且与事实不符的，不能免除对方当事人的举证责任。"这些内容都体现了诚实信用原则中的禁反言规则。即在当事人承认（自认）作出后，对方当事人便获得了无需举证的程序信赖利益，为了维护这种信赖利益的稳定性，法律便明确规定作出自认的当事人不得随意撤回其自认。相反，如果确有证据证明当事人的承认是违背诚实信用原则的，即受胁迫或有重大误解且与事实不符的，另一方当事人就应当举证证明其主张。

（二）诚实信用原则与我国刑事证据法

我国刑事诉讼法中虽然尚未确立诚实信用原则，但是也有一些学者提出，应当在刑事诉讼中确立诚实信用原则。他们提出：刑事诉讼诚实信用原则指刑事诉讼的专门机关及当事人乃至其他诉讼参与人在进行诉讼行为时，应当公正、诚实和善意。这一原则旨在约束专门机关在行使诉讼职权时滥用权力，防止当事人等在行使诉讼权利时滥用权利。[1] 其实，在我国刑事诉讼法及其司法解释的规定中，有一些规定确实也体现了诚实信用原则的精神内涵。主要有：

1. 关于证人如实作证。根据《刑事诉讼法》第 62 条第 1 款规定："凡是知道案件情况的人，都有作证的义务。"第 61 条规定："……法庭查明证人有意作伪证或者隐匿罪证的时候，应当依法处理。"而为了保证证人诚实作证，第 194 条第 1 款规定："证人作证，审判人员应当告知他要如实地提供证言和有意作伪

---

[1] 孙记："论诚实信用原则在我国刑事诉讼中的确立"，载《兰州学刊》2017 年第 1 期。

证或者隐匿罪证要负的法律责任。……"据此，证人不仅有作证的义务，而且必须如实提供证据，隐匿证据或者毁灭证据的，必须承担相应的法律责任。

2. 对违背诚实信用原则收集的证据应当排除。我国《刑事诉讼法》第52条规定了反对强迫自证其罪原则，第56条在立法上确立了非法证据排除规则，明确了采用刑讯逼供等非法方法收集的犯罪嫌疑人、被告人供述和采用暴力、威胁等非法方法收集的证人证言、被害人陈述，应当予以排除。2017年6月两院三部《严格排除非法证据规定》进一步细化并完善了非法证据排除规则，主要有：第2条规定："采取殴打、违法使用戒具等暴力方法或者变相肉刑的恶劣手段，使犯罪嫌疑人、被告人遭受难以忍受的痛苦而违背意愿作出的供述，应当予以排除。"第3条规定："采用以暴力或者严重损害本人及其近亲属合法权益等进行威胁的方法，使犯罪嫌疑人、被告人遭受难以忍受的痛苦而违背意愿作出的供述，应当予以排除。"其中"遭受难以忍受的痛苦而违背意愿"的方法，就是违反诚实信用原则的行为，因此规定所收集的证据应当予以排除。

3. 在认罪认罚从宽程序中体现的诚实信用原则。《刑事诉讼法》第15条规定："犯罪嫌疑人、被告人自愿如实供述自己的罪行，承认指控的犯罪事实，愿意接受处罚的，可以依法从宽处理"；第182条第1款规定："犯罪嫌疑人自愿如实供述涉嫌犯罪的事实，有重大立功或者案件涉及国家重大利益的，经最高人民检察院核准，公安机关可以撤销案件，人民检察院可以作出不起诉决定，也可以对涉嫌数罪中的一项或者多项不起诉"；等等。在这些有关认罪认罚从宽程序的规定中，犯罪嫌疑人、被告人如果自愿、如实供述自己的罪行，并愿意接受处罚的，公安司法机关就可以依法从宽处理或者从宽处罚。

🔁 练习案例

1998年4月22日，云南昆明市发生两名警察被枪杀的刑事案件，因为在死亡的两名警察之中，有一名是杜培武的妻子，所以警方将杜培武锁定为犯罪嫌疑人。杜培武开始并不承认实施了枪杀行为，但经过几个月的勘验、检查、预审讯问，杜培武供认了"杀人行为"，案件就此告破。但在市检察院办案人员讯问时，杜培武又推翻了原来的认罪供述，诉称曾遭侦查人员刑讯逼供。昆明市人民检察院向昆明市中级人民法院提起公诉，指控被告人杜培武犯有故意杀人罪。

昆明市中级人民法院公开开庭审理了该案，在庭审中，被告人杜培武及其辩护律师当庭向法官控告侦查人员对被告人杜培武刑讯逼供，其有罪供述是在刑讯的情况下作出的，所以辩方主张的被告人杜培武的有罪供述属于非法证据，不得作为定罪的依据，依法应当予以排除。为此，被告人杜培武当庭向法官展示了自己手、腿、脚上的伤痕以及被刑讯逼供的血衣。审判长让法警收起血衣，"不要再纠缠这些问题了"。杜培武不顾一切地高声申辩："我没有杀人！我受到了严刑逼供！……"审判长火了："你说没有杀人，你拿出证据来！"

1999年2月5日，昆明市中级人民法院以故意杀人罪判处杜培武死刑，剥夺政治权利终身。辩方不服一审判决上诉于云南省高级人民法院，辩方依然主张侦查机关存在刑讯逼供问题，应当将被告人杜培武的有罪供述予以排除。云南省高级人民法院在不开庭审理的情况下，改判杜培武死缓。杜培武被投入监狱，直到2000年6月，杨天勇系列抢劫杀人案告破，杜培武冤案才大白于天下。2000年7月，云南省高级人民法院再审改判杜培武无罪，当庭释放。

问题：

1. 本案涉及证据法的哪些基本原则？

2. 本案审判长的"你说没有杀人，你拿出证据来！"的观点，违背了证据法的什么基本原则？

思考题

1. 如何理解证据裁判原则的主要内容？

2. 简述证据裁判原则在我国适用的意义。

3. 简述自由心证原则的主要内容，贯彻自由心证原则应注意哪些问题？

4. 如何理解直接言词原则及其功能？

5. 什么是无罪推定原则？它有哪些主要内容？

6. 什么是反对强迫自证其罪原则？如何理解其实质？

7. 如何认识诚实信用原则在我国证据法上的体现？

第四章　证据的种类

第四章

●学习指导

通过本章学习，应当领会并把握我国三大诉讼法的证据种类；掌握物证、书证、证人证言、当事人的陈述、鉴定意见、笔录类证据、视听资料和电子数据的概念、特点、分类等。学习的重点和难点是区分物证与书证、证人证言与当事人陈述的异同点；犯罪嫌疑人、被告人供述和辩解的特征及其运用；视听资料与电子数据认识的联系与区别；认识和理解我国证据种类的优点与不足。

第一节　证据种类概述

一、证据种类的概念

我国证据法学理论一般认为，证据种类是法律规定的证据的不同表现形式。证据种类是立法者对证据进行的法律分类，只有具备法律规定形式的证据才有法律效力；诉讼中作为起诉依据和定案根据的证据，必须符合法律规定的证据形式和要求，也就是说，应当属于法定的证据种类中的一种。[1] 但是就证据种类之现状及其如何完善则争议不断，大致上分为两类：一是主张维持证据种类的概念并加以修改。例如，有学者认为，证据形式与证据规则紧密相扣，证据规则均为证据形式而建；没有特定的证据形式，证据规则就失去了存在的基础。[2] 二是主张取消使用证据种类概念。例如，有学者认为"这种从证据种类出发的思维模式，已经极大地束缚了我国证据法和程序法学理论以及制度建设

---

[1]　参见陈光中主编：《证据法学》，法律出版社 2015 年版，第 158 页。
[2]　雷建昌："论我国刑事证据分类模式的缺陷及其完善"，载《法律科学》2004 年第 3 期。

的进一步发展，法定证据种类是一个应当尽快抛弃的概念"。[1]

对证据的种类划分是与我国法律文化传统、立法司法惯例以及法律思维逻辑密切相关的，应当在正视现有证据种类的基础上逐步完善。目前我国立法采取列举式划分模式，难以穷尽繁杂的资讯信息，尤其是随着科学技术的不断进步，证据的表现形式不断多样，应力避构建一个涵盖全部证据形式并使其排列有序、逻辑周延的证据体系的思想，而将目标集中于构建合理、系统的证据规则，淡化证据种类外在形式上的规定性。我们认为，我国应借鉴两大法系主要法治国家或地区在证据种类立法上的开放式模式，体现出理论上的包容性以及司法实践的灵活性和实用性，采取例示性而非限定性的规定："可以用于证明案件事实的材料都是证据。证据主要包括……"也可以在现有规定的基础上增加一项开放式规定："其他与案件事实相关、能够证明案件事实的材料。"

二、三大诉讼法中的证据种类

在我国三大诉讼法的历次修正中，诉讼证据种类随着社会科学技术的进步、诉讼理论的发展以及司法实践的需要得到了进一步发展。从立法变迁的角度而言，尽管证据种类出现了一定程度的变化，但是证据种类的划分方式并没有发生根本性的变化，仍然以"证据的存在或表现形式"为标准，进行法定划分，总体上保持了内容上的一致性，主要是在数量和排列顺序、方式上有少量的变化。三大诉讼法规定的证据种类大体相同，只存在个别差异。

《刑事诉讼法》第50条规定的证据包括：①物证；②书证；③证人证言；④被害人陈述；⑤犯罪嫌疑人、被告人供述和辩解；⑥鉴定意见；⑦勘验、检查、辨认、侦查实验等笔录；⑧视听资料、电子数据。

《民事诉讼法》第63条规定的证据包括：①当事人的陈述；②书证；③物证；④视听资料；⑤电子数据；⑥证人证言；⑦鉴定意见；⑧勘验笔录。

《行政诉讼法》第33条规定的证据包括：①书证；②物证；③视听资料；④电子数据；⑤证人证言；⑥当事人的陈述；⑦鉴定意见；⑧勘验笔录、现场笔录。

---

[1] 孙远："论法定证据种类概念之无价值"，载《当代法学》2014年第2期。

三、证据种类的实践价值

（一）证据种类是判断证据是否具有合法性的重要指标

传统证据法学理论认为，证据种类的实践价值在于：进入诉讼活动的证据材料，必须具备法定的表现形式，或者说能够归属于某一种法定的证据种类。这是传统证据"三性"中的合法性的重要内容之一，即证据必须具有法律规定的形式。因此，证据合法性所要求的"必须具有法律规定的形式"，也即必须符合证据的法定种类。因此，是否符合证据的法定种类，是判断证据合法性的重要指标，也是证据材料进入诉讼、发挥证明作用的前提。

（二）证据种类决定了其对应的收集程序不同

一般而言，法定取证手段与法定证据种类相对应。因此，在证据能力层次上，确定一项证据材料属于何种证据，事实上往往意味着收集该项证据材料应当采取何种取证手段并遵守什么样的程序要件。具体而言，其含义有二：其一，在取证手段的选择上，为了强制性获取特定的证据种类，必须采取相对应的手段。其二，就取证结果而言，违背法定程序收集的证据材料，可能会因此丧失其证据资格。[1]

（三）证据种类直接决定着对其所应采用的法庭调查方法

证据材料的法律属性不同，直接决定着对其所应采用的法庭调查方法的差异。在现代诉讼制度下，未经法庭调查的证据，不得作为定案的根据。同时，为了将法庭调查活动置于法律规范之下，法律往往根据证据类型设定相应的证据调查方法。例如，对于言词证据，一般应当采取当事人双方或者控辩双方交叉询问的方式进行调查。因此，在司法实践中准确地确定一项证据材料的法律类别就显得至关重要。

第二节　物　证

一、物证的概念

物证是一种古老的证据，无论是古罗马诉讼中还是我国古代的诉讼中，都

---

[1] 参见宋英辉、汤维建主编：《我国证据制度的理论与实践》，中国人民公安大学出版社 2006 年版，第 129 页。

已经使用或重视应用物证认定案件事实。"从某种意义上说，现代的司法证明就是以物证为主要载体的科学证明。"[1]

关于物证，我国学者有以下几个代表性的观点：其一，物证是物品和痕迹。这是我国诉讼法学和证据法学上的通识观点。"物证是指以其外部特征、物质属性和存在状态等证明案件真实情况的一切物品或痕迹。"[2] 该类观点是从物证的物质特征以及其与案件事实证明关系的角度界定物证之概念，即物证的种概念为物证的物质特征，诸如内部属性、外部特征以及存在状态等；物证的属概念为物品和痕迹。其二，物证是由证物获得的且与案情或待证事实相关的物中事实和物所体现的事实。[3] 该观点认为，物证有别于证物。"物证的最终落脚点为证据，证物的最终着眼点为物件或物体。"[4] 物证同证物的关系就是证据与证据来源的关系。物证依证物而存在，人可以从证物获得物证，但证物本身并不是证据，更不是物证。

我们认为，物证是指以其外部特征、物质属性和存在状况等证明案件真实情况的一切物体或痕迹。物证的范围广泛，从形态上来分析，物证一般表现为物品与痕迹。根据物质交换原理，一旦人们从事某种行为，就必然作用于行为对象——人、物体或者周围环境，而这些对象也必然反作用于行为人并产生物质交换，进而形成一定的物质或痕迹。客观存在的物质实体只有与案件事实之间存在关联性才能成为物证。例如，在民事诉讼中，也只有与案件事实有联系、对查明案件有意义的物品和痕迹才能成为物证。这些物体和痕迹伴随着案件事实的发生而发生，它必然和案件事实产生一定的关联性；反过来，它对于查明案件事实又起着重要的证明作用。在民事诉讼中，根据对物证的辨认和分析，可以查明当事人的诉讼请求和答辩是否有理有据，以确定当事人的权利义务关系。在行政诉讼中，根据一般违法行为所侵害的客体的轻重，可以认定行政处罚决定的正确性、合法性。在刑事诉讼中，根据现场勘验所扣押、提取的各种物体和痕迹，判定作案性质；同其他证据相结合，可以查获犯罪，确定犯罪嫌疑人，甚至可以判决被告人有罪、无罪，或者罪行轻重。

---

[1] 何家弘："神证·人证·物证——试论司法证明方法的进化"，载《中国刑事法杂志》1999 年第 4 期。
[2] 陈光中主编：《刑事诉讼法》，北京大学出版社、高等教育出版社 2013 年版，第 202 页。
[3] 参见裴苍龄："再论物证"，载《环球法律评论》2016 年第 1 期。
[4] 李学军：《物证论——从物证技术学层面及诉讼法学的视角》，中国人民大学出版社 2010 年版，第 8 页。

二、物证的特征

（一）物证以其外部特征、物质属性及存在状况来证明案件情况

这是物证的基本特征，也是物证与书证的主要区别。所谓外部特征，主要是指物证的形状、大小、数量、颜色、新旧、损坏程度等特征。所谓物质属性，主要是指物证的质量、重量、材料、成分、结构、性能等属性。所谓存在状况，则是指物证所处的位置、环境、状态、与其他物体的相互关系等。物证能够证明案件事实的机理，就是物证的外部特征、物质属性及存在状况与案件事实有关联，因而对案件事实才有证明性。

（二）物证客观性强、真实性大

客观性是所有证据种类都具备的特征，但是与其他证据种类相比，物证的客观性更强、真实性更大。一般而言，物证是在案件发生过程中产生的，它是行为人作用于客观对象所形成的直接结果。物证形成后不会自主地改变自身承载的有关案件信息，更少受主观因素的影响。即使人为地予以毁损、更换，也往往会留下新的痕迹或物品，使得证物载负的信息发生变化而成为新的物证，用于证明新的案件事实。

（三）物证对案件事实的证明具有间接性

物证为"哑巴证据"，其证明案件事实的物质特性与案件事实的关系并非直截了当、一目了然，通常需要借助其他证据或手段来发现其与案件事实的关联性。另外，单独一个物证，不能直接、单独证明案件的主要事实，而只能证明案件主要事实的某一方面或者某一情节。例如：在犯罪现场提取的指纹或者毛发、烟头等，经过司法鉴定认定为某人所留，但是该物证所提供的信息只能说明其来过现场，但不能证明为该人作案时所留，更不能证明就是该人作案，要把这些证据和案件里的其他证据如鉴定意见等结合起来才能发挥证明作用。

（四）物证通常具有不可替代性

物证证明案件事实的价值专属于特定的物体和痕迹。例如，侦查人员在故意杀人现场发现一把沾有血迹的菜刀，经过勘验、鉴定发现该菜刀上的血迹与被告人血迹的血型一致，且发现菜刀上有犯罪嫌疑人、被告人的指纹，可以推断这把菜刀是杀人凶器。由于该菜刀具有的证明价值无法使用其他菜刀代替，因此，物证通常不具有可替代性。这就要求物证在诉讼过程中具有一致性。对于在司法实践中不宜保存、不便附卷、不宜移送的物证，应当将其清单、照片或其他证明文件附卷保存、移送、备查，物证的照片、录像或复制品，应当与原物核实无误才可以作为定案根据。

（五）物证往往具有对科学技术的依赖性

由于物证是客观存在物，属于无意识证据，它不仅不能自明其义，还不能主动走进案件或者走上法庭去发挥其证明作用，其证明价值往往要借助科学技术手段才能实现。一方面许多物证的收集、固定和保管要依赖一定的科技设备才能实现；另一方面揭示物证中与案件事实有关的信息也要一定的科学技术手段。随着科技的发展，人类发现物证、检验物证和解读物证信息的能力逐渐提高，物证的"科技含量"也水涨船高。

三、物证的分类

（一）有形物和无形物

根据物证所呈现的形态，可以将物证分为有形物和无形物。有形物是指有一定形状的证物，一般是以其外部特征（即证物的外部形态、规格、大小、结构）来发挥证明作用。无形物是指没有一定形状，而是以其特殊属性证明案件事实的证物，例如声音、气味、电、磁等。

（二）有生命物证和无生命物证

根据物证是否有生命，可以将物证分为有生命物证和无生命物证。有生命物证，又称为活体物证，是指有生命的物体，如活着的人、动物等；无生命物证是指没有生命的物体，如尸体、植物、货币等其他没有生命的物体。

（三）固体物证、液体物证和气体物证

根据物证形态的不同，可以将物证分为固体物证、液体物证、气体物证。所谓固体物证，是指以固体形态证明案件事实的物证，如杀人的刀枪、盗窃用的工具等，这是司法实践中最常见的物证形态。所谓液体物证，是指以液体形态证明案件事实的物证，如行贿的名酒、投毒的饮料等。所谓气体物证，是指以气体形态证明案件事实的物证，如致人死亡的毒气、煤气等。

（四）实体物证和痕迹物证

根据物证的存在形式的不同，可以将物证分为实体物证、痕迹物证。所谓实体物证，是指以实体物的存在形式来证明案件事实的物证。这类物证的特点是有比较完整的形体，而且一般能在法庭上出示。所谓痕迹物证，是指以痕迹的存在形式来证明案件事实的物证。物证痕迹是两种物质相互作用的结果，例如，桌面上的指印是人的指头接触桌面的结果；尸体上的弹痕是枪弹打中或穿过人体的结果。随着科学技术的发展，人们认识痕迹物证的范围也在不断扩大。

（五）巨型物证、常态物证和微量物证

根据物证体积和质量大小的不同，将物证分为巨型物证、常态物证和微量物证。巨型物证是指体积较大、不便于随案移送并出示于法庭的物证，如楼房、轮船等；常态物证是指体积一般、可以直接提取、随案移送并出示于法庭的物证，如衣物、手枪、弹壳等；微量物证是指体积微小、肉眼无法直接查看，往往需要借助工具或仪器才能发现和提取的物证，如粉末、纤维等其他微小物证。

第三节 书证

一、书证的概念

书证以其直观性和稳定性成为在诉讼中仅次于物证的一种证据。我国学者对书证有不同的界定：①书证就是物品。"书证是指能够根据其表达的思想和记载的内容查明案件真实情况的一切物品。"[1] ②书证是文字材料。"以其内容来证明待证事实的有关情况的文字材料。"[2] ③书证是具有双重关联性的证据。"书证是产生或出现于实体过程的事实和证书记载的、对查明案件和其他待证事实有一定作用的真实事实。"[3] 这种观点将书证的物质载体与案件事实联系起来，强调书证物品本身应先于诉讼而存在，应与案件事实关联，与传统的只强调书证内容与案件事实相关的观点相比更加合理。④书证是文件或其他物品。书证是指以文字、符号、图画、图表等表达的内容来证明有关案件事实的书面文件或者其他物品。[4]

我们认为，书证是指以文字、符号或图形等方式记载的内容及所表达的思想来证明案件事实的文件或其他物品。关于书证的概念包含以下几层含义：①书证是以记载内容或表达思想证明案件事实的证据；②书证是一种物品，该物品可以是书面文件也可以是证书等；③该文件性质的物品以一定的文字、符号、图表等为载体。上述内容揭示了书证的内涵与特征，能够区分书证与物证、人证的区别，有其科学性与合理性，在司法实践中的可操作性也较强。

---

〔1〕 樊崇义：《证据法学》，法律出版社 2017 年版，第 139 页。

〔2〕 毕玉谦：《民事证据法判例实务研究》，法律出版社 2001 年版，第 3 页

〔3〕 裴苍龄："证书不等于书证"，载《甘肃政法学院学报》2012 年第 3 期。

〔4〕 陈光中主编：《证据法学》，法律出版社 2015 年版，第 163 页。

在司法实践中，书证的具体表现形式包括：①民事诉讼中常见的书证有：书信、文件、票据、商标、图画、书面遗嘱、传真及电报、文告、合同书、结婚证书、房地产证件、书面借条、欠条、领条、设计图纸、规划等；②行政诉讼中的书证有：罚款单据、处罚决定书、没收财产收据、各种许可证、营业执照以及非诉讼法律事务中的公证文书等；③刑事诉讼中常见的书证有：证件、文件、信件、标语、图纸、账册及单据等。

二、书证的特征

（一）书证以其记载和表达的思想内容来证明案件事实

这是书证最本质的特征，也是书证区别于物证的根本标志。虽然书证与物证都是实物证据，然而书证是以其物质载体所反映和表达的思想内容对一定的法律行为和案件事实起证明作用的。书证记载的内容和反映的思想必须同案件相联系，如果某书面材料的内容与案件无关，而是根据书写的字迹特征确定了该书面材料的书写人并结合其他证据认定其为犯罪嫌疑人，则该书面材料在案件中仍具有证据意义，只是它对案件事实的证明作用是通过书面材料的外部特征即字迹特征体现的，因而该证据属于物证而非书证。

（二）书证具有直接证明性

由于书证有具体、明确的思想内容，所以通常情况下能够依据其内容直接判断其与案件事实的联系。因此，有些书证不需要通过任何媒介或中间环节来加以分析和判断，能够直接、单独证明案件主要事实。书证以其本身所具有的形式和内容，便可以直接进入认证过程，而不必像物证那样必须以鉴定或勘验等特殊环节来作为进入认证过程的必要前提。正是由于书证具有这一优点，因此在司法实践中，一旦能够收集到书证，便对认定案件事实具有积极、显著的效果和证明价值。

（三）书证具有较强的稳定性和真实性

书证不仅内容明确，而且形式上也相对固定，而且其所表达的思想和内容记载于物质之上，因而就具有较强稳定性，易于长期保存。只要作为书证载体的物质本身未遭毁损，即使经历了很长时间，其特定的思想内容仍然能够借助有关的文字、符号或图画等起到应有的证明作用。在司法实践中，书证一般都形成于诉讼开始前的某种法律关系生成或者争议的过程中，或者特定行为的发生过程中，具有较强的真实性。例如，当事人在实施民事法律关系行为的过程中会形成许多书面文件，这些书面文件是对民事权利和义务关系的记载，其客观真实性较强；倘若日后就此发生争议，这些书面文件就能够作为书证直接、客观地发挥证明案件事实的作用。

（四）书证表现形式和形成方式具有多样性

书证既可以表现为文字、图形，也可以表现为符号；而文字、符号等的载体，既可以是纸张，也可以是金石土木布帛或者其他材料；制作书证的工具，既可以是笔，也可以是刀、印刷机等；制作书证的方法，既可以是书写、打印，也可以是雕刻或印刷等。无论从表现形式还是从形成方法上，书证都具有多样性。[1] 例如，在司法实践中，证明身份的各种证件或介绍信，证明学历、资格的各种证书等，经济活动中的合同、票据、图标等都是书证。

三、书证的分类

（一）文字书证、符号书证和图形书证

根据书证的表达方式不同，可以将书证分为文字书证、图形书证、符号书证。所谓文字书证，是指以文字记载的内容来证明案件事实的证据，这是一种最常见的书证表达方式，如信函、合同、账册、票据、日记、传单等。所谓符号书证，是以符号所表达的特定思想内容来证明案件事实的证据，如路标、标记、标识、音符等。所谓图形书证，是指以图形、图案表达的思想内容证明案件事实的一种书证形式。例如，刑事案件中的淫秽图画，犯罪嫌疑人为实施犯罪而预先绘制的地图；民事案件中的房屋设计图纸、机械产品的结构图纸等。

（二）公文性书证和非公文性书证

根据书证的制作主体是否为行使职权的国家职能部门，可以将书证分为公文性书证、非公文性书证。所谓公文性书证，是指国家机关及其他职能部门在法定的权限范围内依职权所制作的文书，包括有关的命令、决议、决定、通告、指示、信函、证明文书等。所谓非公文性书证，是指公文性书证以外的其他书证，它不仅指具有民事行为能力和相应的责任能力的自然人所制作的私人文书，也包括国家机关、社会团体等所制作的与行使职权的行为无关的文书。公文书证因系国家机关或其他依法具有社会管理职能的组织制作，具有较高的可信度，通常可推定为真实，证明力一般也高于非公文性书证。

（三）一般书证和特别书证

根据书证的制作是否有特别格式、特别程序，可以把书证分为一般书证、

---

[1] 陈光中主编：《证据法学》，法律出版社 2015 年版，第 164 页。

特别书证。所谓一般书证，是指法律不要求必须具备特定的形式、格式或履行特定程序，而只是具有明确的意思表示并由当事人签名、填写日期而形成的书证。所谓特别书证，是指依照法律规定必须具备特定形式、格式或必须履行特定程序的文书。例如，司法实践中，公民之间因借用钱款而出具的借据，某人领取有关物品的收据，以及民事主体间通常签订的买卖合同等就属于一般书证；而公安机关制作的行政拘留书，工商行政机关颁发的营业执照，人民法院依法制作的判决书、裁定书、调解书等就属于特别书证。

（四）处分性书证和报道性书证

根据书证内容的性质不同，可以将书证分为处分性书证、报道性书证。所谓处分性书证，是指所记载或表达的内容以设定、变更或消灭一定的法律关系为目的而制作的书证。处分性书证一般是以法律关系主体的处分权为基础的，法律关系的主体所具有的处分权是处分性书证得以产生的重要前提和基础。如果缺乏这一前提和基础，处分性书证就难以获得产生、变更和消灭法律关系的后果。所谓报道性书证，是指书证中所记载或表达的内容，不是以产生一定的法律后果为目的，只是制作者用以记录或报道已发生的或者了解的具有法律意义的事实。一般而言，报道性书证仅记载某些客观事实的发生过程，其本身并不能引起相应的法律后果。报道性书证与处分性书证的区别在于，前者对发生的事实加以表述或者予以保存，而后者则是旨在产生、变更或消灭特定的法律关系。

（五）原本、正本、副本、节录本和影印本

根据书证的制作方法的不同，可以将书证分为原本、正本、副本、节录本、影印本。原本，也叫底本，是指文书制作人将有关的内容加以记载而制作成的原始文本。原本是书证的初始状态，可以手写，也可以打印，如借款人亲笔书写的借款意愿的借条。正本，是依照原本采用全文抄录、印制的方法而制作成的内容与原本完全相同，对外与原本具有同等法律效力的文书。与原本所不同的是，正本需要发送给主收件人，而原本一般保留在制作人手中或者存档备查。副本，是依照原本全文抄录或者印制，但效力不同于正本的文书。制作副本书证的目的是使有关单位或个人了解、知悉原本文书的内容。副本通常发送给主收件人以外的，其他有必要了解原本内容的相关单位或个人。节录本，是指从原本或正本文书中摘抄其主要内容而形成的文书。与原本相比，节录本是仅就原本中需要了解的某一相关部分而制作的，只反映了原本的部分内容，因此，节录本在证据价值方面具有较大的局限性。影印本，是指采用影印技术，将原本或正本通过摄影或复制而成的文书。

第四节 证人证言

一、证人证言的概念

证人证言是指当事人以外知道案件真实情况的人，就其所知道的案件事实向公安司法机关所作的陈述。我国学者对其定义也大都如此。例如，"证人证言是指知道案件真实情况的人，向办案人员所作的有关案件部分或全部事实的陈述"，[1]"证人证言是证人就其感知的案件情况向司法机关所作的陈述"[2]。

对于证人证言，可以从以下几个方面理解：

（一）证人及证人资格

证人有广义与狭义之分：前者指一切向司法机关陈述与案件有关情况的人，包括诉讼当事人、鉴定人和勘验、检查人；后者则仅指了解案件事实情况的第三人。我国通说采用狭义证人概念，认为证人是"当事人以外的，了解案件真实情况并向公安司法机关作证的其他诉讼参与人"。

证人资格，就是指能够成为证人并提供证言的资格。我国《刑事诉讼法》第 62 条、《民事诉讼法》第 72 条、最高院《民诉证据规定》第 53 条以及最高院《行诉证据规定》第 41 条和第 42 条都规定证人资格，可以从积极条件和消极条件两个方面进行界定：积极条件包括：①证人是了解案情的人。这是作为证人最基本的条件。证人必须是凭借自己的眼、耳、鼻、舌、身等感觉器官实际感知案情的人。②证人具有辨别是非的能力。"辨别是非"是指对事实存在与否、状态形状如何以及性质怎样能够真伪地认识与辨别。③证人具有正确表达的能力。"正确表达"是指能够对自己所认识和辨别的事实存在与否、状态形状如何以及性质怎样进行正确的描述与表达。以上三个条件必须同时具备，才能有资格作为证人。消极条件包括：①生理上、精神上有缺陷或年幼，不能辨别是非、不能正确表达意志的人不能作为证人，这是消极条件中最基本的内容。②为了保证案件的公正处理，具体案件中的侦查人员、检察人员、审判人员、陪审员、书记员、翻译人员不能同时充当本案的证人。③个案的辩护人、诉讼

---

〔1〕 樊崇义主编：《证据法学》，法律出版社 2017 年版，第 145 页。
〔2〕 陈一云、王新清主编：《证据学》，中国人民大学出版社 2015 年版，第 212 页。

代理人也不能作为本案的证人。④处于明显醉酒、中毒或者麻醉等状态的人，不能正确感知或者正确表达的证人所提供的证言，不得作为证据使用。

（二）证言与陈述

证人提供的证言必须是被其所感知的案件事实情况。所谓感知，并没有限制证人获得案件事实情况的渠道以及方法，证人既可以就其耳闻目睹的案件事实、情节提供证言；也可以转述由他人告知的案件事实情况。与英美法系国家一般排斥"传闻证据"不同，我国立法并没有对证人转述他人所言予以限制；但是，转述被告知的案件事实情况，应当清楚地说明来源。

陈述意为有条不紊的叙述，即证人把人、物的活动、经历，或者事情的发生、发展过程，以及事物的变化过程表述出来。陈述可能包含着说明，但与议论、见解等不同。英国学者罗纳德·沃克在《英国法律制度》中认为："一般规则是，证人只能就其直接感验的事实作证，而不得对不是其直接感验的事实陈述相信与否的看法。这便是排斥意见证明方法的规则。该规则的理论根据是：从已证事实得出结论是法庭而非证人的职责。"〔1〕我国现行立法对于证人的意见证据也基本持否定态度，例如最高院《刑诉解释》第 75 条第 2 款已有明确规定："证人的猜测性、评论性、推断性的证言，不得作为证据使用，但根据一般生活经验判断符合事实的除外。"

在通常情况下，证人提供证言应当以口头方式陈述于法庭。在特殊情况下，证人也可以向公安司法机关提供书面证词。英美法系和大陆法系部分国家对这种提供书面证词的做法均有规定，如因患病、虚弱或者其他不能排除的障碍，证人在较长时间或者不定时间内不能参加法庭审判而通过证据保全制度提前获取的书面证人证言。

二、证人证言的形成过程

（一）感知阶段

感知，包括心理学上的感觉和知觉，感觉和知觉是认识活动的起点。证人对诉讼案件事实有关情况的认识是从感知阶段开始的，证人通过自身的视觉、听觉、嗅觉及其他感知方式形成对案件情况的感性认识。一般来说，这种感知过程发生在诉争之前或者诉争之中，更多地是在诉争之中的时空范围之内。因此，证人对案件事实有关情况的感知是一个独立于法庭及询问者的过程，是由

---

〔1〕 转引自裴苍龄："彻底清除证据问题上的盲点"，载《现代法学》2017 年第 5 期。

证人独自完成的。由此可见，感知阶段是证人证言形成的基础阶段。

（二）记忆阶段

心理学上的记忆是指人脑对过去经验的保持和再现，是通过识记、保持、再认和回忆等基本环节在人脑中积累和保存个体经验的心理过程。识记是指个体获得知识和经验的过程，是记忆的第一个基本环节，它具有选择性的特点。保持是指已经获得的知识、经验在人脑中的巩固过程，是记忆的第二个基本环节。回忆和再认是在不同的条件卜恢复过去的经验的过程，是记忆的第三个基本环节。证人对案情的记忆过程也要经历上述几个基本环节。通过识记，证人获得了关于案件情况初步的知识和经验，形成了对某些案情的最初印象。证人的这种最初印象可能在相关信息的刺激下得到偶尔的回忆和再认，从而在一定时间和程度上得到保持。证人在作证的过程中，储存在大脑中的记忆得到全面回忆和再认并被表达出来，才能形成证人证言。

（三）陈述（表达）阶段

证人证言形成的表达阶段，是指证人将自己对案件情况的感知和记忆通过口头或书面言语的形式表述出来，以供外界感知和理解的过程。证人表达证言的最主要方式是语言，包括口头的和书面的，但口头表达须由公安司法人员或者当事人作出书面记录；证人证言也可以用录音、录像等视听手段辅助予以记录。证人表达证言的过程是证言形成不可或缺的一个阶段。

三、证人证言的特征

（一）证人证言经历感知阶段、记忆阶段和陈述阶段

证人证言产生的前提是证人对有关案件事实情况有所了解。证人感知案件事实情况的途径多种多样，可以是亲自所见也可以是所闻。证人对所见所闻的记忆是感知阶段与陈述阶段不可逾越的中间阶段。任何证人向公安司法机关提供证言时都不可能是案件事实情况的"现场直播"，而只能是证人先行对有关信息记忆并储存，随后根据询问情况提取信息。证人的陈述是证人将其感知、记忆的信息表述出来的过程。证人对其所感知的案件事实的复述，往往能把案件的来龙去脉、前因后果讲出来，并能提供许多具体情况，帮助办案人员顺利、有序、高效处理案件。

（二）证人证言具有不可代替性

证人证言不可替代性可以从以下几个方面理解：一是证人的不可替代。只有了解案件情况的人才能成为证人，证人所具有的特定性决定了证人证言的不

可替代性。二是证人证言的作用不可替代。证人证言包含能够证明案件事实情况的一切事实，为调查、侦查提供线索，为进一步取得其他证据提供帮助，这是其他证据种类无法替代的。三是证人证言内容的不可替代。证人证言的内容必须是证人对案件事实所感知、记忆和陈述的情况。证人对案件情况的分析、判断、评论等，均不能作为证人证言的实质性内容，可以适用意见证据规则予以排除。

（三）证人证言具有较强的主观性

与物证、书证相比，证人证言具有较强的主观性，比较容易受人的主观因素影响。证人的主观因素对证人证言形成的三个阶段都可能产生一定的影响。如感知阶段出现感知误差、误区甚至选择性感知；记忆阶段也可能因为亲情或人情关系而不自觉地扩大部分事实在大脑中的成像或者故意缩小部分案件事实在大脑中的成像；陈述阶段也会出现故意或无意提供伪证、虚假提供证据的可能。语言是陈述、表述的工具与阶梯，语言功能欠佳的证人相对于语言能力较强的证人而言，前者无意提供错证的可能显然大于后者。

（四）证人证言具有多变性

每个证言都要受到客观因素和主观因素的影响、干扰而导致其不稳定与多变，其中最为主要的是证人记忆能力与机理决定了证人证言的不稳定或多变性。随着时间的推移，人类记忆会淡化、模糊甚至完全消失。在其他感知信号的干扰下，没有发生变化的信号也可能发生质变。于是，证人证言的内容也就出现了变化。[1] 这种证人证言的不稳定或多变性是存在于任何一个自然人之中的，因此这种多变性也是客观且普遍存在的。因此，对待证言必须慎重。

四、证人证言的分类

（一）目击证人证言和传闻证人证言

根据证人证言的来源或信息途径的不同，可将证人证言分为目击证人证言和传闻证人证言。所谓目击证人证言，是指通过直接亲身感知案件事实的证人，就其通过眼观、耳听、鼻嗅、舌舔等方式所了解的案件情况向公安司法人员所作的陈述。所谓传闻证人证言，是指证人没有直接感知案件事实，而是就自己通过间接途径了解的案件情况向公安司法机关所作的陈述。这种划分的目的在于正确区分或者确定信息来源不同的证人证言的可靠性，以及两种证人证言所

---

[1] 参见何家弘、刘品新：《证据法学》，法律出版社 2013 年版，第 169 页。

具有的不同的证明力。

（二）关系证人证言和无关证人证言

根据提供证言的证人与案件或诉讼当事人有无关系的不同，可将证人证言分为关系证人证言和无关证人证言。所谓关系证人证言，是指与案件事实有某种利害关系或者与当事人有某种亲友关系的证人所提供的证言；所谓无关证人证言，是指与案件没有某种利害关系或者与当事人没有某种亲友关系的证人提供的证言。这种分类对于审查关系证人和无关证人所提供的证言的真实性、判断证言的证明力具有重要作用。

（三）清白证人证言和污点证人证言

根据证人本身有无罪错，可将证人证言分为清白证人证言和污点证人证言。所谓清白证人证言，是指本身没有违法或者犯罪嫌疑的证人所提供的证言。所谓污点证人证言，是指本身有违法或者犯罪嫌疑的证人所提供的证言。这种分类不仅可以区分清白证人和污点证人所提供的证言的真实可靠性，还有助于公安司法人员对这两类不同的证人证言的使用，同时也有利于对污点证人的特别保护等措施的落实。

（四）普通证人证言和特殊证人证言

根据提供证言的证人的身份、职业等情况的不同，可将证人证言分为普通证人证言和特殊证人证言。所谓普通证人证言，是指不属于特殊身份或者特殊职业的证人所提供的证言。所谓特殊证人证言，是指具有特殊身份或者特殊职业的证人所提供的证言。例如有的国家法律规定，国家元首或者政府首脑属于特殊证人，可以享受出庭豁免，或者可以用特殊的方式提供证言。对于特殊职业的证人，有的国家法律对这些人的作证问题适用特殊规定，如执业律师、心理医生、神职人员等享有拒绝作证的特权。这种分类主要涉及证据立法时是否确立特殊证人拒绝作证特权的问题。

第五节　当事人陈述

一、民事、行政案件的当事人陈述

（一）民事、行政案件的当事人陈述的概念

当事人陈述是指在民事、行政诉讼中，原告、被告等当事人就自己所知道的案件事实情况向司法机关所作的陈述。当事人陈述不仅指民事诉讼中的当事人陈述，也包括行政诉讼中的当事人陈述。此处的当事人指广义上的当事人，不仅仅指诉讼中的原告和被告，还包括有独立请求权的第三人和无独立请求权的第三人以及共同诉讼人。当事人陈述有关案件事实的行为属于诉讼行为，该诉讼行为有效的前提条件为：发生于诉讼活动中并指向司法机关。也就是说，民事、行政诉讼中的当事人陈述限定于诉讼过程中向司法机关所作的陈述，若不是在审判者面前或者陈述不是指向审判者所作的陈述，即使可能与案件事实有关，也不构成"当事人陈述"证据种类，有可能成为其他证据种类。

民事、行政诉讼中当事人陈述的内容丰富多样，主要包括：关于案件事实的陈述、关于当事人诉讼请求的说明、关于案件处理方式、证据等的请求或分析意见、关于争议事实的法律评价或法律适用的意见等。识别当事人陈述证据种类应当把握陈述主体、陈述指向以及陈述内容等关键点。在此基础上，尽管有关当事人陈述的具体表述不尽相同，但是其基本内涵却万变不离其宗。因此，有学者认为，从认识论和民事诉讼过程中的一般情形的角度来看，法官在很大程度上是根据当事人双方陈述的内容和表现来推知和判断案件事实的。[1]

（二）民事、行政案件的当事人陈述的特征

民事、行政诉讼中当事人的陈述主要具有两个特征：

1. 陈述效力的双重性。当事人是发生争议的实体法律关系的主体，与案件的解决结果有直接的利害关系。一方面，其是实体法律关系的直接参与者，对于法律关系的产生、发展及发生争议的事实有着最直接、全面、具体的了解，因此当事人陈述能够证明案件的具体情况，其陈述的真实性较强，因而当事人陈述的证据效力较高。另一方面，当事人陈述受人的生理、心理、个性等因素的影响较大，加之当事人与案件有着直接的利害关系，这就决定了当事人陈述的内容有时难以确保真实性、客观性和全面性，而往往在真实的陈述中掺入虚假的成分，并一般带着有利于陈述者的主观性和片面性，此时当事人陈述的证据效力就较低。因此，《民事诉讼法》第 75 条规定："人民法院对当事人的陈述，应当结合本案的其他证据，审查确定能否作为认定事实的根据。"

2. 形成时间的事后性。由于当事人陈述在性质上属于诉讼行为的范畴，而任何诉讼行为都必须向法院作出才能产生效力，当事人陈述应该限定于诉讼过程中，故当事人不在审判者面前或者不是指向审判者所作的陈述，即使可能与案件事实有关，也不构成当事人陈述。比如，当事人相互之间在诉讼过程中的

---

[1] 参见王亚新、陈杭平："论作为证据的当事人陈述"，载《政法论坛》2006 年第 6 期。

书面或口头交涉，其中的内容如果与案件事实有关，也只能以书证或其他证据形式提供于法院，而不属于当事人陈述。

（三）民事、行政诉讼中当事人的陈述的分类

1. 原告陈述、被告陈述、第三人陈述、共同诉讼人陈述和诉讼代表人陈述。根据当事人陈述的主体不同，可以将当事人陈述分为原告陈述、被告陈述、第三人陈述、共同诉讼人陈述与诉讼代表人陈述。原告陈述是指民事、行政诉讼原告对有关案件事实的陈述；被告陈述是指民事、行政诉讼被告对有关案件事实的陈述；第三人陈述是指民事、行政诉讼第三人对有关案件事实的陈述；共同诉讼人陈述是指民事、行政诉讼共同诉讼人对有关案件事实的陈述；诉讼代表人陈述是指民事、行政诉讼代表人对有关案件事实的陈述。

2. 与案件事实有关的陈述和与案件事实无关的陈述。根据当事人陈述的内容与案件事实有无关联性，可以将当事人陈述划分为与案件事实有关的当事人陈述和与案件事实无关的当事人陈述。与案件事实有关的当事人陈述，是指当事人关于案件事实的陈述。与案件事实无关的当事人陈述，是指关于诉讼请求的说明和对案件处理方式的意见，对证据的分析、评价和应否采用的意见以及对争议事实和适用法律的意见等。

3. 确认性陈述、否认性陈述和承认性陈述。根据当事人陈述的倾向性，可以将当事人陈述分为利己陈述和利他陈述，利己陈述包括确认性陈述和否认性陈述；利他性陈述仅仅指承认性陈述。确认性陈述，是指当事人主动地提出一定的事实作为根据，以证明争议的实体法律关系存在的陈述。否认性陈述，是指一方当事人被动地提出一定的事实作为依据，否认另一方当事人提出的于己不利事实，否认另一方当事人提出的诉讼请求所依据的实体法律关系的存在或者其中某些事实的存在的陈述。承认性陈述，是指一方当事人对另一方当事人所提出的于己不利的事实予以肯定，承认为真实的陈述。

4. 书面陈述和口头陈述。根据当事人陈述的形式，可以将当事人陈述分为书面陈述和口头陈述。书面陈述，是指由当事人将有关案件的事实情况，以文字等书面方式记载下来，递交司法机关的陈述。诉讼中典型的书面陈述如起诉书、答辩状等。口头陈述，是指由当事人针对有关案件的事实情况，采用言词方式所进行的陈述。例如当事人在接受调查询问、参加法庭审理的过程中，一般都会直接采用口头的方式，来说明有关的案件事实。在实践中，书面陈述与口头陈述各有利弊，前者一般较为严密，条理性强，后者则更加形象、具体、生动；书面陈述与口头陈述可以互相补充。

二、刑事案件当事人的陈述

（一）被害人陈述

1. 被害人陈述的概念。被害人陈述是指刑事案件的被害人就自己所知道的案件情况向公安、司法机关所作的陈述。被害人陈述在内容、形式、功能等方面都与证人证言有相似之处，由于我国将被害人作为诉讼当事人，因此刑事诉讼法也将被害人陈述单独作为一种不同于证人证言的证据种类。由于被害人在刑事案件中的身份有三种形式，即公诉案件中的被害人、自诉案件中的自诉人以及附带民事案件中的原告，因此，无论是公诉案件还是自诉案件，抑或被害人在诉讼中是否附带以自诉人或附带民事诉讼原告的身份，其陈述都是被害人陈述。另外，被害人陈述以口头陈述为主，必要时也可以采用书面、手势、绘图以及视频资料等形式。如被害人是聋哑人，则该证据的形式可以为手语、绘图等形式。

在通常情况下，被害人在诉讼中的表述内容有四个部分：①对案件事实的陈述，这部分既包括被害人对犯罪人的揭发与举报，如被害人明确指控谁是犯罪行为人，或提供查获犯罪行为人的证据线索，又包括被害人关于犯罪情况的叙述，如被害人对犯罪行为发生的时间、地点、后果等情况的叙述。②对案件事实的分析判断，如被害人基于犯罪行为及其后果而推断行为人的犯罪目的或动机等。③提出诉讼请求，如被害人提出如何惩罚犯罪行为人等。④对犯罪行为人与本案无关的其他犯罪行为的揭发、举报。从证据法理论上而言，只有第一种，即被害人对案件事实的陈述才属于证据法学范畴之内的被害人陈述，其他的内容则不能作为被害人陈述证据种类使用。如被害人提出的诉讼请求无证明作用，不应作为被害人陈述；又如被害人揭发、举报的与本案无关的犯罪行为，则属于证人证言而不能认定为被害人陈述。

2. 被害人陈述的特征。被害人陈述有以下几个方面的特征：

（1）被害人陈述证明的直接性。由于被害人的切身利益直接受到犯罪行为的侵害，所以被害人一般均会积极主动地向公安司法机关提供证据，因而被害人陈述不仅能够全面证明犯罪过程，而且有利于迅速查清案情，锁定犯罪嫌疑人。因此，被害人陈述有着非常重要的直接证明价值。

（2）被害人陈述的不可替代性。被害人的身份，是由犯罪行为造成的，因而具有不可替代性。在任何刑事案件中，被害人都是特定的，在被害人为自然人的犯罪案件中，向公安司法机关陈述的必须是被害人本人。法人或其他组织的受害人地位虽然没有问题，但是，"被害人陈述"中的被害人主体显然是自然人，法人或者其他组织的陈述究竟是否具有刑事诉讼证据制度意义上"被害人陈述"的证据地位，目前尚未达成共识。我们认为，被害人为法人或者其他组织时，法定代表人或者其内部其他主体代表法人或者其他组织作被害的陈述，不是代表个人陈述，而是代表法人或者其他组织陈述。

（3）被害人陈述具有复杂性。被害人是直接受犯罪行为侵害的人，同诉讼结果有直接的利害关系，其陈述不实的情况并不鲜见。从实践经验来看，造成被害人陈述失实有以下几类情况：①为了陷害他人或者出于其他原因，编造事实上不存在的犯罪行为。②在人身受到犯罪行为的威胁或者侵害时，由于处于高度的精神紧张状态而产生错觉，从而造成陈述失实。③被害人由于自身遭受侵害，出于对犯罪行为人的愤恨，可能夸大某些犯罪事实或者情节，或者把自己的怀疑、推测也当成事实。④有些被害人由于存在某种顾虑，如名誉或者案外因素等，也会隐瞒自己受害的真实情况。有时被害人可能会改变以前的陈述，为犯罪嫌疑人开脱罪名。

3. 被害人陈述的分类。被害人陈述可以分为三类：

（1）有直接接触被害人陈述和无直接接触被害人陈述。根据被害人是否直接接触过犯罪行为的实施人，可分为有直接接触被害人的陈述与无直接接触被害人的陈述。有直接接触被害人陈述不仅可以较为详细地叙述案件事实，而且可以叙述作案人的详细情况甚至细微的行为和人身特征。无直接接触被害人陈述通常只能提供受害的一般情况，而不能提供加害人的详细情况。与加害人有直接接触的被害人的陈述可能是直接证据，没有目睹或者接触加害人的被害人陈述一般不是直接证据。

（2）有过错被害人陈述和无过错被害人陈述。根据被害人在案件中是否有过错，可分为有过错被害人陈述与无过错被害人陈述。有过错被害人是指那些在侵害自己的犯罪行为发生过程中自己也有过错，或者在道义上和法律上也有一定责任的被害人，其陈述即为有过错被害人陈述。无过错被害人是那些在侵害自己的犯罪行为发生过程中自己没有过错，或者没有任何道义或法律上责任的被害人，其陈述即为无过错被害人陈述。与有过错被害人陈述相比，无过错被害人陈述通常较为全面、客观，有利于公安司法机关对案件事实的查明，以及对犯罪嫌疑人、被告人的准确定罪与量刑。

（3）未成年被害人陈述和成年被害人陈述。根据被害人年龄的不同，可分为未成年被害人陈述与成年被害人陈述。关于未成年人的年龄界限，世界各国的法律规定不尽相同，但多数国家规定 18 周岁为成年人。因此，18 周岁以前的被害人为未成年被害人，其就自己所知的案件情况向公安司法机关所作的陈述，即为未成年被害人陈述。18 周岁以后的被害人为成年被害人，其陈述系成年被害人陈述。与成年被害人相比，未成年人心智尚未成熟、认知可能出现偏差、语言能力欠佳，其陈述应多加考量。

（二）犯罪嫌疑人、被告人的供述和辩解

1. 犯罪嫌疑人、被告人的供述和辩解的概念。犯罪嫌疑人、被告人的供述和辩解，是指在刑事诉讼中犯罪嫌疑人、被告人就案件的事实等情况向公安司法机关所作的陈述，司法实务中约定俗成将其简称为"口供"。通常认为，犯罪嫌疑人、被告人的供述和辩解主要包括以下内容：①供述，即犯罪嫌疑人、被告人对被指控的犯罪事实表示承认，并如实供述他实施犯罪的全部情况。供述通常表现为自首、坦白、认罪认罚。②辩解，即犯罪嫌疑人、被告人否认自己实施了犯罪行为，或者虽然承认自己实施了犯罪行为，但辩称不应追究其刑事责任或者具有从轻、减轻或者免除处罚等情形。辩解通常表现为否认、反驳指控、申辩以及提供反证等。③攀供，即犯罪嫌疑人、被告人检举、揭发同案犯罪嫌疑人、被告人犯罪行为的陈述。揭发、检举的内容与该犯罪嫌疑人、被告人自己的犯罪行为有一定的联系，可以在本案中当作证据使用，故属于犯罪嫌疑人、被告人的供述和辩解。攀供到底是口供还是证人证言，应当从其内容方面具体分析。如果攀供的内容是检举揭发同案犯在本案中的共同犯罪行为，应该属于口供；如果攀供的内容是检举揭发同案犯或其他人在其他案件中的犯罪行为，而且攀供者本人不是那个案件的犯罪嫌疑人或者被告人，则属于证人证言。

2. 犯罪嫌疑人、被告人供述和辩解的特征。犯罪嫌疑人、被告人供述和辩解具有以下特征：

（1）可以直接证明案件事实。犯罪嫌疑人、被告人供述和辩解通常可以全面、直接地反映案件事实情况。因为犯罪嫌疑人、被告人对其犯罪的动机、目的、手段、时间、地点、过程、后果等事实情况最为知情，因此，犯罪嫌疑人、被告人的供述和辩解一般属于直接证据，能够单独揭示案件事实的全貌和本质。只要办案人员收集方法得当、程序合法、充分而正确地运用好审讯策略，犯罪嫌疑人、被告人的供述和辩解就很有可能是真实的。但是也正是过分看重了口供的这个特点，才会导致刑讯逼供屡禁不绝，甚至铸成冤假错案。

（2）内容复杂，真假并存。犯罪嫌疑人、被告人作为当事人，对于自己是否犯罪、犯罪的经过，特别是犯罪时的主观心理状态最为清楚，因此，其供述和辩解的内容有些可能是真实的。但由于犯罪嫌疑人、被告人作为刑事诉讼中被追诉的对象，他们也会选择不真实陈述或对犯罪事实不予承认的辩解。从辩解内容来看，犯罪嫌疑人、被告人要么确实无罪或罪轻而辩解，要么确实有罪或罪重而辩解，然而，无论哪一种辩解都不能排除其虚假之陈述。无论在何种情形下，犯罪嫌疑人、被告人基于有利于自己的诉讼结果都无法排除其陈述的虚假性。

（3）内容不稳定，易出现反复。在刑事诉讼中，犯罪嫌疑人、被告人的心理活动是异常复杂的，侥幸、悔罪、抗拒、惊恐多种心理交织在一起，而且犯罪嫌疑人、被告人往往会出于各种考虑或者在外界影响下思想发生波动，所以犯罪嫌疑人、被告人供述和辩解的内容也可能随着讯问人员和环境等的变化而随时变化。这就使得翻供成为司法实践中的惯常现象，前供后翻、时供时翻、屡供屡翻、多次翻供、真假难辨，而使案情复杂化。

3. 犯罪嫌疑人、被告人供述和辩解的分类。犯罪嫌疑人、被告人供述和辩解可以分为以下两类：

（1）有罪和罪重的供述、无罪和罪轻的辩解和检举揭发的攀供。根据犯罪嫌疑人、被告人口供的内容，可以将其划分为有罪和罪重的供述、无罪和罪轻的辩解以及检举揭发而形成的攀供。司法实践中在讯问犯罪嫌疑人、被告人时，既要客观地对待有罪和罪重的供述，也要客观地对待无罪和罪轻的辩解，以及检举、揭发同案犯的攀供，防止重供述轻辩解的倾向，特别是不得以非法的方法逼取有罪的供述；对无罪和罪轻的辩解，也要认真地听取和查证。司法实践表明，只重视供述，或只重视辩解，都不利于案件的正确处理。

（2）单犯口供和共犯口供。根据主体是否共同犯罪的不同，可以将口供分为单犯口供与共犯口供。单犯口供所陈述的内容只是涉及个人的犯意和行为。共犯口供除对自己的犯罪事实进行陈述外，必然会涉及其他共犯的犯意和行为。因此在讯问时，共同犯罪案件中不仅要问明每个人自己的情况，注意查明其个人在共同犯罪中的作用和地位，而且要问明他所知道的各个共犯的犯罪事实及他们在共同犯罪中各自的作用与地位。在审查证据时，对共同犯罪的案件还必须注意各个共犯的供述和辩解是否一致，有无攻守同盟，有无串供；是否存在用某一犯罪嫌疑人、被告人的供述和辩解套取甚至引诱他人供述和辩解的情况。

第六节　鉴定意见

一、鉴定意见的概念及特征

（一）鉴定意见的概念

鉴定意见是指公安、司法机关以及当事人委托或聘请的具有专门知识的人，对案件中某些专门性问题进行检验、分析之后作出的带有判断性的意见。鉴定意见是三大诉讼中一种独立的证据种类，是查明案件事实的一种重要方法和手段。随着科技的发展，检验鉴别技术日趋提高，鉴定意见的证据价值和地位也在不断提升。达马斯卡在展望证据法的未来时曾指出"站在 20 世纪末思考证据法的未来，很大程度上就是要探讨正在演进的事实认定科学化的问题……与应用技术手段密切联系的是，对技术性专家意见的依赖也在增加：必须对结构复杂的机器及其得出的结论进行解释，还要评估该结论的价值"。[1]

鉴定意见又叫鉴定人意见，是全部鉴定过程的最后结果，通常情况下带有一定的结论性，故而早期称之为"鉴定结论"。由于"结论"一词有着太过强烈的终局性色彩，甚至给鉴定结果蒙上权威性的神秘色彩，成为不可置疑的终结性结论。即使鉴定人出庭作证，其结论之名也可能使得审判人员仅仅审查结论，而对鉴定过程、鉴定方法、鉴定程序以及鉴定标准等因素不予审查，甚至对鉴定意见不加区分而照单全收。鉴定人成了"穿着白衣的法官"，替代法官对专门性问题作出实质性判断，变相行使着案件事实的实质认定权。[2] 后来《关于司法鉴定管理问题的决定》使用了"鉴定意见"概念，两院三部《办理死刑案件证据规定》在"证据分类审查与认定"中也采用了"鉴定意见"的术语。因此，随后修订的《刑事诉讼法》《民事诉讼法》《行政诉讼法》接受了上述修改内容，都把鉴定意见规定为一种独立的证据种类。

（二）鉴定意见的特征

1. 意见性。鉴定意见要求鉴定人根据提供的资料运用专门知识和技能进行分析、判断后形成专家意见。从本质上说，鉴定意见是鉴定人对案件中的专门

---

〔1〕　［美］米尔建·R. 达马斯卡著，李学军等译：《漂移的证据法》，中国政法大学出版社 2003 年版，第 200 页。

〔2〕　郭华："刑事鉴定制度修改的背景、争议及解读"，载《证据科学》2012 年第 2 期。

性问题提出的理性意见,属于意见性证据;鉴定意见不是指报告鉴定中观察到的事实而是在观察和检验的基础上作出的理性的分析、判断意见。

2. 判断性。鉴定意见为鉴定人的意见,该意见并不是鉴定人对送检材料的说明,其不仅要求鉴定人叙述根据案件材料所观察到的事实,而且更为重要的是,鉴定人必须对这些事实在观察、检验、分析等科学技术活动的基础上得出主观性的认识,该主观性的认识即为对案件中的专门性问题作出鉴别和判断。换言之,鉴定意见就是鉴定人的判断性意见。

3. 书面性。鉴定意见应当是鉴定人对送鉴材料进行检验测定后作出的书面意见,而不能是口头的陈述。这是因为,其一,鉴定中涉及的许多专门性问题和特定含义的专业术语,很难用口语表达清楚;其二,鉴定意见还须经过审查与复核,其中的各种数据和检测参数等必须记录清楚,以免造成误解。因此,《刑事诉讼法》要求"鉴定人进行鉴定后,应当写出鉴定意见,并且签名"。

4. 可替代性。公安司法机关为了解决案件中的专门性问题,指派或者聘请具有专门知识的人对之进行鉴定,犯罪嫌疑人、被害人也可以补充鉴定或者重新鉴定。事实上,随着诉讼程序的推进,对同一专门性问题,公安、检察、审判三机关都有权启动司法鉴定程序进行鉴定,且当事人也可以聘请鉴定人进行鉴定,而最终采信哪一个鉴定意见由法庭决定。但是,不管是谁启动司法鉴定程序所得出的鉴定意见,都是解决案件中的专门性问题,都具有可替代性。

二、鉴定意见的分类

(一) 同一认定型鉴定意见、种属认定型鉴定意见和性质状态型鉴定意见

这是根据鉴定所解决的问题性质不同,可以把鉴定意见分为同一认定型鉴定意见、种属认定型鉴定意见和性质状态型鉴定意见。

同一认定型鉴定意见是以解决物体或者人身是否同一问题为目的的鉴定意见。如认定某指纹是否为某人手指所留的指纹鉴定意见、认定某笔迹是否为某人所写的笔迹鉴定意见等。种属认定型鉴定意见是以解决物体或物质的种类所属为目的的鉴定意见。如确定纸张物质成分的鉴定意见、鉴别某微量物质成分的鉴定意见。性质状态型鉴定意见是以确定人或物的性质或状态为目的的鉴定意见。如确定人体损伤程度的鉴定意见、确定行为人精神状态的鉴定意见。

(二) 痕迹物证鉴定意见、文书物证鉴定意见、化学物质鉴定意见、生物物证鉴定意见以及音像物证鉴定意见

根据鉴定对象的物质特征不同,可以把鉴定意见分为痕迹物证鉴定意见、

文书物证鉴定意见、化学物质鉴定意见、生物物证鉴定意见以及音像物证鉴定意见。

痕迹物证鉴定意见的对象为人或物在物质载体上留下的痕迹，如指纹、足迹、枪弹痕迹、牙齿痕迹等。文书物证鉴定意见针对文书类物证展开鉴定，如文书书写时间鉴定、伪造或变造文书鉴定意见、打印或复印纸张鉴定等。化学物质鉴定意见是指采取化学检验方法和仪器分析方法进行检验的有机物质或无机物质的鉴定，如毒物物质鉴定、爆炸物物质鉴定、纵火物质鉴定等。生物物证鉴定意见是指采用生物学检验方法进行检验的各种生物物质的鉴定，如血液鉴定、精斑鉴定、唾液鉴定、毛发鉴定、人体组织鉴定等。音像物证鉴定意见是指运用现代科学技术来检验、鉴别的音像物证或视听资料的鉴定，如照片鉴定、录音录像鉴定等。

（三）对人、对物和对情况的鉴定意见

根据鉴定对象的不同，可以把鉴定意见分为对人的鉴定意见、对物的鉴定意见和对情况的鉴定意见。

对人的鉴定意见，主要包括对人体表面结构、人体外貌的鉴定意见，对尸体的鉴定意见，对活体即人的精神状态、心理状态的鉴定意见等。对物的鉴定意见，主要包括对物体表面结构、物品、气味的鉴定意见等。对情况的鉴定意见，是在勘验、实验比较分析的基础上对与案件有关的情况和现象所反映的事实所作的综合性判断。

三、鉴定人

我国现行鉴定体制中的鉴定人，是指根据公安司法机关的指派、聘请或当事人的委托，运用专门知识和科技手段，对案件中有争议并具有专门性的问题进行检测、分析、鉴别并出具鉴定意见的人。

（一）鉴定人必须具备的条件

鉴定人需要具备一定的条件：①鉴定人应具有从事相应鉴定活动的能力。要得到可靠的鉴定意见，鉴定人必须具备相应的解决专门性问题的能力。一般来说，应具备相应专业知识条件、实践能力条件、技术职务条件等。②鉴定人必须受指派、聘请或委托。在民事诉讼中，当事人申请鉴定经人民法院同意后，由双方当事人协商确定有鉴定资格的鉴定机构、鉴定人员，协商不成的，由人民法院指定。也有学者主张借鉴英美法系国家立法例，准许三大诉讼中的当事人自行委托鉴定人鉴定。[1] ③鉴定人应当保持公正中立。为了确保鉴定意见的科学性和准确性，三大诉讼法都明确规定了鉴定人应当回避的情形。

（二）鉴定人的诉讼地位

关于鉴定人的法律地位，有不同的观点。英美法系认为鉴定人是所谓"专家证人"，专家证人的诉讼权利和义务与证人一样。大陆法系认为，鉴定意见作为一种独立的证据种类，鉴定人必须具有专门的知识，不同于一般证人。如法国学者将鉴定人称为审判法官的"科学的辅助人"[2]，补充法官所缺乏的知识。在我国，鉴定人为一种独立的诉讼参与人并享有相关的权利和义务。鉴定人与证人有着本质的区别，也不同于《刑事诉讼法》第197条第2款和最高院《民诉证据规定》第61条规定的"有专门知识的人"。

（三）鉴定人的权利与义务

1. 鉴定人的权利。根据司法部于2005年9月颁布的《司法鉴定人登记管理办法》第21条的规定，司法鉴定人享有下列权利：①了解、查阅与鉴定事项有关的情况和资料，询问与鉴定事项有关的当事人、证人等；②要求鉴定委托人无偿提供鉴定所需要的鉴材、样本；③进行鉴定所必需的检验、检查和模拟实验；④拒绝接受不合法、不具备鉴定条件或者超出登记的执业类别的鉴定委托；⑤拒绝解决、回答与鉴定无关的问题；⑥鉴定意见不一致时，保留不同意见；⑦接受岗前培训和继续教育；⑧获得合法报酬；⑨法律、法规规定的其他权利。

2. 鉴定人的义务。根据《司法鉴定人登记管理办法》第22条的规定，司法鉴定人应当履行义务：①受所在司法鉴定机构指派按照规定时限独立完成鉴定工作，并出具鉴定意见；②对鉴定意见负责；③依法回避；④妥善保管送鉴的鉴材、样本和资料；⑤保守在执业活动中知悉的国家秘密、商业秘密和个人隐私；⑥依法出庭作证，回答与鉴定有关的询问；⑦自觉接受司法行政机关的管理和监督、检查；⑧参加司法鉴定岗前培训和继续教育；⑨法律、法规规定的其他义务。

---

〔1〕　参见何家弘主编：《新编证据法学》，法律出版社2000年版，第249页。
〔2〕　参见周欣主编：《中外刑事侦查概论》，中国政法大学出版社1999年版，第242页。

第七节　笔录类证据

一、笔录类证据的概念

笔录是司法人员、执法人员和法律工作者在办案活动中所作的各种记录。《刑事诉讼法》规定可单独作为证据的笔录有勘验笔录、检查笔录、辨认笔录、侦查实验笔录以及其他笔录。勘验、检查、辨认、侦查实验等笔录是指侦查人员和司法人员对可能与犯罪有关的场所、物品、人身、尸体进行勘验、检查、辨认、侦查实验时所作的记录。其中，勘验笔录主要是指针对人的活体之外的，与案件有关的场所、物品等的客观情况所进行的观察、测量、检验、拍照、绘图等活动所作的记录，其目的是直接了解案件有关的场所、物品、尸体，发现和收集证据材料；检查笔录主要是指针对与案件有关的人的"活体"所进行的观察、问询、检查等活动所作的记录，其目的是确定犯罪嫌疑人、被害人等的外部特征、伤害情况和生理状态；辨认笔录是指侦查人员让被害人、证人或犯罪嫌疑人对与案件有关的物品、文件、人员、场所、尸体等进行辨别和确认所作的记录；侦查实验笔录是指侦查人员为了确定和判明与案件有关的某一事实或者现象在某种情况下能否发生或者怎样发生，而模拟案件原有条件，将该事实或者情况实验性地重新加以演示所作的记录。《民事诉讼法》和《行政诉讼法》规定可单独作为证据的笔录有勘验笔录和现场笔录。勘验笔录是指人民法院指派勘验人员对与案件有关的现场、物品和物体进行检验、拍照、测量等活动所作的记录。在行政诉讼中，现场笔录是指行政机关制作的、符合法定形式要求的、即时记录行政执法过程中被管理对象的状况和行政执法过程的笔录。

笔录以文字记录为主，但并不限于文字记录，还包括绘图、照片、录音、录像、模型等形式。随着科学技术的发展，以录音录像方式记录执法活动的过程和结果越来越成为法律实践中普遍的做法，以这种方式形成的记录也应当称为笔录。从形式上看，以录音录像方式制作的笔录与视听资料有很多相似之处，但是就内容而言，两者不尽相同，不应混为一谈。侦查人员和司法人员在进行询问、讯问、辨认等诉讼活动时制作的笔录，不属于笔录类证据而应当分别属于证人证言、被害人陈述、当事人陈述以及犯罪嫌疑人、被告人的供述和辩解等。

二、笔录类证据的特征

(一) 主体的特殊性

笔录类证据的制作主体是特定的执法人员，其他机关或者个人无权进行制作。如勘验、检查、辨认、侦查实验等笔录的主体只能是公安司法人员，主要是侦查人员、检察人员或审判人员。在刑事诉讼中，勘验、检查、辨认、侦查实验都是专门的侦查行为，所以该类证据的制作主体主要是侦查人员。民事诉讼中的勘验笔录的制作主体则主要是审判人员。行政诉讼中的现场笔录的制作主体只能是行政机关，不包括人民法院。因为现场笔录是对行政活动的记录，当行政争议进行诉讼时，行政活动已经完成，执法现场不可能事后重现，法院只能审查现场笔录，而不能制作现场笔录。在通常情况下，笔录的证据应当载明进行某一具体行为的时间和地点、笔录制作人的姓名和职务、参与人的姓名和职务、笔录按照行为顺序记录行为的内容和情况、履行签字或盖章以及笔录类证据制作时的附件情况等。

(二) 形式的规范性

勘验、检查、辨认、侦查实验等笔录或现场笔录具有规范性的特点。这既体现了诉讼活动对这类证据的严格要求，也体现了这类证据在司法实践中运用的客观规律。这种规范性表现为笔录格式的规范性、笔录用语的规范性以及笔录签名的规范性，这是笔录类证据具有证据能力或证明力的重要保证，如使用格式化的表格、专用的笔录纸等。如《刑事诉讼法》第133条规定："勘验、检查的情况应当写成笔录，由参加勘验、检查的人和见证人签名或者盖章"；第135条规定："侦查实验的情况应当写成笔录，由参加实验的人签名或者盖章"。

(三) 内容的综合性

勘验、检查、辨认、侦查实验等笔录或现场笔录证据记载内容丰富，表现形式多样，具有综合性。该综合性表现在：①笔录类证据反映的不是案件的单一事实，而是各种证据材料之间存在或者形成的具体环境条件和相互关系，体现了一种具有综合证明力的证据形式和来源；②笔录类证据可以综合反映有关场所中多种证据的组合情况，包括物证之间的关系以及物证和周围环境的关系等；③笔录类证据可以通过文字记录、现场绘图、现场照片或者录音录像等多种形式反映有关案件事实的情况。

(四) 具有客观性

笔录类证据属于"实况"记录的证据。笔录都是对有关人、物、场所的状况以及勘验、检查、辨认、侦查实验活动或现场执法活动的客观记录，因此与其他证据相比较，更具有客观性。其客观性表现在：①笔录类证据的内容都是与客观存在的案件事实有关的情况，不包括有关人员的；②笔录类的证据是客观记录，制作者只能记录自己看到的、听到的以及其他方式感知的案件事实，而不能记录侦查人员自己的分析、推测和判断。相较其他证据而言，笔录类证据一般具有较强的客观性。所谓客观，就是指笔录类证据只能真实地记录现场实际情形，而不能添加自己的判断性意见，是对勘验、检查等侦查、调查行为的过程和结果的一种客观记载，不应当掺杂任何主观的东西，这是它的鲜明特色。

（五）证明的间接性

笔录类证据对案件事实的证明具有间接性的特点。笔录类证据对有关人、物、场所的记录，往往是案件的结果，该记录本身并不能直接证明曾经发生案件的主要事实，也无法直接证明相关行为人的行为。因此，笔录类证据一般都不能单独作为认定案件事实的根据，必须与物证、书证、证人证言以及其他证据相结合共同证明案件事实。换言之，笔录类证据一般都属于间接证据的范畴。

三、笔录类证据的种类

根据不同的标准，笔录类证据可以有多种分类，其中最主要的分类是根据勘验、检查、辨认、侦查实验或现场执法活动的性质和方法的不同，将其分为现场勘验笔录、物品检查笔录、尸体检查笔录、人身检查笔录、辨认笔录、侦查试验笔录、搜查笔录、查封扣押笔录和现场笔录。

1. 勘验笔录。勘验笔录是指司法工作人员依法对与案件有关的场所、物品、尸体进行勘验、检查时所制作的客观的文字记录。勘验笔录主要有以下几种：

（1）现场勘查笔录（刑事诉讼）、勘验笔录（民事诉讼、行政诉讼）。刑事诉讼中的现场勘验笔录，是指侦查人员为查明案件事实、获取犯罪证据及线索、揭露证实犯罪人，依法深入现场实地，运用科学技术手段及其他各种勘查措施，对案件现场进行的观察、寻找、搜索、发现、提取、实验等侦查行为与过程的真实记载。现场勘验笔录包括：现场笔录、现场照相、现场录像和现场绘图等方式。民事诉讼、行政诉讼中的勘验笔录是由审判人员主持下对人员、标的物、场所进行调查检验所制作的客观记录。勘验笔录应记载时间、天气情况、勘验地点和场所、勘验人、记录人、在场当事人和成年家属、被邀参加人、勘验对象。详细记载物品的名称、种类、质量、规格、外形、大小以及现场其他有关情况。

（2）物证检验笔录。物证检验笔录是侦查、检察、审判人员到物证所在地进行勘验时对物证的性质、形状、位置和其他特征等情况的客观记录。其目的是对侦查过程中收集到的物品和痕迹等物证进行检验或验证，以确定该物证与案件事实之间是否存在关联、能否证明案件事实。

（3）尸体检验笔录。尸体检验笔录是指由侦查人员指派的法医或者聘请的医师对尸体进行尸表检验，或者进行尸体解剖检验时的各种情况所制作的书面笔录。笔录应当由法医或者医师制作，并由侦查人员、法医或者医师签名或者盖章。

2. 人身检查笔录。人身检查笔录是指为了确定被害人、犯罪嫌疑人、被告人的人身特征、伤害情况或者生理状况等，侦查人员依法对其身体进行检查活动和检查所见的记录。人身检查笔录应记载检查的时间、地点，检查人员的姓名、职务，被检查人的姓名、职业、住址，检查的内容和检查所见等。在犯罪嫌疑人拒绝检查时，如果侦查人员认为必要，可予以强制检查的，应将此种情况在笔录中记明。

3. 现场笔录。现场笔录，是指行政机关及其工作人员在执行职务过程中，对某些事项当场制作的书面记录，是行政诉讼中特有的证据种类。现场笔录一般要记载时间、地点、执法人员、当事人等基本情况；还应写清相关事件的具体情况，诸如场所的概况、有关的物品、工具、设施的情况及相关的书证、物证等；执法活动的过程及结果并由执法人员和当事人签名，有见证人在场的，由见证人签名。

现场笔录和勘验笔录相比，存在以下区别：①二者制作主体不同。现场笔录的制作主体是行政执法人员；而勘验笔录的制作主体具有广泛性，既可以是行政执法人员，也可以是侦查人员或审判人员。②二者记录的内容不同。现场笔录是对执法现场当时的情况所作的记录，一般是动态的事实；勘验笔录是对与案件有关的场所、物品进行勘验后所作的笔录，反映的多是静态的情况。③二者的证据效力不同。从证据形态来看，现场笔录属于直接证据，可以直接证明案件主要事实；勘验笔录是间接证据，不能单独、直接证明案件主要事实。

4. 辨认笔录。辨认笔录是指在侦查中为了查明案情，必要时让被害人、证人以及犯罪嫌疑人对与犯罪有关的物品、文件、尸体、场所或者犯罪嫌疑人进行辨认情况及辨认对象具体特征的实况记录。辨认笔录应记载辨认案由、辨认时间、辨认地点、辨认对象、辨认过程及其方法和结果。

5. 侦查实验笔录。侦查实验笔录是侦查机关为了查明案情进行侦查实验时，对有关侦查实验情况以及结果制作的客观记录。侦查实验笔录的内容包括：侦查实验的时间、地点，侦查人员基本情况，侦查实验目的，侦查实验的过程和结果。除了笔录外，还可用照相、制作模型等方法加以固定，并在笔录中说明。

第八节　视听资料、电子数据

一、视听资料、电子数据的概念

（一）视听资料的概念

我国是世界上第一个将视听资料作为一种独立证据在立法上予以规定的国家。[1]《刑事法学大辞书》认为，"视听资料就是指录音或录像带录下的有关案件事实的音响或者形象，以及电子计算机储存的有关案件事实的材料"。最高人民检察院在 1996 年 12 月 31 日颁行的《关于检察机关侦查工作贯彻刑事诉讼法若干问题的意见》（现已失效）第三部分第 1 条对视听资料作出如下界定："视听资料是指以图像和声音形式证明案件真实情况的证据。包括与案件事实、犯罪嫌疑人以及犯罪嫌疑人实施反侦查行为有关的录音、录像、照片、胶片、声卡、视盘、电子计算机内存信息资料等。"

视听资料的概念有狭义和广义之分。狭义说认为视听资料指以声音、图像或者其组合证明案件事实情况的证据。如"视听资料主要为录音、录像资料，其信息的存储以及传输等也都采取电子运动手段和模拟信号方式进行信息的存储、传递、显示"。[2]"视听资料作为信息的载体，本质上是利用特定的记录方式，借助一定的技术设备以声音、图像方式还原被记录的信息"。[3] 有学者直接将视听资料定义为"采用录音、录像等资料来证明案件事实的证据"。[4] 广义说认为，只要与录音资料、录像资料和计算机贮存资料三种类似的、利用近现代高科技手段记录的信息，如电话记录、传真资料、雷达扫描资料、电影胶

〔1〕 参见樊崇义、温小洁、赵燕：《视听资料研究综述与评价》，中国人民公安大学出版社 2001 年版，第 8 页；江伟主编：《证据法学》，法律出版社 1999 年版，第 347 页；汪建成、刘广三：《刑事证据学》，群众出版社 2000 年版，第 183 页。

〔2〕 于海防、姜丰格："论数字证据——概念、类型与规则之探讨"，载《法律科学》2002 年第 5 期。

〔3〕 曾洁："论视听资料及其审查判断"，载《湘潭大学学报（哲学社会科学版）》1998 年第 2 期。

〔4〕 毕玉谦、郑旭、刘善春：《中国证据法草案建议稿及论证》，法律出版社 2003 年版，第 311 页。

卷、相片等，都应当包括在视听资料的范围内。如"视听资料是以录音磁带、录像带、电影胶片、电子计算机、电子磁盘或者其他高科技设备存储的信息作为证明案件事实的手段的证据"。[1]

学界主流观点认为"视听资料，是采用现代技术手段，将可以重现案件原始声响、形象的录音、录像资料和储存于电子计算机的有关资料及其他科技设备提供的信息，用来作为证明案件真实情况的资料"。[2] "视听资料是指记载有能够证明有关案件事实的内容的录音带、录像带、电影胶片、电子计算机的磁盘等，以其所载的音响、活动影像和图形，以及电子计算机所存储的资料等来证明案件事实的证据"。[3] 鉴于电子数据已被我国现行三大诉讼法确立为一种独立的证据种类，实际上这种概念界定有失偏颇，尽管立法和相关司法解释并且没有明确指出视听资料和电子数据的概念，如最高院《刑诉解释》第 92 条和第 93 条对两者的审查认定就适用不同的方式或手段。我们认为，视听资料是指以录音、录像以及其他电磁方式记录储存的声音、图像、录像等内容证明案件事实的证据。

（二）电子数据的概念

2010 年两院三部《办理死刑案件证据规定》率先将电子数据作为一种比视听资料更新的证据种类加以规定，其后《民事诉讼法》《刑事诉讼法》《行政诉讼法》都新增了电子数据，使其成为我国三大诉讼法共同规定的法定证据种类之一。但是《刑事诉讼法》将电子数据与视听资料并列作为同一种证据种类，而《民事诉讼法》和《行政诉讼法》则将电子数据作为一种独立的证据种类予以规定。

两院三部《办理死刑案件证据规定》第 29 条列举了电子数据的外延，即电子数据包括电子邮件、电子数据交换、网上聊天记录、博客、手机短信、电子签名、域名等。2015 年最高院《民诉解释》第 116 条第 2 款规定，电子数据是指通过电子邮件、电子数据交换、网上聊天记录、博客、手机短信、电子签名、域名等形成或者储存在电子介质中的信息。2016 年《电子数据规定》认为"电子数据是案件发生过程中形成的，以数字化形式存储、处理、传输的，能够证明案件事实的数据"。同时还进一步明确了电子数据的四种基本类型：①网页、

〔1〕 卞建林主编：《证据法学》，中国政法大学出版社 2000 年版，第 187 页。
〔2〕 樊崇义主编：《证据法学》，法律出版社 2017 年版，第 194 页。
〔3〕 陈光中主编：《刑事诉讼法》，北京大学出版社、高等教育出版社 2013 年版，第 214 页。

博客、微博客、朋友圈、贴吧、网盘等网络平台发布的信息；②手机短信、电子邮件、即时通信、通讯群组等网络应用服务的通信信息；③用户注册信息、身份认证信息、电子交易记录、通信记录、登录日志等信息；④文档、图片、音视频、数字证书、计算机程序等电子文件。

虽然我国以立法的方式明确规定了电子数据证据种类，但是关于电子数据的内涵与外延仍在商榷之中。比较具有代表性的观点有：①电子证据就是计算机证据。如"电子数据证据是在网络犯罪行为实施过程中，计算机或计算机系统运行时产生的，以其记录的内容来证明案件事实的信息数据"；[1] "在计算机或者计算机系统运行过程中存储的能够证明案件事实的数据和资料"；[2] 等等。该观点揭示了电子证据与计算机证据的相同之处，尤其在网络数字、电子产品、储存介质上不普及的初期，电子证据主要依赖于计算机。②电子证据是数字证据。"有些电子证据是不能被计算机证据概念所包含的，计算机证据只抓住了现代社会生活中新形式证据的数字化特征，强调计算机的信息处理功能，却忽略了其他数字化信息设备在存储、处理、传输、输入信息的应用，同时，也没有看到互联网技术应用对现代社会的深远影响，互联网传输的证据也是重要的证据类型。"[3] 毫无疑问，电子证据的产生和发展与电子技术从模拟通讯到数字通讯的转变有直接关系，尤其在全球数字化技术革命的冲击下，把电子证据称之为数字证据，揭示了电子证据的本质。所谓的数字证据（Digital Evidence），是以二进制代码符号或其他抽象代码形式存在的、以这些代码符号序列所蕴含的信息证明案件事实的证据。但是，无形、抽象数字证据的表现形式多种多样，不仅仅以电子的形式存在，还可以以其他形式存在。正如学者所言"数字证据可以电子形式存在，也可以其他形式存在，任何人无法否定将来人类会制造出原理类似的非电子计算机"。[4] 由于高科技的迅速发展，电子信息技术也处于不断变化之中，仅以数字证据代替电子证据，或者说电子证据就是数字证据，很难涵盖电子证据的内涵，尤其不以电子为载体形式的数字证据的出现。③电子证据是电子材料。有学者认为电子证据是指以电子形式存在的、用作证据使用的一切材料及其派生物；或者说，借助电子技术或电子设备而形成的一切证

〔1〕 徐静村："电子证据：证据学的一个新领域"，载《重庆邮电学院学报》2003 年第 1 期。
〔2〕 毕玉谦主编：《证据法要义》，法律出版社 2003 年版，第 16 页。
〔3〕 皮勇：《刑事诉讼中的电子证据规则研究》，中国人民公安大学出版社 2005 年版，第 8 页。
〔4〕 戴莹："电子证据及其相关概念辨析"，载《中国刑事法杂志》2012 年第 3 期。

据。[1] "……是指以电子形式存在、能够作为证据使用的一切材料及其派生物。"[2] 该观点抓住了电子证据的共性，即无论是电子证据的产生还是电子证据的发展，抑或是电子证据在司法实践中的应用，都与电子设备和信息技术有密切的关系，并且对电子证据采取开放性的方式，承认电子证据随着电子信息技术的发展而与之发展的可能，从而弥补了数字证据观点的不足。该观点既能较好地揭示电子证据是数字信息依托电子设备而存在的电子信息，又能较好地涵盖电子证据的外延。

我们认为，电子数据（Electronic Evidence）是指以电子技术为依托、以电子信息形式存在并借助一定的介质或设备展示出来的能够证明案件事实情况的资料及其派生物。

二、视听资料、电子数据的特征

（一）视听资料的特征

1. 具有高度的准确性和再现性。视听资料具有较强的客观性、准确性。视听资料是以录音、录像设备等为载体，对有关案件事实信息的客观记录，具有极强的保真和再现功能，因而它所记录和储存的有关案件信息，就更为准确，不会受到主客观因素的影响而失真，能够有效地再现或者还原案件发生的有关事实，一般具有极强的证明力。

2. 具有高度的直观性和动态性。视听资料主要是通过在案件发生过程中对有关声音和形象的记录形成的，它以声像的动态复原来反映案件事实，非常直观，借助于生动的感性认识，就可对案件作出准确的认定。视听资料可以直观地展示与案件有关的客体的声音特征和形象特征，可以生动地再现与案件有关的事件或者活动的过程，能够使人有如临其境、如见其人、如闻其声的感觉。录音证据能使人亲耳听见某人的声音，录像证据可以使人亲身感受到某个场所的情景或者某个事件的发生过程。视听资料的直观性也可以表述为形象性或者直感性。

3. 视听资料的便利性和高效性。同其他证据种类相比，视听资料具有其他证据一般不具有的高科技成分，因为视频资料的信息记录设备，如录音录像设备、电影摄影设备等都具有高度的科学技术成分，记录、储存和播放的过程就

---

[1] 参见何家弘：《电子证据法研究》，法律出版社 2002 年版，第 5 页。

[2] 刘品新："论电子证据的定位：基于中国现行证据法律的思辨"，载《法商研究》2002 年第 4 期。

是利用高科技设备进行的；离开了高科技设备，视听资料就失去了承载信息的载体。因此，视听资料证据表现为含有一定科学技术成分的载体。也正因如此，视听资料本身具有体积小、存储信息量大，便于保存、检索与使用等特点，即其具有明显的便利性和高效性。办案人员既可以长期保存反复使用又可以节约时间，提高诉讼效率。

（二）电子数据的特征

1. 高科技性。电子数据是高科技不断发展的产物。电子数据科技含量高，专业性强。无论采用何种高级语言或输入法，向计算机输入信息都必须经过数字化的过程。电子数据以特殊的计算机语言和网络通信协议为基础，几乎可以替代所有传统的数据交换方式。与其他传统证据尤其是书证相比较，电子数据的记录方式具有很大的特殊性。电子数据将所要记录的信息按一定规律转化为电磁再以某种方式记录下来，实质上只是一堆按编码规则处理成"0"和"1"的数据，在整个记录过程中以电磁的形式存在。其数据以电信号或者二进制编码储存在计算机的各种存储介质中，不能直接读取，并且可以隐藏在其他文件中，使其不容易被发现踪迹，收集、提取电子数据常需要借助专业软件。

2. 形式多样性。电子数据一般是无形的物质，它所包含的数据信息仅凭人们自己的感官往往难以直接感知，但这种无形的物质一旦保存下来，经磁性载体反映到数据显示设备上表现的形式是多种多样的，不仅可以表现为一般的文本、图形、图像，还可以表现为音频、视频、计算机运行的程序编码以及侵入计算机痕迹等多种形式；其中的文字信息还可以用书面的形式打印出来。所以，这种以多媒体形式存在的电子数据几乎涵盖了绝大部分传统的证据类型。

3. 高度精确性。电子数据一经形成便始终保持最初最原始的状态，能够客观地反映事物的本来面貌，因此电子的生成、传递都必须以计算机技术、网络技术为支持，并且它的一系列存储、传输过程都具有完备的安全保障系统，如果没有人为因素的蓄意篡改或技术差错的影响，电子数据自身的高科技含量足以保证其较强的证明力。与传统的证据类型相比，它的信息包容量不仅较大，而且具有高度的精确性，它不会因为外界自然因素像物证一样发生物理、化学变化，也不会像各种人证一样受到人的主观因素的影响。因此，电子数据在很大程度上能够客观、精确地反映案件的真实情况。

4. 易破坏性。当有人为因素的或技术的障碍介入时，电子数据极容易被篡改、伪造、破坏或毁灭，并且与其他几种证据形式相比，保存于电脑硬盘等介质上的电子数据是可擦写的数据，在存储、传输和使用过程中，极易遭到截取、篡改、删除等破坏。同时，不论是数字形式还是模拟形式，由于电子数据是保存在介质上可擦写的数据记录，制作它的主体或接触它的其他人有可能对其进行编辑修改，甚至不留任何痕迹地予以删除。

5. 可恢复性。在某些情况下，电脑可以按照例行程序自行追踪和挽救一些信息，如软件中有时会产生一些可挽救的文档，在意外断电的情况下，系统还可以将文档恢复到断电前自动保存时的状态。电子数据的可挽救性还体现在可以恢复被删除、修改的文件。对于电脑硬盘上的数据信息的修改、删除，若没有把电脑自动的记录删除，都可以通过技术手段检测到，这样就可以对之进行恢复。当然，对受到破坏、篡改、删除的电子数据的数据恢复需要恢复人具有较强的专业知识。电子设备根据使用者的设定可以对数据进行机械的记录，而一般用户是无法修改的。这种原始记录的稳定性和可靠性，能够保证电子数据的可信度。

三、视听资料、电子数据的种类

（一）视听资料的种类

1. 录音资料。录音资料是运用声学、电学、机械学方面的科学技术，把正在发生的各种声音，如对话、爆炸、自然及人为声响、机械摩擦等声音如实地记录下来，然后经过播放，再现原来的声音，以证明案件的真实情况的证据。

2. 录像资料。录像资料是运用光电效应和电磁转换的原理，将事物运动、变化的客观真实情况记录下来，再经过播放，重新显示原始的影像，来证明案件真实情况的证据材料。

3. 运用其他技术设备取得的信息资料。随着科技的不断发展，运用现代科技设备取得信息资料的场合和机会已经相当普遍，如精密仪器记录下来的通信过程中发射的无线电信号，在屏幕上显示出来的用雷达扫描获得的信息等。

（二）电子数据的分类

1. 电子存储数据、电子生成数据和电子衍生数据。[1] 电子存储数据是指人们通过手写输入的以电子形式表现的文件，如电子邮件、处理文件、手机短信、微信、聊天信息等。这类证据是对使用电子设备的人输入的文字和数据客观的记录。电子生成数据完全基于电子设备的内部命令运行，其中没有介入人的主观意志。例如，网络服务运营商提供的用户登录信息，自动取款机提供的用户

---

[1] 参见张斌：“论视听资料的法律地位与可采性”，四川大学 2004 年博士学位论文。

取款时间、地点和数额的记录等。这类证据的可信性依赖于操作系统的稳定性，与人的主观输入资料没有任何关系。电子衍生数据是指由电子计算机等设备录制人类的信息后，再根据内部指令自动运行而得来的证据。如财务人员将收支各项明细输入计算机后，计算机再自动计算收支总额，最后得出当天、当次的收支明细表以及账面余额等，即属此类证据。由于这类证据兼有上述两种证据的性质，因此对其可采性和证明力的判断均要复杂得多。

2. 计算机文件、计算机系统日志、电子数据交换、电子货币、手机短信息、电子邮件、网络日志、微博、聊天记录、电子签章、BBS 等电子数据。

计算机文件（或称文件、电脑档案、档案）是存储在某种长期储存设备上的一段数据流。所谓"长期储存设备"，一般指磁盘、光盘、磁带等，所存信息可以长期、多次使用，不会因为断电而消失。

计算计系统日志（Log）是指系统所指定对象的某些操作和其操作结果按时间有序的集合。每个日志文件由日志记录组成，每条日志记录描述了一次单独的系统事件。通常情况下，日志文件为服务器、工作站、防火墙和应用软件等IT 资源相关活动记录必要的、有价值的信息，这对系统监控、查询、报表和安全审计是十分重要的。日志文件中的记录可提供以下用途：监控系统资源；审计用户行为；对可疑行为进行警告；确定入侵行为的范围；为恢复系统提供帮助；生成调查报告；为打击计算机犯罪提供证据来源。

电子数据交换指按照同一规定的一套通用标准格式，将标准的经济信息，通过通信网络传输，在贸易伙伴的电子计算机系统之间进行数据交换和自动处理。

电子货币是以金融电子化网络为基础，以商用电子化机具和各类交易卡为媒介，用电子计算机技术和通信技术的手段，以数据电文（二进制数据）形式存储在银行的计算机系统中，并通过计算机网络系统以电子信息传递形式实现流通和支付功能的货币。广义上，信用卡、转账卡、ATM 卡等传统的电子金融卡均在电子货币之列；狭义上的电子货币是以电子形式存在的能直接用于支付并有实际支付能力的信息集合和处理系统。有人将前一种称之为电子货币，而将后一种称之为网络货币。

手机短信息是用户通过手机或者其他电信终端直接发送或接收的文字或数字信息。有的短信支持多媒体功能，能够传递功能全面的内容和信息，这些信息包括文字、图像、声音、数据等各种多媒体格式的信息。

电子邮件是通过电子通信网络邮寄的函件，它以 Internet 协议为基础，使

Internet 上的任何两个地址之间都可以借助一种邮件系统软件而互换电子信件。

网络日志，又称为博客、部落格或部落阁等，是一种通常由个人管理、不定期张贴新的文章的网站。日志上的文章通常根据张贴时间，以倒序方式由新到旧排列。

微博，即微博客的简称，是一个基于用户关系的信息分享、传播以及获取平台，用户可以通过 WEB、WAP 等各种客户端组建个人社区，以文字更新信息并实现即时分享。

聊天记录主要是借助于网络聊天软件生成的，如 MSN、QQ、微信等具有自动记录网络或手机聊天内容功能的聊天软件。

电子签章是指以电子形式存在、依附在电子文件并与其逻辑相关，可用以辨识电子文件签章者身份，表示签章者同意电子文件内容的签章方式。电子签章的主要目的是利用技术手段对数据电文的发件人身份作出确认以及保证传送文件内容未被篡改和解决事后发件人否认已发送或已收到资料等问题。

BBS 是 Internet 上十分流行的一种信息交流手段，其作用相当于日常生活中的公告牌。BBS 通过网络，由提供 BBS 系统的 Internet 主机来实现信息的公布，即由一个主机来运行 BBS 系统，网上用户使用某些软件或浏览器访问主机上的 BBS 系统，阅读各类文章，发布信息，进行各种交流。它可细分为为电子布告牌、电子白板、电子论坛与留言板等。[1]

练习案例

张某与温某系朋友关系。2015 年 11 月 20 日，张某通过银行转账给温某 165 000 元。2017 年 5 月 10 日，张某通过微信向温某催要上述款项，温某一直未给付。张某称双方系借款关系，因和温某系朋友关系，未约定借款利息。温某称双方不是借款关系，而是张某委托其代买茶叶、茶具关系，其购买后将上述物品交付给张某。

为此，张某提交以下证据：张某提供了向温某转款 165 000 元的汇款凭证，并提供了与温某的微信聊天记录原件等。其中，在微信聊天记录中，张某说："但是你欠我的钱一直不还，你怎么还有钱借给别人？"温某表示"我的情况你不了解，我不会欠任何人的，更何况是你""请你理解吧""我先救我叔叔的命"。

---

〔1〕 参见张斌："论视听资料的法律地位与可采性"，四川大学 2004 年博士学位论文。

温某提交以如下证据：①两张乐天超市有限公司购物发票，一张载明"开票时间2015年11月21日，付款单位名称张某，正宗新会柑14盒，金额81 200元"，另一张载明"开票时间2015年11月21日，付款单位名称张某，功夫茶具套装10套，金额83 800元"。②其与张某的微信聊天记录复印件、微信聊天记录录像。③证人许某出庭作证，其主要表述内容为"2015年10月20日上午，其开车带着温某去崇文区乐天超市，将10盒茶叶、10盒茶具交给了一个烫头发的女人。茶具、茶叶体积记不清了，这个女人我也不认识，年龄也不清楚"。吴某某和孟某某的证人证言，证明温某根据张某的委托在乐天超市购买茶叶、茶具后交给了张某。吴某某陈述其在北京市崇文门乐天超市门口摆摊，与温某相识，2015年11月温某将从超市购买的东西放在其摊位附近，后吴某某看见温某将东西交给了一位三四十岁的女士。孟某某陈述其在北京市崇文门乐天超市门口摆摊，2015年11月时温某拿东西碰了孟某某，两人发生争执，后孟某某看见温某将东西给了一男一女，但对于接受人的体貌特征表示没有印象了。

一审法院认定张某与温某之间系民间借贷合同关系，借款系双方当事人真实意思表示，不违反法律、行政法规强制性规定，合法有效，一审法院判决温某偿还张某借款及自张某起诉之日起的利息。温某不服一审民事判决书，提起上诉。二审法院认为，温某的上诉请求不能成立，应予驳回；一审判决认定事实清楚，适用法律正确，应予维持。

问题：

1. 本案的证据种类有哪些？

2. 请分析书证和视听资料、电子数据的异同。

3. 对于本案的判决，如何评价？

4. 微信聊天记录为何种证据种类？在本案件中，温某应当如何对张某提供的微信聊天记录进行有效反驳？

⊙ 思考题

1. 试述物证、书证、视听资料的特点与分类。

2. 试述当事人陈述与证人证言的区别。

3. 试述笔录类证据的种类与完善。

4. 评价视听资料、电子数据的区别与联系。

证据的分类

⟶学习指导

通过本章学习，应当理解和掌握证据分类的概念、证据种类与证据分类的关系。重点掌握言词证据与实物证据的概念与特征，收集和运用规则；原始证据与传来证据的概念、特征及运用规则；直接证据与间接证据的划分标准；本证与反证的划分标准；本证、反证与证明责任的关系等。本章的难点是正确把握证据划分的不同标准；三大诉讼中的案件主要事实；直接证据与间接证据的划分、特征及运用规则。

第一节　证据分类概述

一、证据分类的概念

证据的分类是证据在学理上的划分，即根据证据的不同特点，以不同的标准将证据在理论上划分为不同的类型。证据分类的研究目的在于，从不同侧面深入分析不同类别证据的特点，从而把握特定类型证据的基本规律，以确保在司法实践中的正确适用。

证据的分类与证据的法定种类存在较为明显的区别。我国证据种类在立法上采取了较为封闭的立法模式。2018 年修正的《刑事诉讼法》第 50 条将刑事证据的种类规定为八种：物证；书证；证人证言；被害人陈述；犯罪嫌疑人、被告人供述和辩解；鉴定意见；勘验、检查、辨认、侦查实验等笔录；视听资料、电子数据。《民事诉讼法》第 63 条、《行政诉讼法》第 33 条也将证据的种类规定为八种。而证据的分类则是从学理上，按照各种不同的标准对上述各种证据种类所进行的划分，目前主要采用的是两分法。综合比较，两者的区别主要表现在以下几个方面：

1. 二者的性质不同。证据的种类是立法层面的划分，具有法律约束力。根据我国现行的法律规定及司法解释，对于不具备法定表现形式的材料不得作为定案的依据；同时，按照证据的种类对每种证据的收集、审查判断和运用都加以明确规定，要求公安司法工作人员和当事人等在诉讼过程中必须严格遵守。而证据的分类是学理上的划分，不具有法律约束力。对证据进行理论划分的主要目的在于深入研究特定类型证据的特点和运用规律等。

2. 二者划分的标准不同。证据的种类是以证据的存在和表现形式进行的划分。其划分标准单一，证据种类规定明确。依此标准，我国三大诉讼法中对于证据的种类都界定为八种，仅基于不同诉讼的特点在证据种类与排列顺序方面略有差别。而证据的分类作为学理上的研究，其划分标准具有多样性、复杂性的特点。纵观国内外有关证据分类的各类观点，因其研究主体、研究目的与研究方法的不同，证据的分类在数量上和划分标准上均存在不同程度的区别。现阶段，常见的证据分类划分标准主要有：根据证据的表现形式、存在状况、提供方式进行划分；根据证据的来源进行划分；根据证据与案件主要事实的证明关系进行划分；根据证据对当事人主张案件事实的证明关系进行划分等。此外，由于证据分类标准的多样性特点，使得同一项证据根据不同的划分标准，可属于不同的证据分类。

3. 二者关于证据特性的揭示程度不同。证据种类囿于单一划分标准，对证据特性的揭示程度较为简单、片面，只着重反映了各类证据的存在以及表现形式，但不能反映出证据的其他特性。而证据的理论分类，由于是按不同标准、从不同的角度对各类证据进行划分，因而能够更深入地揭示各类证据的认识规律和运用规律，更为全面地反映证据的特点。

二、证据理论分类应遵循的原则

尽管在不同学说中对于证据分类有着不同的划分标准，但在具体设定划分标准时，应当考虑遵循以下原则：

（一）使证据分类在司法活动中具有可操作性

证据的理论分类是学者们通过主观逻辑思维，在分析证据特性的基础上进行的归纳总结，其一般不具有强制性的法律约束力。但在确定证据的分类标准时，必须要考虑此种分类的诉讼目的，是否有助于深入揭示证据某一方面的属性，并为司法人员查明案件事实提供有效的参考和帮助。因此，证据分类的划分标准必须明确、有效，并具有指导司法实践的功能作用。从我国颁布的司法解释来看，也肯定了证据分类对于证据证明力强弱的判断。如最高院《民诉证据规定》中指出："人民法院就数个证据对同一事实的证明力，可以依照下列原则认定：……③原始证据的证明力一般大于传来证据；④直接证据的证明力一般大于间接证据……"

（二）划分的标准应具有逻辑性、明确性

我国理论界关于证据的分类采取了"两分法"的设计模式，即按照统一标准对证据进行划分时，会出现非此即彼的分类结果。例如，按照证据的表现形式为标准划分时，证据可分为言词证据和实物证据。如对证人证言按此标准进行判断，则证人证言属于言词证据，而非实物证据，且不可能出现既为言词证据又为实物证据之情形。因此，在设计证据分类的标准时，应当按照严谨、合理的逻辑对证据加以划分，避免存在含混不清或者模棱两可的表述。同一类证据材料在同一标准下，只能归属于某一特定的类别；作为某一特定的证据分类序列，在概括功能上必须穷尽所有的证据形式。

三、证据分类的各国研究现状

关于证据分类的研究始于 18 世纪。英国著名法学家边沁（Jeremy Bentham）在其 1827 年完成的《司法证据原理》（Rationale of Judicial Evidence）一书中，首次对证据进行了分类研究，并将证据划分为：实物证据和人的证据；自愿证据和强制证据；宣誓证据、言词证据和书面证据；直接证据和情况证据，原始证据和传来证据等。边沁的证据分类学说对各国的证据法学研究产生了深远的影响。但由于各个国家法律规定、证据理论以及诉讼模式上的差异，使有关证据分类的研究学说纷纭，情况各异。

（一）英美法系国家的证据分类

现代英美法系国家重视判例在审判中的作用，就单个判例而言，其证据的种类与分类难以作严格的区分，因此英美法系一般不严格区分证据的种类和证据分类两种概念。英国法学家罗德纳·沃克在其《英国法律制度》一书中，认为英国的诉讼证据主要分为以下四类：直接证据与情况证据（环境证据）；原始证据与传闻证据；最佳证据与次要证据；口头证据、书证与实物证据等。可以看出，沃克对于证据的划分方式既有以证据对案件事实的证明关系、证据的来源、证据的证明作用为标准，也有从证据表现形式上对证据进行划分与分类的做法。

在美国，法学家格里菲斯在其所著《法律概论》中，将证据分为直接证据和情况证据两类；另一位美国学者威格摩尔则主张将证据分为实物证据、情况证据和言词证据。而根据美国《联邦证据规则》，因其刑、民未分，美国联邦证据的分类显得比较庞杂，但一般分别从证据形式、证据来源等各个角度对之进行划分。从证据形式角度对证据进行的划分，一般分为四种形式，即实物证据、书面证据、证人证言和司法认知。从证据的特征及来源进行的划分，分为直接证据、情况证据、复证、佐证等四种情形。近年来，美国证据法学界又提出了科学证据的概念，将指纹鉴定、DNA 鉴定等结论归纳为科学证据，比一般专家证言更为严谨、有效，并且这一种证据形式更为法官、陪审员所青睐。

（二）大陆法系国家的证据分类

大陆法系国家以成文法为主，注重证据理论研究，严格区分证据种类和证据分类，甚至在法典中予以规定。以法国为例，法国对于证据分类问题集中体现于两类四部法典中，即《民法典》《刑法典》《民事诉讼法典》《刑事诉讼法典》，主要包括以证据是否用于诉讼或正准备用于诉讼为标准划分的，审判外的证据与审判上的证据；以证据形成的时间为标准划分的，预先成立的证据与事后成立的证据。此外，在理论上还存在以下几种分类形式，即不可能的证据与免证，历史证据与审判上的证据等。[1]

（三）我国有关证据分类的理论研究

我国台湾地区对证据分类的研究较为发达，有代表性的是陈朴生教授所提出的六分法，即：本证与反证；原始证据与传闻证据；通常证据与补助证据；直接证据与间接证据；情况证据与供述证据；主证据与补强证据。[2]另外，台湾《云五社会科学大辞典》中将证据分为八种：本证（主证）和反证；物证与人证；直接证据与间接证据；积极证据与消极证据；独立证据与补助证据；原始证据与传闻证据；一般证据与补强证据；事前证据、事后证据与当时证据。[3]

我国大陆对证据分类的研究起步于 20 世纪 50 年代，受苏联证据法律学说的影响，将证据分为三类，即有罪证据和无罪证据或控诉证据与辩护证据，原始证据与传来证据，直接证据与间接证据。嗣后，在吸收国外及台湾地区的证据分类的基础上，又提出了本证和反证，主证据和补强证据，原生证据与派生证

〔1〕 参见陈卫东、谢佑平主编：《证据法学》，复旦大学出版社 2016 年版，第 73~80 页。
〔2〕 陈朴生：《刑事证据法》，台湾三民书局 1979 年版，第 129 页。
〔3〕 何孝元主编：《云五社会科学大辞典 第 6 册 法律学》，台湾商务印书馆 1976 年版，第 452 页。

据等。近年来，还有学者建议增加新的证据分类，如静态证据与动态证据，客观性证据与主观性证据。[1] 但在理论层面占主导地位的证据分类主要包括：言词证据与实物证据，原始证据与传来证据，直接证据与间接证据，本证与反证。

第二节　言词证据与实物证据

一、言词证据与实物证据的概念及具体分类

根据证据的形成方法、表现形式、存在状况、提供方式的不同，可以把证据分为言词证据和实物证据。

言词证据，是指以人的陈述为存在和表现形式的证据，传统上又称其为"人证"。它包括以人的陈述形式表现出来的各种证据。根据言词证据形成的方式和时间的不同，言词证据一般有三种表现形式：①办案人员通过询问或讯问所获取的言词陈述笔录，如被告人供述和辩解笔录、证人证言笔录、被害人陈述笔录等；②某一了解案件事实情况的自然人，就案件情况提供的陈述资料，如被告人的亲笔供词，证人的亲笔证言，当事人、被害人的亲笔陈述以及记录这些陈述的录音录像资料，等等；③某一了解案件情况的自然人向法庭亲自所作的口头陈述，如证人当庭证言，被告人当庭供述或辩解，当事人、被害人当庭陈述等。此外，鉴定意见也属于言词证据范围。鉴定意见是一般表现为书面文件形式的专家意见，仍属于鉴定人提供的一种主观判断材料。并且，在鉴定意见的证据能力和证明力遭受质疑时，法庭有可能传召鉴定人出庭作证，就其所做的鉴定意见作出解释和说明，并回答控辩双方的讯问。因此，在法定的证据种类中，犯罪嫌疑人、被告人的供述和辩解，证人证言，民事、行政诉讼当事人的陈述，被害人陈述，鉴定意见等都属于言词证据。

实物证据，是指以实物为存在和表现形式的证据，又称为广义上的"物证"，其一般表现为物品、痕迹或书面文件。根据传统证据理论，法定证据种类中的物证、书证、视听资料、电子数据，刑事诉讼中的勘验、检查等笔录以及民事诉讼中的勘验笔录、行政诉讼中的现场笔录均属于实物证据。实物证据虽能如实地记录客观发生的事实，但却不能主动地向人们说明，而是需要人们通

---

[1] 李富成："刑事证据分类新探——兼论静态证据与动态证据"，载《中国刑事法杂志》2013年第3期。

过某种方式对其内容进行揭示。因此，实物证据又被称为"哑巴证据"。

在上述证据中，物证、书证以其典型的实物存在形态被当然划分为实物证据。勘验、检查等笔录以及现场笔录，是司法和执法人员对案件有关场所、物品、人身、尸体、侦查实验等诉讼活动进行调查、查看后所形成的记录，从形式上表现为一定的书面材料、照片、绘图甚至视听资料。对于笔录类证据的分类学者持不同观点，如有学者认为不能简单地将勘验等笔录都归为实物证据，而应具体分析其内容的性质，"勘验等笔录中的文字部分属于言词证据，而其中以照相、录像等方式制作的有关物品或痕迹的记录，应当归入实物证据的范畴"。[1] 还有学者认为，笔录类证据是办案人员对其行为过程所作的记录，包含着办案人员对某一过程的主观认识，有些笔录甚至还记录了特定自然人对行为的说明。再加之，笔录类证据一旦在证据能力或证明力上面临质疑，制作笔录的办案人员还有可能出庭作证，接受各方的询问和质证。因此，各类笔录类证据也具有言词证据性质。[2]

笔者对于上述两种观点存在不同意见：其一，正如前文所述，在界定证据的分类标准时，应考虑到此种分类在司法实践活动中的可操作性。第一种观点中对于笔录类证据的划分过于复杂，不利于实践中的理解与适用。其二，上述两种观点均认识到了办案人员主观认识对于笔录类证据的影响，以及在后续庭审环节办案人员需要参与的诉讼活动，但却未衡量办案人员在笔录类证据形成过程中的影响程度。与被认为是言词证据的鉴定意见相比，鉴定意见与笔录类证据在存在形式上较为类似，相关人员后续诉讼活动的参与方式也基本相同，即在必要时均需鉴定人或司法、执法人员出庭接受询问。但在证据形成的过程中，两类主体的主观参与程度却存在较大区别。鉴定人对于鉴定意见的形成具有决定性作用，其主观判断决定了鉴定意见的具体内容。而笔录类证据中，尽管也存在司法、执法人员对于特定场所、行为、诉讼活动过程的记载，但本质上要求司法、执法人员应客观、如实记载，尽量减少个人主观因素的影响。司法、执法人员在后续出庭接受询问时，也主要是为了还原当时的具体情况，而非加以个人判断。究其内容而言，笔录类证据的信息来源于"物"，而非"人"。因此，笔者认为应当将笔录类证据划分为实物证据。

视听资料、电子数据往往也被认为是实物证据。有学者认为询问证人以及

---

[1] 何家弘、刘品新：《证据法学》，法律出版社 2013 年版，第 123 页。

[2] 参见陈瑞华：《刑事证据法学》，北京大学出版社 2014 年版，第 77 页。

在刑事案件中讯问犯罪嫌疑人、被告人或询问被害人时的录音资料应划分为言词证据。但笔者认为，讯问或询问时的录音或录像，属于固定证据的方法，其性质等同于通过书面形式记录的证人证言等证据的笔录。因此，从证据的种类上来说没有形成新的证据，不能将讯问或询问过程中制作的笔录认为是书证，也同样不能将相关录音资料认为是证据种类意义上的视听资料。故将视听资料、电子数据划分为实物证据应不存在疑义。

综上，言词证据与实物证据的划分标准是证据的存在和表现形式。但在运用此划分标准时，应注意证据的存在形式与其证明方式之间的联系。言词证据以人的陈述为表现形式，其证明方式是以人的陈述所包含的内容来证明案件事实。实物证据多以物品、文件、痕迹等为表现形式，但其范围却并不仅限于狭义的"物证"，而是包括以物所记载的内容或反映的信息来证明案件事实的各类证据。

二、言词证据和实物证据的特点

(一) 言词证据的特点

1. 言词证据与待证事实之间的关联性较为明确。言词证据是由当事人、证人等对其直接或间接感知到的案件事实所作出的陈述，能用以证明部分或全部案件事实，与待证事实的联系较为明确。言词证据具有生动形象、灵活具体的证明特点。例如，当事人所提供的言词证据，由于当事人本身是案件事实的亲历者，其不仅可以对案件经过进行较为详细的陈述，甚至可以对案件的来龙去脉以及案件过程中当事人的主观心态加以详细描述，有利于司法、执法人员全面了解案件的具体情况。此外，作为证据提供主体的自然人，本身具有一定的灵活性，在接受讯问或者询问的过程中，可以随着司法工作人员的引导有针对性地阐述相关案件事实，满足案件事实证明的需要。基于这一特点，言词证据对于案件事实证明具有重要作用，一经查证属实，即具有较强的证明力。

2. 言词证据与证据提供者的生理、心理因素密切相关。言词证据是基于证据提供者的意识对案件事实作出反应而形成的，其与提供者自身的生理、心理因素密切相关。由于言词证据的形成需要依赖于自然人的感知能力、记忆能力与表达能力。因此，一旦提供者的生理方面存在缺陷，则可能影响言词证据的形成和表达。此外，由于人类认识能力的局限性，即使证据提供者如实地陈述其所了解的案件事实，也有可能与客观情况存在偏差。从另一方面来说，证据提供者的主观心理也可能影响言词证据的真实性与可靠性。如陈述人与案件事实或者是案件当事人存在利害关系，则此利害关系可能对其陈述内容的真实性产生不利影响。

3. 言词证据具有不稳定性和易变性。言词证据易受证据提供者主观因素影响的这一特性，决定了言词证据在内容上呈现出不稳定性和易变性。在实践中，影响证据提供者主观心态的因素极为复杂，既有证据提供者自身的主观考量、利益驱动，也有外部因素的影响和干预。言词证据本身的内容也会随着证据提供者自身主观心态的发展而发生变化。例如，在司法实践中就有证人在庭前提供了证言，但在庭审质证中为避免承担责任而改变证言，对案件陈述内容变为"大概""可能"，甚至最后表示自己已经"忘记了"。在刑事诉讼活动中，犯罪嫌疑人、被告人的"翻供"现象也较为复杂多见，其可表现为"先供后翻"或"时供时翻"等。因此，在案件审理过程中，如仅依赖言词证据作为定案根据，必须十分谨慎。

4. 言词证据的证据源不易灭失。言词证据的证据源其实就是提供证据的具体陈述人。与实物证据相比，言词证据不易因外界因素而破坏或灭失。当自然人直接或者间接感知到案件事实后，相关信息可以通过人的记忆功能存储在大脑中，并保留相当长的一段时间。言词证据的提供者能够在案件发生一段时间后，仍将相关事实回忆、表述出来。因此，言词证据的收集、保管相比实物证据而言较为简单。

（二）实物证据的特点

实物证据是以"物"作证的证据类别，与言词证据相比，具有以下几个方面的特点：

1. 实物证据与案件事实的联系性不明确。实物证据通常不会主动传达自身所包含的证据信息，需要通过人们的各种诉讼活动来揭示其与案件事实的联系性。在实践中，司法和执法人员一般通过检验、鉴定、勘验等方法揭示或解释各种实物证据的信息，并通过推理来确定实物证据对案件事实的证明作用。此外，司法工作人员能否发现实物证据与案件事实之间的联系还取决于人类科技水平及认识能力。如，DNA 鉴定技术的不断进步就对解释各种生物样本中所包含的证据信息产生了巨大的影响。

2. 实物证据具有较强的客观性和稳定性。实物证据是随着案件的发生而形成的，具备客观存在形态的证据，其一经形成即具有较强的客观性、稳定性。与言词证据相比，实物证据不像言词证据那样容易因人的主观因素影响而发生变化。且实物证据在经司法和执法人员勘验或搜查、扣押保全后，就可以长期保持相对稳定的形态，从而发挥有力的证明作用。

3. 实物证据容易受外界因素影响而发生变化。实物证据作为客观存在之物，虽具有较强的客观性，但易受外界因素影响而发生变化。如自然界的风吹雨淋、温度变化等，都有可能导致实物证据变异甚至灭失。实物证据的保存和保管对于保证实物证据所包含信息的正确传递具有重要作用，若实物证据在保存和保管的过程中受到污染或人为改变，极有可能传递出错误的信息，影响对案件的判断。

三、言词证据和实物证据的收集运用规则

划分言词证据与实物证据，并区别两者的特点，其核心价值在于帮助司法工作人员和当事人认识、把握两类证据各自的特点，并有针对性地进行收集、固定和运用，据以正确判断案件事实，查明案件真相。

（一）言词证据的收集运用规则

在收集、固定和运用言词证据时，应基本遵循以下几个方面规则：

1. 严格遵循非法证据排除规则。由于言词证据的来源是"人"，因而在收集言词证据时必须依法收集，如果使用违反法律规定的方法收集，可能会被依法排除。我国目前已经在三大诉讼法中都确立了非法证据排除规则，特别是对刑事诉讼活动中非法取得的言词证据采取绝对排除。另外，对于言词证据的收集，法律还有依法收集的原则和具体要求，例如，《刑事诉讼法》第 52 条规定："审判人员、检察人员、侦查人员必须依照法定程序，收集能够证实犯罪嫌疑人、被告人有罪或者无罪、犯罪情节轻重的各种证据。严禁刑讯逼供和以威胁、引诱、欺骗以及其他非法方法收集证据，不得强迫任何人证实自己有罪。……"最高院《民诉解释》第 106 条规定："对以严重侵害他人合法权益、违反法律禁止性规定或者严重违背公序良俗的方法形成或者获取的证据，不得作为认定案件事实的根据。"

2. 收集言词证据应当迅速、及时。言词证据的形成依赖于自然人的记忆能力，为防止被讯问或询问人因时间长久而淡忘，甚至出现错误记忆，要及时进行收集、固定。在收集过程中，言词证据可以通过文字、录音、录像等方式加以固定。对于使用文字方式固定言词证据所得的笔录，在讯问或询问结束后应向被讯问或询问人宣读或让其阅读，如果有误应当立即改正，并让收集对象签名、捺指印。

3. 在运用言词证据时，应注意言词证据提供者的个人情况。应结合言词证

据易受提供者主客观因素影响的特点，判断提供者的主观心态及生理因素是否对言词证据的真实性产生影响。特别是对于只有言词证据的案件，在处理案件时应特别慎重，防止出现"一对一"的证据。对此，我国《刑事诉讼法》第 55 条规定："对一切案件的判处都要重证据，重调查研究，不轻信口供。只有被告人供述，没有其他证据的，不能认定被告人有罪和处以刑罚；没有被告人供述，证据确实、充分的，可以认定被告人有罪和处以刑罚。"

4. 只有经过法庭查证属实的言词证据，才能作为定案根据。在法庭审理阶段，应通过当庭询问和质证对言词证据的具体内容加以核实；当言词证据出现前后矛盾情形时，应审查这种矛盾或不一致是否能得到合理的解释；当言词证据与其他证据存在矛盾时，应判断言词证据所包含的信息是否能与其他证据相印证，如无法印证，则不能确认该言词证据的证明力。对于没有经过法庭查证属实的言词证据，不得作为定案的依据。

（二）实物证据的收集运用规则

在对实物证据进行收集审查与运用的过程中应当遵守如下规则：

1. 收集、固定和运用实物证据必须严格依照法律进行，不得非法取证。我国的非法证据排除规则同样适用于实物证据的收集、固定与运用环节。《刑事诉讼法》第 56 条规定："收集物证、书证不符合法定程序，可能严重影响司法公正的，应当予以补正或者作出合理解释；不能补正或者作出合理解释的，对该证据应当予以排除。"

2. 收集实物证据应结合不同种类证据的特点进行。在收集实物证据时，主要通过勘验、搜查、扣押、查封、冻结、调取、当事人提供等多种方式进行。对于不同种类的实物证据，在收集过程中的方式也有所不同。如对一般的实物证据进行收集、保管时，要避免或减少外界因素对实物证据的影响，应以拍照、录像、制作模型等手段对实物证据加以固定，确保其能全面反映所记载的证据信息。在收集一些特殊的微型实物证据或生物学样本时，应充分使用现代的科学技术，避免在收集、固定和运用的过程中破坏证据的证明价值。在收集视听资料、电子数据等实物证据时，还应考虑此类证据的特殊性，根据案情需要采取扣押、封存原始存储介质、现场提取电子数据、网络在线提取电子数据、冻结电子数据、调取电子数据等措施。必要时，还可以指派或者聘请专业技术人员在侦查人员主持下进行收集、提取电子数据。

3. 在审查实物证据的证明力和证据能力方面，应采取鉴真与鉴定方法。鉴真方法，主要针对不具有独特性的实物证据进行审查，通过对该证据的来源、收集、提取、保管、出示等诸多环节的确认，来验证其保管链条的完整性；对某些具有独特性的实物证据，则通过辨认其独特性来验证该证据的真实性和同一性。鉴定方法，是采用科学的鉴定手段对实物证据中所包含的信息内容进行揭示，展示该实物证据与案件事实之间的相关性，并验证其本身的真实性。

除上述规则以外，实物证据在收集的过程中也应迅速及时、深入细致。在法庭审理过程中，实物证据也需要在法庭上加以出示，并经双方质证，在法庭查证属实后才能作为定案的根据。

第三节 原始证据与传来证据

一、原始证据与传来证据概说

根据证据来源的不同，可以将诉讼证据划分为原始证据与传来证据。

原始证据，又称"原生证据"，是指直接来源于案件事实的证据。即该证据是在案件事实发展过程中产生、形成的，没有经过复制或转述等其他环节。如书证的原件、物证的原物、目击证人本人所提供的证言，民事、行政诉讼中的当事人陈述、刑事诉讼中被害人对自己受害经过的陈述，犯罪嫌疑人、被告人对自己实施行为的供述等均属于原始证据。

传来证据，又称"派生证据"，是指不是直接来源于案件事实，而是通过原始证据派生出来的证据。例如，文件的副本或者复印件、物证的照片、复制品，证人就他人转述所了解到的案件事实而提供的证言等都是传来证据。

在理解传来证据概念时，要注意区分传来证据与传闻证据。传闻证据（hearsay evidence）是英美法系国家证据法中的一个重要概念。根据美国《联邦证据规则》第 802 条规定，除非例外，传闻一般不可采。美国《联邦证据规则》第 801 条规定："传闻是指这样的陈述：①该陈述并非陈述人在当前审判或听证作证时作出的；并且②当事人将其作为证据提出，用以证明该陈述所主张事项之真实性。"[1] 排除传闻证据的主要原因是传闻的真实性难以检验，由于陈述人（declarant）的陈述并非当庭作出，因此，无法通过当庭宣誓和交叉询问对陈述的真实性进行检验。故英美法系中的传闻证据被一般性排除，只在少数例外

---

[1] 参见王进喜：《美国〈联邦证据规则〉（2011 年重塑版）条解》，中国法制出版社 2012 年版，第 238 页。

情形下才可采信。而我国的证据法规则并不排斥传来证据的使用，传来证据同样具备证据能力和证明力，只不过证明力的大小与原始证据存在差异而已。除此之外，传来证据与传闻证据的范围也不同。传来证据既包括言词证据也包括实物证据，而传闻证据在范围上仅限于言词证据，不包括实物证据。

证据的来源是判断原始证据和传来证据的唯一划分标准，但不能简单地从证据本身的表现形式出发，将原始证据和传来证据理解为原件和复印件。在一些案件中，即使是复印件也可能是原始证据。例如，在民事诉讼中，用复写纸复写的一式两份合同文本；在购物时，卖家用复写纸开具的收据的第二联，虽然制作方式是复写，但其都直接来源于案件事实，属于原始证据。

需要注意的是，随着电子技术、计算机技术和网络技术的发展和普及，电子数据在司法实践中的数量正在逐渐增加。在对电子数据划分原始证据和传来证据时，往往具有一定困难。从形式上看，电子邮件、电子文书很难区分原始证据和传来证据，甚至有的电子邮件、电子文书不具有传统意义上的原件，即根本就没有书面形式的原件。对此，有学者针对电子数据提出了"拟制原件说"，认为"原生电子证据包括但不限于自然意义上的原生证据，它还包括当事人拟制的原生证据"。即原生电子证据包括电子数据本身，以及制作者或发行者意图使其具有同等效力的复本，它不局限于信息首先固定所在的媒介物，而是对当事人而言具有法律效力的、具有最终完整性的数据。对于任何直接源于该电子数据的打印输出或其他可感知的输出物，只要其能准确地反映该记录内容，则均可视为原生电子证据。派生电子证据则是通过电子的再录制方法，或者通过其他能正确复制原件的相应技术而产生的复本。[1]

二、原始证据和传来证据的特点

（一）原始证据的特点

从原始证据的形成过程及其内容来看，原始证据具有下列特点：

1. 原始证据具有较强的真实性。由于原始证据直接来源于案件事实，故而其与案件真相之间关系更密切，差异更微小，其反映出的信息没有经过复制、转述等中间环节，具有更强的操作性和更真实的证明力，因而能够比较客观地

---

[1] 参见何家弘、刘品新：《证据法学》，法律出版社 2013 年版，第 130 页。在本书中，作者以证据的出处或信息的来源为标准，将证据划分为原生证据与派生证据，其所说的原生证据和原始证据为同一概念，派生证据与传来证据的含义也基本相同。

反映案件事实。

2. 原始证据的证明力一般优于传来证据。原始证据是伴随着案件事实形成的证据，是案件中某些行为或活动的直接产物，其真实性、可靠性以及与案件的关联程度，决定了原始证据具有较强的证明力。因此，一般情况下原始证据的证明力优于传来证据的证明力。但在某些特定情况下，传来证据在传递过程中对证据的原始信息保持非常完整，则该传来证据具有同原始证据同等的证明力，如采取现代科学技术完整复制原件的电子数据。还有一些情形，原始证据可能因为主客观因素影响而发生变化，而传来证据却很好地固定、保全了证据的具体信息。此时，传来证据的证明力反而会大于原始证据的证明力。

（二）传来证据的特点

从形成过程及其内容来看，传来证据具有下列特点：

1. 传来证据与案件事实没有直接联系。传来证据是在原始证据基础上，经过复制、传抄、转述而形成的，其本身实际上与案件事实没有直接联系。传来证据与案件之间的联系依赖于所传来信息的源头以及各个中间环节，一旦信息的源头或某一中间环节出现偏差，该传来证据本身将不能有效证明案件事实。

2. 传来证据与案件事实之间的距离会影响其证明力的强弱。证据证明力的强弱会受到证据与案件事实联系的紧密程度，以及证据与案件事实之间的距离影响。传来证据是在原始证据的基础上派生形成的，在其产生过程中可能受到技术设备、人的理解、转述能力等因素的影响，使经过复制、转述的内容产生差错。因此，传来证据进行复制、传递的次数越多，其在各个环节中丢失信息、发生异变的可能性也就越大，证据的可靠性、证明力也越弱。但也不排除在某些情况下，传来证据在传递过程中完美地保持了证据的原始状态及相关信息。因此，也有学者将传来证据的这一特性总结为"传来证据的可靠程度同传递的次数成不规则反比"[1]。

3. 传来证据的证明力会受到不同复制方式的影响。在对传来证据进行复制、传抄、转述的环节中，不同的复制方法会对传来证据的证明力大小产生影响。如，在对书证进行复制时，影印本一般会比手抄本更可靠，证明力也更强。在对物证进行复制时，采取 3D 打印技术制作的复制品自然会比手工制作的复制品准确度更高。因此，在对传来证据的证明力进行判断时，还需要结合具体的复制方法进行审查。

---

〔1〕　参见刘广三主编：《刑事证据法学》，中国人民大学出版社 2015 年版，第 210 页。

三、原始证据和传来证据的运用规则

（一）原始证据的运用规则

根据原始证据的上述特点，在收集和运用原始证据时应遵循下列规则：

1. 原始证据优先规则。公安司法机关及其办案人员在办理案件的过程中，应尽量收集和运用原始证据。只有在收集原始证据确有困难时，才可以用传来证据替代。对此，最高院《刑诉解释》第 70 条规定："据以定案的物证应当是原物。原物不便搬运，不易保存，依法应当由有关部门保管、处理，或者依法应当返还的，可以拍摄、制作足以反映原物外形和特征的照片、录像、复制品。"第 71 条规定："据以定案的书证应当是原件。取得原件确有困难的，可以使用副本、复制件。"《民事诉讼法》第 70 条也规定："书证应当提交原件。物证应当提交原物。提交原件或者原物确有困难的，可以提交复制品、照片、副本、节录本。"

2. 贯彻直接言词原则，查证属实才能作为定案依据。尽管原始证据的证明力较强，但在审查判断和运用中，尤其是在法庭审理过程中，仍应对原始证据坚持适用直接言词原则。对于亲自感知案件事实的证人和当事人，司法人员应尽量亲自询问，并制作详细的笔录；在法庭调查中，亲自感知案件事实的被害人、目击证人、民事案件的当事人应当出席法庭，亲自陈述并接受询问，以保证原始证据的客观真实性。对原始物证、书证或视听资料都必须当庭出示或者播放，经当事人及相关诉讼参与人当庭辨认、质证，查证属实后，才能由审判人员认证，用作定案的根据。

（二）传来证据的运用规则

传来证据较之原始证据证明力较弱，但其在案件证明中所发挥的作用也不容忽视。传来证据可以作为审查原始证据的重要手段，对原始证据进行审查核实，也可以用来佐证原始证据，以增强其证明力；在有些情况下可以通过收集到的传来证据，发现案件线索，进而发现原始证据；在实在无法获得原始证据的情况下，还可以使用经过查证属实的传来证据认定案件事实。因此，应注意传来证据的重要价值。在运用过程中应遵循下列规则：

1. 确保传来证据与原始证据同源。由于传来证据并非直接来源与案件事实，在运用传来证据证明案件事实时，首先应当查明传来证据的确切来源，确保传来证据与原始证据为同一来源，建立起传来证据与案件事实之间的具体联系。如果传来证据找不到确切出处，或者无法判明其是否可靠，其与案件事实之间

的关联性就无法判断，就不能作为证据使用。

2. 优先使用最接近案件事实的传来证据。司法工作人员在运用传来证据证明案件事实时，应优先选择适用最接近案件事实的传来证据。一方面，从证明力的强弱程度来看，证据所经历的复制环节越多，该证据失真或发生变异的可能性就越大。选择最接近案件事实的传来证据，其所经历的可能遗失信息的环节较少，证明力较强；另一方面，从证明的难易程度来看，在使用传来证据证明案件事实时，需要确保传来证据完整地复制了原始证据的信息。因此，传来证据经历的复制环节越多，需要证明的环节也越多，无疑增加了证明的难度。

3. 运用传来证据认定案件事实应特别谨慎。传来证据毕竟不同于原始证据，在证据的可靠性方面略显不足，因此在运用传来证据认定案件事实时应特别谨慎。当发现传来证据可能有错误或者不符合逻辑和经验法则，或与其他证据存在矛盾时，应认真核查，确认排除了矛盾并查证属实后方可使用。如我国最高院《民诉解释》第 111 条规定："……人民法院应当结合其他证据和案件具体情况，审查判断书证复制品等能否作为认定案件事实的根据。"在刑事案件中运用传来证据时，如果只有传来证据而没有原始证据，一般情况下不宜仅以传来证据而轻易认定被告人有罪。

第四节　直接证据与间接证据

一、直接证据与间接证据概说

根据证据与案件主要事实的证明关系，可以将证据划分为直接证据和间接证据。

直接证据是指能够单独、直接证明案件主要事实的证据。具体而言，凡是能够不依赖于其他证据，独立直接证明案件事实的证据，即为直接证据。直接证据本身证明力强，在经查证属实后，即可直接对案件主要事实作出肯定或否定的评价。例如债务纠纷案件中，借条可以证明债务关系的存在与否；房产权利纠纷案件中，产权证可以直接证明房屋的产权所有人。在刑事案件中，犯罪嫌疑人、被告人对犯罪过程的供述或者高清摄像头录制的犯罪嫌疑人、被告人实施犯罪的全过程等，都属于直接证据。

间接证据是指不能单独、直接证明案件主要事实，需要与其他证据结合起来才能证明案件主要事实的证据。间接证据往往只能证明案件事实的部分环节、片段，需要与其他同案证据相结合，通过推论的方式间接证明案件的主要事实。例如，在遗产继承纠纷案件中，一方当事人出具的证明遗嘱人在立遗嘱时神志清醒的证据；刑事案件中遗留在案发现场的指纹、脚印；对案发现场进行勘验的笔录等，均属于间接证据。

区分直接证据与间接证据的标准，关键是证据与案件主要事实之间的关系。因此，何为案件的主要事实是需要阐明的重要问题。所谓案件主要事实，是指当事人所争之主要事实或诉讼的主要标的。在不同的诉讼中，案件主要事实是不同的。

就刑事诉讼而言，刑事案件主要事实包括两个方面内容：①犯罪事实是否发生；②犯罪行为是否为犯罪嫌疑人、被告人所为。按照这一指向，案件主要事实可以分为积极的案件主要事实和消极的案件主要事实两大类。积极的案件主要事实旨在说明犯罪嫌疑人、被告人构成某一犯罪的事实，而消极的案件主要事实则需要足以说明被告人不构成犯罪的事实。因此，直接证据也存在两种不同类型。一种是证明积极案件主要事实的直接证据，此类证据需要证明犯罪行为发生，且系具体的犯罪嫌疑人、被告人所为。如能明确指出谁实施了何种犯罪行为的证人证言、被害人陈述；犯罪嫌疑人、被告人所做的有罪供述；能够直接证明案件主要事实的书证和视听资料等。此外，有学者认为：在特定情况下，有些物证也属于直接证据，如持有型犯罪案件中查获的毒品、枪支等违禁品就是证明该罪的直接证据。[1] 另一种是证明消极案件主要事实的直接证据，此类证据只要证明案件所指控的犯罪事实没有发生，或者发生的犯罪事实不是具体犯罪嫌疑人、被告人所为即可。

民事案件的主要事实又称直接事实、要件事实，即（实体法）规范构成要件事实，是直接导致某项民事权利义务或民事法律效果发生、妨碍、阻却或者消灭的事实。根据各种民事法律关系，民事诉讼案件主要事实包括：①民事法律事实，如继承、签订合同、缔结或解除婚姻等；②民事纠纷事实，如侵权事实和违约事实。因此，民事诉讼中的直接证据主要包括能够单独证明某一民事法律关系存在、变更或解除的当事人陈述、证人证言、书证、物证，以及记录侵权事实存在的视听资料等。

行政诉讼案件的主要事实是行政机关作出具体行政行为是否合法的事实，包括：①行政机关作出具体行政行为所依据的事实；②具体行政行为本身的事

---

〔1〕 张建伟：《证据法要义》，北京大学出版社 2014 年版，第 148 页。

实；③行政程序事实。因此，行政诉讼案件中的直接证据包括，行政行为人或相对人对有关具体行政行为是否合法的陈述，能够直接证明具体行政行为合法与否的证人证言、相关书证以及记录整个行政执法经过的视听资料等。

与直接证据相比，间接证据的范围要广泛得多，也很难通过列举的方式来进行概括。一般说来，只能证明时间、地点、工具、手段、结果、动机等单一的事实要素和案件情节的证据，都是间接证据。间接证据虽不能直接用来认定案件主要事实，但间接证据在案件证明过程中往往会发挥下列几个方面作用：①间接证据往往成为发现其他证据的线索。在司法实践中，间接证据的种类和数量要远远多于直接证据，从收集证据的角度来看，间接证据也较易获取。因此，在尚未获取直接证据时，不能忽视间接证据的价值，而应通过其来发现并进一步获取其他证据。②间接证据是印证直接证据的有效手段。③在无法收集到直接证据时，依赖若干间接证据形成证据锁链也能认定案件事实。

二、直接证据和间接证据的特点

（一）直接证据的特点

1. 直接证据能独立证明案件主要事实。直接证据包含着有关案件主要事实的具体信息，其可以直接、一步到位地证明案件中的实质性争议问题。直接证据对案件事实的证明不需要经过任何中间环节，也不需要借助其他证据或推论。直接证据的这一特点使得其运用起来较为便捷，一经查证属实，便可用作认定案件事实的主要依据。

2. 直接证据多表现为言词证据。在司法实践活动中，无论是刑事诉讼还是民事、行政诉讼活动，能证明案件主要事实的多为当事人提供的言词证据。主要原因在于，当事人是最了解案件具体情况的主体，其所提供的言词证据往往能直接对案件事实起到证明作用。而其他类型的直接证据如目击证人证言、书证、视听资料等的形成均具有一定的偶然性、特殊性，如在有的案件中可能并不存在目击证人证言或记载案件主要事实的视听资料。因此，大量的直接证据多以言词证据的形式表现出来，并影响了直接证据的审查判断与运用规则。

3. 直接证据的收集和审查判断较为困难。由于直接证据来源较窄、数量较少，所以在一般案件中收集和提取都比较困难，有时甚至无法提取。特别是在刑事案件中，有些刑事案件发生得较为隐蔽，除犯罪人本人外，其他人对案件无从知晓。如果犯罪嫌疑人或被告人拒绝供述，则本案中就不存在直接证据，只能通过间接证据查明案件事实。同时，由于直接证据多表现为言词证据，在审查判断过程中，证据提供者容易受到主客观因素的影响而出现虚假或失真的情况。因此，对于直接证据不能简单肯定，需要经过认真审查判断，方能作为定案的根据。

（二）间接证据的特点

1. 间接证据对案件事实证明具有片段性。单一的间接证据无法单独、直接地证明案件主要事实，其仅能证明案件事实的某一个情节或某一片段。因此，间接证据与案件主要事实之间的联系多呈现出片段化、碎片化的特点。在对间接证据进行收集、运用的过程中，应正确理解和认识间接证据的这一属性。对间接证据进行审查判断时，不仅要审查间接证据本身是否真实可信，也要审查它与案件事实之间的客观联系，判断某一间接证据是否与部分案件事实之间存在联系。如果该证据与案件事实之间并无关联，则不具有可采性。

2. 间接证据具有依赖性。单一的间接证据本身无法完成证明案件主要事实的证明任务，在证明过程中需要依赖其他证据共同发挥证明作用。间接证据既可以与直接证据相结合，印证直接证据的真实性；也可以与其他间接证据相配合，形成完整的证据体系，达到诉讼证明的目的。

3. 间接证据证明过程具有推理性。运用间接证据证明案件主要事实的过程较为复杂，除需要核实间接证据本身的真实性外，还需要通过一定的逻辑推理来连接间接证据所证明的案件各部分事实内容。因此，在司法实践中存在演绎、归纳、推理、反证、排除等证明手段。美国学者麦考密克曾指出："直接证据是指这样的证据，即如果该证据被采信，就解决了争议事项。间接证据也可能是有证明力的，但即使被描述的情况被接纳为真实，为了获得想得到的结论，仍需其他的推理论证。"[1]

三、直接证据与间接证据的运用规则

直接证据与间接证据各自具有不同特点，两者在证明过程中的价值、作用和证明方式等也有所不同。在运用证据证明案件事实时，应从两类证据的不同特性出发，发挥各自优势、彼此互补，构成确实充分的证明体系。

（一）直接证据的运用规则

1. 全面分析证据提供者的主观意思及证据的客观范围。直接证据在司法实

---

[1] ［美］约翰·W. 斯特龙主编，汤维建等译：《麦考密克论证据》，中国政法大学出版社 2004 年版，第 362 页。

务中多表现为言词证据，在运用言词类的直接证据时，与言词证据的运用规则有类似之处。对于此类直接证据应全面审查提供者的主观因素，是否存在以刑讯逼供、威胁、引诱、欺骗等非法方法收集证据的情形，或者存在其他利害关系，影响直接证据的真实性与可靠性。需要注意的是，直接证据主要表现为言词证据形式，但并不意味着只有言词证据，实物证据也可能是直接证据。我国目前刑事诉讼非法证据排除规则对于言词证据、实物证据采取不同的排除标准，对非法言词证据绝对排除，对非法实物证据裁量性排除。因此，在对直接证据取得的合法性进行审查时，也应进一步区分该直接证据的类型以适用相应的排除规则。此外，还应审查证据的客观范围，确定该证据是否足以证明案件的主要事实，切不可错误地将间接证据认为是直接证据，影响对案件事实的全面证明。

2. 直接证据应有其他证据加以印证。直接证据虽具有较强的证明力，但直接证据无法证明自身的真实性。因此，即使已经获取了直接证据，也应尽量全面收集其他证据来对直接证据的真实性加以印证。在证明过程中，可以直接证据与直接证据彼此相印证；也可以直接证据为主干，间接证据为补充，共同组成案件的证明体系，确保对案件主要事实和各个环节的证明，最终符合相应的诉讼证明标准。

3. 孤证不能定案。即在只有一个直接证据，而没有间接证据印证的情况下，不能据此认定案件事实。《刑事诉讼法》第 55 条规定："……只有被告人供述，没有其他证据的，不能认定被告人有罪和处以刑罚。"在理解这一规定时，应对"孤证"进行准确的界定，不能简单机械地从数量方面认定是否完成了对"孤证"的补强。例如，在实践中，有的案件将同案犯罪嫌疑人的攀供或同监室其他人提供的证言作为补强证据对犯罪嫌疑人、被告人的口供进行补强。这些证言往往是与犯罪嫌疑人口供同源的证据，其真实性、可靠性存疑。此种做法，没有详细分析其他证据的补强资格、补强程度，尽管在案件中不再是"孤证"，但实际上其他补强证据并未发挥真正的补强作用，相当于仍是以"孤证"定案，不符合证明的基本要求。因此，要正确理解孤证不能定案的具体内涵。

（二）间接证据的运用规则

间接证据本身的特点决定了运用间接证据来认定案件事实要比运用直接证据复杂得多。在只有间接证据的案件中，司法人员所要完成的是一种间接证明，需要根据各个间接证据所包含的事实信息，来形成证据事实的锁链和体系，并通过逻辑推理，来完成案件事实的重建。因此，仅依靠间接证据证明案件事实时，应非常慎重。最高院《刑诉解释》第 105 条中肯定了在没有直接证据证明犯罪行为系被告人实施的情况下，法庭单靠间接证据也可以认定被告人有罪。但在运用间接证据证明时，应遵循下列几个方面规则：

1. 每个间接证据均应查证属实。在对间接证据进行审查判断时，应确保间接证据本身内容的真实可靠，保证其具有客观性。如具体某一间接证据本身的客观性不能保证，则其作为证明环节的一环，所证明的部分案件事实内容将难以查明，进而可能影响对整个案件事实的审查判断。

2. 审查间接证据与案件事实之间的关联性。关联性是证据的重要属性，任何证据若与案件事实不具有关联性，其证明力就无从谈起。间接证据与案件事实之间的客观联系是多种多样的，因此在审查间接证据的过程中，应首先分析其与案件事实之间是否具有客观联系，具有何种联系，能够证明案件事实的具体哪一片段、哪一环节。避免将无关的材料作为间接证据使用，延误诉讼活动，影响案件的审理查明。

3. 间接证据之间应相互印证，不存在无法排除的矛盾和无法解释的疑问。在间接证据与间接证据之间，应能够彼此相印证，在对同一案件事实的证明内容上必须一致，不能互相排斥。如果间接证据之间彼此相互排斥，则证明有些间接证据可能存在错误，或者两者均存在错误。此时，需要继续对案件展开调查、取证，在排除间接证据彼此之间的矛盾后，才能认定其所证明的案件事实。

4. 全案证据应能形成完整的证据体系。由于单个的间接证据只能证明案件事实的部分内容。因此，在运用间接证据证明案件事实时，所有的间接证据必须达到相对充足的数量，并形成完整的证据体系后，才能保证对案件的全部事实都有相应的证据加以证明。英国法官波洛克（Pollock）曾在判决中说："环境证据（即间接证据）像一条用几条绳子织成的绳索。其中一条可能力量不大，但三条捆在一起力量就大得多。"[1]

5. 运用间接证据证明，只能得出一个正确结论。在理解间接证据的这一运用规则时，需要考虑不同诉讼案件证明标准的要求。在刑事诉讼案件中，运用间接证据构成的证明体系得出的结论应当是唯一的，并排除了其他一切可能。但在民事诉讼以及行政诉讼中，根据诉讼证明标准要求的不同，对证明结果也无需强求至刑事诉讼的证明标准，只要能从正面证实案件事实真相，从反面排除案件的虚假成分，得到肯定性的结论即可。

---

[1] 沈达明编著：《英美证据法》，对外经济贸易大学出版社 2015 年版，第 28 页。

第五节　本证与反证

一、本证与反证的划分标准及概念

（一）本证与反证的划分标准诸学说辨析

诉讼法学理论界对本证与反证的分类标准认识并不十分一致，大致可分为四种观点：第一种观点以提出证据者的诉讼身份为标准。即起诉一方提出的证据就是本证，被告一方提出的证据就是反证。第二种观点以证据对哪一方有利为标准，其中有利于原告方主张的证据就是本证，有利于被告方主张的证据就是反证。第三种观点以诉讼当事人应负举证责任来进行划分。凡是证明责任的承担者为证明自己的诉讼主张而提出的证据就是本证，凡是不承担证明责任一方为证明对方的诉讼主张不成立而提出的证据就是反证。第四种观点以证据对当事人所主张的事实的证明作用为标准进行划分。即能够证明当事人主张的事实存在的证据是本证。而相对的，证明当事人主张的事实不存在的证据即为反证。在这四种学说中，由于第一、第二种学说过于简单，不能充分反映证据的基本特性，因此目前在学界持第三种"责任说"与第四种"相对说"者较多。

分析"责任说"与"相对说"的划分标准可以发现，这两种学说都肯定了本证与反证这一证据分类的"对抗"性质，其在本质上大同小异。在"责任说"观点下，本证始终是负有举证责任一方所提出的，不负举证责任一方提出的证明对方诉讼主张不成立的证据是反证。在举证责任倒置的情况下被告提出的证明自己主张的证据也是本证。而在"相对说"观点之下，本证与当事人主张联系在一起，本证与反证是一对相对概念，证明原告主张事实存在的证据即为本证，证明原告主张事实不存在的证据即为反证。对于被告来说，证明被告主张事实存在的证据是本证，证明被告主张事实不存在的证据是反证。尽管在"相对说"观点之下，本证与反证的划分同举证责任的分担也基本一致。但是，笔者认为，"相对说"与"责任说"虽在一定程度上表现一致，但"相对说"更加全面，根据事实主张来区分本证和反证可以更好地反映诉讼双方的对立关系，更能体现出这一证据分类的"对抗主张"性质。同时，本证与反证的划分与举证责任，是两个不同范畴的问题，二者不宜混淆。

（二）本证与反证的概念

本书对于本证与反证的划分持"相对说"观点，即根据证据对当事人主张的案件事实的证明关系，将证据分为本证与反证。

所谓本证，是指能够证明当事人主张的事实存在的证据，即能够支持诉讼中一方所主张的事实成立，证明其主张的事实存在的证据；所谓反证，是能够证明对方当事人主张的事实不存在的证据，对对方当事人的主张起否定作用。简言之，本证是用以肯定自己主张的事实存在的证据，反证则是否定对方主张的事实存在的证据。具体到三大诉讼中，刑事诉讼中公诉人或自诉人提出的证明被告人有罪、罪重的证据就是本证；被告人及其辩护人提出的证明被告人无罪或罪轻的证据就是反证。在民事诉讼中，双方当事人提出的支持各自主张的事实的证据，都属于本证；用来否定对方主张的事实存在的，就是反证。在行政诉讼中，凡是证明具体行政行为合法的证据为本证，证明具体行政行为违法的证据为反证。

需要进一步说明的是，有学者认为，本证与反证的划分只适用于民事诉讼和行政诉讼中的证据；还有学者认为这种划分仅适用于民事诉讼中的证据，对行政诉讼和刑事诉讼中的证据均不适用。我们认为，无论是在刑事诉讼、民事诉讼还是在行政诉讼中，双方当事人都会有自己主张的事实，抑或提出证据证明对方主张的事实不成立、不存在。这样就有了本证或者反证存在的基础。如在刑事诉讼中排斥本证与反证的划分，采用控诉证据与辩护证据、攻击证据与防御证据、有罪证据与无罪证据、有利于被告人的证据与不利于被告人的证据等分类，则更具局限性。且上述分类同本证与反证的划分有相似之处，但划分的角度和标准不同，划分所揭示的证据的证明方向也不相同。因此，本证与反证的划分方法应在三大诉讼中均得以适用，以便于证据理论的统一。

（三）反证与反驳的区别

在理解反证的时候，还应当将反证与反驳区别开来。反驳证据，也称证据抗辩，是指一方当事人为证明其主张而提出证据时，对方当事人并不提出相反证据来否定一方主张的事实，而是针对其证据所存在的瑕疵，指出其主张因证据存在瑕疵而无法得到证明。因此，反驳与反证具有显著不同。

反证的主体是提出主张者的对方当事人，其目的在于通过反证否认对方主张的成立。而反驳的主体则可能是双方当事人，其目的在于证明对方当事人提出的证据不具有客观性、关联性或合法性，或者证明价值微弱，因此不能作为认定案件事实的依据。当事人在提出反证时即意味着提出了否认对方主张的证据，而在对某一证据进行反驳时无须提出新的事实或证据，仅对对方当事人提出的证据提出不同意见。在司法实践中，当事人既可能对对方主张的事实进行驳斥，也可能对对方观点进行驳斥。在对对方主张事实的反驳中，既可能是以自己主张的事实反驳对方主张的事实，并且用证据来证明自己主张的事实，这就形成了反驳与反证的并存；也可能是对对方主张的事实的直接否定，这就属于反驳。

二、划分本证与反证的作用

本证与反证的划分，揭示了证据的证明方向和作用，对于指导当事人和司法人员有效地进行诉讼活动具有十分重要的作用，具体表现在以下几方面：

1. 有助于增强诉讼的对抗性。诉讼活动因原告与被告对案件事实存在不同认识，本身呈现出对抗性的特点。而将证据划分为本证和反证，更增强了诉讼活动的抗辩性。本证、反证的划分与证明责任密切联系。按照我国证据理论传统观点，证明责任又可分为行为意义上的证明责任和结果意义上的证明责任。行为意义上的证明责任要求事实主张者负有提出证据的责任；结果意义上的证明责任则是当事实处于真伪不明状态时，承担该事实举证责任的当事人应承担不利的诉讼结果。在诉讼活动中，原被告双方的诉讼活动本身具有功利性的特征，参与诉讼也正是双方对维护自身利益的追求。本证、反证的划分即要求当事人提出事实主张时也应提供相应证据，否则将带来结果上的不利益。因此，其对调动当事人举证的积极性、维护自身利益，以及增强诉讼的抗辩性方面具有积极作用。

2. 有助于明确提供证据的顺序。法官在对案件进行审查时，应先调查本证。证据的提出通常也遵循本证在前、反证在后的顺序。其所产生的诉讼后果是，当事人对于其主张所依据的事实应提出本证加以证明，而对方当事人对该主张所依据的事实是否需要提出反证可视本证的证明情况而定。即如果提出主张的当事人不提出本证，或所提出的本证证明力很弱，无法达到诉讼的证明标准时，对方当事人可以不必提出反证。

3. 有助于确定案件的争议焦点。本证与反证均围绕着具体的事实主张产生。此种分类有助于帮助审判人员根据当事人出具证据的证明方向、证明作用，迅速把握双方所主张的案件事实，确定案件的争议焦点，并将审理的重心放在当事人有争议的问题上。因此，本证与反证的划分不仅有助于提高诉讼效率，集中司法资源处理有争议的问题，也有助于帮助审判人员正确裁判案件。

4. 有助于证据的审查判断。基于诉讼活动的对抗性，原被告双方在诉讼中所提出的事实主张和诉讼主张通常是相反的，其所提出的证据内容也不同甚至完全相反。但对案件事实本身而言，案件的真实情况只有一个。因此，相应的本证与反证，作为彼此对立的证据，其所证明的案件事实也只有一种为真。本证与反证之间这一互相否定、互相对立的特性，可以帮助审判人员审查判断证据。如经审查本证成立，则反证不成立；如反证成立，本证自然不成立。

三、本证与反证的运用规则

本证与反证在司法实践运用中应当遵循下列规则：

1. 利用本证与反证的证明方向落实证明责任。本证与反证的划分与证明责任虽然不属同一范畴，但与证明责任的分担基本一致。在诉讼中，除了对方当事人承认的情形以外，负有证明责任的一方当事人对于自己所主张的事实，必须提供充分的本证加以证明；对方当事人为了反驳其所主张的事实，也必须提供充分的反证加以驳斥。《民事诉讼法》第 64 条规定："当事人对自己提出的主张，有责任提供证据。"最高院《民诉解释》第 90 条规定："当事人对自己提出的诉讼请求所依据的事实或者反驳对方诉讼请求所依据的事实，应当提供证据加以证明，但法律另有规定的除外。"

2. 本证与反证所需达到的证明程度有所不同。根据最高院《民诉解释》第 108 条："对负有举证证明责任的当事人提供的证据，人民法院经审查并结合相关事实，确信待证事实的存在具有高度可能性的，应当认定该事实存在。对一方当事人为反驳负有举证证明责任的当事人所主张事实而提供的证据，人民法院经审查并结合相关事实，认为待证事实真伪不明的，应当认定该事实不存在。"即承担证明责任的主张者要获得胜诉需要达到"高度盖然性"的标准，而提出反证者，无需达到使法院确信的程度，只要使事实处于"真伪不明"的状态，即可推翻对方的主张。同理，在刑事诉讼证明和行政诉讼证明中，主张案件事实存在的主体的本证证明与否认案件事实存在的主体的反证证明的程度或者标准是有本质区别的，前者要比后者有着更高的证明标准或者要达到更高的证明程度。

3. 本证与反证不能同时为真，但可能同时为假。基于本证与反证内容上的对立性，对于同一事实主张，本证与反证不可能同时成立。因此，办案人员在审查证据时，只要确认了本证或反证的成立，即可反推出反证或本证的不成立。但是，在已确认本证或反证不成立的情况下，却不能推定另一种证据为真。因为，本证与反证可能同时为假。办案人员对证据进行审查，即使只有本证或只有反证，或者已经否定了本证或反证时，仍应继续审查，才能确定案件事实的真实情况。

📌 练习案例

2015 年 5 月 22 日，警方在一辆 mini cooper 轿车中发现两具女尸，死者为黄某（47 岁）及其女儿小许（16 岁）。两人因一氧化碳中毒，在驾车途中中毒身亡。警方排除了汽车尾气中毒的可能，并在对轿车进行搜查后，发现轿车后备厢放有一个充气瑜伽球，该瑜伽球的塞子不知所踪。经鉴定，瑜伽球内的气体为一氧化碳，且该瑜伽球在缓慢释放一氧化碳气体，时间长达两个小时左右。该案侦查终结后，控方对死者黄某的丈夫许某（53 岁，某高校医学院副教授）提起控诉，指控许某蓄意谋杀妻子及其次女。控方提出的证据有：①一氧化碳气体系许某以科学研究为名从医学院获取；②控方申请的专家证人出庭作证证明，许某所设计的"60%氧气浓度治疗一氧化碳中毒兔子"的实验并无临床价值；③许家雇佣的保姆提供证言证明，许某夫妻关系恶化多年，且许某存在婚外恋情；夫妻二人一直分房睡，各自驾驶车辆；在案发当天，她看到黄某及其女离家上车时，没有携带瑜伽球；许家没有闹鼠患；④小许的同学出庭作证表示，小许性格开朗活泼，从未跟她或其他朋友说过想自杀；⑤许某的其他子女提供证言证明，案发当天许某曾关照小许不要外出；⑥侦查人员出庭作证证明，许某在案发现场抱着小许尸体痛哭不已，却并不理会妻子的尸体；⑦在许某卧室抽屉里发现的一个瑜伽球的塞子。

针对控方的指控，许某否认自己蓄意谋杀妻子，仅承认毒气瑜伽球是自己带回家中的，但是为了灭除家中鼠患而将通过实验项目获取的一氧化碳装入瑜伽球中带回，并提出是小许意欲自杀而使用了该瑜伽球并令其母亲一同中毒身亡。辩方律师声称，案发时许某正在学校上课，不可能有机会将瑜伽球放上轿车，且本案中没有证据直接证明是许某将瑜伽球放入被害人使用的轿车中，无法证明许某实施了谋杀犯罪。

问题：

1. 本案有哪些言词证据？哪些实物证据？

2. 根据现有证据，法院是否可以认定许某实施了蓄意谋杀行为？为什么？

📌 思考题

1. 什么是证据的分类，证据分类与证据种类的关系是什么？

2. 言词证据和实物证据的特征有哪些？运用时应当遵守哪些规则？

3. 原始证据与传来证据的特征有哪些？实践中如何运用？

4. 直接证据与间接证据的划分标准及其含义是什么？如何判断案件主要事实？

5. 完全依靠间接证据定案时应当如何运用？

6. 本证与反证的划分是否只适用于民事诉讼？为什么？

第
六
章

证据规则

⊖**学习指导**

　　通过本章学习，理解并掌握证据规则的概念、种类与体系，认识和掌握关联性规则、非法证据排除规则、传闻证据规则、意见证据规则和补强证据规则的含义及内容等。学习的重点和难点是我国非法证据排除规则的立法及实践状况、传闻证据规则与要求证人出庭作证的关系。

第一节　证据规则概述

一、证据规则的概念和种类

　　证据规则是指规范证据能力、证明过程，以及对证明行为的合理性与合法性进行评价的一系列规则的总称，其核心是规范证据能力和证明行为。现代诉讼中的证据规则，大多源于英美法系的当事人主义诉讼，是在长期的司法实践中通过习惯、判例等逐步确立和发展起来并成为普通法的重要组成部分的。随着法典化运动的兴起，证据规则也逐步法典化。例如，美国《联邦证据规则》即规定了大量的证据规则。

　　两大法系的证据规则类型不同、特点鲜明。英美法系国家的证据规则复杂并且严格，而大陆法系国家的证据规则简略并且灵活。英美法系的证据规则主要强调证据能力问题，客观上限制了裁判者审查判断证据的范围，削弱了裁判者发现真实的能力。大陆法系的证据规则更强调审查判断证据的程序，目的是充分发挥法官审查判断证据的主观能动性，促进案件真实的发现。同时，因法律传统和制度上的差异，各国证据规则的立法形式和内容也有所不同。有的国家集中规定在证据法典中，有的国家分别规定在诉讼法中，有的国家规定在司法行为规则或司法解释之中，还有的国家规定在刑事或民事实体法中。在法治发达的国家中，证据规则是由一系列具有内在逻辑联系的法律规范组成的有机整体，即证据规则体系。

证据规则主要有：关联性规则、非法证据排除规则、传闻证据规则、最佳证据规则、意见证据规则、补强证据规则等。证据规则可以划分为两类：调整证明力的规则和调整证据能力的规则。一般认为，关联性规则、补强证据规则等属于调整证明力的规则，而非法证据排除规则、传闻证据规则、意见证据规则、最佳证据规则等属于调整证据能力的规则。显然，调整证据能力的规则构成了证据规则的主体部分。

我国证据法学界对证据规则的讨论和研究起步较晚，开始于 20 世纪 90 年代。在这些讨论中，学者对"证据规则"的理解也不尽一致，主要观点有：①将证据规则等同于证据制度。②将证据规则归结为关于证据能力和证明力的规则。③将证据规则等同于与证据有关的程序性规则，如有学者认为"证据规则就是指在收集证据、采用证据、核实证据、运用证据时必须遵循的一系列准则。换句话说，就是在诉讼中与证据有关的具有可操作性的程序性准则"。[1]④将证据规则限定于主要规范证据能力的规则。[2]很显然，我国学界对证据规则的理解同英美学者之间存在一定差异，即前者侧重于强调证据的运用，后者则主要针对证据能力的规范。

研究证据规则必须从一个国家的法律传统和制度环境出发，并紧密结合现行法律规定和司法实践。只有这样才能准确把握证据规则的内在规律，制定出切实可行的证据规则。

二、证据规则的意义

（一）有利于查明案件事实，实现实体公正

证据规则的一个重要功能就是有利于查明案件事实。以关联性规则为例，其基本要求就是只有具有关联性的证据才可采，这是发现案件事实真相的基础。具有相关性的证据形成的证明体系才能排除其他可能性，据此得出唯一的、确实的结论。再如，最佳证据规则强调书证原件的可靠性，也是为了保证诉讼证

---

[1] 刘善春、毕玉谦、郑旭：《诉讼证据规则研究》，中国法制出版社 2000 年版，第 5 页。

[2] 宋英辉、吴宏耀："外国证据规则的立法及发展——外国证据规则系列之一"，载《人民检察》2001 年第 3 期。

明的准确性。

（二）有利于尊重和保障人权

各国在诉讼制度和证据规则的设立上都力求兼顾刑事诉讼中控制犯罪和保障人权这两种不同的价值，并力求实现二者的平衡。在证据规则中，非法证据排除规则就彰显了保障被追诉者人权的价值，立法明确规定不得用通过非法手段取得的证据作为定案的根据，并以此来遏制公权力的滥用。

（三）有利于制约与规范司法机关及其工作人员的证据行为

证据规则能够限制国家权力的恣意行使，例如非法证据排除规则能够有效地制约侦查机关，以减少刑讯逼供、非法取证等侵犯公民合法权益的行为。另外，证据规则有利于从事实方面控制裁量权。通过明确证据的范围、证据资格、调查收集和审查判断证据的程序和方法以及举证质证规则，可以使公安司法机关及其工作人员的取证行为、采证行为置于法律的约束和当事人的监督之下。

（四）有利于提高诉讼效率

大量证据规则的存在和适用，使得当事人双方在诉讼中的质证和辩论行为得到规范，使得不符合证据规则的材料被排除在定案根据之外，从而节省法庭调查的时间，并降低各方的诉讼成本。

第二节 关联性规则

一、关联性规则的概念

所谓关联性（或者相关性），是指证据与待证事实之间的某种关联或逻辑上的联系，出于这种联系，证据对待证事实的存在与否能够起到一定的证明作用，该证据从而具有能够证明待证事实的属性。质言之，只有与本案有关的事实材料才能作为证据使用，一切没有关联性的证据均不可采纳。在英美证据法中，关联性规则又称相关性规则，是英美证据法中的一项基本规则。根据美国《联邦证据规则》第401条的规定，"相关证据"是指证据具有某种倾向，使决定某项在诉讼中待确认的争议事实的存在比没有该项证据时更有可能或者更无可能。[1] 所谓关联性，是指证据必须与待证事实有关，从而具有能够证明案件事实的属性。

---

〔1〕 卞建林译：《美国联邦刑事诉讼规则和证据规则》，中国政法大学出版社1996年版，第105页。

证据的关联性从本质上说出自于证据事实由案件事实所反映、所产生，与案件事实存在内在的、实质的联系，从而才可能产生不同程度的证明力。实践中往往是在法律框架内对一项证据材料是否具有关联性进行经验判断，这在很大程度上依赖人们的常识与经验，没有固定的标准。除了经验之外，严格的逻辑推理也是判断关联性的重要方法。逻辑推理与经验、常识之间并不是截然区分的，经验和常识必须是符合逻辑的，逻辑推理也必须以常识和经验为基础。因此，判断证据是否具有关联性，既需要逻辑推理，还需要丰富的生活经验和司法实践经验。

关联性规则在证据规则中具有基础性地位。这主要体现在两个方面：首先，关联性规则适用范围非常广泛，适用于所有证据形式。其次，英美证据理论认为，证据既有关联性，又有可采性。而关联性是证据被采纳的先决条件，虽然具有关联性的证据并不必然具有可采性，但是没有关联性的证据一定不具有可采性。一般原则是，除非成文法另有规定，否则所有具备关联性的证据都具有证据能力。以美国《联邦证据规则》第 402 条为例，在"相关证据一般可以采纳，无相关性的证据不能采纳"这一标题下规定："所有具有相关性的证据均可采纳，但美国宪法、国会立法、本证据规则以及联邦最高法院根据立法授权确立的其他规则另有规定的除外。没有相关性的证据不能采纳。"[1]

英美证据理论基于以下理由要求证据必须具有关联性才可以采纳：①适应陪审团制度的需要，排除无关联性的证据对陪审团的误导。在陪审团参与审理的案件中，由陪审团负责认定案件事实。为了防止当事人将没有关联性的证据在法庭上出示，从而导致陪审团对案件事实作出错误认定，就必须遵循关联性规则。②适应当事人主义诉讼模式的需要，有利于限定法庭调查的范围。英美法系采用当事人主义诉讼模式，法庭调查证据由当事人进行，当事人完全自主地决定提出哪些证据。如不加以限制，势必影响诉讼的顺利进行。

在英美证据法中，通常对于哪些证据具有关联性、哪些证据不具有关联性不作出具体规定，因为这是一个事实和逻辑的问题，需要由法官和陪审团在具体案件中进行判断。但是，鉴于有些证据具有明显的误导性，法律上专门对于它们的关联性作出限定，用以防止此类证据被不适当采用。主要有以下两类：①品格证据。一般规则是，一个人的品格或者品格特征的证据在证明这个人于特定环境下实施了与此品格相一致的行为上不具有关联性。例外情形是，如果

---

〔1〕 卞建林译：《美国联邦刑事诉讼规则和证据规则》，中国政法大学出版社 1996 年版，第 105 页。

被告人主动提出关于其品格或者被害人品格的证据，那么，控诉方提出的反驳被告人提出的品格证据，具有可采性。②类似行为证据。其规则是：被告人曾实施的某一相似行为与他在当前实施的行为通常没有关联性。在刑事诉讼中，不能因犯罪嫌疑人、被告人曾实施过类似的犯罪行为而认定其为此次犯罪的实施者。需要指出的是，鉴于将绝大多数类似行为证据都予以排除在实践中导致一些案件无法作出认定，英国近年来对于类似行为证据的排除出现了变化。传统上，英国以排除类似行为证据为原则，以采纳为例外。改革后的英国立法规定，放宽了采纳的限制，如果属于非常类似的行为，可以采纳为证据。

二、我国法律对证据关联性的规定

证据法学理论通说认为关联性是证据不可或缺的属性。我国三大诉讼法中虽然未明确规定关联性规则，但某些法条和司法解释体现了关联性规则的基本精神，存在有关相关性的分散的规定。例如我国《刑事诉讼法》虽然没有直接对证据的关联性作出明确规定，但一些规定中包含了关联性的内容。例如，《刑事诉讼法》第50条第1款规定："可以用于证明案件事实的材料，都是证据。"此规定要求证据应当同案件事实有关联。第120条规定，侦查人员在讯问犯罪嫌疑人的时候，犯罪嫌疑人"对与本案无关的问题，有拒绝回答的权利"。最高院《刑诉解释》第214条规定："控辩双方的讯问、发问方式不当或者内容与本案无关的，对方可以提出异议，申请审判长制止，审判长应当判明情况予以支持或者驳回；对方未提出异议的，审判长也可以根据情况予以制止。"这一规定赋予法官对于与本案无关的证据依职权决定不予调查的权力，从而防止诉讼争点的混乱和证据调查范围的任意扩大，节约司法资源，提高诉讼效率。最高院《行诉证据规定》第54条规定，法庭应当对经过庭审质证的证据和无需质证的证据进行逐一审查和对全部证据综合审查，遵循法官职业道德，运用逻辑推理和生活经验，进行全面、客观和公正地分析判断，确定证据材料与案件事实之间的证明关系，排除不具有关联性的证据材料，准确认定案件事实。

第三节 非法证据排除规则

一、非法证据排除规则的概念与理论依据

（一）非法证据排除规则的概念

非法证据排除规则是指以非法方法取得的证据不具有可采性，不能作为认定案件事实的依据。换言之，非法证据排除规则是指除非法律另有规定，司法机关不能采纳非法证据，不得将其作为定案依据的证据规则。

需要说明的是，尽管我国民事诉讼和行政诉讼相关司法解释中有关于排除非法证据的规定，但是刑事诉讼中的非法证据排除规则具有更加重要的地位和作用，而且非法证据排除规则在域外也是刑事诉讼中的证据规则，因此，对非法证据排除规则的理解以及非法证据排除规则在域外的规定等，主要是在刑事诉讼的语境下作出的。

非法证据排除规则是中外刑事司法活动中一项重要的证据规则，要正确理解其内涵和要求，需要注意以下几个方面：

1. 非法证据的界定。非法证据排除规则的适用首先遇到的问题是如何界定非法证据，然后才能解决如何予以排除的问题。非法证据也就是非法取得的证据，主要包括两种形式：一是以非法方法获取的言词证据，包括采用暴力等非法手段获取的犯罪嫌疑人供述和辩解、被害人陈述和证人证言。获取言词证据的非法方法一般包括刑讯、精神折磨及其他非人道的变相刑讯方法，还包括使用麻醉药品等非法方法。二是以非法方法获取的实物证据，主要是指违反法定程序的搜查、扣押而获取的物证、书证。虽然非法证据排除规则在诞生之初主要是排除违反宪法关于搜查、扣押规定所获取的证据，是为狭义的非法证据排除，但从其在其他国家和地区的发展来看，排除非法言词证据却成为主要内容。因此广义上的非法证据排除规则除了排除非法取得的物证、书证之外，还包括非法言词证据的排除。

2. 非法中的"法"的范围。关于非法中的"法"的含义，各国规定有所不同，如，在美国是指宪法及最高法院判例所创立的规则；而在德国，则是指宪法（或基本法）和刑事诉讼法等法律；在我国，通常是指刑事诉讼法和相关司法解释等。

3. 非法证据"排除"实质上是否定非法证据的证据能力。因此，凡是被认

定为非法的证据都将丧失证据能力（证据资格），进而不得在刑事诉讼中用作认定被告人有罪的证据。

4. 非法证据与不合法的证据含义不同。不合法的证据是指运用证据的主体、证据形式、收集证据的方式、程序等方面都不符合法律规定，属于广义的不合法（非法）。而非法证据仅指在收集证据的过程中违反了法律规定，侵犯了犯罪嫌疑人、被告人、被害人以及证人等的合法权利的证据，属于狭义的不合法范畴。

5. 非法证据与瑕疵证据的区别。非法证据主要是指侦查机关以严重侵犯人权的非法方法收集的证据，而瑕疵证据则是侦查机关违反法定程序较为轻微或者违反了技术性操作规范所取得的证据。[1] 二者在效力上不同，证据一旦被认定为"非法"，即不具有证据能力，必须予以排除；而瑕疵证据更多属于效力待定的证据，可以通过补正或作出合理解释来弥补其证据能力的缺陷，如果达到补正要求或者能够合理解释，依法可以作为定案的根据。

（二）非法证据排除规则的理论依据

1. 遏制警察的违法取证行为，督促其严格执法，维护司法的纯洁性。这是确立非法证据排除规则的首要目标和重要价值。非法证据排除，是对执法人员违法取证行为的否定和谴责，通过宣告其非法取得的证据没有证据能力或者无效，可以消除警察违法取证的诱因，使其在实施违法行为之前就想到后果，从而达到规范其取证行为的效果。非法证据排除规则通过对非法取证行为及其结果的否定和排除，不仅能够规范警察取证行为、督促其严格执法，而且还能够维护法律的尊严，恢复和提高公民对于司法公正的信心，使刑事司法程序免受污染。[2]

2. 维护公民的宪法性权利。刑事诉讼中的违法取证行为直接侵害了取证对象的宪法性权利。因此，非法证据排除规则是对违反宪法的非法取证行为的补救措施。宪法中规定保障公民的基本权利意味着任何人或者机关都不得非法拘禁、剥夺、限制公民的人身自由，不得非法搜查、侵入公民的住宅，禁止非法侵犯公民的通信自由和通信秘密。非法证据排除规则所针对的非法行为都是违反宪法和其他法律法规的规定的行为。在刑事诉讼中严格遵守宪法的规定，能

---

〔1〕 陈光中主编：《非法证据排除规则实施问题研究》，北京大学出版社 2014 年版，第 13～14 页。
〔2〕 陈光中主编：《刑事诉讼法》，北京大学出版社、高等教育出版社 2013 年版，第 189 页。

使宪法规定的公民权利真正落到实处。[1] 例如在美国,排除非法搜查和扣押所取得的证据,是保障宪法赋予公民的不受非法搜查、扣押权利的必然结论。

3. 保证证据的真实可靠性。非法证据排除规则可能放纵罪犯,但其最大的优点是能够保证有罪判决的准确性。这对于我们准确适用法律是有重要意义的。非法证据排除规则的确立,就是要保证所收集的证据是自愿的、真实的,从而达到定罪处刑准确性的目的。[2]

二、非法证据排除规则的域外规定

非法证据排除规则最先起源于英国,正式确立和发达于美国。根据美国联邦最高法院的判例,凡是警察以非法搜查、扣押的方法收集的实物证据,以侵犯犯罪嫌疑人的沉默权、律师帮助权等方法收集的犯罪嫌疑人口供,以及违反正当法律程序所获得的证据,除极其例外的情形外,一律不得在审判中用作不利于被告人的证据。英美法系其他国家以及大陆法系主要国家如德国、法国、意大利、日本等,也普遍确立了非法证据排除规则。

在美国,对非法证据排除规则有两种理解:一种仅指违反美国联邦宪法第四修正案而取得的证据不得在刑事诉讼中用于证明被告人有罪;另一种认为非法证据排除规则不限于对"物"的排除,还包括对非法取得的口供和其他陈述的排除。因此不仅包括违反宪法第四修正案的情况下取得的证据,还包括违反宪法第五修正案、第六修正案和其他成文法和案例法情况下取得的证据,都应当加以排除。这被称之为广义上的非法证据排除规则。[3]

美国联邦宪法第四修正案规定:"人民保护其人身、住房、文件和财物不受无理搜查和扣押的权利不得侵犯;除非有合理的根据认为有罪,以宣誓或郑重声明保证,并详细开列应予搜查的地点、应予扣押的人或物,否则,不得颁发搜查和扣押证。"[4] 为了遏制警察违法搜查和扣押行为,1914 年,在威克斯诉合众国(Weeks v. U. S.)一案的判决中,联邦最高法院认为,如果不排除违法搜查或者扣押的证据,那么宪法第四修正案将毫无价值可言。以此为标志,现代意义上的非法证据排除规则确立起来了。应当指出的是,威克斯一案所确立

---

〔1〕 杨宇冠:"我国非法证据排除规则实施问题研究",载《法学杂志》2014 年第 8 期。
〔2〕 参见樊崇义主编:《证据法学》,法律出版社 2017 年版,第 102 页。
〔3〕 杨宇冠:《非法证据排除规则研究》,中国人民公安大学出版社 2002 年版,第 4 页。
〔4〕 《世界各国宪法》编辑委员会编译:《世界各国宪法(美洲大洋洲卷)》,中国检察出版社 2012 年版,第 169 页。

的非法证据排除规则起初只适用于联邦法院系统，并不适用于州法院系统，此后相当一段时间内，非法搜查、扣押的证据在各州法院系统仍然可以适用。不仅如此，由于官员并未参与非法搜查和扣押，依据所谓"银盘理论"，各州警察非法取得的证据，联邦法院仍可以采用。1961 年，在马普诉俄亥俄州（Mapp v. Ohio）案件中，联邦最高法院明确宣示，非法证据排除规则也适用于州法院系统。至此，非法证据排除规则在美国达到极致。20 世纪 80 年代以来，面对不断高涨的犯罪浪潮的冲击，美国联邦最高法院对丁非法证据排除规则逐步设立了一些例外，主要有"最终或者必然发现的例外""善意的例外""在国外取得的证据之例外"[1] 等。

在其他英美法系国家，大多沿用普通法上的传统做法，对于是否采纳非法取得的证据，由法官自由裁量。英国 1984 年《警察与刑事证据法》第 78 条规定："①在任何诉讼中，法庭可以拒绝采纳公诉方据以作出指控的证据，如果它在考虑到包括收集证据情况在内的所有情况以后，认为采纳这种证据将会对诉讼的公正性造成不利的影响，因此不应将它采纳为证据。②本条的规定不应有损于任何关于法庭排除证据的法律规则的适用。"[2]

非法证据排除规则在其他国家也产生了广泛的影响。第二次世界大战以后，日本深受美国法的影响，学说上主张排除非法搜查、扣押取得的物证。1978 年，日本最高法院通过判例宣布，如果在物证的扣押程序上存在忘却《宪法》第 35 条以及《刑事诉讼法》第 218 条第 1 项规定的令状主义的重大违法，从抑制将来的违法侦查角度看，采纳该物证不适当时，应当否定该物证的证据能力。此外，意大利、德国、俄罗斯的刑事诉讼法，都对非法证据排除规则予以规定。

由于非法言词证据相对于非法实物证据更为不可靠，大都是采用酷刑等手段取得，严重侵犯被追诉者的人权，因此当今各国对于非法言词证据通常都采用更为严格的态度，一律予以排除。不仅如此，非法言词证据的排除还得到一些国际公约的承认。联合国 1984 年通过的《禁止酷刑公约》第 15 条明确规定："每一缔约国应确保在任何诉讼程序中，不得援引任何业经确定系以酷刑取得的

---

[1] "最终或者必然发现的例外"是指即使不发生侦查人员违法取证的行为，证明被追诉人有罪的证据最终或者必然是会被发现的，则不适用非法证据排除规则；"善意的例外"指侦查人员是基于善意地执行公务，而不是故意违法收集取得的证据，不适用非法证据排除规则；"在国外取得的证据之例外"指在美国领域外非法取得的证据，除非取证时有美国侦查人员积极参与，原则上在美国的法院审理过程中不予排除。

[2] 熊志海等编译：《英国成文证据法》，中国法制出版社 2007 年版，第 389 页。

口供为证据，但这类口供可用作被控施行酷刑者刑讯逼供的证据。"

不同于非法言词证据，各国对于非法实物证据的排除采用不同的处理方法，主要分为三种：一种是全部排除，例如，意大利、俄罗斯；一种是原则上排除，但设置若干例外，如美国；第三种是由法官自由裁量，以英国为代表。

三、我国法律中的非法证据排除规则

（一）刑事诉讼中的非法证据排除规则

尽管我国 1979 年、1996 年《刑事诉讼法》都有"严禁刑讯逼供和以威胁、引诱、欺骗以及其他非法的方法收集证据"的规定，而且 1998 年最高院《刑诉解释》第 61 条也明确规定："严禁以非法的方法收集证据。凡经查证确实属于采用刑讯逼供或者威胁、引诱、欺骗等非法的方法取得的证人证言、被害人陈述、被告人供述，不能作为定案的根据。"1999 年最高检《规则》第 265 条也有类似的规定。由此有学者认为，我国已初步确立了非法证据排除规则。但由于既没有规定具体的操作程序，也缺乏必要的理论研究，实践中的非法取证行为频繁发生。这种情况持续到 2010 年，两院三部《非法证据排除规定》和《办理死刑案件证据规定》第一次对非法证据排除的范围、程序等作出了明确的规定。因此，学界普遍认为我国刑事非法证据排除规则正式确立。

2012 年《刑事诉讼法》吸收了两个证据规定的相关内容，以立法形式对非法证据排除规则予以明确规定。2013 年最高院《防范冤假错案的意见》对非法言词证据排除的范围进一步细化并有所扩大。2017 年两院三部《严格排除非法证据规定》就非法证据排除作了更加全面的规定。2018 年修正后的《刑事诉讼法》第 56~60 条延续了 2012 年《刑事诉讼法》的原有规定。

综合上述关于非法证据排除的一系列法律规定，目前我国非法证据排除规则的主要内容如下：

1. 非法证据排除规则的适用范围和阶段。《刑事诉讼法》第 56 条第 1 款明确规定了非法证据排除规则的适用范围："采用刑讯逼供等非法方法收集的犯罪嫌疑人、被告人供述和采用暴力、威胁等非法方法收集的证人证言、被害人陈述，应当予以排除。收集物证、书证不符合法定程序，可能严重影响司法公正的，应当予以补正或者作出合理解释；不能补正或者作出合理解释的，对该证据应当予以排除。"

根据《刑事诉讼法》的规定，采用刑讯逼供等非法方法收集的犯罪嫌疑人、被告人供述和采用暴力、威胁等非法方法收集的证人证言、被害人陈述，是非

法言词证据。关于非法言词证据的排除问题，需要注意的是：其一，对于非法言词证据采用强制排除原则，即一旦发现存在非法取证行为，必须予以排除。其二，对刑讯逼供等非法手段取得的证据排除，是指该证据不能被用作追究被刑讯逼供人刑事责任的证据，但其可以作为证据来证明侦查机关对犯罪嫌疑人、被告人实施了刑讯逼供。其三，需要排除的非法言词证据，仅指通过刑讯逼供、暴力、威胁等方法取得的上述证据，至于讯问、询问过程中的程序瑕疵，如讯问笔录制作不完善、缺少讯问人签名等情形下取得的证据，则不属于非法言词证据。

至于何为"刑讯逼供等非法方法"，最高院《刑诉解释》第 95 条规定，使用肉刑或者变相肉刑，或者采用其他使被告人在肉体上或者精神上遭受剧烈疼痛或者痛苦的方法，迫使被告人违背意愿供述的，应当认定为《刑事诉讼法》第 54 条规定的"刑讯逼供等非法方法"。最高检《规则》第 65 条第 3 款规定："其他非法方法是指违法程度和对犯罪嫌疑人的强迫程度与刑讯逼供或者暴力、威胁相当而迫使其违背意愿供述的方法。"2013 年最高院《防范冤假错案的意见》对"刑讯逼供等非法方法"有了进一步的细化规定："采用刑讯逼供或者冻、饿、晒、烤、疲劳审讯等非法方法收集的被告人供述，应当排除。除情况紧急必须现场讯问以外，在规定的办案场所外讯问取得的供述，未依法对讯问进行全程录音录像取得的供述，以及不能排除以非法方法取得的供述，应当排除。"

2017 年两院三部《严格排除非法证据规定》对我国非法证据排除的范围有所扩大，规定得也更加明确和具体。规定主要有：第 2 条规定："采取殴打、违法使用戒具等暴力方法或者变相肉刑的恶劣手段，使犯罪嫌疑人、被告人遭受难以忍受的痛苦而违背意愿作出的供述，应当予以排除。"第 3 条规定："采用以暴力或者严重损害本人及其近亲属合法权益等进行威胁的方法，使犯罪嫌疑人、被告人遭受难以忍受的痛苦而违背意愿作出的供述，应当予以排除。"第 4 条规定："采用非法拘禁等非法限制人身自由的方法收集的犯罪嫌疑人、被告人供述，应当予以排除。"第 5 条规定："采用刑讯逼供方法使犯罪嫌疑人、被告人作出供述，之后犯罪嫌疑人、被告人受该刑讯逼供行为影响而作出的与该供述相同的重复性供述，应当一并排除，但下列情形除外：①侦查期间，根据控告、举报或者自己发现等，侦查机关确认或者不能排除以非法方法收集证据而更换侦查人员，其他侦查人员再次讯问时告知诉讼权利和认罪的法律后果，犯罪嫌疑人自愿供述的；②审查逮捕、审查起诉和审判期间，检察人员、审判人员讯问时告知诉讼权利和认罪的法律后果，犯罪嫌疑人、被告人自愿供述的。"第6条规定："采用暴力、威胁以及非法限制人身自由等非法方法收集的证人证言、被害人陈述，应当予以排除。"

根据《刑事诉讼法》的规定，"收集物证、书证不符合法定程序，可能严重影响司法公正的，应当予以补正或者作出合理解释；不能补正或者作出合理解释的，对该证据应当予以排除"。可见，对于非法实物证据法律采用裁量排除原则，即允许其补正或者作出合理解释。依据规定，对于非法实物证据（物证、书证）的排除必须满足三个条件：①该物证、书证的取得违反法定程序。②可能严重影响司法公正。这里的司法公正既包括实体公正，又包括程序公正，但重点是程序公正。对此，最高院《刑诉解释》第95条规定，认定刑事诉讼法规定的"可能严重影响司法公正"，应当综合考虑收集物证、书证违反法定程序以及所造成后果的严重程度等情况。最高检《规则》第66条规定："……可能严重影响司法公正是指收集物证、书证不符合法定程序的行为明显违法或者情节严重，可能对司法机关办理案件的公正性造成严重损害；……"③不能作出补正或者合理解释。最高检《规则》第66条规定："……补正是指对取证程序上的非实质性瑕疵进行补救；合理解释是指对取证程序的瑕疵作出符合常理及逻辑的解释。"

与非法证据排除规则的适用范围相适应，《刑事诉讼法》第56条第2款规定了公安司法机关主动排除非法证据的义务："在侦查、审查起诉、审判时发现有应当排除的证据的，应当依法予以排除，不得作为起诉意见、起诉决定和判决的依据。"起诉意见是指侦查机关在侦查终结后，对本案是否应该移送起诉发表的书面意见；起诉决定是指人民检察院审查起诉部门在对案卷材料进行审查后，对于符合起诉条件的案件，决定向人民法院提起公诉；判决是指人民法院对起诉指控的犯罪事实进行审理后，依法对起诉能否成立作出判断的诉讼活动。可见，我国刑事非法证据排除规则适用于刑事诉讼的侦查、起诉、审判阶段。换言之，侦查机关、检察机关和法院都是排除非法证据的义务机关，一旦发现，应及时排除。

2. 检察院对侦查人员非法取证依法进行法律监督。《刑事诉讼法》第57条规定："人民检察院接到报案、控告、举报或者发现侦查人员以非法方法收集证据的，应当进行调查核实。对于确有以非法方法收集证据情形的，应当提出纠正意见；构成犯罪的，依法追究刑事责任。"此规定主要有四个方面的含义：①明确了检察院是对侦查机关非法取证进行监督的法定主体。②明确了检察院发现非法取证行为的来源，包括：有关个人和单位的报案、控告和举报，检察院依职权主动发现等。③规定检察院发现有非法收集证据情形的，应当予以调查核实。关于调查核实的方式，最高检《规则》第 70 条规定了讯问犯罪嫌疑人；询问办案人员；询问在场人员及证人；听取辩护律师意见；调取讯问笔录、讯问录音、录像；调取、查询犯罪嫌疑人出入看守所的身体检查记录及相关材料；进行伤情、病情检查或者鉴定等。④规定了检察院对确属非法取证情形的处理，包括提出纠正意见或者依法追究刑事责任。

3. 非法证据排除程序的启动及条件。《刑事诉讼法》第 58 条规定："法庭审理过程中，审判人员认为可能存在本法第 56 条规定的以非法方法收集证据情形的，应当对证据收集的合法性进行法庭调查。当事人及其辩护人、诉讼代理人有权申请人民法院对以非法方法收集的证据依法予以排除。申请排除以非法方法收集的证据的，应当提供相关线索或者材料。"

非法证据排除调查程序的启动模式包括两种：①审判人员可以依职权主动启动非法证据排除的调查程序，即"法庭审理过程中，审判人员认为可能存在本法第 56 条规定的以非法方法收集证据情形的，应当对证据收集的合法性进行法庭调查"。根据六机关《规定》第 11 条，法庭调查的顺序由法庭根据案件审理情况确定。②通过当事人及其辩护人、诉讼代理人向人民法院提出申请，启动非法证据排除调查程序。当事人及其辩护人、诉讼代理人申请启动非法证据排除程序应当具备法定条件："提供相关线索或者材料"。这里的"线索"是指内容具体、指向明确的涉嫌非法取证的人员、时间、地点、方式等；"材料"是指能够反映非法取证的伤情照片、体检记录、医院病历、讯问笔录、讯问录音录像或者同监室人员的证言等。

4. 证据合法性的证明责任及证明方式。《刑事诉讼法》第 59 条规定："在对证据收集的合法性进行法庭调查的过程中，人民检察院应当对证据收集的合法性加以证明。现有证据材料不能证明证据收集的合法性的，人民检察院可以提请人民法院通知有关侦查人员或者其他人员出庭说明情况；人民法院可以通知有关侦查人员或者其他人员出庭说明情况。有关侦查人员或者其他人员也可以要求出庭说明情况。经人民法院通知，有关人员应当出庭。"

本条明确规定，在法院启动对证据收集合法性的法庭调查程序后，检察院应当对证据收集的合法性进行证明。即作为控诉方的检察院应对控诉证据的合法性承担证明责任。最高院《刑诉解释》第 101 条规定："法庭决定对证据收集的合法性进行调查的，可以由公诉人通过出示、宣读讯问笔录或者其他证据，有针对性地播放讯问过程的录音录像，提请法庭通知有关侦查人员或者其他人员出庭说明情况等方式，证明证据收集的合法性。公诉人提交的取证过程合法的说明材料，应当经有关侦查人员签名，并加盖公章。未经有关侦查人员签名的，不得作为证据使用。上述说明材料不能单独作为证明取证过程合法的根据。"

检察院对证据合法性的证明方式是，只有在"现有证据材料不能证明证据收集的合法性"时，才启动让有关侦查人员或者其他人员出庭的程序。在具体证明程序中，首先，检察院可以提请法院通知有关侦查人员或其他人员出庭说明情况；其次，法院可以不经提请，直接通知有关侦查人员或其他人员出庭说明情况；最后，有关侦查人员或者其他人员也可以主动要求出庭说明情况。经过法院通知，侦查人员或者其他有关人员有义务出庭作证。

5. 非法证据排除程序中的证明标准。《刑事诉讼法》第 60 条规定："对于经过法庭审理，确认或者不能排除存在本法第 56 条规定的以非法方法收集证据情形的，对有关证据应当予以排除。"据此，我国非法证据排除的标准有两个：一是人民法院"确认"存在非法取证的情形；二是检察机关的证明"不能排除存在"非法取证情形。应当说，检察院不仅要承担证明证据收集合法的举证责任，而且应当证明至排除该证据系非法取得的可能性，否则该证据就要被排除。

（二）民事诉讼和行政诉讼中的非法证据排除规则

2014 年修订《行政诉讼法》时规定了非法证据排除的内容，2017 年《行政诉讼法》延续此规定。《行政诉讼法》第 43 条第 3 款规定："以非法手段取得的证据，不得作为认定案件事实的根据。"最高院《行诉证据规定》第 58 条规定："以违反法律禁止性规定或者侵犯他人合法权益的方法取得的证据，不能作为认定案件事实的依据。"此外，根据最高院《行诉证据规定》第 57 条的规定，严重违反法定程序收集的证据材料，以偷拍、偷录、窃听等手段获取侵害他人合法权益的证据材料，以利诱、欺诈、暴力等不正当手段获取的证据材料，以及不具备合法性和真实性的其他证据材料，都不能作为定案依据。可见，我国行政诉讼中已经确立了非法证据排除规则。

我国《民事诉讼法》未明确规定非法证据排除规则，但最高院《民诉证据规定》中有非法证据排除的相关规定。最高院《民诉证据规定》第 68 条规定："以侵害他人合法权益或者违反法律禁止性规定的方法取得的证据，不能作为认定案件事实的依据。"可见，依据最高院《民诉证据规定》，以取得证据的方法是否侵害他人合法权益或者违反法律禁止性规定作为非法证据判断标准。这项规定在审判实践中取得了比较好的法律效果和社会效果。但在一些特殊的情况下，这种判断标准有时会遭遇与合法权益之间的冲突。如在离婚案件中，涉及有配偶者与他人同居的事实时，由于该事实一般具有隐秘性，有关证据不易取得，配偶另一方在取得证据的过程中可能会对他人的隐私构成侵害。对于类似情况，如果严格按照最高院《民诉证据规定》第 68 条的标准判断可能会产生不公平的结果，也不利于保护受害人的合法权益。然而，"侵害他人合法权益"是一个较为笼统的标准，难以落实和操作。但应当明确的是，"侵害他人合法权益"是确定证据非法性的底线，没有侵害他人合法权益，便不构成非法证据。当然，这并不意味着取证行为只要"侵害他人合法权益"就构成了非法证据，还要衡量该取证行为中的违法因素是否达到了"重大违法"或"严重违法"的程度。

2014 年修订的最高院《民诉解释》延续了自最高院《民诉证据规定》以来最高人民法院排除非法证据的一贯立场，在判断非法证据的标准上，将违反法律的禁止性规定仍然作为一项判断标准。最高院《民诉解释》第 106 条规定："对以严重侵害他人合法权益、违反法律禁止性规定或者严重违背公序良俗的方法形成或者获取的证据，不得作为认定案件事实的根据。"所谓违反法律的禁止性规定，是指违反实体法上的规定，这里的实体法不限于民事法律，一切实体法规范均包括在内。最高院《民诉证据规定》中"侵害他人合法权益"的标准，在本条中被表述为"严重侵害他人合法权益"，即对侵害他人合法权益提出了程度上的条件即要达到严重的程度，一定程度上体现了利益衡量的因素。这意味着对他人合法权益造成一般性侵害的，不会导致证据被排除，因此，非法证据的判断标准有所放宽。同时，增加了"严重违背公序良俗"的情形。由于在审判实践中一直以侵权行为的构成作为判断取证方法是否构成"侵害他人合法权益"的标准，违反公序良俗、损害他人合法权益的情形因构成侵权行为，事实上已经被"严重侵害他人合法权益"的标准所涵盖。故"严重违背公序良俗"，是指证据在形成或者获取过程中并无对他人合法权益的明显损害，但其形成或者取得的构成本身违背公序良俗的情形。此外，与最高院《民诉证据规定》相比，最高院《民诉解释》第 106 条对于非法证据的界定并不限于获取证据方法的违法，证据形成本身违法亦构成非法证据。

第四节　传闻证据规则

司法活动必须在特定的空间场域中进行，为了阻断司法场域外的信息进入裁判者的考量范围，就必须设立特殊的信息过滤机制。传闻证据规则或者传闻证据排除规则是域外证据制度中这一特殊信息过滤机制的表现形式。

一、传闻证据与传闻证据规则的概念

（一）传闻证据的概念

传闻证据规则的核心概念是"传闻"（即传闻证据，源自英文 hearsay。在我国的证据理论研究中，习惯上对二者不做区别）。这是英美证据法上特有的证据概念。所谓"传闻"，在广义上是指，用以证明其所说内容真实的法庭之外的陈述，包括口头陈述、书面陈述以及有意或无意地带有某种意思表示的非语言行为。

传闻证据是指证人在审判场所以外对案件事实所作的陈述，包括口头陈述、书面陈述以及有意或无意地带有某种意思表示的行为。在英美法数百年的历史上，对于传闻证据的界定有诸多不同，始终未能统一。但总体上应当包含以下内容：

1. 传闻证据必须是一项陈述。但陈述是一个十分广泛的概念，包括意思表达的所有方式。其广义的表现方式包括口头陈述、书面陈述，以及非语言行为。至于陈述的主体，是广义的证人。需要指出的是，由于历史传统、法律习惯等原因，大陆法系和英美法系在证人的概念上有很大区别，主要是证人的范围不同。在大陆法系，证人是指以自己的感官感觉到案件情况的人，不包括当事人、鉴定人。在英美法系国家，证人的概念是广义的。证人通常是指经过宣誓之后在法庭审理过程中对案件事实作证的人，既包括狭义的证人，还包括被害人、鉴定人、进行侦查的警察等广义的证人。

2. 传闻证据是在法庭外作出的。传闻证据的实质在于将两个不同的人以证人的身份置于法官面前：一个是假定的知情者、在法庭外作出陈述的证人，他在先前的某一时点上作出陈述，说某一事实曾经存在，该陈述被未经法官授权的另一个人听到；另一个是在法庭上宣誓作证的证人，他提供证言的目的并非证明该事实的真实存在，而是证明那个在法庭之外作出陈述的证人确实在庭外某场合下作出过这样的陈述。而传闻证据规则所禁止的，正是这种法庭外的证

言性的主张。被作为证言提出的人的主张不是在证人席上当庭作出的，而是事先在庭外作出的。根据传闻证据规则，庭外陈述人的主张是不能被接受的，因为该主张不是在能获得某些实质的检验或调查的情况下作出的，而这些检验或调查能够通过暴露其潜在错误来源而彰显其真实价值。

3. 传闻证据是一项主张，并旨在证明这一主张的真实性。传闻证据规则并非一律排除陈述者在庭外的所有陈述，而是不得用于证明其陈述内容的真实性。如果为了其他证明目的，传闻证据是可以采纳的。

（二）传闻证据规则的概念

传闻证据规则即传闻证据排除法则，又称反传闻规则（rule against hearsay），是英美证据法最重要的证据规则之一。传闻证据规则是指，如果一个证据被定义为传闻证据，并且没有法定的例外情况可以适用，则该证据不得被法庭采纳。

之所以排除传闻证据，是因为理论上认为传闻证据不真实。传闻证据被认为不真实的理由通常包括以下几点：

1. 传闻证据不是最佳证据。法庭要求就指控的事实提出最好的证据。就陈述类证据而言，毫无疑问，陈述者亲自出席法庭，就其亲历的事实作出的陈述才是最好的和最可靠的证据。日常生活经验告诉人们，对于事件的描述会在人与人之间的传递过程中被扭曲，心理学的研究也证明了这一点。任何陈述都有可能因为陈述者的感知、记忆、表达以及诚实信用程度等而不可靠。传闻证据即存在这种危险。

2. 传闻证据通常不是在宣誓如实作证后作出的。这个理由基于如下假定：宣誓作为一种宗教和仪式上的标志会让证人觉得有一种特殊的责任要说实话。当证人已经宣誓还故意对其明知是错误或者不相信的事物证明其真实性时，宣誓是对伪证的强有力的抑制因素。与没有宣誓而作证相比，宣誓至少能让陈述者在陈述时更谨慎一些。此外，宣誓还产生法律上的后果。宣誓后，陈述者才具有合法的证人身份，才可以开始作陈述。宣誓后其所作的陈述才具有可采性，允许用作认定案件事实的依据。宣誓后，陈述者有义务如实作证，如果说假话，一旦被认定，可能承担法律上的责任，受到作伪证的追究和处罚。由于陈述者在法庭外的陈述，不是经过宣誓后作出的，因此既不能确保陈述的真实可靠，也不能产生法律上的后果，所以为传闻证据规则所排斥。

3. 如果陈述者本人不被传唤到庭作证，无法对其进行交叉询问。交叉询问是英美法系的重要审判制度和证据检验规则，是当事人主义诉讼模式中最具特色的制度之一。两个世纪以来，英美法系法官和律师已经把获得交叉询问的机会作为确保证人证言准确、完整的一项措施，认为交叉询问是发现案件真实的最佳方式，对证人进行交叉询问是揭露证人证言可能存在不真实的有力武器。而法庭之外的陈述者无法接受交叉询问，或者至少无法及时接受交叉询问，因此是不可以采纳的。

4. 法官和陪审团没有机会观察陈述者在作出陈述时的行为举止。一种观念认为观察证人的行为举止可以揭露其证言的不可靠性，这是构成排除传闻证据规则的另一个理论基础。生活常识告诉人们，当一个人讲话时，其语调的高低或者抑扬顿挫，其态度的平静或者烦躁不安，其用词的直率或者闪烁其词，以及眼神、面部表情等，都会提供关于其陈述真实可靠性的有价值的暗示。尽管这种暗示不一定完全正确，但是对于观其言者，通常是很有帮助的。正是基于这种理论，要求陈述者出席法庭，在法官和陪审团面前作出陈述，使得事实的裁判者有机会直接观察到陈述者作出该陈述时的行为举止，就具有积极意义，通过观察证人的行为举止可以揭示其证言的不可靠性。鉴于陈述者法庭外的陈述无法使得法官和陪审团察言观色，所以为传闻证据规则所排除。

传闻证据规则确立以后，许多例外相继形成。起初只是由法官在个别案例中逐步确立了一些普通法上的例外，主要包括：已故人的陈述；可采纳的作为有关事情一部分的陈述；公务文件中的记载；公共文书和著作中的记录；先前程序中所作的记录；等等。后来立法者通过制定成文法也巩固和建立了诸多例外。美国《联邦证据规则》中就规定了以下例外：不必要亲自陈述的例外；不能亲自陈述的例外；"传闻中的传闻"的例外；用于攻击和支持陈述者的可信性的例外；以及其他例外。设置例外的理由是：认为传闻证据规则不应当被死板地运用，当该规则所要避免的危险在既定案件的具体情节中不存在或者可以被忽略的时候，或者在某些情况下不可能得到其他的证据时，法官不应当机械地运用排除规则对该证据予以排除。

传闻证据规则在不断修正和变化之中。一方面，在普通法时期，传闻证据规则的内涵和外延就历经了发展和变化。在成文法中，传闻证据规则仍然在不断地变化。另一方面，同属于英美法系的各个国家之间在传闻证据规则的适用上也有较大的不同。如英国《2003 年刑事司法法》对传闻证据采取了比较灵活的方式，允许这类证据进入法庭，由事实审理者自由裁量。

二、传闻证据规则在我国立法中的体现

我国学者一般认为，传闻证据规则是英美法系证据法中的规定，大陆法系国家则确立了直接言词原则。根据该原则，直接感知案件事实的人必须出庭作证，这与传闻证据规则的内在精神是一致的。但是，由于直接言词原则与传闻证据规则分别隶属于两大法系的职权主义与当事人主义诉讼模式之中，因此，两者主要有以下几个方面的差异：一是两者的适用范围不同。前者主要是规范法官审判行为的原则，要求法官的行为必须符合直接、言词的要求；后者则主要禁止传闻证据进入法庭审理程序。二是两者发挥作用的方式不同。前者无须当事人提出，法官必须依职权贯彻；后者则必须以对方当事人提出为前提，法官不得主动排除传闻证据。三是对证据的效力影响不同。前者要求证据在法官面前以言词的方式提出才具有证据能力；后者则要求证据必须经过对方当事人的反询问或同意方具有可采性。[1]

鉴于该规则的核心内容是排斥陈述者在法庭外的陈述，因此，要求陈述者向法庭以言词方式作出陈述，并接受诉讼双方的口头发问，这是传闻证据规则的基本要义。我国不宜全面照搬传闻证据规则，但应在证人、被害人、鉴定人出庭作证问题上借鉴传闻证据规则并加以完善。我国《刑事诉讼法》第192条规定："公诉人、当事人或者辩护人、诉讼代理人对证人证言有异议，且该证人证言对案件定罪量刑有重大影响，人民法院认为证人有必要出庭作证的，证人应当出庭作证。人民警察就其执行职务时目击的犯罪情况作为证人出庭作证，适用前款规定。公诉人、当事人或者辩护人、诉讼代理人对鉴定意见有异议，人民法院认为鉴定人有必要出庭的，鉴定人应当出庭作证。经人民法院通知，鉴定人拒不出庭作证的，鉴定意见不得作为定案的根据。"第193条规定："经人民法院通知，证人没有正当理由不出庭作证的，人民法院可以强制其到庭，但是被告人的配偶、父母、子女除外。证人没有正当理由拒绝出庭或者出庭后拒绝作证的，予以训诫，情节严重的，经院长批准，处以10日以下的拘留。被处罚人对拘留决定不服的，可以向上一级人民法院申请复议。复议期间不停止执行。"尤其值得一提的是，最高院《刑诉解释》第78条对出庭和未出庭证人证言的审查规则进行较为细致的规定，主要内容包括：证人当庭作出的证言，经控辩双方质证、法庭查证属实的，应当作为定案的根据。证人当庭作出的证言

---

〔1〕　参见宋英辉、李哲："直接、言词原则与传闻证据规则之比较"，载《比较法研究》2003年第5期。

与其庭前证言矛盾，证人能够作出合理解释，并有相关证据印证的，应当采信其庭审证言。不能作出合理解释，而其庭前证言有相关证据印证的，可以采信其庭前证言。经人民法院通知，证人没有正当理由拒绝出庭或者出庭后拒绝作证，法庭对其证言的真实性无法确认的，该证人证言不得作为定案的根据。从上述规则来看，我国刑事诉讼中已经具备了传闻证据规则的雏形。

第五节　最佳证据规则

一、最佳证据规则的概念

最佳证据规则（best evidence rule），又称原始文书规则（the original writing rule），是英美法系国家一项古老的证据规则。"最佳证据"这一用语最早是指1700 年首席大法官霍尔特（Holt）在一个案件中指出的："仅仅需要事物本身所能具有的最佳证据"。随后，证据法学者吉尔伯特男爵（Baron Gilbert）也指出，最佳证据规则是第一个且最为出色的有关证据的规则，即一个人必须拥有事实本身所能具有的最好的证据。布莱克斯通（Blackstone）也认为，若可能获得的话，应当提供案件性质所能够允许的最好的证据；但是如果不可能的话，那么现有的最好的证据应当被许可。"最佳证据的主要解释是：如果你要证明文书的内容，就必须提供文书本身。"[1]最初的最佳证据规则强调的仅仅是要求提供"最好的证据"，但对什么是"最好的证据"并没有作出明确的解释。直至 18 世纪末，学者才明确提出最佳证据规则的明确含义，即在证明一项文书内容的过程中，如果其内容是重要的，除非可以证明存在非因提出人的重大过失的其他原因，否则必须提出原始的文书。根据最佳证据规则，如果以文书的内容来证明案件事实，必须提供原始的文书；除非存在法定的例外情形。对其他以原始文书派生出来的第二手文书，法院将不予采纳。正是基于此，美国证据法学者华尔兹教授认为："最佳证据规则，这个名字给人带来一些不必要的误解……其实，把这条规则称为'原始文书规则'或许更为妥当，它仅是一项规定原始文

---

〔1〕　[美] 约翰·W. 斯特龙主编，汤维建等译：《麦考密克论证据》，中国政法大学出版社 2004 年版，第 464 页。

字材料有优先权作为证据的简单原则。"〔1〕

最佳证据规则，就其本质而言，是一项确保证明真实性的规范证据能力的规则。对此，著名证据法学者摩根曾作了经典的论述："所谓最佳证据法则，在现在则为关于文书内容之证据容许性法则。该法则需要文书原本之提出，如不能提出原本，直至有可满意之说明以前，则拒绝其他证据，其理由至为明显。盖文字或其他符号，如差之毫厘，其意义则可能失之千里；观察时之错误危险甚大，尤以当其在实质上对于视觉有所近视时为然。因此之故，除提出文书之原本以供检阅外，于证明文书之内容时，诈伪及类似错误之机会自必甚多。"〔2〕显然，这里的"证据容许性法则"意味着最佳证据规则为一项规范证据能力的规则，而之所以"拒绝其他证据"，是因为"如差之毫厘，其意义则可能失之千里"，这实际上是从确保证明真实性的角度阐述最佳证据规则确立的缘由。

起源于英国的最佳证据规则曾作为可以涵盖整个证据法的一般规则而存在，享有其他证据规则无法比拟和取代的显要地位，至今仍在英美法系各国普遍适用。英美证据法中传统的最佳证据规则，其适用范围限于文书。应当指出的是，最佳证据规则与书证优先规则是两个不同的概念。书证优先规则的基本含义是书证优于人证，即只要做成了书证，就排斥了对同一案件事实以证人加以证明的任何可能性。美国《联邦证据规则》对最佳证据规则作了详尽规定。该规则第 1002 条规定："为证明文字、录音或照相的内容，要求提供该文字、录音或照相的原件，除非本证据规则或国会立法另有规定。"该法对"原件"的解释是："文字或录音的原件即该文字或录音材料本身，或者由制作人或签发人使其具有与原件同样效力的副本、复本。照相的原件包括底片或任何由底片冲印的胶片。如果数据储存在电脑或类似设备中，任何从电脑中打印或输出的能准确反映有关数据的可读物，均为'原件'。"〔3〕因此，最佳证据规则已经从证据法体系中的一般规则变成其中一个具体规则，也就是原始文书规则或原件规则。

与英美法系国家相比，大陆法系国家对最佳证据规则在刑事诉讼中的运用基本没有作出规定，而在民事法律中有一些规定，但其重视程度显然不如英美法系国家。其中，法国和意大利关于最佳证据规则的规定比较接近英美法系国

---

〔1〕　[美]乔恩·R.华尔兹著，何家弘等译：《刑事证据大全》，中国人民公安大学出版社 2004 年版，第 420 页。

〔2〕　[美]摩根著，李学灯译：《证据法之基本问题》，我国台湾地区"教育部"1982 年版，第 385 页。

〔3〕　[英]理查德·梅著，王丽等译：《刑事证据》，法律出版社 2007 年版，第 8 页。

家。通过考察可以看出，现代法治国家一般都遵循以提交书证的原件为基本要求的最佳证据规则，同时也规定了若干例外情形，以使复制件在确保真实可靠的情况下具有可采性，而且只要复制件的真实可靠性被有效地证明，复制件就具有与原件同等的证明力。如德国《民事诉讼法》第 435 条规定："公文书，可以提出原本或提出经认证的善本，但善本在认证后须具备公文书的要件；法院也可以命令举证人提出原本，或命其说明不能提出原本的原因并释明之。举证人不服从命令时，法院依自由心证对该认证善本具有如何的证明力作出判断。"据此，德国《民事诉讼法》尽管原则上要求当事人提交文书的原件，但是在当事人提交复制件的情况下，法院并不是简单地以该复制件没有证据能力而不予采纳，而是由法院对其证明力进行自由裁量。

综上，我们可以看出最佳证据规则的重要性有所下降，但现代法治国家一般都遵循以提交文书的原件为基本要求的最佳证据规则，同时也规定了提交原件的若干例外，以使复制件在确保真实的情况下具有可采性，这体现了在诉讼中愈加重视对事实真相查明的价值取向。

二、最佳证据规则在我国法律中的体现

我国三大诉讼法虽然没有对最佳证据规则作出明确规定，但都有明显的体现。相比较而言，民事诉讼和最高院关于民事诉讼、行政诉讼的司法解释对最佳证据规则作了较多的规定，例如，《民事诉讼法》第 70 条第 1 款规定："书证应当提交原件。物证应当提交原物。提交原件或者原物确有困难的，可以提交复制品、照片、副本、节录本。"最高院《民诉证据规定》第 10 条规定："当事人向人民法院提供证据，应当提供原件或者原物。如需自己保存证据原件、原物或者提供原件、原物确有困难的，可以提供经人民法院核对无异的复制件或者复制品。"最高院《民诉解释》第 111 条规定："民事诉讼法第 70 条规定的提交书证原件确有困难，包括下列情形：①书证原件遗失、灭失或者毁损的；②原件在对方当事人控制之下，经合法通知提交而拒不提交的；③原件在他人控制之下，而其有权不提交的；④原件因篇幅或者体积过大而不便提交的；⑤承担举证证明责任的当事人通过申请人民法院调查收集或者其他方式无法获得书证原件的。前款规定情形，人民法院应当结合其他证据和案件具体情况，审查判断书证复制品等能否作为认定案件事实的根据。"最高院《行诉证据规定》第 10 条规定，当事人向人民法院提供书证的，应当符合下列要求：①提供书证的原件，原本、正本和副本均属于书证的原件。提供原件确有困难的，可以提供与原件核对无误的复印件、照片、节录本；②提供由有关部门保管的书证原件的复制件、影印件或者抄录件的，应当注明出处，经该部门核对无异后加盖其印章；③提供报表、图纸、会计账册、专业技术资料、科技文献等书证的，应当附有说明材料；④被告提供的被诉具体行政行为所依据的询问、陈述、谈话类笔录，应当有行政执法人员、被询问人、陈述人、谈话人签名或者盖章。法律、法规、司法解释和规章对书证的制作形式另有规定的，从其规定。

在刑事诉讼的司法解释中体现了最佳证据规则的精神，例如，最高院《刑诉解释》第 69 条规定："对物证、书证应当着重审查以下内容：①物证、书证是否为原物、原件，是否经过辨认、鉴定；物证的照片、录像、复制品或者书证的副本、复制件是否与原物、原件相符，是否由二人以上制作，有无制作人关于制作过程以及原物、原件存放于何处的文字说明和签名……"第 71 条规定："据以定案的书证应当是原件。取得原件确有困难的，可以使用副本、复制件。书证有更改或者更改迹象不能作出合理解释，或者书证的副本、复制件不能反映原件及其内容的，不得作为定案的根据。书证的副本、复制件，经与原件核对无误、经鉴定为真实或者以其他方式确认为真实的，可以作为定案的根据。"

从上述规定可以看出，我国还没有正式确立最佳证据规则，但有关立法和司法解释对最佳证据规则给予了一定的关注和吸收。但是整体而言，主要是司法解释的规定，立法层次较低，需要在以后的立法中正式确立，并在司法解释中逐步完善。

第六节 意见证据规则

一、意见证据规则的概念

意见（opinion）证据规则是英美证据法上规范证人证言的证据规则。其主要内容是：证人只能就其自身感知的事实提供证言，一般情况下，不得发表意见，即不得以其感知、观察得出的推断或评论的形式发表意见。判断一个证人的陈述是否为"意见"的依据是其证词的内容，看其是属于证人个人的观察还是证人从中得出的推论或者判断。意见证据规则有利于正确收集和审查判断证人证言。

意见证据规则作为源自于英美法系国家的一个证据规则，其目的在于"能够确保相关证据客观、真实、可靠"。[1] 通常而言，意见证据规则的要旨表现在两方面：一方面，确保证人证言与案件事实的相关性较为紧密，且证言不会侵犯裁判者的裁判职权；另一方面，实务中很难对证人感知的事实与作出推断的结论进行区分。[2] 因此，英美法系大多数国家的意见证据规则从最初的"绝对排除"逐步发展为现在的"相对排除"，即不仅规定了意见证据的一般排除规则，同时也规定了一些例外情形以便某些意见证据可以被采纳。

意见证据规则的理论基础是证人职能与裁判职能的区别。英美证据法理论将证人视为一种证据来源，其职能在于将其亲自体验的事实如实地提供于法庭，而依据一定的证据材料作出推断或结论，则属于裁判职能，应当由裁判者负责。如果允许普通证人在诉讼中提出推论或意见，将会侵犯陪审团的裁判职能，或者因为该普通证人没有作出推断或意见的特殊技能、经验而误导陪审团，以至于有可能错误地认定案件事实。

鉴于证人感知的事实和证人的意见在实践中有时很难截然分开，意见证据规则设置了若干例外。英国法中有下列例外：①专家证人就其具有专门知识或者技能的事项作证的意见；②极难分开的意见和事实，而且对于裁判者有所帮助的普通证人的意见；③证人对非主要争执点的意见。在美国，《联邦证据规则》第701条规定："如果证人不属于专家，则他以意见或者推理形式作出证词仅限于以下情况：①合理建立在证人的感觉之上；②对清楚理解该证人的证词或确定争议中的事实有益。"[3]

大陆法系国家把证人和鉴定人明确加以区分，证人证言和鉴定意见分别被规定为独立的不同的证据种类。大多数大陆法系国家没有限制证人意见的证据能力的规则。但日本在第二次世界大战以后，受美国法的影响，对意见证据作出了限制性规定。日本《刑事诉讼法》第199条之十三规定，原则上禁止对证人进行要求其提供意见的询问，也允许对方当事人对该证人提供的不必要的意见声明异议。

二、意见证据规则在我国法律中的体现

就我国的法律而言，意见证据规则最早被规定在2002年4月1日起施行的

---

〔1〕 李学军："意见证据规则要义——以美国为视角"，载《证据科学》2012年第5期。

〔2〕 李学军等："我国刑事诉讼中意见证据规则适用的实证分析"，载《证据科学》2016年第5期。

〔3〕 卞建林译：《美国联邦刑事诉讼规则和证据规则》，中国政法大学出版社1996年版，第117页。

最高院《民诉证据规定》中，其第 57 条规定："出庭作证的证人应当客观陈述其亲身感知的事实。……证人作证时，不得使用猜测、推断或者评论性的语言。"同年 10 月 1 日起施行的最高院《行诉证据规定》第 46 条也作出了类似规定："证人应当陈述其亲历的具体事实。证人根据其经历所作的判断、推测或者评论，不能作为定案的依据。"从前述内容可以看出，在民事诉讼和行政诉讼中，对证人的"意见"实际上采取了"绝对排除"的态度。我国刑事诉讼制度中的意见证据规则出现得较晚，直至 2010 年 7 月 1 日起施行的两院三部《办理死刑案件证据规定》才有所涉及，其第 12 条第 3 款规定"证人的猜测性、评论性、推断性的证言，不能作为证据使用，但根据一般生活经验判断符合事实的除外"。最高院《刑诉解释》第 75 条第 2 款规定，"证人的猜测性、评论性、推断性的证言，不得作为证据使用，但根据一般生活经验判断符合事实的除外"。虽然在规范时间上晚于民事、行政诉讼制度，但从具体内容来看，我国刑事诉讼制度关于意见证据规则的规定相对而言更成熟，即对意见证据规则作出一般性规定的同时，以"但书"的形式对意见证据规定了例外情形。

第七节　补强证据规则

一、补强证据规则概述

（一）补强证据规则的概念

补强证据规则是世界各国或地区普遍采用的证据证明力判定规则，它萌芽于欧洲古代宗教法中的证人数量规则，形成于 18 世纪。一般认为，补强证据规则的含义，是指为了保护诉讼参与人的权利、防止错误认定案件事实或发生其他危险性，法律规定和诉讼制度要求在运用某些证明力显然薄弱的证据认定案件事实时，必须有其他证据补充说明或辅助佐证其证明力，用以加强其他证据证明力的证据即为补强证据，被补强的证据即为主证据，主证据通常是言词证据，包括被告人陈述、证人证言、被害人陈述等。[1] 由于被追诉者的口供与其他言词证据在诉讼特征上有很大不同，又可以将补强证据规则分为口供的补强与其他证据的补强两类。

关于口供的补强，在英美证据法中，被告人在法庭外所作的有罪供述必须

---

〔1〕　沈志先：《刑事证据规则研究》，法律出版社 2014 年版，第 172 页。

在有其他证据予以补强的情况下，才能在法庭上作为证据提出。在中世纪纠问式诉讼制度下，口供被奉为证据之王。只要有被告人的有罪供述，法官便可以判决其为有罪。实践中出现过著名的错判案例，此后有人主张凡是杀人案，应当有被害人的尸体才能作出定罪判决。随着资产阶级启蒙思想家对封建刑讯逼供以及口供主义的反思和批判，口供的补强规则逐渐得以确立。在日本，口供补强被作为被告人的一项宪法性权利。日本《宪法》第 38 条第 3 款明确规定："任何人如对其不利的唯一证据为本人口供时，不得定罪或科以刑罚。"日本《刑事诉讼法》第 319 条第 2 款规定："不论是否被告人在公审庭上的自白，当该自白是对其本人不利的唯一证据时，不得认定被告人有罪。"[1] 我国台湾地区"刑事诉讼法"第 156 条第 2 款规定："被告或共犯之自白，不得作为有罪判决之唯一证据，仍应调查其他必要之证据，以察其是否与事实相符。"

在英美法系国家的刑事诉讼中，依照制定法或惯例，以下情形需要补强证据：

1. 对伪证的证明。在对伪证罪以及英国 1911 年《伪证罪法》所规定的任何其他同类罪行的起诉中，如果只有一个证人证明某人作了伪证，不能依此证言判处某人犯伪证罪，因为不能用一个人的宣誓证言去反对另一个人的宣誓证言。在对每个证据的虚假性加以证明时，进行这种证明的证人证言必须有其他证据予以补强。

2. 对某些性犯罪的证明。在对妇女和儿童的某些性犯罪中，例如，强奸等案件中，如果只有一个证人（被害人）的证言，不能认定被告人犯有这种罪行，除非该证言在某些实质的细节上有其他控诉证据补强其证明力。即使在那些法律没有要求必须有补强证据的性犯罪案件中，依照惯例，如果法官没有提醒陪审团仅仅根据此类证据定案可能存在的风险，该有罪判决在上诉时会被撤销。

3. 儿童提供的不经宣誓的证言。一个年幼的儿童可以不经宣誓而作证，此情形下的证言被认为可靠性较低，该证言需要补强证据。例如，英国 1983 年的《青少年法》虽然允许不了解宣誓意义的未成年人作证，但其证言必须有其他补强证据。

4. 根据英国 1960 年《道路交通法》进行的证明。英国 1960 年《道路交通法》规定，某些车辆在公路上超速行驶会构成犯罪。但是，不得仅依据一位证人认为司机超速行驶的证言而判处被告人有罪。但是，如果证人所讲述的不是自己

---

[1] 宋英辉译：《日本刑事诉讼法》，中国政法大学出版社 2000 年版，第 73 页。

的看法，而是他通过记秒表和测量的距离确定出来的事实，则无须补强证据。

5. 共犯的证言。根据某一共犯的证言对另一共犯定罪时，如果没有补强证据，依照惯例，法官应当向陪审团说明这样做的危险。如果法官没有按照这一规则提醒陪审团，对另一共犯的定罪将是无效的。补强证据不是要证实证人陈述中的任何实质性细节，而是要证明与被告人有直接联系的某些特定细节。

（二）补强证据规则确立的依据

1. 防止司法人员偏重言词证据。言词证据，尤其是被告人的真实供述具有很强的证明力。司法人员为了查明案件的真相，极易产生不择手段获取这类证据的动机，如果仅仅依据被告人的供述定案，将可能导致发生侦查人员、审判人员过分依赖口供，刑讯逼供屡禁不止，被告人合法权益难以得到保障的现象。而从立法上明确规定对被告人的供述必须以其他证据予以补强，可以有效地抑制司法人员偏重口供的心理倾向，防止刑讯逼供、侵犯被告人合法权益现象的发生。[1]

2. 增强、担保言词证据的证明力。言词证据是以人的陈述为表现形式的诉讼证据，即便合法取得，也可能具有一定的虚假性。如果仅仅依据被告人的有罪供述或者单一的言词证据定案，极有可能导致因虚假供述、陈述而误判的后果。为防止误判，对证明力明显薄弱的言词证据以其他证据予以补强成为必要。"补强法则，则系防止偏重自白而生误判之危险之政策的立场，对于自白之证据价值加以限制，禁止自白为有罪判决唯一依据。"[2]

二、补强证据规则在我国法律中的体现

我国《刑事诉讼法》第 55 条规定："……只有被告人供述，没有其他证据的，不能认定被告人有罪和处以刑罚……"这一规定强调了不能把被告人的供述作为定罪和处罚的唯一证据，口供必须得到其他证据的补强才具有证明力。由此可见，我国刑事诉讼法确立了口供需要补强的法则。最高院《刑诉解释》第83 条对此作出了进一步的详细规定："审查被告人供述和辩解，应当结合控辩双方提供的所有证据以及被告人的全部供述和辩解进行。被告人庭审中翻供，但不能合理说明翻供原因或者其辩解与全案证据矛盾，而其庭前供述与其他证据相互印证的，可以采信其庭前供述。被告人庭前供述和辩解存在反复，但庭审中供认，且与其他证据相互印证的，可以采信其庭审供述；被告人庭前供述和

---

〔1〕 金钟：《证明力判定论：以刑事证据为视角》，中国人民公安大学出版社 2010 年版，第 118 页。
〔2〕 陈朴生：《刑事证据法》，台湾三民书局 1979 年版，第 336 页。

辩解存在反复，庭审中不供认，且无其他证据与庭前供述印证的，不得采信其庭前供述。"最高院《刑诉解释》第 106 条规定："根据被告人的供述、指认提取到了隐蔽性很强的物证、书证，且被告人的供述与其他证明犯罪事实发生的证据相互印证，并排除串供、逼供、诱供等可能性的，可以认定被告人有罪。"此外，最高院《刑诉解释》第 109 条规定："下列证据应当慎重使用，有其他证据印证的，可以采信：①生理上、精神上有缺陷，对案件事实的认知和表达存在一定困难，但尚未丧失正确认知、表达能力的被害人、证人和被告人所作的陈述、证言和供述；②与被告人有亲属关系或者其他密切关系的证人所作的有利被告人的证言，或者与被告人有利害冲突的证人所作的不利被告人的证言。"以上表明我国刑事诉讼法中已经有补强证据规则存在，只是表述方式不同而已。

练习案例

某花园小区发生一起入室抢劫杀人案。经勘查，犯罪现场除留有被害人的尸体外，由于现场破坏严重，未发现其他有价值的痕迹。

经查，李某有重大犯罪嫌疑，其曾因抢劫被判有期徒刑 12 年，刚刚刑满释放，案发时小区保安见李某出入小区。李某随后被东湖市公安局立案侦查并被逮捕羁押。审讯期间，在保安的指认下，李某不得不承认其在小区他处入室盗窃 3000 元，后经查证属实。但李某拒不承认抢劫杀人行为。审讯人员将李某提到公安局办案基地对其实施了捆绑、吊打、电击等行为，3 天 3 夜不许吃饭，不许睡觉，只给少许水喝，并威胁不坦白交代抢劫杀人罪行、认罪态度不好，法院会判死刑。最终，李某按审讯人员的意思交代了抢劫杀人的事实。在此期间，侦查人员还对李某的住处进行了搜查，提取扣押了李某鞋子等物品，当场未出示搜查证。

东湖市检察院对案件审查起诉后，向东湖市中级法院提起公诉。庭审中，应李某辩护人的申请，法庭启动了排除非法证据程序。[1]

问题：

1. 本案哪些行为收集的证据属于非法证据？哪些非法证据应当予以排除？

2. 本案负有排除非法证据义务的机关有哪些？

3. 针对检察院的指控，东湖市中级法院应当如何判决本案？

4. 结合本案，阐明非法证据排除规则的诉讼价值。

---

〔1〕 此案例为 2012 年司法考试卷四真题。

➡ **思考题**

1. 证据规则的内涵是什么?
2. 如何理解和运用我国非法证据排除规则?
3. 如何区分非法证据与瑕疵证据?
4. 传闻证据规则对我国证人出庭制度的建构有何意义?
5. 试述最佳证据规则与意见证据规则的含义及其在我国的体现。
6. 补强证据规则对于刑事诉讼有何价值?

第
七
章

证明概述

⮕**学习指导**

通过本章的学习，应当重点掌握诉讼证明的含义、特征，以及证据与证明的关系；理解证明的构成要素和证明的分类。学习的难点在于对于严格证明与自由证明、狭义证明与释明的区分标准以及三大诉讼证明的区别。

第一节　证明的概念和特征

一、证明的概念

根据《现代汉语词典》的解释，证明有两种含义，一是"证明书或证明信"，这种解释说明证明具有名词词性。二是"用可靠的材料来表明或断定人或事物的真实性"，这种解释说明证明具有动词词性，强调证明是用已经掌握的材料来证明未知事物的活动。证明作为人类所特有的认识活动，在日常生活中运用较为普遍。可以说，证明在某种程度上就是人类认识世界、获取真理的行为和过程。

诉讼活动中的证明，通常称之为诉讼证明，有别于一般的非诉讼证明，其要受到法律调整和规范限制，"在诉讼程序中，证明除了作为认识的一种过程和状态之外，还具有法律赋予的种种特殊性质"。[1] 因而诉讼证明有其特定的含义，具体是指诉讼主体按照法定的程序和标准，运用已知的事实和证据来认定案件事实的活动。

诉讼证明一直存在"狭义说"和"广义说"之争。"狭义说"认为，证明仅

---

〔1〕 王亚新："民事诉讼中的证据与证明"，载《证据科学》2013 年第 6 期。

限于审判阶段。而"广义说"认为，证明贯穿于诉讼的全过程，应当包括立案、侦查、起诉和审判阶段。不同国家的证据理论或立法规定也有差异。在英美法系国家，证据理论通常将证明界定为双方当事人（或控辩双方）在法庭上举证以说服法官确认本方所主张是案件事实的活动。[1] 俄罗斯《联邦刑事诉讼法典》第 85 条规定："证明是指为确认本法典第 73 条所列的情况而收集、审查和评定证据。"[2]

我们认为，由于证明所处的诉讼属性不同，因而在刑事诉讼、民事诉讼、行政诉讼中，证明所处的阶段有所不同。在民事诉讼、行政诉讼中，证明所处的诉讼阶段是审判阶段，因此民事诉讼和行政诉讼中的证明就应当限定为审判阶段。但在刑事诉讼中，诉讼阶段包括立案、侦查、起诉、审判等阶段，因而在刑事诉讼中的证明就应当将整个刑事诉讼过程中的证据收集、审查和认定的活动都纳入诉讼证明的范畴。我国《刑事诉讼法》的相关规定，也表明刑事证明不仅限于审判阶段。例如，《刑事诉讼法》第 116 条规定："公安机关经过侦查，对有证据证明有犯罪事实的案件，应当进行预审，对收集、调取的证据材料予以核实。"因此，刑事诉讼证明适用于包括侦查、起诉、审判在内的刑事诉讼的各个阶段。而且，将刑事诉讼各个阶段查明案件事实真相的活动均纳入到诉讼证明的范畴，使之接受诉讼程序和制度的规制，有利于确保其正当性和科学性，进而保证证明过程与证明结果的公正。[3]

二、证明的特征

诉讼中的证明不同于其他领域的证明，具有以下几个特征：

（一）诉讼证明主体的宽泛性

在诉讼证明活动中，进行诉讼证明的主体不仅有特定的国家专门机关，也有当事人、诉讼代理人和辩护人等。具体而言，在刑事诉讼中，侦查、检察、审判机关担负着查明、认定案件事实的职责，因此他们是诉讼证明的主要主体；而自诉人、附带民事诉讼的当事人及其诉讼代理人、被告人及其辩护人等有权举证、质证和辩论，也是诉讼证明的重要主体。在民事、行政诉讼中，当事人及其代理人提出诉讼主张、履行举证责任，成为诉讼证明的主体。律师在不同

---

〔1〕 陈光中主编：《刑事诉讼法》，北京大学出版社、高等教育出版社 2013 年版，第 172 页。

〔2〕 黄道秀译：《俄罗斯联邦刑事诉讼法典（新版）》，中国人民公安大学出版社 2006 年版，第 82 页。

〔3〕 陈光中主编：《证据法学》，法律出版社 2015 年版，第 288 页。

的诉讼中分别承担着辩护或者代理的职责，依法享有调查取证的权利，也应当是诉讼证明的主体。

（二）诉讼证明对象的特定性

证明对象也称为证明客体，就是诉讼证明中需要由证明主体运用证据证明的案件事实，又称为待证事实。案件事实是诉讼证明活动中必须查明、认定的事实，是适用法律不可缺少的重要前提和事实基础。但在不同的诉讼证明中，需要运用证据证明的案件事实有所不同。在刑事诉讼中，案件事实主要是被指控犯罪行为的构成要件事实；在民事诉讼中，案件事实表现为民事法律关系构成要素的事实；在行政诉讼中，案件事实则为具体行政行为合法性的事实。需要强调的是，诉讼证明中需要证据证明的待证事实，必须是依据法律规定必须查明、认定的要件事实，而不是全部事实。而且，待证事实与客观事实也可能不相同，前者是依据法律需要证明的当事人主张的案件事实；而后者则是客观发生或者存在的事实。例如，在民事诉讼中，原告诉请被告归还借款 10 000 元，然而法院经过审理查明被告实际上只欠原告 3000 元。在这种情况下，10 000 元是待证事实，而 3000 元则是客观事实。

（三）诉讼证明方式、程序、标准和期限具有法定性

诉讼证明是一种法律活动，必须受到法律的严格约束，因此诉讼证明许多内容都具有法定性。除了证明主体和证明对象的法定性及特定性以外，诉讼证明的法定性还包括：①诉讼证明方式的法定性，即证明主体进行证明的方法、手段等必须符合法律规定，不仅包括收集证据的手段要合法，否则对非法证据要依法予以排除，而且证明的方法也有合法性要求，即必须运用证据进行逻辑推理、司法认知或者推定等。②诉讼证明程序具有法定性，即诉讼证明的具体程序受法律规定的限制和约束。例如，调查收集证据的程序、法庭调查程序中的举证、质证、辩论程序等，都有着法律的明确规定。③诉讼证明标准的法定性，即诉讼证明需要达到法定的证明程度才能完成证明责任或者职责，最终使法官认定争议事实、裁判案件。对此，各国法律都明确规定了不同的证明标准。例如，在英美法系国家，刑事诉讼的证明标准是"排除一切合理怀疑"；民事诉讼的证明标准是"盖然性占优势"。我国三大诉讼法定的证明标准都是"案件事实清楚、证据确实充分"。④诉讼证明的期限具有法定性，即诉讼证明应当严格限制在法定诉讼期间内。诉讼外的证明，即便为当事人所为，也属于诉讼外的活动，不属于诉讼证明过程。只有国家专门机关、当事人等在审前程序、庭审期间的证明活动才属于诉讼证明。在许多西方国家，由于严格遵循辩论主义原

则，要求所有的证据只有经过庭审质证的方式方能成为定案的根据，法官的定案活动也以当事人之间交换并质证的证据为依据。所以他们的证明被严格地限制于诉讼庭审期间，有效的排除了法官可能受到的庭外影响。

（四）诉讼证明具有明显的主观性

从本质上讲，证明是人的认识活动，也就离不开人和人的思维活动，这就是证明具有主观性的根源所在。有学者指出：主观性是一切证明的通性，无论经验证明、推理还是逻辑证明，也不论是通常的证明还是诉讼证明，均具有主观性。[1] 在诉讼证明活动中，证明主体根据查证属实的证据认识案件事实的过程，也是查明案件事实的过程，而且从证明结果来看，最终案件事实能否认定，也是裁判者根据证据进行判断、取舍之后，最终内心确信而作出的裁判。尽管裁判者也必须依据法定的证明标准作出裁判，但由于证明是人的活动，因而就离不开人所具有的主观性色彩。

三、证据与证明的关系

关于证据与证明的关系，尽管中外都有解释认为两者是同义的，如《辞源》中对证据的解释有两种，一为"证明事实的根据"；二为"证明，考据"。[2]《布莱克法律大辞典》对证明的一种解释为"导致法庭作出司法判决的证据"。[3] 但更多的学者认为，证据与证明虽然有着密切的联系，但也有着本质的区别。美国教授威斯顿指出：证明是证据的结果或效果，证据是证明的媒介。我们认为，既不能忽视证据与证明的密切联系，也不能抹杀它们之间的重要区别。证据是各种事实赖以确立的手段，它只有通过证明才能发挥作用；证明活动需要依赖证据，是根据证据推导出来的结果或结论。

（一）证据与证明的联系

1. 证据是证明的客观依据。在诉讼活动中，证明实质上是证明主体查明、认识案件事实，最终由法院对案件作出裁判的活动。证明主体想要查明或者证明案件事实，就需要有确实充分的证据作为依据。反之，如果没有证据或者证据不确实、不充分，就无法完成其证明任务。因此，证据是证明的前提和基础，

---

〔1〕 裴苍龄：《新证据学论纲》，中国法制出版社 2002 年版，第 320 页。

〔2〕 商务印书馆编辑部编：《辞源》，商务印书馆 1983 年版，第 2919 页。

〔3〕 *Black Law Dictionary*，7th ed.，St. Paul，Minn，1999，p. 1231. 转引自何家弘、刘品新：《证据法学》，法律出版社 2015 年版，第 190 页。

证明离不开证据，离开了证据，证明就无法进行。

2. 证明是证据运用的过程和结果。诉讼证明的过程要围绕着证据来展开，诉讼证明的过程其实就是证据运用的过程。而且，诉讼证明的目的是查明、证明案件的真实情况，从而使裁判者对案件事实作出正确认定，即法官对于经过诉讼双方运用证据加以证明的事实予以认定，这就是证据运用的结果。因此，证明是证据发挥作用的根本保障，如果离开了证明活动，任何证据都将失去意义，无法发挥其应有作用。在诉讼证明活动中，证明主体只有依法进行证明活动，才能使证据有效地发挥证明作用，从而准确证明案件事实，使法院对案件作出公正的处理。

（二）证据与证明的区别

1. 所属范畴不同。证据是记载和证明案件事实的材料，具有不以人的意志为转移的客观属性，属于客观存在的范畴。而证明是证明主体查明或者证明案件事实的活动，它离不开人的主观思维活动，是对案件事实的认识，因而属于主观意识范畴。

2. 产生的过程不同。证据产生于实体过程，而证明产生于程序过程。实体和程序是有着本质区别的两个过程。实体过程是形成案件事实的过程，由此也就产生了与案件事实有关联的、可以证明案件事实的证据；程序过程是证明主体依靠证据查明、认定案件事实的过程，是证据运用的过程，也是证明的过程。

四、证明的意义

证明在诉讼活动中处于十分重要的地位，它是诉讼活动的核心和基本环节。因此，诉讼证明在司法实践中具有十分重要的意义。

（一）证明是证据发挥作用的根本保障

在诉讼证明活动中，证明主体收集证据、审查判断证据和提出证据，其最终目的是使法院查明案件事实，正确适用法律，从而对案件作出裁决，定纷止争，维护社会秩序和公民合法权益。因此，证明的过程就是证据运用和证据发挥作用的过程，没有证明活动，证据就会失去意义，也无法发挥其应有的作用。

（二）证明是查明案件事实的重要方法

在诉讼中，需要证明的案件事实通常发生在过去，具有不可回复性，这就使得诉讼证明与一般证明不同，成为一种逆向的、回溯式的证明。而要揭示、查明案件事实，其重要的方法就是通过证明主体收集或者提供的证据来证明案件事实。因此，证明是查清案件事实、正确裁判案件的重要方式和手段。反之，如果没有证明，就无法查明、认定案件事实，也无法对争议事实作出裁判。

（三）证明是诉讼活动的重要内容

证明贯穿于诉讼全过程，诉讼程序的启动、进行等都离不开证明活动。例如，无论是刑事立案还是民事立案抑或行政诉讼立案，都必须有证据证明有关的案件事实已经发生，并且已经达到立案的条件，否则案件就不能成立。在诉讼活动中，每个诉讼阶段都有其相应的诉讼任务，这都需要通过证明活动来实现。例如，在刑事审判中，法院要认定被告人是否有罪，此罪还是彼罪，罪重还是罪轻，就需要运用确实、充分的证据加以证明；同样，在民事审判中，法院要确认侵权事实或者违约事实等是否存在，就必须对承担证明责任的主体的证明行为进行审查，审查其是否达到盖然性占优势的证明标准。因此，证明是诉讼活动的重要内容，离开了合法有效的证明活动，诉讼活动就无法顺利进行。

第二节 证明的构成

证明的构成，即为诉讼证明的构成要素，是指诉讼证明由哪些内容组成。具体来讲，证明主要由证明主体、证明对象、证明责任、证明标准、证明手段和方法以及证明过程等要素构成。

一、证明主体

证明主体是依法承担证明义务、享受证明权利的主体。证明主体是证明活动中的首要问题，它解决的是"谁来证明"的问题。

在诉讼证明中，证明主体是特定的诉讼主体，即特定的国家专门机关和诉讼参与人。在如前所述，在刑事诉讼中，担负着查明、认定案件事实的职责的侦查、检察、审判机关，是刑事诉讼的主要证明主体，同时，自诉人、附带民事诉讼的当事人及其他们的诉讼代理人、被告人及其辩护人等都有权举证、质证和辩论，也是诉讼证明的重要主体。在民事和行政诉讼中，证明主体主要是当事人，包括原告、被告、第三人以及共同诉讼人。当然，当事人的法定代理人也是证明主体。在诉讼过程中，上述主体对于各自所主张的事实，要依法承担相应的证明责任。同时，人民法院作为行使审判权的主体，享有对当事人提出的证据进行审查、判断和运用的职权，在必要的时候依当事人的申请依法调查收集证据，也属于证明的主体。对此，《民事诉讼法》第64条第2款及第3款规定："当事人及其诉讼代理人因客观原因不能自行收集的证据，或者人民法院认为审理案件需要的证据，人民法院应当调查收集。人民法院应当按照法定程序，全面地、客观地审查核实证据。"《行政诉讼法》及相关司法解释也作了与民事诉讼法相类似的规定。

二、证明对象

证明对象又称为待证事实、要证事实，是指在诉讼中需要运用证据加以证明的案件事实。证明对象主要解决证明活动中"证明什么"的问题，为证明主体的证明行为指明了方向和目标，是证明要素中十分重要的内容。

概括地讲，证明对象主要包括两个部分，一是实体法事实，即对于解决案件中的实体问题具有法律意义的事实，实体法事实是证明对象的核心内容和关键部分。具体在刑事诉讼中就是与定罪量刑有关的事实；在民事诉讼中主要是争议的民事法律关系发生、变更和消灭的事实；在行政诉讼中主要是有关行政主体的行政行为合法性的事实。二是程序法事实，即对于诉讼程序上如何处理具有法律意义的事实，主要包括管辖的事实、回避的事实、有关强制措施的事实等。例如，在民事诉讼中，原告在提出诉状后，被告提出管辖权异议或者一方当事人申请承办法官回避等情形，对这些程序事项提出申请的当事人需要提供相关证据，法院也可以依职权取证，再根据各种事项的特定条件对当事人的申请进行审查，以决定采纳与否。可见，程序法事实也是诉讼中需要运用证据证明的范畴，是证明对象的内容之一。

三、证明责任

证明责任就是证明主体对其所主张的案件事实负有提出证据并说服裁判者认定其主张成立的责任。证明责任主要解决证明活动中"由谁来证明"的问题。

在不同的诉讼中，证明责任的承担主体是存在差异的。在刑事诉讼中，证明被告人有罪的责任是由控诉方承担，即由检察机关或者自诉人承担；在民事诉讼中，遵循"谁主张、谁举证"的原则，因而民事诉讼的原告或者被告对于其在诉讼中主张的事实，都需要提供证据加以证明，否则将承担不利的后果；在行政诉讼中，原则上是由被告承担证明责任，即被告需要证明其作出的行政行为的合法性，依法应当提供作出该行政行为的证据和所依据的规范性文件。如果被告不提供或者无正当理由逾期提供证据，视为没有相应证据，就要承担举证不能的后果。不过，在法律规定的情形下，三大诉讼法中证明责任分配标准也有例外或者特殊规定，如在刑事诉讼中，巨额财产来源不明罪和非法持有型犯罪中，被告人也要承担一定的证明责任。在民事诉讼中也有证明责任倒置的规定。行政诉讼中，依照法律规定，在一些案件中原告也要承担一定的证明责任。

四、证明标准

证明标准是证明主体履行证明责任所要达到的程度，它主要解决负有证明责任的主体将待证事实"证明到何种程度"的问题，即只有达到了法定的证明标准，承担证明责任的证明主体才能够卸除其证明责任。

不同国家、不同诉讼中的证明标准是存在明显差异的。例如，在刑事诉讼中，关于有罪判决的证明标准，英美法系国家采用"排除合理怀疑"标准；大陆法系国家规定"高度盖然性"或"内心确信"的标准。我国有罪判决的证明标准一直奉行"案件事实清楚，证据确实、充分"的立法表述，只是在 2012 年《刑事诉讼法》修改时明确规定"证据确实、充分的"细化的、更具操作性的条件，其中加入"排除合理怀疑"的表述，作为对"证据确实、充分"的补充性内容。在民事诉讼中，英美法系国家采用"盖然性占优势"或"优势证据"标准；大陆法系国家规定"高度盖然性"的标准，只是民事诉讼盖然性的高度要低于刑事诉讼证明标准。我国民事诉讼中，根据 2002 年最高院《民诉证据规定》，我国采用"证据占明显优势"证明标准。

五、证明手段和方法

证明的手段是证据，即证明是根据证据来查明、认定案件事实的。证明方法是证明主体运用证据进行证明所必须采取的各种方法。证明的手段和方法主要解决证明主体"如何证明"的问题。

证明的方法既可以由法律加以规定，也可以不由法律明确予以规定。根据各国的证据法及其司法实践，证明方法包括：逻辑推理、推定和司法认知。逻辑推理是根据证据进行归纳演绎、分析、反证及排除等方法，是诉讼证明中最常用，也是最重要的证明方法。推定是由法律明确规定，由一个前提事实的存在而推导出结果事实存在的证明方法。司法认知是法官对依其职务知悉的事实，无须当事人举证予以证明就直接确认其为真实的证明方法。推定和司法认知都是特殊的证明方法，无需一般的取证、举证、质证等程序，是一种快捷的司法证明方法。

六、证明过程

证明过程是证明主体收集、审查、提出和判断证据的过程。证明过程是从动态的角度对证明活动及其进程所进行的描述。证明过程解决的是"怎样证明"的问题。

具体来讲，证明过程是公安司法机关的办案人员、当事人及诉讼参与人等，依照法定程序和要求进行的收集证据、审查判断证据和提出证据，据此认定案件事实的全过程。证明过程主要由四个阶段组成：①收集证据。证据收集阶段是证明的最初环节，也是证明的必经环节。在民事诉讼、行政诉讼和刑事自诉案件中，负有证明责任的一方当事人为在起诉时或庭审时向人民法院提出证据，必须在起诉或开庭前亲自或由诉讼代理人收集或整理证据，用以证明自己的事实主张。在刑事案件中，控诉机关特别是侦查机关必须依法收集和保全证据，以查明犯罪事实，查获犯罪嫌疑人。②审查证据。审查证据是在收集证据的基础上进行的，主要是指由控诉机关和相关的当事人对收集来的证据进行分析研究，鉴别真伪，对证据的客观性、关联性和可采性（合法性）进行审查、核实的活动。审查证据是在收集证据的基础上进行的，也是证明的重要阶段。③提出证据阶段。控诉机关和相关当事人通过对证据的审查、核实之后，即应依法向审判机关提出，以证明其诉讼主张或阐明案件事实，从而使法官获得确信，并进而作出判断。④判断认定证据。判断证据就是法官在有关证明主体提出证据之后，对相关证据进行分析判断，明确证据与案件事实有无联系，以确定其有无证明力以及证明力的大小，从而对案件事实予以认定的过程。

第三节　证明的分类

一、严格证明与自由证明

依据证明是否必须使用法定证据，以及是否需要经过法定调查程序的不同，可以将证明分为严格证明和自由证明。我国台湾地区学者林钰雄认为，根据证明是否受证据方法和法定证据调查程序的双重限制，可以区分为严格证明和自由证明。[1] 严格证明和自由证明是大陆法系证据法上的概念，由德国学者迪恩

---

[1]　林钰雄:《严格证明与刑事证据》，法律出版社 2008 年版，第 7 页。

茨于 1926 年提出，后由德国传至日本及我国台湾地区，并在学说和判例中得以发展。[1]

严格证明是指使用法定的具有证据能力的证据，并经过法定的证据调查程序而进行的证明。自由证明，又称任意证明，是指严格证明之外的证明，具体指可以使用不具有法定证据能力的证据，并且无须经过严格的法定程序的证明。日本学者田口守一认为："用有证据能力的证据并且经过正式的证据调查程序作出的证明，叫'严格的证明'；其他的证明，叫'自由的证明'。自由的证明是用某种证据经某种程序的证明。"[2]

关于严格证明与自由证明的适用范围或者证明对象问题，通说认为，严格证明是针对实体法事实的证明；自由证明一般是针对程序法事实的证明。例如，在刑事诉讼中，一般对与定罪有关的实体法事实要求实行严格证明，但对于量刑事实是否属于严格证明，各国的规定却有所不同。在德国，有关犯罪行为的经过、行为人的责任与刑罚的高度等问题的重要事项，须经严格证明加以认定。[3] 然而在日本，犯罪事实和不存在违法阻却事由、责任阻却事由的事实都需要严格证明，量刑情节则只通过自由证明即可。但是，对于倾向于加重被告人量刑的情节事实仍需要严格证明。[4] 日本学者松尾浩也认为，严格证明的对象包括公诉事实和加重减免刑罚事由，属于犯罪事实本身的量刑情节必须进行严格证明。[5] 虽然自由证明主要是针对程序法律事实的证明，但在不同的诉讼模式下，自由证明的事项也有不同。根据德国联邦法院的判例，了解讯问被告人过程中是否使用了法律禁止的手段，因为是涉及认定程序法适用有无错误的问题，所以可以自由证明。在日本的判例中，法院可以通过适当的方式调查自白的任意性。[6]

除了严格证明与自由证明之外，日本学者平野龙一又提出"适当证明"方式，提出：严格证明和自由证明是针对在普通程序中定罪而言的。但是，对于简易程序和量刑程序，并不能适用严格证明或者是自由证明。在简易程序和量

---

〔1〕 闵春雷："严格证明与自由证明新探"，载《中外法学》2010 年第 5 期。

〔2〕 〔日〕田口守一著，刘迪等译：《刑事诉讼法》，法律出版社 2000 年版，第 219~220 页。

〔3〕 〔德〕克劳斯·罗科信著，吴丽琪译：《刑事诉讼法》，法律出版社 2003 年版，第 208 页。

〔4〕 〔日〕田口守一著，刘迪等译：《刑事诉讼法》，法律出版社 2000 年版，第 220 页。

〔5〕 〔日〕松尾浩也著，张凌译：《日本刑事诉讼法》（下卷），中国人民大学出版社 2005 年版，第 13 页。

〔6〕 参见陈光中主编：《证据法学》，法律出版社 2015 年版，第 295 页。

刑程序中，应当保障控辩双方的异议权。如果有人提出异议，要求证据能力，那么在法庭上就应当允许当事人确认证据，给予当事人争辩证据证明力的机会，这就是适当证明。[1] 这就在严格证明和自由证明之外又增加了一种证明方式。我们认为，适当证明充分体现了当事人在诉讼中的主体地位，是诉讼进步的要求。这说明在简易程序和量刑程序中当事人有证明法则的选择权。通过赋予当事人异议权，决定到底是适用严格证明还是自由证明是可取的。但这也仅仅是一种选择权。所谓的适当证明根本不存在，最终要么是严格证明，要么是自由证明。[2]

二、狭义的证明与释明（疏明）

依据证明是否要求使裁判者获得完全的确信的不同，可以将证明分为狭义的证明和释明。这种划分是大陆法系证据理论中的概念，来源于德国的刑事诉讼法学。德国学者提出："证明乃指，使法官对所指陈之事实产生确信，相对的，释明则使人相信其具有可能性即可。"[3] 释明在日本诉讼理论中常被称为"疏明"。狭义的证明与释明都是证实行为，但是两者影响裁判者心证形成的程度有所不同，各自的证明要求或证明程度有所差异，狭义的证明与释明的主要区别在于裁判者的心证程度不同。

狭义的证明是指要将待证事实证明到使裁判者确信案件事实为真的诉讼证明，即让裁判者对案件事实达到内心确信的程度。在刑事诉讼中，对于被告人有罪的事实，一般需要狭义的证明。尽管不同国家对被告人定罪的证明标准的规定有所差异，但都要求必须达到使法官确信的程度。例如，在英美法系国家，要对被告人定罪，其证明必须达到"排除合理怀疑"的标准；大陆法系国家要求达到"内心确信"的程度；我国对被告人定罪的法定标准是"犯罪事实清楚，证据确实、充分"。而在民事诉讼和行政诉讼中，对于案件实体事实的证明通常要求达到"高度盖然性"或"优势证据"标准。因此，对于实体法事实的证明，必须进行狭义的证明，其标准要高于释明的标准。

释明（或疏明）是指法官根据有限的证据可以大致推断案件事实为真的诉讼证明，即当事人对自己所主张的释明事实无需达到使法官确信的程度，仅需

〔1〕 ［日］田口守一著，刘迪等译：《刑事诉讼法》，法律出版社 2000 年版，第 220 页。
〔2〕 宋志军："量刑事实证明问题研究"，载《河南财经政法大学学报》2012 年第 6 期。
〔3〕 ［德］克劳斯·罗科信著，吴丽琪译：《刑事诉讼法》，法律出版社 2003 年版，第 207 页。

提出使法官推测大体真实程度的证据。也就是说，仅使法官形成薄弱的心证就可以了。很显然，释明的证明标准较之狭义的证明要低。在诉讼证明中，通常对于诉讼程序上的特定事实的证明适用释明。例如，根据德国刑事诉讼法的规定，对法官的回避、回复原状申请中对理由的说明以及对拒绝证言的理由的说明，均适用释明。在日本刑事诉讼中，检察官由于不得已的事由未能在法定期限内请求羁押被逮捕的犯罪嫌疑人时，可以向法官说明理由，请求羁押犯罪嫌疑人。而且释明其原因时，当事人只以叙明其证明之方法为已足，毋庸提出证据；而狭义证明，则不但应指出其证明方法，并应提出其证据。[1] 而在民事诉讼或者行政诉讼中，对于当事人提出管辖权异议、申请回避或提出申请财产保全等程序性事项的证明，也适用释明。

需要说明的是，有人认为严格证明就是狭义的证明，自由证明就是释明。即严格证明与自由证明、狭义的证明与释明的划分是相同的。然而我们认为，尽管严格证明与自由证明、狭义的证明与释明在证明的对象上存在一些重合，但严格证明与自由证明主要是针对证明的依据和证明程序，而狭义的证明与释明的主要指向是证明的标准和结果。因此，这两种划分是有明显区别的，不应将二者混淆。

三、刑事诉讼证明、民事诉讼证明和行政诉讼证明

依据证明所属诉讼性质的不同，可以将证明分为刑事诉讼诉讼证明、民事诉讼证明和行政诉讼证明。

刑事诉讼证明，是指公安司法机关依据刑事诉讼法规定的内容，进行的解决刑事案件事实是否发生、如何发生以及系何人所为的证明活动。它是所有诉讼证明中难度最大、最为复杂、要求最高的证明，而且分为不同阶段的证明。民事诉讼证明，是指民事当事人依民事诉讼法的规定，进行的解决民事主体之间的权利义务纠纷的活动。民事诉讼证明的要求针对不同问题存在一定的差异，一般来说其复杂性、难度等均要低于刑事诉讼证明。行政诉讼证明，是指行政机关等证明主体，依据法律进行的证明行政机关的具体行政行为合法、有效的活动。行政诉讼证明，不同于刑事或民事诉讼证明，具有其特殊性。因此，其证明标准亦较高。

刑事、民事和行政诉讼证明都是诉讼中的证明，这就使得它们具有一定的

---

〔1〕 参见陈朴生：《刑事证据法》（重订版），台湾三民书局 1992 年版，第 113 页。

共同点，如在证明主体上都包括特定的国家专门机关、当事人等；在证明作用上都服务于裁判者认定案件事实；在证明方法上都适用逻辑推理、经验法则、推定等。然而，三大诉讼证明的性质、任务、证明对象、证明标准等都有所不同，因此，三大诉讼证明也存在明显的区别：

1. 证明的依据即证据的法定种类有所不同。物证、书证、证人证言、视听资料、电子数据、鉴定意见、勘验笔录等，是三大诉讼法共同规定的法定种类。但被害人陈述、犯罪嫌疑人、被告人供述和辩解是刑事诉讼法规定的特有的证据种类；现场笔录是行政诉讼法规定的特有的证据种类。需要指出的是，刑事诉讼法将民事诉讼法和行政诉讼法中的"当事人陈述"分解为"被害人陈述"和"犯罪嫌疑人、被告人的供述和辩解"两项。

2. 证明主体和证明责任的承担者不同。在证明主体方面，尽管三大诉讼证明的主体上都是特定的国家专门机关、当事人等，但诉讼性质不同，作为证明主体的国家专门机关和当事人的范围有所区别。在证明责任承担方面，刑事诉讼中的证明责任主要由控诉一方承担，即侦查机关、检察机关、自诉人等承担，犯罪嫌疑人、被告人原则上不承担证明自己无罪的责任，只有在法律明确规定的例外情况下（如巨额财产来源不明案件）才承担一定的证明责任。民事诉讼中的证明责任按照"谁主张，谁举证"的原则，分别由当事人承担相应的证明责任。行政诉讼中的证明责任，通常是由作为被告的行政机关承担，原告不承担证明具体行政行为违法的责任。原告只是在特定的情况下承担一定的证明责任，如在行政赔偿、补偿的案件中，原告原则上应当对行政行为造成的损害提供证据。

3. 证明对象不同。虽然三大诉讼的证明对象都包括实体法事实和程序法事实两个部分，但不同诉讼中的实体法事实，其具体内容是根本不同的。在刑事诉讼中，作为证明对象的实体法事实主要是犯罪构成要件事实、与量刑情节有关的事实等。在民事诉讼中，作为证明对象的实体法事实主要包括能够引起民事法律关系发生、变更和消灭的事实，如收养、签订合同、全部或部分偿还债务、全部或部分履行合同等。在行政诉讼中，作为证明对象的实体法事实主要是与被诉行政行为合法性有关的事实。

4. 证明手段和证明行为不同。在证明手段方面，虽然三大诉讼法关于证据种类的规定基本相同，但同一种类的证据在不同的诉讼中的证明意义却不完全相同。如在民事诉讼中，被告的自认在一般情况下可以免除原告对诉讼主张的举证责任，即法院通常可以直接对该事实确认而无需其他证据证明；但在刑事诉讼中，依照法律规定，只有被告人供述，没有其他证据的，不能认定被告人有罪和处以刑罚。在证明行为方面，刑事诉讼中为了防止国家权力的滥用和保障公民权利，法律对收集证据的主体、方式、程序等都作了严格和详细的规定；而在民事诉讼和行政诉讼中，只是对人民法院审查核实证据作了原则性的规定，远不如刑事诉讼证明在法律制约上的要求。

5. 证明程序和证明标准不同。在证明程序方面，刑事诉讼特有的证明程序既包括审前的侦查和审查起诉阶段，也包括审判阶段的控、辩、审三方的证明活动。同时我国刑事诉讼法没有明确规定证据交换或者证据开示程序。在民事诉讼和行政诉讼中，证明程序主要发生在审判阶段。而且我国的民事诉讼法对举证时效以及证据交换都作了明确的规定。另外，在行政诉讼中，在证据收集上有特殊的规定，如《行政诉讼法》第35条规定，"在诉讼过程中，被告及其诉讼代理人不得自行向原告、第三人和证人收集证据"。在证明标准方面，尽管我国三大诉讼法规定的证明标准基本相同，但结合域外规定，三大诉讼证明的标准应当存在差异。由于刑事诉讼要解决犯罪嫌疑人、被告人的刑事责任问题，因此其证明标准在三大诉讼证明中层级最高、也最严格。在行政诉讼中，主要是解决行政主体与相对人之间的行政争议，即行政机关作出的行政行为是否合法的问题，因而其证明标准处于三大诉讼证明的第二位阶。民事诉讼主要解决平等主体之间的权利义务纠纷问题，其结果主要涉及当事人的人身权和财产权，因此其证明标准较低，属于三大诉讼证明中最低的证明标准。

练习案例

2006年11月20日上午，在南京市83路公交车水西门广场站，两辆83路车前后进站，南京市民彭宇在第一辆车上，车进站后，他第一个走出车门。66岁的老人徐寿兰拎着保温瓶，赶去搭乘第二辆83路车，她行至彭宇所乘坐的那辆车的后门附近位置跌倒。徐寿兰如何跌倒，她与彭宇是否发生相撞，没有人看到。此案唯一的目击证人陈老先生在案发时也参与了部分救助，他也没有看到徐老太当时如何倒地，在他看到彭宇上前帮忙后，自己也上前帮忙，并打电话叫老人的儿女过来，整个过程大约半个小时。彭宇将徐寿兰扶起送往医院，彭宇预付了医疗押金。检查结果表明徐寿兰股骨颈骨折，需进行人造股骨头置换手术。诊断结果出来后，徐寿兰向彭宇索赔医疗费，遭到拒绝，并在各种调解失败后，2007年1月4日，66岁的徐寿兰向南京市鼓楼区人民法院提起诉讼，以彭宇将其撞倒在地致其受伤为由，索赔13.6万余元。

这场民事诉讼的一审经过了 3 次庭审,分别在 2007 年的 4 月、6 月和 7 月。法院认为,本案主要存在两个争议焦点:①彭宇与老人是否相撞;②应赔偿的损失数额问题。

2007 年 9 月 4 日下午,鼓楼区法院一审宣判:判决彭宇给付受害人损失的 40%,共 45 876.6 元。彭宇不服向南京市中级法院提起上诉。二审期间,双方达成和解协议,彭宇一次性补偿徐寿兰 1 万元;双方均不得在媒体(电视、电台、报纸、刊物、网络等)上就本案披露相关信息和发表相关言论;双方撤诉后不再执行鼓楼区法院的一审民事判决。

问题:

1. 本案涉及的证明要素有哪些?

2. 本案证明主体的证明目的是否达到?

3. 如何理解本案的处理与证明的关系?

➡ 思考题

1. 什么是证明?证明有什么特征?

2. 如何理解证据与证明的关系?

3. 证明的构成要素有哪些?

4. 什么是严格证明与自由证明?

5. 三大诉讼的证明有何异同点?

证明对象

➡学习指导

通过本章学习，应当理解并掌握证明对象的概念及其特征、三大诉讼法中证明对象的具体内容、免证事实。学习的重点是能够掌握不同诉讼中的证明对象。难点是认识证据事实能否成为证明对象，以及三大诉讼法中证明对象之间的差异。

第一节　证明对象概述

一、证明对象的概念及特征

证明对象，又称"证明客体""待证事实""要证事实"或者"证明标的"，是指证明主体进行证明活动所指向的对象。诉讼中的证明对象，是指诉讼主体必须运用证据加以证明的案件事实。根据诉讼的性质不同，需要用证据证明的案件事实有所差异。

在诉讼证明中，证明对象主要解决"证明什么"的问题，它为证明主体的证明行为指明了方向和目标，是证明要素中十分重要的内容。明确证明对象对诉讼证明活动有着重要的意义：一方面，有利于证明责任（由谁负责证明）、证明标准（证明到什么程度）、证明程序（如何进行证明）的明晰；另一方面，还有利于取证、举证、质证及认证等证明活动有的放矢地进行。

证明对象具有以下特征：

1. 证明对象的法定性。诉讼证明对象必须根据法律规定的要件事实设定。证明对象乃诉讼之标的，若不能明确界定，诉讼活动难免无的放矢，相应的证明责任、证明标准等规则也均难以建立。[1] 证据法上的证明对象是实体法和程序法规定的司法人员合法处理案件必须证明的事实。刑事诉讼中的证明对象主要包括与定罪量刑有关的实体法要件事实、程序要件事实；民事诉讼中的证明对象主要包括有关民事法律关系构成要件事实以及民事纠纷产生和发展的事实；行政诉讼中的证明对象主要包括与被诉行政行为合法性有关的事实等。

2. 证明对象与证明主体诉讼主张的相关性。在诉讼过程中，公诉机关和当事人为实现一定的诉讼目的提起或者参加诉讼，并依其诉讼地位提出自己的诉讼请求或者抗辩请求。因此，这些证明主体为了实现其诉讼目的，必须提供证据证明其诉讼主张，以使自己的请求得到法庭的认可。一般而言，在诉讼证明活动中，公诉机关或当事人必须遵循以下步骤：第一步，针对各自的诉辩请求分别主张相应的事实；第二步，利用证据证明所提出的事实主张。可见，整个诉讼过程中，公诉机关和当事人实现诉辩请求就是通过用证据证明其主张的事实来进行的。

3. 证明对象的未知性和待证性。证明对象本身就是需要运用证据证明的待证事实，对证明对象的概念的认识，既体现出证明对象需要通过证据予以论证和探知的期待性，也反映了证明对象与证据之间是目的与手段的关系。在诉讼证明中，证明对象处于真假不明的待证状态，证据则是已知、确定的事实，被用于证明案件事实。值得注意的是，并非案件事实的全部内容都需要证据加以证明，例如免证事实就仅需确认，不需要证明，不是证明活动所指向的客体。

4. 证明对象与证明责任的密切联系性。证明对象在未被确认之前处于真伪不明状态，就必须有特定的证明主体对其所主张的事实负有提出证据并说服裁判者认定其主张成立的责任。因此，证明对象与证明责任有着密不可分的联系。只有存在证明对象，才有所谓的证明责任，谈到证明责任，必定指向证明对象。[2] 诉讼证明中，在根据相关法律规范初步确定了需要证明的要件事实后，随之而来的问题就是根据当事人的诉讼主张与要件事实之间的正向或反向关系，结合价值权衡、利益衡量等因素，公平地分配证明责任。

---

[1] 孙远:"证明对象、要件事实与犯罪构成"，载《政治与法律》2011 年第 8 期。

[2] 樊崇义主编:《证据法学》，法律出版社 2017 年版，第 259 页。

二、证明对象的范围

对事实的证明，在诉讼证明中最为常见。事实指的是事情的真实情况，其既包括动态情况，即事之情况；也包括静态情况，即物之情况。作为诉讼中证明对象的事实，包括争议事实和与争议事实相关的事实。争议事实是指，对于该事实存在与否或情况如何，诉讼双方存在分歧。既然事实存在争议，就需用证据加以澄清，主张者就有责任进行证明。与争议事实相关联的事实是指那些虽不构成争议事实，但能够为争议事实存在或不存在表明可能性的事实，例如，表明存在动机的事实、进行准备活动的事实等。但是，作为证明对象的事实，并非全部的案件事实，而是具有法律意义的事实，也就是说，诉讼中并不要求将所有案件事实一五一十都查个水落石出，只有属于证据目的物之当事人主张之事实，才能成为法律上重要之事实，除此之外的其他事实，因非当事人主张之事实，故无立证之必要。[1] 证据法中作为证明对象之事实，具体可以大致分为实体法事实、程序法事实及证据事实三类。

（一）实体法事实

实体法事实，是指对解决案件的实体问题具有法律意义的事实，是证明对象中最重要的内容。具体而言，实体法事实的内涵包括以下几个层面：①所有与案件有关的事实，包括犯罪（违法）事实以及与案件无关的非犯罪（违法）事实，例如，起因事实等，这些都是必须搜集证据查明的事实。②犯罪（违法）事实，包括基本犯罪（违法）事实、其他犯罪（违法）事实。③主要事实，在民事诉讼中，主要事实是指产生、变更、消灭民事法律关系的事实；在刑事诉讼中，主要事实是指定罪不可或缺的事实，包括犯罪构成要件事实以及其他为定罪所不可或缺的事实，也可称之为底线事实；在行政诉讼中，实体法事实主要是指与被诉的行政行为合法性有关的事实，以及行政赔偿构成要件事实。上述实体事实属于证明对象，这是学界的共识。

（二）程序法事实

程序法事实是指那些与案件本身没有关系但是对解决某些诉讼程序性问题具有法律意义的事实，即引起诉讼法律关系发生、变更和消灭的事实。其包括诉讼行为和诉讼法律后果，前者主要是诉讼主体和其他诉讼参与人实施的具有相应诉讼法律意义的行为，如法官依职权的诉讼指挥、居中裁判等；后者是指

---

〔1〕　〔日〕松冈义正著，张知本译：《民事证据论》，中国政法大学出版社 2004 年版，第 17~18 页。

不以人们的意志为转移，能够产生一定诉讼法律后果的客观情况，如不可抗力、当事人死亡或者丧失诉讼行为能力等。

对于程序法事实能否成为证明对象，学理上存在争议，主要有三种不同的观点，即肯定说、否定说和折中说。

肯定说认为，程序法事实是证明对象。具体理由是：①诉讼的过程，既是适用实体法的过程，也是适用程序法的过程，在此过程中，实体法要件事实影响对当事人责任的认定，程序法事实则保障对当事人责任的正确认定；②当事人对程序法事实有争议时，可以依法请求司法机关查明并作出相应处理，程序法事实因此构成系争事实，提出请求的一方应当提交证据予以证明；③对诉讼中有争议的程序法事实，司法机关应当查明，作出裁决后还要允许当事人以上诉、申诉或申请复议的方式进行权利救济；④我国现行三大诉讼法均规定程序违法是撤销第一审判决发回重审的理由，程序法事实因此成为二审法院应当查明的事实，属于证明对象的范围；⑤将程序法事实纳入证明对象的范围，实际上是将公安司法人员的程序行为纳入了证明对象的范围，能够起到督促公安司法人员遵守法定程序的监督作用；⑥德国、日本等国的诉讼理论认为程序法事实应作为证明对象，并且把证明对象分为严格证明与自由证明，[1] 这对我国具有可借鉴性。

否定说认为，程序法事实不是证明对象。具体理由是：①证明对象是一种特殊的诉讼制度，确定诉讼中的证明对象，可以使整个收集、调查证据的活动具有明确的方向，有利于切实查明案件事实。因此，诉讼中的证明对象自然仅指那些具有实体法意义的事实，只包括那些如不查明就不能对案件实体进行正确处理的事实。只有这样理解证明对象，才有利于公安司法机关，特别是法院在诉讼过程中分清主次，集中精力办案；②程序法事实，特别是一些据以作出决定、裁定的事实，有许多是不查自明或者司法机关可以认知的，即便存在一些需要查明的问题，但其证明标准低于盖然性优势标准，不属于严格的证明，仅可以称之为"释明"；③程序法事实并非每个案件都会遇到，如果没有发生某些程序问题，就不需要对有关的事实加以证明。

折中说认为，证明对象包含着程序法事实，但举证责任分担的研究并不涉及所有的证明对象，而仅仅以实体法事实为对象。具体理由是：①实体法之外的事实尽管同样也存在举证责任问题，但应当由谁负举证责任的问题相当简单，

---

[1] 陈光中主编：《证据法学》，法律出版社 2015 年版，第 304 页。

根据"谁主张，谁证明"的一般原则即可解决；②实体法事实或者作为诉讼主张的根据由原告提出，或者作为反驳诉讼请求的根据由被告提出，它直接决定当事人之间民事法律关系的产生、变更或消灭，查明其存在与否是整个民事诉讼活动的中心环节。

我们赞成肯定说的观点。折中说的缺陷在于，既把程序法事实作为证明对象，又将其与证明责任的分担隔离开来，这是自相矛盾的。在逻辑上，证明责任分担的原则当然适用于程序法事实。否定说的缺陷在于，简单地以集中精力办案、一些程序事实不查自明为由否定程序事实是证明对象。应当看到，实体法不能脱离诉讼过程而存在，诉讼过程对保障权益、保障实体结果的正确性具有重要意义。

（三）证据事实

证据事实，是指证据本身所记载和反映的事实。由于证据是证明案件事实的手段，同时自身又需要查证属实，它是否属于证明对象范畴，在理论界有较大的争议，主要有三种观点：

肯定说认为，证据事实是证明的对象。具体理由是：在证据事实与案件事实、证据事实与证据事实之间，存在着一个手段与目的的因果锁链，当证据事实用来证明案件事实时，它是证明手段；当证据事实自身的真实性需要依靠其他证据证实时，它便成为其他证据确证的客体，由证明手段转变为证明对象。因此，处在中间环节的证据事实具有双重身份，既是案件事实的证明手段，又是其他证据事实的证明对象。

有限肯定（折中）说认为，按照证据与案件事实的证明关系，证据可以划分为直接证据和间接证据。直接证据是能够单独、直接反映和证明案件主要事实的证据，故其证据事实与案件主要事实重合，也属于证明对象，但不必单独列出。与之相反，间接证据不能单独、直接证明案件的主要事实，必须与其他间接证据相结合、相互印证，它因此而成为证明对象。

否定说认为，证据事实只能作为证明手段，不能成为证明对象。将证据事实排除在证明对象之外，有助于证据法学理论揭示证据和证明对象各自的规律，证据事实反映的是证据概念、采用标准和种类问题，证明对象则是取证、举证、质证和认证等证明活动的目标问题。

我们赞同否定说，认为证据事实不能成为证明对象。肯定说、折中说都忽视了证明对象和证据事实自身的规定性，混淆了证据的查明与案件事实的证明之间的界限。证据事实和案件事实这两个概念，从其定义初始就处于待定事实的两极，被假定为未知事实的案件事实，由被假定为已知事实的证据事实来探知、认识和推导。因而，案件事实是证明对象，证据事实是证明手段，二者之间的界限十分清楚。把证据事实也说成是证明对象，则必然模糊这个界限，造成证明理论的混乱。[1] 虽然证据也需要查证，但并不意味着等待查证或正在查证的证据就是证明对象，需要查证仅仅是证据所具备的与证明对象相同的一个要素而已，尚且不能据此将二者等同起来。不论是直接证据还是间接证据，查证其真实性的目的在于解决其能否成为证明手段的资格问题。此时，印证与被印证的证据与证据之间，确实存在目的与手段的关系，但它仍属于证明手段范围之内的关系，本质是相同的。在它们之外，在性质相异的更高的层面有一个总的目的，即案件事实。对于后者来说，前二者皆为手段。

第二节　刑事诉讼的证明对象

一、刑事诉讼证明对象概述

刑事诉讼证明对象，是指在刑事诉讼中用来解决犯罪嫌疑人、被告人的刑事责任问题的事实，即犯罪嫌疑人、被告人的行为是否构成犯罪，此罪还是彼罪，罪轻还是罪重，采用何种刑罚以及与保证程序公正有关的事实。

刑事诉讼所要解决的中心问题是犯罪嫌疑人、被告人的刑事责任问题，《刑事诉讼法》第 52 条规定："审判人员、检察人员、侦查人员必须依照法定程序，收集能够证实犯罪嫌疑人、被告人有罪或者无罪、犯罪情节轻重的各种证据……"，该条规定了刑事诉讼证明对象中的实体法事实。《刑事诉讼法》第 238 条规定："第二审人民法院发现第一审人民法院的审理有下列违反法律规定的诉讼程序的情形之一的，应当裁定撤销原判，发回原审人民法院重新审判：①违反本法有关公开审判的规定的；②违反回避制度的；③剥夺或者限制了当事人的法定诉讼权利，可能影响公正审判的；④审判组织的组成不合法的；⑤其他违反法律规定的诉讼程序，可能影响公正审判的。"该条规定了刑事诉讼证明对象中的程序法事实。最高院《刑诉解释》第 64 条第 1 款规定："应当运用证据证明的案件事实包括：①被告人、被害人的身份；②被指控的犯罪是否存在；③被指控的犯罪是否为被告人所实施；④被告人有无刑事责任能力，有无罪过，

---

〔1〕　王超："中国刑事证明理论体系的回顾与反思"，载《政法论坛》2019 年第 3 期。

实施犯罪的动机、目的；⑤实施犯罪的时间、地点、手段、后果以及案件起因等；⑥被告人在共同犯罪中的地位、作用；⑦被告人有无从重、从轻、减轻、免除处罚情节；⑧有关附带民事诉讼、涉案财物处理的事实；⑨有关管辖、回避、延期审理等的程序事实；⑩与定罪量刑有关的其他事实。"该条规定了刑事诉讼证明对象中的实体法事实和程序法事实等内容。

综上所述，在刑事诉讼中需要用证据证明的事实主要是与定罪量刑有关的事实，即把实体法事实作为主要的证明对象。同时，为了保证刑事诉讼程序的公正、有效，并保障诉讼参与人的合法权益，也将有关程序法事实列为证明对象。

二、刑事诉讼证明对象的内容

根据法律规定和司法实践经验，我国刑事诉讼证明对象包括实体法事实和程序法事实。具体而言：

（一）刑事实体法事实

实体法事实，是指对解决刑事案件的实体处理即定罪量刑问题具有法律意义的事实。这是刑事诉讼中最基本的证明对象。案件的实体法事实，由有关的刑法规范所规定，包括犯罪构成要件事实，量刑情节事实，排除行为违法性、可罚性的事实，行为人刑事责任的事实，排除或减轻刑事责任的事实及其他需要证明的事实等。

1. 被指控犯罪行为构成要件的事实。我国刑法理论对于犯罪构成存在"四要件""三阶层"等诸多学说。按照"四要件说"，需要证明的被指控犯罪行为构成要件的事实有：犯罪客体和犯罪的客观方面、犯罪主体和犯罪的主观方面。按照"三阶层说"，有关犯罪成立条件的要件事实分为三个层次，即构成要件该当性、违法性和有责性。我们认为，不管采用哪种学说，从便于掌握的角度，可以将其刑事犯罪要件归纳为七个要素，就是何人、基于何种动机与目的、在何时、何地、采用何种手段、实施了何种行为、造成何种损害后果。其中何人是犯罪的主体要件，何种动机与目的是犯罪的主观方面要件，何时、何地、何种手段、何种行为和危害后果属于客观方面的要件，指犯罪时间、犯罪地点、犯罪方法、犯罪行为的表现形式及其造成的危害后果。当然，上述"七何"要素只是刑事诉讼中通常需要查明的内容，并不十分全面，也非每案必备。如将犯罪动机与目的归结为犯罪的主观方面，就忽略了"过失"这一罪过形式；对于行为犯来说，不一定要求危害后果。

　　需要注意的是，《刑法》关于犯罪构成的规定，需由《刑法》总则部分与分则部分共同实现。总则部分规定的是各种犯罪的共同犯罪构成要件，分则规定的是各种犯罪的具体构成要件，不能仅依照分则部分规定的具体犯罪构成要件认定具体犯罪而忽视总则部分规定的共同犯罪构成要件。

　　2. 有关量刑情节事实。量刑情节，指在某种行为已经构成犯罪的前提下，法院对犯罪人裁量刑罚时，根据犯罪行为的轻重及刑事责任的大小，据以决定量刑轻重或者免除处罚的各种情况。[1] 罪行的轻重决定着法定刑的轻重，刑事责任的大小决定着宣告刑的轻重。罪行的轻重主要表现为危害行为的性质及其社会危害程度；刑事责任的大小不仅表现为行为人罪前、罪中和罪后的各种行为事实，而且还表现为反映行为人主观恶性和人身危险性的各种主客观情况。法院在对被追诉人进行量刑时据以处罚轻重或者免除处罚的主客观事实被称为量刑情节。以是否由《刑法》明文规定为标准，可将量刑情节分为法定量刑情节和酌定量刑情节，法定量刑情节又可细分为总则性情节和分则性情节；以"应当"还是"可以"为标准，可以将量刑情节分为应当型情节和可以型情节；以是否对被追诉人有利为标准，可以将量刑情节分为从宽型情节和从重型情节。[2]

　　所谓法定情节，是刑法明文规定在量刑时应当予以考虑的情节。我国刑法未规定加重处罚的情节。有关"从重处罚"的一般事实、情节主要有：组织、领导犯罪集团进行犯罪活动或者在共同犯罪中起主要作用；教唆不满 18 周岁的人犯罪；累犯；犯罪动机特别恶劣，犯罪手段特别残忍，犯罪造成的危害后果特别严重等。此外，在刑法所规定的具体犯罪中，也涉及许多关于从重处罚的规定。有关"从轻处罚"的事实、情节主要有：已满 14 周岁不满 18 周岁的人犯罪；尚未完全丧失辨认或者控制自己行为能力的精神病人犯罪；预备犯；又聋又哑的人或者盲人犯罪；未遂犯；从犯；自首等。有关"减轻处罚"的事实、情节主要有：预备犯；又聋又哑的人或者盲人犯罪；未遂犯；从犯；自首；正当防卫超过必要限度造成不应有的损害；紧急避险超过必要限度造成不应有的损害；造成损害的中止犯；胁迫犯；被教唆的人没有犯被教唆的罪；有重大立功表现等。有关"免除处罚"的事实、情节主要有：预备犯；又聋又哑的人或者盲人犯罪；自首且犯罪较轻；正当防卫超过必要限度造成不应有的损害；紧

---

〔1〕 张明楷：《刑法学》，法律出版社 2011 年版，第 502 页。

〔2〕 潘金贵主编：《证据法学》，法律出版社 2013 年版，第 190~191 页。

急避险超过必要限度造成不应有的损害；没有造成损害的中止犯；犯罪后自首又有重大立功表现；行贿人在被追诉前主动交待行贿等。

所谓酌定情节，是指在司法实践中根据立法精神和有关刑事政策概括总结出来的有关影响量刑轻重的事实或情节。如犯罪的目的、动机、手段；犯罪侵害的对象；犯罪造成的损害后果；犯罪时的环境和条件、政治、经济形势；犯罪分子的一贯表现；犯罪后的态度；前科；附带民事赔偿；犯罪人因犯罪受到的损失；等等。

3. 排除行为违法性、可罚性或行为人刑事责任的事实。刑事诉讼的任务在于准确、及时查明犯罪事实，惩罚犯罪的同时，注意保护无罪的人不受刑事追究。因此，在查明《刑法》规定的有关犯罪构成要件的事实的同时，也需注意排除行为违法性、可罚性或行为人刑事责任的事实。也就是说，刑事诉讼中，不仅要把被追诉人有罪的事实列为证明对象，也要把被追诉人无罪的事实列为证明对象，这对推行无罪推定原则，防止冤假错案具有重要意义。

排除行为违法性、可罚性和行为人刑事责任的事实即所谓违法阻却事由和责任阻却事由，具体而言：①排除行为违法性的事实，即违法阻却事由。如根据刑法的规定，正当防卫、紧急避险、行使职权以及意外事件等行为虽然在客观上造成了损害后果，但由于以合法形式出现，就从根本上排除了违法性。②排除行为可罚性的事实。具有《刑事诉讼法》第16条所规定情形之一的，不追究刑事责任。[1] 这些法定情形，排除了行为的可罚性。③排除行为人刑事责任的事实，行为人没有达到法定的刑事责任年龄或者精神病人在不能辨认或者控制自己行为的期间实施了危害社会的行为，不承担刑事责任。根据我国《刑法》第17条规定，已满14周岁但不满16周岁，只有所犯罪行属于故意杀人、故意伤害致人重伤或死亡、强奸、抢劫、贩卖毒品、放火、爆炸、投放危险物质罪的，才应负刑事责任。

4. 其他需要证明的事实。我国对被追诉人适用刑罚，不仅要根据他们犯了何种犯罪和罪行的轻重来判断，而且还要注意到他们的人身危险性和改造的难易程度，因此，有必要查明被追诉人的个人情况。被追诉人的个人情况通常包

---

[1] 《刑事诉讼法》第16条规定：具有下列情形之一的，不追究刑事责任，已经追究的，应当撤销案件，或者不起诉，或者终止审理，或者宣告无罪。①情节显著轻微，危害不大，不构成犯罪的；②犯罪已过追诉时效期限的；③经特赦令免除刑罚的；④依照刑法告诉才处理的犯罪，没有告诉或者撤回告诉的；⑤犯罪嫌疑人、被告人死亡的；⑥其他法律规定免予追究刑事责任的。

括：姓名、性别、年龄、籍贯、本人成分、身份、民族、职业、住址、工作经历、工作单位、一贯表现、有无前科及被追诉人平时表现及有无悔罪态度等。

（二）刑事程序法事实

程序法事实是决定刑事诉讼程序是否正当、合法的事实。由于程序问题对案件的实体处理产生重大影响，而且诉讼过程中司法机关有责任正确解决案件的程序问题，因此与程序法适用有关的事实也是证明对象的重要内容。

在刑事诉讼中，需要加以证明的程序法事实主要有：①关于管辖的事实；②关于回避的事实；③关于强制措施的事实；④有关是否违反法定程序收集证据的事实；⑤关于审判组织组成的事实；⑥关于刑事诉讼程序的进行是否超越法定期限的事实；⑦司法机关侵犯犯罪嫌疑人、被告人诉讼权利的事实；⑧与执行的合法性有关的事实，例如罪犯是否怀孕的事实；⑨其他与程序合法性或公正审判有关的事实，如延期审理的事实等。

刑事诉讼中的程序法事实，有些需要当事人提出足以使法官推测大体上确实的证据即可，其证明标准低于对实体法事实的证明，又被称作自由证明或释明，例如庭审过程中，被告人提出非法证据排除的，其仅需要提供非法取证相关的线索或材料即可，不需要自己运用证据予以证明，也不需要达到事实清楚、证据确实、充分的证明标准。法律允许释明是着眼于效率的原因，但"为释明对象之事实，仅属诉讼程序上之特定事实"。[1] 另外，在刑事诉讼中，也存在不需要当事人申请或者提出异议，司法机关就应当将其作为证明对象，主动采取补救措施的情形。例如，《刑事诉讼法》第238条规定的第二审法院发现第一审法院的审理违反法律规定的诉讼程序的情形之一的，应当裁定撤销原判，发回原审人民法院重新审判。

第三节　民事诉讼的证明对象

一、民事诉讼证明对象概述

在民事诉讼中，原告提出诉讼请求所根据的事实和理由，被告对原告的诉讼请求答辩、反驳和提出反诉所根据的事实和理由，第三人提出诉讼请求所根据的事实和理由，以及法院认为需要用证据加以证明的其他事实，都需要适用

---

[1]　陈朴生：《刑事证据法》，台湾三民书局1979年版，第156页。

证据加以证明。不同的实体法规定的证明对象是不相同的，即使同一个实体法，因诉的类型不同，证明对象也会存在一定的差异。例如，给付之诉、变更之诉和确认之诉的证明对象是有区别的。因而导致了学术界对民事诉讼的证明对象及其范围问题有不同的看法。学术界主要有以下几种观点：第一种观点认为，证明对象是指在民事诉讼中必须证明的事实，即民事案件争执的事实、侵权事实，民事法律关系发生、变更和消灭的事实等，凡需要加以证明的事实，通称为证明对象。[1] 第二种观点认为，证明对象是指证明主体运用证据加以证明的对案件审理有重要意义的事实，[2] 包括案件的主要事实、案件的有关事实、证据事实、外国法律和地方性法规。第三种观点认为，民事诉讼中的证明对象是诉讼参加人和法院运用证据加以证明的对案件的解决有法律意义的事实。[3] 第四种观点认为，民事诉讼中的证明对象是被论证、被说明的案件真实情况，包括有争议的民事法律关系据以发生、变更或消灭的事实，阻碍权利和义务发生、变更或消灭的事实以及由民事诉讼法所规定的、能够引起诉讼程序的发生、变更或消灭的事实，即实体法上的事实。此外，原告与被告是否适格等具有程序意义的事实，也是程序法上要证明的对象，可以称之为程序法上的事实。因此，证明对象包括实体法上的事实和程序法上的事实。[4] 第五种观点认为，诉讼证明的客体即证明对象，是指诉讼中争议的案件事实。诉讼的实质在于定纷止争，解决当事人之间的争议，而诉讼中的争议分为两类，一类是事实争议，另一类是法律争议，有时也表现为事实争议与法律争议的结合。[5]

上述观点的共同之处在于认可证明对象是事实，是在民事诉讼过程中发生、变更和消灭的事实。但学者们研究的侧重点和表述方式各有不同，有的侧重于证明，认为它是必须证明的事实；有的侧重于对案件的影响，认为它是对案件审理有重要意义或对案件解决有法律意义的事实。我们认为，证据是当事人主张的依据，是推进诉讼活动的必要条件，也是法院查明案件的唯一手段和作出正确裁判的前提和基础。当事人运用证据进行证明的过程都围绕、指向并反映证明对象。因此，民事诉讼的证明对象主要包括：当事人争议的案件实体事实，

---

[1] 柴发邦：《民事诉讼法学》，北京大学出版社 1998 年版，第 189 页。

[2] 常怡主编：《民事诉讼法学》，中国政法大学出版社 2005 年版，第 211~212 页。

[3] 江伟：《民事诉讼法》，中国大学出版社 2004 年版，第 170 页。

[4] 田平安：《民事诉讼证据初论》，中国检察出版社 2002 年版，第 94 页。

[5] 卞建林等："诉讼证明：一个亟待重塑的概念"，载《证据学论坛》（第三卷），中国检察出版社 2001 年版，第 25 页。

与案件有关的程序方面的事实，域外国家的法律。

二、民事诉讼证明对象的内容

通常认为，民事诉讼证明对象的内容主要由以下几个方面的事实构成：

（一）民事实体法事实

以实体法律规范性质为标准，可以将实体法事实划分为：①权利发生事实。即民事权利发生或成立的事实，又被称为"基本事实""请求权事实"等。②权利妨害事实。即导致权利不能成立的事实，如缺乏相应民事行为能力的事实。③权利消灭事实。即导致现有的民事权利消灭的事实，如债的履行、免除等。④权利受制事实。即限制当事人行使其民事权利的事实。如重大误解、诉讼时效等。

（二）民事程序法事实

民事诉讼中，需要当事人证明的程序法事实主要包括：①回避的事实。《民事诉讼法》第44条规定了审判人员、书记员、翻译人员、鉴定人、勘验人必须回避的三种情形：是本案的当事人或者当事人、诉讼代理人近亲属的；与本案有利害关系的；与本案当事人、诉讼代理人有其他关系，可能影响对案件公正审理的。如果当事人申请上述人员回避，就应当对存在上述事实加以证明。②申请证据保全的事实。根据《民事诉讼法》第81条的规定，当事人向法院申请证据保全时，应当证明证据可能灭失或者之后难以取得的情况。③申请顺延诉讼期限的事实。根据《民事诉讼法》第83条规定，当事人申请顺延诉讼期限时，应当证明耽误期限的不可抗拒的事由或者其他正当理由。④申请保全事实。根据《民事诉讼法》第100条的规定，当事人申请法院采取保全措施，应当证明可能因当事人一方的行为或者其他原因，使判决难以执行或者造成当事人其他损害的事实。⑤申请先予执行的事实。根据《民事诉讼法》第107条的规定，当事人申请先予执行，应当证明以下事实：当事人之间权利义务关系明确，不先予执行将严重影响申请人的生活或者生产经营；被申请人有履行能力。⑥违反法定程序的事实。根据《民事诉讼法》第170条和第200条的规定，当事人以法院违反法定诉讼程序为由提起上诉或者申请再审，应当证明有关程序违法的事实。

（三）域外民事法律

在涉外民事诉讼中，外国法是否存在和有效，对我国法院来说，首先是一个事实问题，而不是法律问题。因此，当事人主张适用外国法的，应当证明该外国法的存在和效力。根据最高院《执行民法通则意见》第 193 条的规定，对于应当适用的外国法律，可通过下列途径查明：①由当事人提供；②由与我国订立司法协助协定的缔约对方的中央机关提供；③由我国驻该国使领馆提供；④由该国驻我国使领馆提供；⑤由中外法律专家提供。通过以上途径仍不能查明的，适用中华人民共和国法律。由此可见，我国司法实践中将外国法律视为事实，属于证明对象的范畴。

第四节　行政诉讼的证明对象

一、行政诉讼证明对象概述

在行政诉讼证明对象问题上，学术界的表述不尽相同，有学者认为证明对象应当是与被诉行政行为合法性有关的案件待证事实，[1] 也有学者认为是依照法律规定，人民法院为了审查行政行为的合法性而必须查明的事实，包括实体性事实、程序性事实和证据事实。[2] 上述观点的共同点是，它们都认可证明对象是与被诉行政行为合法性有关的案件事实。

虽然《行政诉讼法》将原来限定的"具体行政行为"统一改成"行政行为"，但不影响理论界此前对行政诉讼证明对象的理解。我们依然认为，行政诉讼是司法机关审查行政行为合法性的活动。与民事诉讼不同，行政诉讼的特殊性在于通过诉讼程序解决行政争议，法院审理行政案件要对行政主体的行政行为（包括作为或不作为）是否合法的事实进行认定。《行政诉讼法》第 6 条规定："人民法院审理行政案件，对行政行为是否合法进行审查"；第 34 条规定："被告对作出的行政行为负有举证责任，应当提供作出该行政行为的证据和所依据的规范性文件。被告不提供或者无正当理由逾期提供证据，视为没有相应证据。但是，被诉行政行为涉及第三人合法权益，第三人提供证据的除外"。《行政诉讼法》第 89 条规定："人民法院审理上诉案件，按照下列情形，分别处理：①原判决、裁定认定事实清楚，适用法律、法规正确的，判决或者裁定驳回上诉，维持原判决、裁定；②原判决、裁定认定事实错误或者适用法律、法规错

〔1〕 李国光主编，最高人民法院行政审判庭编著：《最高人民法院〈关于行政诉讼证据若干问题的规定〉释义与适用》，人民法院出版社 2002 年版，第 178 页。
〔2〕 张树义主编：《行政诉讼证据判例与理论分析》，法律出版社 2002 年版，第 223 页。

误的，依法改判、撤销或者变更；③原判决认定基本事实不清、证据不足的，发回原审人民法院重审，或者查清事实后改判；④原判决遗漏当事人或者违法缺席判决等严重违反法定程序的，裁定撤销原判决，发回原审人民法院重审。原审人民法院对发回重审的案件作出判决后，当事人提起上诉的，第二审人民法院不得再次发回重审。人民法院审理上诉案件，需要改变原审判决的，应当同时对被诉行政行为作出判决。"由此可见，对行政行为的合法性审查与判断是行政诉讼的核心任务，凡与行政行为合法性相关的事实及其所依据的规范性法律文件以及行政诉讼的程序法事实都属于行政诉讼的证明对象。

根据《行政复议法》的有关规定，行政复议申请人对行政复议决定不服的，可以向人民法院起诉，而行政复议机关依申请人的申请，可以附带审查抽象行政行为，这就意味着抽象行政行为也可成为行政诉讼的证明对象。此外，《行政诉讼法》《国家赔偿法》及《行政复议法》中都有关于行政诉讼程序法事实的规定，这些也属于行政诉讼证明对象的内容。

二、行政诉讼证明对象的内容

（一）行政实体法事实

行政诉讼中的实体法事实，是指与被诉行政行为合法性、合理性有关的实体性待证事实，这是行政诉讼的主要证明对象。由于行政管理具有广泛性和多样性的特点，因而行政诉讼证明对象的实体法依据比较复杂，涉及公安、工商、税务、规划、财政、卫生等多个行业，行政法律法规也相应地存在着行政处罚、行政许可、行政收费、行政合同等多种形态。应当明确，行政行为的复杂多样性，决定了各类行政诉讼中的证明对象的差异性。

通常认为，行政诉讼中的证明对象应当包括四个方面的内容：与被诉行政行为合法性和合理性有关的事实、与行政赔偿构成要件有关的事实、行政诉讼程序事实以及规范性文件。

1. 与被诉行政行为合法性和合理性有关的事实。行政行为是指行政机关行使行政职权，依法作出的具有法律效力的行为，包括具体行政行为和抽象行政行为。具体行政行为，是指行政机关行使职权，对特定的公民、法人或者其他组织和特定的事件单方面作出的直接产生法律效力的行为。抽象行政行为，是指行政机关依法行使职权，对不特定的人或者事件制定的具有普遍约束力的行为规则的行为。

（1）与被诉行政行为合法性和合理性有关的事实。由于被诉行政行为的合法性和合理性是一般行政诉讼的主要对象，故与此有关的事实就成为一般行政诉讼的证明对象。具体包括以下事实：①行政机关具有法定职权的事实。即被告行政机关是否有权对外以自己的名义代表国家进行行政管理活动。如果有，那么该行政机关是否有权作出被诉行政行为，也就是说是否承担相应的行政职责。②原告是否实施了被处理行为或者是否符合法定条件的事实。在行政执法程序中，原告是行政相对人，行政机关要作出正确的行政行为，必须准确认定相对人。然后，行政机关应当进一步查明待处理行为本身的情况。在行政许可和不作为的行政行为案件中，行政机关还应当进一步查明相对人是否符合法定的颁发许可证或者享受给付和保护的条件。这些事实可能成为行政诉讼的证明对象。③被告作出被诉行政行为时目的是否正当的事实。目的是被诉行政行为合法性的主观标准。要查明这个事实，法院可以依据被告的记录和当事人陈述作出客观的认定。④被诉行政行为的处理与案件的事实、情节和性质是否相适应。根据《行政诉讼法》第77条的规定，行政处罚明显不当，或者其他行政行为涉及对款额的确定、认定有错误的，人民法院可以判决变更。这是有关审查行政处罚合理性的规定。⑤被诉行政行为是否符合法定程序的事实。

（2）有关抽象行政行为合法性的事实。依据行政诉讼法的有关规定，行政法规和规章以外的抽象行政行为可以成为行政诉讼的审查对象，与其合法性有关的事实也就相应地成为一般行政诉讼的证明对象，具体包括以下事实：①作为抽象行政行为主体的行政机关是否享有实施该抽象行政行为的行政职权的事实。例如，《行政处罚法》规定，规章以下的规范性文件不能设定任何行政处罚，而某县工商局文件中自行设定罚款的行政处罚，这种抽象行政行为就是违法的。②抽象行政行为的适用范围和效力情况的事实。③制定抽象行政行为的程序是否合法的事实。

2. 与行政赔偿构成要件有关的事实。行政赔偿是指行政机关及其工作人员在行使行政职权过程中违法侵害公民、法人或者其他组织合法权益造成损害的，由国家承担的赔偿责任。在行政侵权赔偿诉讼中，行政赔偿构成要件的事实是主要的证明对象，也是行政赔偿诉讼证明对象区别于一般行政诉讼证明对象之所在。

具体包括以下几方面的事实：①侵权行为是否由作为被告的行政机关及其工作人员实施。对工作人员应当作广义上的理解，不仅包括具有公务员身份的工作人员，而且包括接受行政机关指派或唆使从事实施侵权行为的公民。②侵权行为是否是行政机关及其工作人员在行使行政职权的过程中实施的。这一点应当从是否存在着相应的法定职权、行为的目的、时间和场合等方面认定。③侵权行为是否违法。这里的法律包括程序法和实体法，如行政法和民法等。④侵权行为是否给作为原告的受害人造成人身权或者财产权的损害，以及损害的大小。⑤侵权行为与损害结果之间是否具有直接的因果关系。另外，原告单独提出赔偿请求的，人民法院还应当查明赔偿义务机关作出处理的情况。这也属于行政赔偿诉讼的证明对象。

（二）行政诉讼程序的事实

行政诉讼程序事实，是指行政诉讼程序是否合法进行的事实。按照《行政诉讼法》第70条的规定，"违反法定程序"可以作为撤销该行政行为并判决行政主体重新作出行政行为的依据。

行政诉讼程序事实具体包括以下事实：①有关当事人资格的事实；②有关主管和管辖的事实；③有关审判组织的事实；④有关审判程序的事实；⑤有关采取排除妨害行政诉讼强制措施的事实；⑥有关诉讼期间的事实；⑦被告及其代理人是否在诉讼过程中自行向原告和证人取证的事实；⑧有关行政诉讼执行程序是否合法的事实等。

（三）规范性文件

规范性文件是行政机关作出行政行为的法律依据。行政主体适用法律规范的合法性，自然是需要用证据加以证明的对象。此处的法律规范主要包括法律、行政法规、地方性法规和涉外案件适用的国际条约（我国提出保留的除外）。

行政诉讼中作为证明对象的规范性文件主要包括宪法、法律、行政法规、地方性法规、行政规章和其他规范性文件。此外，有学者通过研究英美行政证据理论后提出，行政诉讼中的证明对象还应当包括立法性事实、预测性事实和行政案卷之外的事实在内。[1]

第五节　免证事实

一、免证事实概述

（一）免证事实的概念

免证事实，是指不需要采用证据加以证明就可以在裁判上加以确认的事实。

---

〔1〕 江伟主编：《证据法学》，法律出版社1999年版，第75~76页。

法谚云："对法庭认为显而易见的，法律并不要求加以证明或证实。"[1] 并非诉讼中遇到的所有事项都需要证明，有些事项在诉讼中是不必提出证据加以证明的，免证事实就是这种情况的一种。免证事实通常包括两类：①事实如此显著和众所周知以致不存在合理的争议；②能够立即和准确地通过容易获得的准确资料而得到证实。

免证与"待证"相对应，属于不需要证明的事实，是证明对象的例外；同时，免证又与"举证"相对应，是举证责任的免除，或称举证责任的例外。诉讼中的大部分事实都必须通过证据加以证明才能予以确认。然而，有些事实的真实性或为众所周知，或已为法院先前的裁判所查明等，不必通过证明即可直接予以确认。正确认识免证事实，有助于分清待证与免证的界限和范围。

（二）免证事实的相关法律规定

许多国家和地区的诉讼法典（或证据法典）以及实体法中都有关于免证事实的规定。例如，美国《联邦证据规则》第 201 条规定了"关于裁判事实的认知"（即司法认知），第 301 条和第 302 条规定了"民事诉讼中的推定"。德国《民事诉讼法》第 288 条规定了"自认"，第 291 条规定了"显著的事实"，第 292 条规定了"法律上的推定"。法国《民法典》第 1349～1353 条规定了"推定"，第 1354～1356 条规定了"当事人自认"。

我国关于免证事实的规定，在三大诉讼法典中仅有《民事诉讼法》第 69 条有相关的规定："经过法定程序公证证明的法律事实和文书，人民法院应当作为认定事实的根据。但有相反证据足以推翻公证证明的除外。"另外，其他有关免证事实的规定，则由司法解释的方式作出的规定。

1. 最高院《民诉解释》第 93 条规定："下列事实，当事人无须举证证明：①自然规律以及定理、定律；②众所周知的事实；③根据法律规定推定的事实；④根据已知的事实和日常生活经验法则推定出的另一事实；⑤已为人民法院发生法律效力的裁判所确认的事实；⑥已为仲裁机构生效裁决所确认的事实；⑦已为有效公证文书所证明的事实。前款第 2～4 项规定的事实，当事人有相反证据足以反驳的除外；第 5～7 项规定的事实，当事人有相反证据足以推翻的除外。"另外，最高院《民诉解释》第 92 条规定："一方当事人在法庭审理中，或者在起诉状、答辩状、代理词等书面材料中，对于己不利的事实明确表示承认的，另一方当事人无需举证证明。对于涉及身份关系、国家利益、社会公共利

---

[1]　孙笑侠编译：《西方法谚精选》，法律出版社 2005 年版，第 113 页。

益等应当由人民法院依职权调查的事实，不适用前款自认的规定。自认的事实与查明的事实不符的，人民法院不予确认。"

2. 最高院《行诉证据规定》第 68 条规定："下列事实法庭可以直接认定：①众所周知的事实；②自然规律及定理；③按照法律规定推定的事实；④已经依法证明的事实；⑤根据日常生活经验法则推定的事实。前款第 1、2、3、4项，当事人有相反证据推翻的除外。"最高院《行诉证据规定》第 70 条规定："生效的人民法院裁判文书或仲裁机构裁决文书确认的事实，可以作为定案依据。但是如果发现裁判文书或裁决文书认定的事实有重大问题的，应当中止诉讼，通过法定程序予以纠正后恢复诉讼。"最高院《行诉证据规定》第 65 条规定："在庭审中一方当事人或者其代理人在代理权限范围内对另一方当事人陈述的案件事实明确表示认可的，人民法院可以对该事实予以认定。但有相反证据足以推翻的除外。"

3. 最高检《规则》第 437 条规定："在法庭审理中，下列事实不必提出证据进行证明：①为一般人共同知晓的常识性事实；②人民法院生效裁判所确认的并且未依审判监督程序重新审理的事实；③法律、法规的内容以及适用等属于审判人员履行职务所应当知晓的事实；④在法庭审理中不存在异议的程序事实；⑤法律规定的推定事实。⑥自然规律或者定律。"

二、免证事实的内容

综合上述司法解释并借鉴国外的有关规定，我们认为不需要当事人举证证明的免证事实应当包括以下内容：

（一）本国法

知晓本国法是一个法官从事审判工作应当具备的基本条件，法官要获得裁判资格，不能不通晓裁判所适用的法律，这是常识常理。"任何情形下，法官必须执行职务，一如其已有所知，当其决定如何处断时，必须予以适用。倘若适用有误，其裁判得由其上级法院予以纠正。"[1] 本国法既然为本国法官所当然知晓，自然无须控辩双方再提出相关证据予以证明。

（二）众所周知的事实

众所周知的事实，是指在一定区域内为人们所共知的常识性事实，即在通常的社会条件下无需人们证明就可知晓的事实。例如：北京是中华人民共和国

---

〔1〕 ［美］艾德蒙·M. 摩根著，李学灯译：《证据法之基本问题》，世界书局 1982 年版，第 32 页。

的首都；10 月 1 日是中华人民共和国的国庆节；每年的农历正月初一是中国的传统节日——春节等。各国法律一般将众所周知的事实规定为免证事实。

需要注意的是，众所周知是一个相对概念，不同的事实，为人所知的地域和程度可能有大小之分，且会随着时间的推移发生变化，是否属于众所周知的事实，需要审判人员视具体情况加以认定。

（三）自然规律及定理

自然规律，是指客观事物在特定的条件下所发生的本质联系和必然趋势的反映。它是人们通常所感知的客观现象及周而复始地或频繁地出现的具有内在必然联系的客观产物。例如：太阳从东边升起，到西边落下；北半球冬天冷，夏天热等。定理，是指已为科学反复证明并被人们普遍采用为原则性或规律性的命题或公式。例如：新陈代谢规律、能量守恒定律等。

在诉讼活动中，当有关案件事实涉及反映自然规律及定理的事实时，通常将其作为免证事实来对待。例如：离地面越高空气越稀薄，且气温也越低；树木一般靠北面的树桩年轮较密，而南面的年轮较疏。正是由于这些自然规律和定理已为科学证明，并经过了实践的反复验证，因而具有客观性和真实性，无需在诉讼中加以证明。

（四）立可说明的事实

立可说明的事实，是指那些虽然不是法官已经知道的事实，但却是无可争议的并且能够依适合法官参考的资料得到确认的事实，因此这类事实属于免证事实的范围，又被称之为"确证"事实。立可说明的事实具体包括历史知识、自然规律、定理及概念的含义（如"DNA""银行理财产品"等）。美国《联邦证据规则（2004）》第 201 条规定："属于司法认知范围内的事实包括：①审判法院管辖区内众所周知的事实；②能够依据准确性不容置疑的资料加以准确确认的事实。"

（五）预决的事实

预决的事实，就是已为法院的生效裁判或者仲裁机构作出的生效仲裁裁决确认的事实。预决的事实之所以不需要证明，主要基于以下原因：①该预决事实已经经过证明程序证实，客观上无再次证明的必要；②该事实已经经过生效裁决确认，已具有法律效力，无需证明也体现出对法院裁判和仲裁机构的仲裁裁决的尊重。因此，将预决的事实作为免证范畴的意义在于：①有利于节约诉讼成本，提高诉讼效率；②防止法院或仲裁机构对同一事实作出相互矛盾的认定；③避免重复劳动。

需要指出的是，预决事实要具备免证的效力要满足一定的条件：①先行的裁判或裁决已经生效；②先行裁判或裁决所确认的事实必须与后行案件的事实存在关联；③预决事实的证明必须符合正当程序的保障原则。"一事不再理"是许多国家所确立的重要诉讼原则，同时也为我国诉讼制度所采纳。如果经过法院或仲裁机构审理并确认的事实，后行审理的法院对之再进行审理，即违反了一事不再理原则。

（六）经公证证明的事实

公证，是指公证机关根据当事人的申请，依法对法律行为、法律事实或者文书的真实性、合法性进行证明的活动。正是由于公证机关对有关事实的确认，是依据法定程序、经过严格的审查后作出的，因而公证书一经作出，即产生法律效力。

公证文书的法律效力主要体现在三个方面：①证据的效力或者证明效力；②强制执行的效力；③作为法律行为成立的必备要件的效力。《民事诉讼法》第69条规定："经过法定程序公证证明的法律事实和文书，人民法院应当作为认定事实的根据，但有相反证据足以推翻公证证明的除外。"因此，经公证证明的事实，属于免证事实范畴，无需当事人举证证明。

（七）自认的事实

自认，是指当事人在诉讼过程中承认对方提出的于己不利的事实。此处的自认，仅指当事人对案件事实的自认，而不包括对诉讼请求的自认（即认诺）。自认必须满足以下条件方能成立：①审判上的自认必须来自当事人对案件事实的陈述；②审判上的自认必须发生在诉讼过程中；③自认的内容必须与对方当事人的事实陈述一致；④审判上的自认的表示必须是明确的。

在民事诉讼中，因为当事人之间的纠纷一般只涉及个人利益，所以允许当事人以自认的方式处分自己的权益，自认具有免除对方证明责任的法律效果。此时的假设和判断是，对于对方提出的于己不利的事实主张，当事人会提出否认或反驳，如其不否认，则是真实的；对于双方当事人没有争议的事实，不必证明。但在刑事诉讼中，因其适用严格证明标准，在仅有被告人供述而没有其他证据印证时，不能认定被告人有罪。

🔘练习案例

快播案一审庭审过程中，公诉机关指控，被告单位深圳市快播科技有限公司自2007年12月成立以来，基于流媒体播放技术，通过向国际互联网发布免费的 QVOD 媒体服务器安装程序和快播播放器软件的方式，为网络用户提供网络视频服务。期间，被告单位快播公司及其直接负责的主管人员被告人王欣、吴铭、张克东、牛文举以牟利为目的，在明知上述 QVOD 媒体服务器安装程序及快播播放器被网络用户用于发布、搜索、下载、播放淫秽视频的情况下，仍予以放任，导致大量淫秽视频在国际互联网上传播。2013 年 11 月 18 日，北京市海淀区文化委员会从位于本市海淀区的北京某技术有限公司查获快播公司托管的服务器四台。后北京市公安局从上述服务器中的二台服务器里提取了 29 841 个视频文件进行鉴定，认定其中属于淫秽视频的文件为 21 251 个。公诉机关认为，上述被告单位及四名被告人的行为构成传播淫秽物品牟利罪。

被告单位、各被告人及其辩护人在一审庭审中提出，本案事实不清，证据不足，程序违法，适用法律错误，指控罪名不能成立。在第二次庭审中，被告单位、被告人王欣、张克东、牛文举对指控事实和罪名均不持异议，其辩护人主要围绕量刑情节作了罪轻辩护，辩护方的辩护意见如下：①量刑应该考虑本案发生的特殊社会环境和网络犯罪特点，防止对被告人主观认知评价不足；②快播公司不是淫秽视频直接传播者，仅是怠于履行监管职责，主观上不具有直接、主动传播意义上的明知，放任心态是由于屏蔽技术难度较大造成的，在主观恶性上应区别于能管而不管；③快播公司并非网站，仅是提供了一个传播通道，不应适用相关司法解释规定，且涉案四台服务器获利情况、淫秽视频数量均不明，淫秽视频数量也不是判定法定刑升格唯一标准，建议不适用情节特别严重，而应认定情节一般或情节严重；④王欣具有自首情节，张克东系从犯，应在 3 年有期徒刑以下判处刑罚并适用缓刑。[1]

问题：

1. 快播案中的证明对象有哪些？试分别从控辩双方的立场进行梳理并逐一归纳说明。

2. 快播公司作为网络视频缓存加速服务提供者，是否应该承担传播淫秽物品牟利罪的刑事责任，试用证明对象的相关知识予以分析。

🔁 思考题

1. 什么是证明对象？它有哪些特征？

2. 什么是实体法事实？为什么它属于证明对象的范畴？

---

〔1〕 案例来源于《刑事审判参考》（总第 109 集），法律出版社 2017 年版，第 78~84 页。

3. 什么是程序法事实？它是否属于证明对象的范畴？

4. 简述刑事诉讼的证明对象及其范围。

5. 简述民事诉讼的证明对象及其范围。

6. 简述行政诉讼的证明对象及其范围。

7. 在司法证明中，哪些事实属于免证事实？

第九章

证明责任

➡学习指导

　　通过本章学习，应当理解证明责任的含义及其特点，领会证明责任中行为意义上的举证责任和结果意义上的举证责任的内涵及其相互关系，掌握刑事诉讼、民事诉讼和行政诉讼证明责任分配的一般规则和特殊规则，提高运用证明责任规则解决实际问题的能力。学习的重点和难点是民事诉讼特殊证明责任的分配规则及刑事案件证明责任的分配规则。

第一节　证明责任概述

　　证明责任是诉讼制度和证据制度中的重要内容，无论在理论上，还是在实践应用上，都具有非常重要的意义。证明责任既是证据规则的重要内容，也是贯穿实体法与程序法并深刻影响取证、举证、质证等诸多证明活动的制度安排。与此同时，由于证明责任是舶来品，其内涵在我国证据法学界多有争论，在一定程度上还是一个模糊概念，这影响人们对证明责任制度的清晰认识，亟需对其加以澄清，以利于证明责任规则在司法证明中得以正确适用。

一、证明责任的内涵

（一）证明责任的理论争议

　　"证明责任"一词至今仍是我国证据法学界存在争议的术语，它与"举证责任"时而被作为同义词，时而又被严格区分，并且各自在《民事诉讼法》和《刑事诉讼法》中占有一席之地，甚至在最高院《民诉解释》的中出现了"举证证明责任"的用语。[1] 我国证据法学曾使用过"立证责任""举证责任"和"证明责任"诸多术语，如今用"立证责任"者已经不多，"举证责任""证明责任"甚至"举证证明责任"在很多场合下交替使用，并在理论界长期存在证明责任与举证责任关系之争。

举证责任和证明责任乃舶来之品，其最早出现于古罗马法。古罗马法确立了民事诉讼中两条主要的证明责任原则：①如果原告不能举证证明，则其主张不能成立。它体现了证明责任的诉讼效果，即如果负有证明责任的当事人不能提出证据证明己方的主张，那么就要承担败诉的不利后果。②有主张者承担证明责任，否定主张者不承担证明责任。易言之，证明责任由积极主张的一方当事人负担，而不是由消极否定的一方负担。这两项原则共同构成了著名的"谁主张，谁举证"原则，实际上已经包括了"提出证据的责任"和"结果意义上的证明责任"。无论"立证责任""举证责任"还是"证明责任"，皆来自对外文法律术语的翻译，对应的都是英文 Burden of proof。易言之，"立证责任""举证责任"和"证明责任"都是同一外文词的汉译。我国台湾地区学者李学灯先生认为，Burden of proof 即"举证责任"一词，实以译为"证明负担"为适当。有学者主张，"举证责任"与"证明责任"不宜并用，应从中择一使用，然"举证责任"易被人望文生义，而"证明责任"一词较不易生歧义。[2]

从立法实践来看，我国刑事诉讼、行政诉讼和民事诉讼立法采用的是"举证责任"。1989 年颁布的《行政诉讼法》率先使用了"举证责任"这一术语。该法第 32 条规定："被告对作出的具体行政行为负有举证责任，应当提供作出该具体行政行为的证据和所依据的规范性文件。"而在此之前颁布的《民事诉讼法（试行）》采用的是"当事人对自己提出的主张，有责任提供证据"。2001 年最高院《民诉证据规定》第 2 条和第 4 条使用了举证责任的概念，并且明确了证明责任的双重含义，即行为意义上的提供证据的举证责任和结果意义上的承担不利后果的责任。2012 年《民事诉讼法》新增第 65 条进一步明确了举证时限，促

---

[1] 最高院《民诉解释》第 90 条规定："当事人对自己提出的诉讼请求所依据的事实或者反驳对方诉讼请求所依据的事实，应当提供证据加以证明，但法律另有规定的除外。在作出判决前，当事人未能提供证据或者证据不足以证明其事实主张的，由负有举证证明责任的当事人承担不利的后果。"第91 条规定："人民法院应当依照下列原则确定举证证明责任的承担，但法律另有规定的除外：①主张法律关系存在的当事人，应当对产生该法律关系的基本事实承担举证证明责任；②主张法律关系变更、消灭或者权利受到妨害的当事人，应当对该法律关系变更、消灭或者权利受到妨害的基本事实承担举证证明责任。"

[2] 张建伟：《证据法要义》，北京大学出版社 2014 年版，第 350 页。

使当事人对自己提出的主张及时提供证据，当事人若无正当理由逾期举证，就会产生证据失权的法律后果，举证时限的规定进一步完善了民事诉讼证明责任制度。2015 年 2 月施行的最高院《民诉解释》第 90 条、第 91 条则采用了"由负有举证证明责任的当事人承担不利的后果"和"人民法院应当依照下列原则确定举证证明责任的承担"的立法表述，由此出现了"举证证明责任"这一术语，值得深入思考。1979 年和 1996 年《刑事诉讼法》并未明确规定刑事诉讼的证明责任。2012 年《刑事诉讼法》明确规定了刑事诉讼中的"举证责任"："公诉案件中被告人有罪的举证责任由人民检察院承担，自诉案件中被告人有罪的举证责任由自诉人承担。"

（二）证明责任的概念与特征

证明责任，是指法律预先规定由何方当事人就特定的待证事实提供证据，并说服裁判者认定其真实，于案件待证事实真伪不明[1]时承担不利后果的法律风险分配机制。证明责任的本质和价值在于，在重要事实主张的真实性不能被认定的情况下，它告诉法官应当如何作出判决。也就是对不确定的事实主张承担证明责任的当事人将承受对其不利的后果。

证明责任有如下特征：

1. 证明责任由法律预先规定。证明责任机制的本质是待证事实真伪不明的法律风险的分配。证明责任所蕴含的法律风险往往在诉讼过程中，尤其是在事实真伪不明时才凸显出来。但是，如果等到事实真伪不明出现时再由法官确定证明责任由哪一方当事人负担，既不利于维护法的安定性，也不利于当事人收集、提供证据以及抗辩，因此，需要依据一定的原则预先在双方当事人之间分配证明责任。无论是成文法还是判例法国家，其证明责任的分配基本上都是由法律预先规定的，即通过法律预先确定证明责任分配的一般原则及特殊规则，指引当事人进行取证、举证和质证等证明活动。证明责任尤其是结果意义上的证明责任尽管在诉讼证明的最终阶段才得以显现，但是在某一诉讼程序开始之前已经由成文法或者判例法预先进行了分配，而不是在诉讼中临时确定的。诚

---

[1] 德国学者汉斯·普维庭将真伪不明的判断标准界定为：在诉讼结束时，当所有能够释明事实真相的措施都已经采用过了，但是争议事实仍然不清楚的最终状态。一项事实"真伪不明"的前提条件是：①原告方提出有说服力的主张；②被告方提出实质性的反驳主张；③对争议事实主张有必要证明；④用尽所有程序上许可的和可能的证明手段，法官仍不能获得心证；⑤口头辩论已经结束，上述第 3 项的证明需要和第 4 项的法官心证不足没有改变。参见［德］汉斯·普维庭著，吴越译：《现代证明责任问题》，法律出版社 2000 年版，第 22～23 页。

然，法律和司法解释难以穷尽所有证明责任分配的情形，在法律没有具体规定的情况下，有必要赋予法官一定限度的裁量权，根据法定的原则和相关因素综合衡量，以确定证明责任的承担。

2. 证明责任与待证事实紧密联系。证明责任概念中的要证事实可以分为当事人所主张的事实以及法律规定由某一方当事人证明的特殊要件事实。根据证明责任分配的原理，证明责任与诉讼主张紧密相连，但如果将证明责任所指向的事实仅仅限定为当事人所主张的事实，则难以解释证明责任分配的特殊规则中要求当事人证明的而非其所主张的要件事实的情形。例如，行政诉讼证明责任分配的一般原则是由被告对其作出的行政行为的合法性承担证明责任，这显然不是按照诉讼主张来分配证明责任的。再如，最高院《民诉证据规定》第 4 条所规定的八种侵权案件中某些要件事实的证明责任承担，是根据举证难易、当事人距离证据的远近的公平原则，将某种要件事实的证明责任分配给被告一方，而与原告的主张没有直接对应关系。

3. 证明责任是一种分配法律风险的诉讼机制。证明责任是一种分配法律风险的诉讼机制，是因为证明责任制度是由一系列原则和具体规则构成的法律规范体系。这些原则和规则之间具有紧密的联系并相辅相成，共同发挥指引诉讼当事人举证和论证己方承担证明责任的事实成立的功能。通常所说的"证明责任是诉讼的脊梁"，正是从证明责任在统领取证、举证、法庭质证、论证、说服裁判者等证明活动中的作用，以及当争议的待证事实真伪不明时法官裁判机制的意义上来表明责任的重要作用的。

证明责任裁判则以真伪不明的出现为前提，运用证明责任的分配规则进行判决，始终是"最后一招"。在诉讼最终阶段，举证活动结束和法官自由心证用尽时，此前所谓事实真伪不明的风险负担兑现为现实的败诉结果，证明责任为法官对案件的裁判提供方法与指引。证明责任的后果是法律适用上的不利，由于法律适用关系到对当事人主张的最终答复，不适用法律也就是不能支持当事人所欲主张适用的权利效果的规定，结论也就是败诉。证明责任理论解决的不是事实问题，而是法律适用问题，本质上属实体法问题。证明责任不是事实判断的方法，而是在事实判断结束时裁判的方法。[1] 事实"真伪不明"本身就是对案件事实的一种判断结果，在肯定这一判断结果的前提下，解决案件如何适用法律的问题就是证明责任的方法论。

---

[1] 胡学军："举证证明责任的内部分立与制度协调"，载《法律适用》2017 年第 15 期。

二、行为意义上的证明责任与结果意义上的证明责任

从英美法律体系来看，"证明责任"一词由提出证据的责任和说服责任这两部分构成。这一划分由美国证据法学家塞耶在 1898 年首次提出，随后在英美证据理论界逐渐得到明确。[1] 英美证据法基于陪审制和对抗制的制度背景，确立了一种颇具特色的证明责任双层次理论。[2] 国内学界对于证明责任结构的观点主要有双重含义说、多重含义说。双重含义说认为，证明责任包括行为和结果两个方面，即行为意义上的证明责任和结果意义上的证明责任。前者是指当事人对所主张的事实负有提供证据证明的责任；后者是指在事实处于真伪不明的状态时，主张该事实的当事人承担不利诉讼后果的责任。这种不利的诉讼后果既表现为实体法上的诉讼权利主张得不到任何法院的确认和保护，又通常表现为因败诉而负担诉讼费用。多重含义说主张，证明责任应包括主张责任、提供证据责任、说服责任和不利后果负担责任四项内容。

我们认为，双重含义说比较全面和精炼地说明了证明责任的含义。易言之，证明责任由两部分构成，即结果意义上的证明责任和行为意义上的证明责任。无论主张责任、提供证据责任，还是说服责任都是行为意义上的证明责任，而不利后果负担责任是结果意义上的证明责任。从证明责任对于法院裁判的意义上来说，结果意义上的证明责任是潜在的，是推动当事人积极履行行为意义上的证明责任的动因，因为提出事实主张从而构成争议事实是诉讼发生的前提，如果当事人不提出事实主张，既不能引起诉讼，也不能产生后续的提供证据的责任和说服责任，当事人提出自己的诉讼主张之后如果不能提供充分的证据并且达到证明标准，也就不能说服裁判者作出有利于自己诉讼主张的裁判，在事实真伪不明的情况下，最终将承担败诉的风险，即结果意义上的证明责任。也就是说，结果意义上的证明责任仅在所属的那个证明的最后阶段出现真伪不明的状态时才会实际发生。因而，证明责任是行为意义上的证明责任和结果意义上的证明责任两个基本方面的有机结合。

证明责任在行为意义上表现为提供证据和说服裁判者的活动。在证明理论上，通常将行为意义上的证明责任（以下简称行为责任）称为提供证据的责任，也有学者将其称为举证责任，其内容是向法庭提出证据。但需要注意的是，并

---

〔1〕 刘晓丹主编：《美国证据规则》，中国检察出版社 2003 年版，第 413 页。
〔2〕 陈瑞华：《比较刑事诉讼法》，中国人民大学出版社 2010 年版，第 125 页。

非所有提出证据的行为都是履行提供证据的"责任"。例如，刑事诉讼被告方提出证明自己无罪或者罪轻的证据，属于行使辩护权的表现，是一种"权利"而不是"责任"。再者，职权主义诉讼模式下的法官承担着比当事人主义诉讼模式下的法官更多的主动依职权调查、收集、核实证据的责任，这也不属于履行"提供证据责任"的行为，而是在履行审判职责。行为责任还应当包括负有证明责任的一方当事人运用证据对待证事实进行说明、论证，使法官形成对该事实确信的心证的活动。在诉讼中，负有证明责任的当事人仅提供证据是远远不够的，如何通过法庭质证、辩论、攻击对方证据的可采性和证明力以说服法官认定其需要证明的事实才是重点。

证明责任在结果意义上表现为争议事实真伪不明时不利后果的承担。证明责任最终表现为待证事实真伪不明时败诉等不利后果的承担，这是一种风险责任。待证事实真伪不明，是指在诉讼结束时，当所有能够释明事实真相的措施都已经采用过了，但争议事实仍然不清楚（有时也称无法证明、法官心证模糊）的最终状态。由于结果意义上的举证责任（以下简称结果责任）建立在法官不能因事实不清而拒绝裁判的理念之上，它所解决的是待证事实真伪不明时法官如何裁判的问题，实质上是对事实真伪不明的一种法定的风险分配形式。而这种风险责任又是一种潜在的风险，只有在案件事实经过一系列证明活动仍处于真伪不明的状态时，才会实际发生。它虽然是潜在的，但是其作用不可忽视，因为正是有了结果意义上的风险负担，才促使承担证明责任的当事人积极进行取证、举证、质证及说服法官的活动。从这个意义上说，避免承担结果责任是履行其行为责任的内在动因。

行为责任与结果责任之间的区别主要表现在如下几个方面：

1. 两者发挥的作用不同。结果责任针对的是事实审理者（陪审团或法官），目的在于提供证据并说服事实审理者最终就争议事实作出有利于己的裁判，其解决的是事实问题；行为责任针对的是法律适用者——法官，目的在于使法官将争议事实提交陪审团审理或者继续听审，其解决的是法律问题。

2. 发生作用的时间不同。在诉讼过程中，行为责任先于结果责任发挥作用。行为责任和结果责任可以被比作成功卸除证明责任的两道障碍。负有证明责任的当事人要将争议事实提交陪审团裁决，就必须提出足够的证据，以便越过第一道障碍。否则，在事实尚未提交陪审团之前，他就会受到法官的不利裁决。即使越过了第一道障碍，当事人仍可能在第二道障碍前受阻，因为当事人提供的证据可能并不足以说服陪审团，在对方当事人提出强有力的反证时更是如此。[1]

3. 是否可以在当事人之间转移不同。行为责任会随着举证活动的进行而发生转移。当一方当事人已提出足够的证据后，这种责任会随着举证活动的进行而发生转移。当一方当事人已提出足够的证据后，这种责任就会从该方身上暂时卸下，转移至另一方当事人。而结果责任不发生转移，它一旦由法律确定由某一方当事人负担后，便自始至终由该方当事人负担。

4. 证明标准不同。结果责任的证明标准要高于行为责任的证明标准。结果责任的证明标准在不同的案件中有不同的要求，刑事诉讼中结果责任的证明标准在英美法系是"排除合理怀疑"，在我国是"事实清楚，证据确实、充分"；在英美法的民事诉讼中，结果责任的证明标准一般是"优势证据"（美国）或者"盖然性占优势"（英国和澳大利亚）；而行为责任的证明标准较低，当事人要卸除特定争议的证据责任，必须提供足够的证据以构成表面理由，即当事人只需提供表面证据。例如，在刑事案件中，如果控方提供的证据构成表面理由，就卸除其证据责任。这就意味着控方必须提供足够的证据，以使事实审理者作出同一争议的法定责任已经卸除的认定。[2]

总之，在证明责任所包含的行为责任和结果责任中，真正能够代表其本质的当属结果责任，因为行为责任只是一种表面现象，而结果责任才属本质问题。这是行为意义的举证责任与结果意义的举证责任之间关系的核心，也是理解举证责任含义的关键。

第二节 刑事诉讼中的证明责任

刑事案件的证明责任原则上由控诉方承担，但是在某些情况下，法律也可以规定刑事诉讼证明责任的特殊规则，即在特定情况下由被告人对某些案件事实承担证明责任。这是基于对司法证明的需要、各方举证的便利以及反映一定价值取向的刑事政策等因素进行综合权衡的结果。

---

〔1〕 李浩：《民事举证责任研究》，中国政法大学出版社1993年版，第6页。
〔2〕 齐树洁主编：《英国证据法》，厦门大学出版社2014年版，第137页。

一、控诉方承担被告人有罪的举证责任

（一）自诉案件中被告人有罪的举证责任由自诉人承担

根据刑事诉讼法的规定，自诉案件的证明责任由自诉人承担，如果自诉人不能举证或者不能充分证明其指控的犯罪事实，那么就要承担败诉的后果。除了《刑事诉讼法》第51条明确规定的自诉案件中证明被告人有罪的举证责任由自诉人承担之外，《刑事诉讼法》第210条规定自诉案件的范围时，明确了第二类、第三类自诉案件必须符合"被害人有证据证明"的条件。据此，自诉人向法院提起控诉，必须提供证据。在开庭审理之前，如果自诉人提供足够的证据清楚地证明案件事实，法院应当开庭审理；缺乏罪证的自诉案件，如果自诉人提不出补充证据，法院应当说服自诉人撤回自诉，或者裁定驳回。

自诉案件中的被告人原则上不承担证明责任。但是，告诉才处理的和被害人有证据证明的轻微刑事案件的被告人可以在诉讼过程中对自诉人提出反诉，对于反诉的事实主张，被告人负有证明责任。

（二）公诉案件中被告人有罪的举证责任由人民检察院承担

1. 人民检察院承担证明被告人有罪的举证责任。《刑事诉讼法》第51条明确规定了公诉案件中的举证责任：公诉案件中被告人有罪的举证责任由人民检察院承担。这一规定体现了行为意义上举证责任的分配。《刑事诉讼法》第200条规定了结果意义上的证明责任，"在被告人最后陈述后，审判长宣布休庭，合议庭进行评议，根据已经查明的事实、证据和有关的法律规定，分别作出以下判决：①案件事实清楚，证据确实、充分，依据法律认定被告人有罪的，应当作出有罪判决；②依据法律认定被告人无罪的，应当作出无罪判决；③证据不足，不能认定被告人有罪的，应当作出证据不足、指控的犯罪不能成立的无罪判决"。该条第3项充分体现了结果意义上证明责任分配的"疑罪从无"。

在公诉案件中，人民检察院的证明责任具体包括三个方面的内容：①提出事实主张，即在起诉书中提出指控被告人构成犯罪的事实以及量刑情节的事实。②提供证据的责任。根据《刑事诉讼法》的规定，公诉人在提起公诉时应当向人民法院移送案卷材料和证据，在开庭审理阶段向法庭出示相关证据。③说服责任，即公诉人通过庭审举证、质证等活动说服法官认定其主张的事实成立。检察人员出庭支持公诉的主要目的，是通过提供证据和进行法庭质证，使合议庭形成控方所提出的事实主张成立的心证，说服法官认定其提出的证明被告人构成犯罪的证据达到证明标准的要求，作出被告人有罪的判决。同时，检察人

员应当对量刑建议中提出的事实提出相关证据并且进行论证。

2. 检察机关对侦查人员取证行为的合法性承担举证责任。司法实践中，当被告人及其辩护人提出控方证据系以非法手段取得并要求予以排除时，法院经常责令被告人及其辩护人举证证明。但是，由于被告人被限制人身自由，根本没有取证能力；辩护人虽然可以进行调查取证，但往往因时过境迁或者有关侦查机关及看守所不愿配合，因而难以证明控方证据系非法取得，结果使得控方提交的非法证据因诉讼证明困难而难以被排除。正是为了解决实践中的这一难题，两院三部《非法证据排除规定》第11条规定，对被告人审判前供述的合法性，公诉人不提供证据加以证明，或者已提供的证据不够确实、充分的，该供述不能作为定案的根据。这一规定尽管没有明确检察机关对证据合法性承担举证责任，并且仅限于对被告人审判前供述合法性的证明，但是，已经表明了检察机关应当对审前供述的合法性负举证责任。2012年《刑事诉讼法》吸收司法解释的合理因素，在第57条第1款规定："在对证据收集的合法性进行法庭调查的过程中，人民检察院应当对证据收集的合法性加以证明。"该条对举证责任的表述更加明确，也更具有原则性，而且其范围是所有证据的收集合法性问题。这一规定，体现了刑事诉讼立法在举证责任分配问题上更加成熟和理性，综合考虑了多种因素来配置非法证据的举证责任。因为在某些情况下，出于举证的难度、事实发生的盖然性大小以及刑事政策等因素的考虑，法律规定不由提出主张一方就该事实存在承担举证责任，而由否认该事实存在的对方就该事实不存在承担举证责任。

刑事诉讼法明确规定非法证据排除的举证责任有利于在司法实践中排除非法证据。被告人、辩护人、被害人及其诉讼代理人主张证据是非法取得的，也即主张存在刑讯逼供等违法取证的事实，根据举证责任分配的基本原理，本来应由申请人就存在刑讯逼供等违法取证的事实承担举证责任，但由于犯罪嫌疑人在侦查阶段处于被调查的地位，尤其是在接受讯问的时候，其处于完全由讯问人员控制或主导的环境中，很难取得可以证明存在违法取证事实的确实、充分的证据。被害人与被告人在这方面的举证能力上基本相同，让其承担举证责任也不合理。因此，《刑事诉讼法》规定被告人及其辩护人、被害人及其诉讼代理人作为启动非法证据调查程序的申请方，不需要以确实充分的证据来证明其主张的非法取证的事实确实存在。相反，只要法庭对取证手段的合法性产生了疑问，检察机关就需要以确实、充分的证据来证明其取证手段合法，消除法官对于存在违法取证行为的怀疑，否则，法官即可认定非法取证行为存在，相关证据应当予以排除。

3. 公安机关对某些程序性事实承担证明责任。在刑事诉讼中，公安机关对于实体法事实不承担证明责任，而是对犯罪嫌疑人采取强制措施的事由以及其他程序性事实承担证明责任。

从我国司法体制和刑事诉讼职能上来说，公安机关与检察机关共同履行控诉职能，属于广义上的控方。公安机关的侦查工作主要是收集证据、查获犯罪嫌疑人，为检察机关起诉和证明犯罪提供基础性的事实和证据材料，在公诉案件的证明中起辅助作用。公安机关并不是审判阶段的诉讼主体，除个别侦查人员出庭作证或者说明情况以外，一般不参与审判活动。同时，公安机关在侦查终结后对于需要追究刑事责任的犯罪嫌疑人移送人民检察院审查起诉，其主张由人民检察院审查并在起诉书中以国家公诉的形式予以体现。因此，公安机关在审判阶段没有自己独立的诉讼主张，不是一般意义上承担证明责任的主体。但是，在侦查阶段涉及程序法事实时，公安机关也承担一定的证明责任。例如，依据刑事诉讼法的相关规定，公安机关需要逮捕犯罪嫌疑人时，应当向检察机关提请批准逮捕并且提供犯罪嫌疑人有犯罪事实且采取取保候审不足以防止发生社会危险性的证据，并且要达到符合逮捕条件的证据要求和证明标准。

（三）人民法院不承担证明责任

人民法院作为中立的裁判者，不承担任何的证明责任。其原因在于：首先，人民法院不具备承担证明责任的前提——提出事实主张。证明责任制度是解决争议事实真伪不明时法院裁决由谁承担不利后果的机制。法院无论在自诉案件还是在公诉案件中，都不可能也不应该有自己的诉讼主张，否则与其被动性、中立性的裁判者的诉讼地位相冲突。在诉讼过程中，法院承担审查判断证据的职责，有时也在法庭审理中宣读、出示证据，甚至在特殊情况下依职权调查收集证据，但是，法院的上述活动并不属于履行证明责任的活动，而是履行基于审判权而产生的审理职责和查明案件事实真相责任的体现。其次，当案件事实真伪不明时，法院不承担任何不利后果。在诉讼过程中，法院对参与诉讼的双方当事人所提出的事实和证据进行审查判断，在争议事实真伪不明时依据证明责任分担原则依法作出承担证明责任者败诉的裁判，无论何方胜诉，法院都不承担任何的不利后果。

二、被告方承担初步证明责任的范围与限度

根据刑事诉讼法的规定，无论是公诉案件，还是自诉案件，被告人均不承

担证明责任。基于无罪推定原则，被告人在刑事诉讼中不负证明自己有罪或者无罪的责任。但是，作为控诉方承担证明责任的例外，被告方在特定领域内、针对特定的事实承担初步证明责任也是合理的。

（一）被告方承担证明责任的理论争议

在理论界，对于被告方是否承担证明责任存在较大争议。否定说认为，主张被告方对积极抗辩事由承担证明责任，不仅在比较法上存在严重误解，而且没有认识到刑事证明责任的特殊性，更缺乏对我国法律和实践的充分关照，因此，这些观点不足以成为要求我国刑事诉讼中的被告人承担积极抗辩事由证明责任的依据。相反，由于存在因客观败诉风险而导致的证明必要，当下亟需强化对被告人辩护权的保障以及司法机关的"照顾义务"，而不是要求被告人承担积极抗辩事由的证明责任。[1]

肯定说认为，在刑事诉讼中被告人也不是完全被动或无所作为，他可以积极行使辩护权，对控诉方指控的犯罪事实进行否认或抗辩，并有权利提出自己无罪、罪轻或者减轻、免除刑事责任的事实和证据。有观点认为，犯罪嫌疑人、被告人只承担自己无罪、罪轻或者减轻、免除刑事责任的初步证明责任。[2]《刑事诉讼法》第 37 条规定："辩护人的责任是根据事实和法律，提出犯罪嫌疑人、被告人无罪、罪轻或者减轻、免除其刑事责任的材料和意见，维护犯罪嫌疑人、被告人的诉讼权利和其他合法权益。"被告人进行否认、抗辩以及提出反证，并非是承担证明责任的表现，而是其辩护权的应有之义。关于被告方承担特定事实的证明责任的必要性，有学者认为，现代社会犯罪越来越复杂化，那些往往只为被告方所独知或者其较控诉方更为容易证明的案件事实，比如无意识行为、精神病、病理性醉酒、认识错误、基于挑衅、胁迫、有正当理由、获得授权等，控方若得不到被告方的配合，即便耗费大量的人力、物力和财力，有时也难以证明或无法证明，而由被告方予以证明则较为容易。[3] 有学者以诉讼经济原则论证由被告方承担特定事项的证明责任的合理性。诉讼经济原则亦可称为诉讼便利原则，即根据经验法则判断在某种刑事案件中一般由何方当事人举证更为便利，或者根据对盖然性的预测，让主张不符合通常情形的当事人

〔1〕 李昌盛："积极抗辩事由的证明责任：误解与澄清"，载《法学研究》2016 年第 2 期。

〔2〕 陈卫东主编：《刑事证据问题研究》，中国人民大学出版社 2016 年版，第 135~136 页。

〔3〕 参见陈永生："论刑事诉讼中控方举证责任之例外"，载《政法论坛》2001 年第 5 期。

承担证明责任。[1]

对于被告人提出抗辩或者提供证据的行为如何认识，学界有不同的看法。有观点认为，被告人对自己精神失常、正当防卫、紧急避险、基于合法授权或者合法根据以及不在犯罪现场等抗辩事实，应承担证明责任。[2] 另有观点认为，被告人应当对下列辩护主张承担证明责任：①案发时精神不正常或者未达到法定刑事责任年龄等无刑事责任能力的事实主张；②关于被告人行为属于正当防卫或者紧急避险等行为具有合法性或者正当性的事实主张；③案发时不在犯罪现场等不可能实施犯罪行为的主张；④关于侦查人员或者执法人员行为违法性的事实主张。[3] 我们认为，被告人对于上述抗辩事实主张提供证据进行证明，并不是承担完整意义上的证明责任，仅对抗辩事实承担提供证据的行为责任，当被告人不能提供充分证据说服法官认定这些抗辩事实成立时，法官不能就因此认定被告人有罪，结果意义上的证明责任仍然由控诉方承担。

（二）对被告方不利的推定事实的证明责任

所谓推定，是指由基础事实出发对未知事实所作的推论。推定分为事实上的推定和法律上的推定。推定对于证明责任的配置或者转移具有一定的影响。有学者认为，推定具有转移证明责任的作用。推定的法律效果，是使出示证据的责任由提出推定的一方转移到该推定对其不利一方当事人身上。因为推定首先是一种假定，它成立并得以维系的条件是不利后果的承受方未能提供必要的反证。推定机制需要转移证明责任是建立该机制的必然要求。因为在证明机制以外建立推定机制是出于公共政策、公平性和便利的考虑。它有两方面的制度根据，一方面是减轻推定提出一方的证明负担，这种减轻是通过转移证明负担到对方来实现。另一方面，也是为了避免推定错误，同时兼顾了推定不利后果承受方的利益，因为这里为其提供了反驳的法定机会和条件。推定的成立，也取决于对方能否有力的反驳。[4] 出于降低控方证明难度或减少需要证明的犯罪构成要素的需要，刑事立法中规定法律上的推定与司法实践中运用推定（尤其是事实上的推定）的现象正变得越来越普遍。《刑法》规定的巨额财产来源不明罪和非法持有类犯罪都属于推定的适用。

---

〔1〕 卞建林主编：《刑事证明理论》，中国人民公安大学出版社 2004 年版，第 194 页。

〔2〕 毕玉谦、郑旭、刘善春：《中国证据法草案建议稿及论证》，法律出版社 2003 年版，第 642~643 页。

〔3〕 何家弘："刑事诉讼中举证责任分配之我见"，载《政治与法律》2002 年第 3 期。

〔4〕 龙宗智："推定的界限及适用"，载《法学研究》2008 年第 1 期。

1. 巨额财产来源不明罪的证明责任。巨额财产来源不明案件的证明责任是我国刑事诉讼证明责任特殊分配规则的典型。《刑法》第 395 条规定："国家工作人员的财产、支出明显超过合法收入，差额巨大的，可以责令该国家工作人员说明来源，不能说明来源的，差额部分以非法所得论……"该规定将证明财产来源合法的证明责任分配给被告人承担，即只要被告人不能用充分证据证明其巨额财产有合法来源，法官就可以认定该财产为非法所得。在这类案件中，立法者出于严厉打击贪污贿赂犯罪的需要，规定出被告人承担证明责任。因为，在此类案件中，证明"财产来源合法"这一肯定事实或积极事实要比证明"财产来源非法"这一否定或消极事实容易得多。也就是说，即使被告人的巨额财产确实是非法所得，检察机关也很难进行证明。而如果这些财产确有合法来源，被告人举证证明则是比较便利的，他有条件提供该财产系合法所得的各种凭据。在巨额财产来源不明罪的证明过程中，检察机关负担提供初步证据证明被告人的财产或者支出明显超过合法收入且差额巨大的证明责任。然后，该巨额财产为合法所得的证明责任便由被告人承担。如果被告人不能用确实充分的证据证明指控的那部分巨额财产属于合法所得，即被认定为非法所得，承担巨额财产来源不明罪的刑事责任。

2. 非法持有型犯罪的证明责任。有些国家将非法持有型犯罪案件中"持有为合法"这一要件事实的证明责任分配给被告人承担，被告人如不能证明其持有某违禁物品为合法，那么将承担不利后果。例如，在 1973 年的"巴恩斯诉合众国"一案中，美国联邦最高法院认可了审判法官就"持有最近被盗窃财物"问题对陪审团的指示，"如果（被告人）不能给出令人满意的解释，持有最近被盗窃财物通常就是一种旁证，你们可以合理地根据它作推断并依据本案中证据表明的环境情况认定该持有人知道那些财物是赃物"。[1] 陪审团最终认定被告人该项罪名成立。在我国，非法持有型犯罪案件主要包括《刑法》第 128 条、第 130 条、第 172 条、第 282 条第 2 款、第 348 条所规定的"非法持有、私藏枪支、弹药罪""非法携带枪支、弹药、管制刀具、危险物品危及公共安全罪""持有、使用假币罪""非法持有国家绝密、机密文件、资料、物品罪""非法持有毒品罪"。由于持有型犯罪是一种特殊类型的犯罪，持有的合法性往往取决于形成持有状态的行为是否合法或持有物品的用途是否合法，因此证明持有行

---

[1]　［美］乔恩·R. 华尔兹著，何家弘等译：《刑事证据大全》，中国人民大学出版社 2004 年版，第 399 页。

为合法或持有的物品用途合法成为构成该类犯罪的关键要件事实。从举证便利这一角度来看，证明持有为合法这一肯定事实比证明持有为非法的否定事实更容易。因此，由主张持有行为合法或持有物品用途合法这一肯定事实的被告人承担证明责任，可以均衡检察机关与被告人在证明责任分担方面的负担，符合证明责任分配的原理和公平原则。但是，《刑法》对于非法持有型犯罪证明责任的特殊分配未作原则性规定，仅在第 282 条针对非法持有国家绝密、机密文件、资料、物品罪的证明责任进行了规定。该条第 2 款规定："非法持有属于国家绝密、机密文件、资料或者其他物品，拒不说明来源与用途的，处 3 年以下有期徒刑、拘役或者管制。"由此可知，非法持有国家绝密、机密文件案件的被告人对这些文件、资料或者物品的来源或用途合法承担证明责任。我们认为，尽管《刑法》对于其他类型的持有型犯罪案件证明责任的特殊分配规则未作明确规定，然而基于举证便利、重点打击某种严重犯罪的刑事政策以及合理均衡分配控辩双方证明负担的原理，将严重危及公共安全或者社会管理秩序的持有型犯罪中持有行为或者状态合法的证明责任分配给被告人承担是合理的。

3. 明知或非法占有目的等主观罪过推定的证明责任。20 世纪 90 年代以来，最高人民法院通过颁行司法解释确立了大量的主观罪过方面的推定规则。2000 年最高人民法院《关于审理破坏森林资源刑事案件具体应用法律若干问题的解释》第 10 条规定："刑法第 345 条规定的'非法收购明知是盗伐、滥伐的林木'中的'明知'，是指知道或者应当知道。具有下列情形之一的，可以视为应当知道，但是有证据证明确属被蒙骗的除外：①在非法的木材交易场所或者销售单位收购木材的；②收购以明显低于市场价格出售的木材的；③收购违反规定出售的木材的。"这些推定规则的确立对于证明责任带来重要的影响，检察机关只需要证明基础事实的成立，对于犯罪构成要件中的主观事实要件则不需要承担证明责任，这些主观事实被视为推定事实。但是，这些推定事实在法律上又不是确定的事实，被告方只需要提出证据证明了相反的事实存在，就可以推翻该推定事实，使得检察机关通过推定所认定的案件事实不成立。[1]

（三）被告人对其主张的某些程序法事实承担证明责任

虽然程序法事实与被告人是否有罪并不直接相关，但却可以间接地影响定罪量刑和司法活动的公正性。根据刑事诉讼法的规定，被告人对其主张的某些程序法事实承担证明责任。

---

[1]　陈瑞华：《刑事证据法学》，北京大学出版社 2012 年版，第 290 页。

1. 启动非法证据调查程序的初步证明责任。非法证据排除属于程序性事项，在证明对象、举证责任和证据调查程序等方面与实体法事实的证明存在较大差异。因此，对非法证据排除程序的规定，应当遵循其自身的证明规律。两院三部《非法证据排除规定》第 6 条规定了辩护方提供线索或者证据的责任并明确列举了线索或证据的类型，即"被告人及其辩护人提出被告人审判前供述是非法取得的，法庭应当要求其提供涉嫌非法取证的人员、时间、地点、方式、内容等相关线索或者证据"。这里仅要求辩方提供涉嫌违法取证的人员等线索或者证据，并不要求辩方以确实、充分的证据来证明确实存在非法取证的事实。同时，由于被告人有可能被多人刑讯而并不一定知道所有人的姓名，甚至有可能被带到其所不知道的地点进行刑讯，因此也不应要求辩方必须明确提供非法取证的人员的姓名、被刑讯的具体地点等细节。在此基础上，《刑事诉讼法》第 58 条第 2 款规定了启动非法证据调查者提供线索或材料的责任，"当事人及其辩护人、诉讼代理人有权申请人民法院对以非法方法收集的证据依法予以排除。申请排除以非法方法收集的证据的，应当提供相关线索或材料"。如果被告方不能提供相关线索或材料，法官就可以拒绝启动对非法证据排除的调查程序。

2. 对申请回避的理由等程序法事实承担证明责任。最高院《刑诉解释》第 28 条规定："当事人及其法定代理人依照刑事诉讼法第 29 条和本解释第 24 条规定申请回避，应当提供证明材料。"该条款是对被告人就回避这一程序法事实承担证明责任的规定。此外，被告人提出其他方面的程序申请，如申请羁押必要性审查、申请期间的恢复、申请证人出庭作证等，也应提供相关的证明材料，即对此承担一定的证明责任。

第三节　民事诉讼中的证明责任

民事诉讼证明责任分配是一个相当复杂的问题，其理论经历了一个从简到繁，从追求形式公平到追求实质正义，从单纯遵循制定法的规定到注重发挥法官自由裁量权的发展历程。

一、民事诉讼证明责任分配的原则及一般规则

我国民事实体法的规范结构与大陆法系国家的实体法规范结构基本相同，各种法律要件相对明确，区分和适用权利发生规范、限制规范、妨碍规范、消灭规范在司法实践中具备条件。法律要件分类说相比于其他学说，规则上相对

清晰、简单，也具有较强的操作性。我国民事诉讼法学理论通常采用德国民事诉讼法学家罗森贝克的法律要件分类说作为证明责任分配的原则，将要件事实作为理解举证责任分配的基础，以法律要件分类说中的规范说的观点为理论依据，对举证责任分配规则作出明确规定。因此，依据法律要件分类说中规范说的基本观点理解举证责任分配问题，在我国的民事诉讼实践中由来已久。最高院《民诉证据规定》第 2 条关于举证责任内容的规定，长期以来一直被解释为法律要件分类说基础上的举证责任分配的一般规则，这种观点在审判实践中也被广为接受。但在最高院《民诉证据规定》的条文中，并无要件事实的表述，也没有在对要件事实分类的基础上对举证责任分配规则的明确规定。

《民事诉讼法》第 64 条第 1 款规定："当事人对自己提出的主张，有责任提供证据。"最高院《民诉解释》第 90 条进一步细化了举证责任分配规则，"当事人对自己提出的诉讼请求所依据的事实或者反驳对方诉讼请求所依据的事实，应当提供证据加以证明，但法律另有规定的除外。在作出判决前，当事人未能提供证据或者证据不足以证明其事实主张的，由负有举证证明责任的当事人承担不利的后果"。最高院《民诉解释》第 91 条在对要件事实分类的基础上，对举证责任分配的一般规则作出明确规定。将要件事实的内容表述为"法律关系的基本事实"，主要考虑到我国民诉法上使用"主要事实"或"基本事实"的用语而并无"法律要件事实"的表述，故使用"基本事实"的概念以与立法保持一致，其含义与要件事实相同，均指权利及法律关系的构成要件所依赖的事实。该条文明确规定了人民法院确定证明责任的原则：主张法律关系存在的当事人，应当对产生该法律关系的基本事实承担举证证明责任；主张法律关系变更、消灭或者权利受到妨害的当事人，应当对该法律关系变更、消灭或者权利受到妨害的基本事实承担举证证明责任，但是法律另有规定的除外。这一规定基本上采纳了法律要件分类说的理论。最高院《民诉证据规定》第 2 条关于"当事人对自己提出的诉讼请求所依据的事实或者反驳对方诉讼请求所依据的事实有责任提供证据加以证明。没有证据或者证据不足以证明当事人的事实主张的，由负有举证责任的当事人承担不利后果"的规定，具有明显的行为意义的举证责任的特征。尽管长期以来最高院《民诉证据规定》中举证责任的含义被解释为包含结果意义的举证责任，但结果意义举证责任的内容在最高院《民诉证据规定》的条文中并没有明确的体现。最高院《民诉解释》第 90 条虽然延续了《民诉证据规定》第 2 条的内容，但在第 108 条中明确规定了待证事实真伪不明时法官如何作出判断，体现了结果意义举证责任的基本内容，"对负有举证证明责任的当事人提供的证据，人民法院经审查并结合相关事实，确信待证事实的存在具有高度可能性的，应当认定该事实存在。对一方当事人为反驳负有举证证明责任的当事人所主张事实而提供的证据，人民法院经审查并结合相关事实，认为待证事实真伪不明的，应当认定该事实不存在。法律对于待证事实所应达到的证明标准另有规定的，从其规定"。与最高院《民诉证据规定》相比，最高院《民诉解释》对举证责任内容的规定更为全面、科学。

二、民事诉讼证明责任分配的特殊规则

（一）特殊证明责任分配的理论

特殊证明责任的分配理论主要包括实质公平证明责任分配理论、盖然性理论、损害归属理论及利益衡量理论。

1. 实质公平证明责任分配理论。该理论在环境污染、交通事故、产品责任等领域具有非常大的影响力。20 世纪五六十年代，随着科技发展和生活的巨大变化，环境污染、交通事故、产品责任等现代社会新型案件数量激增，传统证明责任理论难以确保这些新型案件中证明责任分配的公平合理。在以保护弱势群体、强化社会责任、追求实质公平为核心的社会思潮的推动下，许多新的证明责任分配理论应运而生。由于这些新的理论学说的共性是以追求实质公平为宗旨，因此可以将其统称为实质公平证明责任分配理论，具体又可分为盖然性说、危险领域说、损害归属说和利益衡量说等不同学说。

2. 盖然性理论。该理论主张以待证事实发生的盖然性的高低作为分配证明责任的标准。主张盖然性高的待证事实存在的当事人不承担证明责任，而由反驳该事实存在的对方当事人承担证明责任。

3. 损害归属理论。该理论认为，证明责任的分配应当由以公平正义为基本原则的实体法确定的责任归属或者损害归属来决定。根据实体法的立法意图，某具体案件的类型化责任归属于谁，就由谁来承担证明责任。在实际运用中，该原则又细分为盖然性原则、保护原则、信赖原则、惩罚原则、社会风险分配原则等，由法官根据案件具体情况酌情适用这些原则。

4. 利益衡量理论。该理论主张，在解决具体案件的证明责任分配时，法官应当综合考虑双方当事人距离证据的远近、举证的难易、举证能力以及诚实信用原则，公平合理地分配证明责任。也就是说，通过法官的利益衡量来实现证明责任分配的实质公平。

（二）特殊侵权行为的证明责任

最高院《民诉证据规定》以实质公平证明责任分配理论为依据，设定了若干诉讼领域内的证明责任分配标准。《侵权责任法》对侵权诉讼案件的证明责任分配作了特殊规定。根据最高院《民诉证据规定》第4条及《侵权责任法》的相关规定，特殊侵权诉讼案件的证明责任分配如下：

1. 因新产品制造方法发明专利引起的专利侵权诉讼，由制造同样产品的单位或者个人对其产品制造方法不同于专利方法承担证明责任。

2. 高度危险作业致人损害的侵权诉讼，由加害人就受害人故意造成损害的事实承担证明责任。《侵权责任法》第70~73条对高度危险作业致人损害的侵权诉讼中的免责事由的证明责任进行了细化：民用核设施发生核事故造成他人损害的，民用核设施的经营者能够证明损害是因战争等情形或者受害人故意造成的，不承担责任；民用航空器造成他人损害的，民用航空器的经营者能够证明损害是因受害人故意造成的，不承担责任；占有或者使用易燃、易爆、剧毒、放射性等高度危险物造成他人损害的，占有人或者使用人应当承担侵权责任，但能够证明损害是因受害人故意或者不可抗力造成的，不承担责任；从事高空、高压、地下挖掘活动或者使用高速轨道运输工具造成他人损害的，经营者应当承担侵权责任，但能够证明损害是因受害人故意或者不可抗力造成的，不承担责任。

3. 因环境污染引起的损害赔偿诉讼，由加害人就法律规定的免责事由及其行为与损害之间不存在因果关系承担举证责任。在环境侵权纠纷中，不仅原告很难证明损害与污染之间的因果关系，而且被告也会面临证明的难题，甚至更难证明损害与污染之间没有因果关系。《侵权责任法》第66条规定："因污染环境发生纠纷，污染者应当就法律规定的不承担责任或者减轻责任的情形及其行为与损害之间不存在因果关系承担举证责任。"为此，最高院《环境侵权责任解释》第6条中规定，"被侵权人根据《侵权责任法》第65条规定请求赔偿的，应当提供证明以下事实的证据材料：……③污染者排放的污染物或者其次生污染物与损害之间具有关联性"；第7条规定："污染者举证证明下列情形之一的，人民法院应当认定其污染行为与损害之间不存在因果关系：①排放的污染物没有造成该损害可能的；②排放的可造成该损害的污染物未到达该损害发生地的；③该损害于排放污染物之前已发生的；④其他可以认定污染行为与损害之间不存在因果关系的情形"。前者加重了被侵权人的证明负担，后者减轻了侵权人的证明负担，二者的共同效应是大大缓解了侵权人的证明压力。这些规定对《侵权责任法》第66条确立的风险分配机制进行了改变。[1]

4. 建筑物或者其他设施以及建筑物上的搁置物、悬挂物发生倒塌、脱落、坠落致人损害的侵权诉讼，由所有人或者管理人对其无过错承担举证责任。最高院《民诉证据规定》第4条第1款第4项规定："建筑物或者其他设施以及建筑物上的搁置物、悬挂物发生倒塌、脱落、坠落致人损害的侵权诉讼，由所有人或者管理人对其无过错承担举证责任。"《侵权责任法》第85条规定，建筑物、构筑物或者其他设施及其搁置物、悬挂物发生脱落、坠落造成他人损害的，建筑物或者其他设施的所有人、管理人或者使用人承担的也是无过错责任。对于建筑物上的抛掷物或者坠落物造成他人损害的举证责任与此不同。《侵权责任法》第87条规定："建筑物中抛掷物品或者从建筑物上坠落的物品造成他人损害，难以确定具体侵权人的，除能够证明自己不是侵权人的外，由可能加害的建筑物使用人给予补偿。"该条将建筑物不明抛坠物造成他人损害的侵权责任，规定为可能实施加害行为的建筑物使用人承担自己没有实施加害行为的举证责任，即自己不是侵权人的举证责任。

5. 饲养动物致人损害的侵权诉讼，由饲养动物人或者管理人就受害人有过错或者第三人有过错承担举证责任。《侵权责任法》第78条规定："饲养的动物造成他人损害的，饲养动物人或者管理人应当承担侵权责任，但能够证明损害是因被侵权人故意或者重大过失造成的，可以不承担或者减轻责任。"

6. 因缺陷产品致人损害的侵权诉讼，由产品的生产者就法律规定的免责事由承担举证责任。免责事由是指法律规定的可以免除生产者赔偿责任的事项。根据《产品质量法》第41条的规定，产品生产者的免责事由包括三项：①未将产品投入流通的；②产品投入流通时，引起损害的缺陷尚不存在的；③将产品投入流通时的科学技术水平尚不能发现缺陷的存在的。

7. 因共同危险行为致人损害的侵权诉讼，由实施危险行为的人就其行为与损害结果之间并不存在因果关系承担举证责任。2003年最高院《人身损害赔偿解释》第4条也有类似规定。《侵权责任法》的规定与此有所不同。《侵权责任法》第10条规定："二人以上实施危及他人人身、财产安全的行为，其中一人或者数人的行为造成他人损害，能够确定具体侵权人的，由侵权人承担责任；不能确定具体侵权人的，行为人承担连带责任。"换言之，只有在确定具体侵权人

---

[1] 吴泽勇："不负证明责任当事人的事案解明义务"，载《中外法学》2018年第5期。

的情形下，其他行为人才可以免除责任。[1] 对于共同危险行为构成要件的因果关系，理论上称之为择一的因果关系或替代的因果关系或不确定的因果关系。[2] 对于作为共同危险行为构成要件的择一的因果关系，应由权利人承担其存在的证明责任。虽然权利人不必举证证明具体哪一行为人实施的危险行为和损害结果之间具有因果关系，但权利人必须举证证明损害是由共同危险行为造成的。

8. 因医疗行为引起的侵权诉讼，由医疗机构就医疗行为与损害结果之间不存在因果关系及不存在医疗过错承担举证责任。《侵权责任法》对医疗侵权证明责任作了不同于最高院《民诉证据规定》的规定。《侵权责任法》第 54 条对医疗侵权责任的归责原则规定为过错责任原则。医疗侵权纠纷中，一般情况下是由患者承担医方存在过错的证明责任。这与最高院《民诉证据规定》第 4 条第 1 款第 8 项规定的由医方承担自己不存在过错的证明责任相比，显然是不同的。有观点认为，《侵权责任法》第 54 条对最高院《民诉证据规定》第 4 条第 1 款第 8 项修改的理由是，医疗侵权纠纷若一律由医方承担自己不存在过错的证明责任，将助长保守医疗，不利于医学科学的进步；至于患者和医方之间的信息不对称问题，应当通过信息交流和信息公开等办法解决。[3] 《侵权责任法》第 58 条规定："患者有损害，因下列情形之一的，推定医疗机构有过错：①违反法律、行政法规、规章以及其他有关诊疗规范的规定；②隐匿或者拒绝提供与纠纷有关的病历资料；③伪造、篡改或者销毁病历资料。"该条对医院方的医疗过错证明责任的规定较为特殊，其实质是改变了医疗纠纷案件的证明客体，即将需要证明的要件事实由"医疗机构有过错"转化为三种具体的医疗违法行为。

《侵权责任法》对医疗侵权因果关系证明责任未作规定，有学者根据《侵权责任法》的规定得出由患者对医疗行为与损害后果之间存在因果关系承担证明责任的结论。[4] 也有学者认为，因《侵权责任法》对医疗侵权因果关系证明责任没有给予新的规定，因此仍适用最高院《民诉证据规定》第 4 条中因果关系

〔1〕 王胜明主编：《中华人民共和国侵权责任法解读》，法律出版社 2010 年版，第 52 页。
〔2〕 程啸：《侵权责任法》，法律出版社 2011 年版，第 185 页。周友军：《侵权法学》，中国人民大学出版社 2011 年版，第 145 页。
〔3〕 王胜明主编：《中华人民共和国侵权责任法解读》，法律出版社 2010 年版，第 272 页。
〔4〕 廖焕国："论医疗过错的认定——以医疗损害侵权责任的理解与适用为视点"，载《政治与法律》2010 年第 5 期。

证明责任倒置的规定。[1] 我们认为,《侵权责任法》生效后最高院《民诉证据规定》第 4 条规定仍然可得到适用。

（三）合同纠纷与劳动争议案件的证明责任

最高院《民诉证据规定》第 5 条规定了合同纠纷案件的证明责任,具体内容为:在合同纠纷案件中,主张合同关系成立并生效的一方当事人对合同订立和生效的事实承担举证责任;主张合同关系变更、解除、终止、撤销的一方当事人对引起合同变动的事实承担举证责任。对合同是否履行发生争议的,由负有履行义务的当事人承担举证责任。对代理权发生争议的,由主张有代理权一方当事人承担举证责任。

最高院《民诉证据规定》第 6 条规定的是劳动争议纠纷案件证明责任分配:在劳动争议纠纷案件中,因用人单位作出开除、除名、辞退、解除劳动合同、减少劳动报酬、计算劳动者工作年限等决定而发生劳动争议的,由用人单位负举证责任。该条规定了劳动者不服用人单位的决定而产生的劳动争议案件的证明责任的特殊分配规则。该规定的立法理由在于,根据劳动者和用人单位在举证能力、距离证据远近等方面的差距分配证明责任。其目的在于切实保障劳动者的合法权益。在用人单位与劳动者之间的劳动法律关系中,劳动者处于弱势地位,其权利容易受到用人单位的侵犯,需要得到法律的特殊保护。因此,在劳动者不服用人单位某些处理决定而产生的劳动争议的案件中,应当向有利于劳动者的方向倾斜,由用人单位对争议事实负证明责任,由其证明管理和处罚行为的合法性及合理性,以实现实质正义的宗旨。

2010 年最高院《劳动争议案件解释（三）》第 9 条规定:“劳动者主张加班费的,应当就加班事实的存在承担举证责任。但劳动者有证据证明用人单位掌握加班事实存在的证据,用人单位不提供的,由用人单位承担不利后果。”该条规定与 2015 年最高院《环境民事公益诉讼解释》第 13 条的原理相同,即在被告因为法律或者事实上的原因应提供证据但却没有提供时,适用证明妨碍法理,推定原告主张的事实成立。

三、民事证明责任分配中的司法裁量

从比较法的角度看,各国证明责任的分配基本上都是由制定法完成的,或者由实体法规定,或者由实体法和诉讼法共同规定。当制定法所确定的证明责

---

[1] 叶名怡:“医疗侵权责任中因果关系的认定”,载《中外法学》2012 年第 1 期。

任分配原则无法保证实现司法实践中出现的个案正义时，就需要发挥法官造法对于制定法漏洞的弥补作用，这就是证明责任分配中的司法裁量。由于成文法规定的证明责任分配规则有时无法适应诉讼实践中复杂多样的案件，往往会出现无法依据现行法律和司法解释来分配证明责任的情形，因此需要发挥法官在确定特殊案件证明责任分配方面的重要作用。

最高院《民诉证据规定》规定了证明责任分配中的司法裁量，即授权法官根据一定的原则，综合衡量相关因素以分配证明责任。该规定第 7 条规定："在法律没有具体规定，依本规定及其他司法解释无法确定举证责任承担时，人民法院可以根据公平原则和诚实信用原则，综合当事人举证能力等因素确定举证责任的承担。"为了将法官的自由裁量权限制在合理的范围内，本条规定了法官自由裁量的依据和边界。在司法实践中，当事人的举证能力取决于以下几个因素：双方当事人距离证据的远近、接近证据的难易、收集证据能力的强弱、对于危险领域的控制能力及待证事实发生的概率等。

第四节　行政诉讼中的证明责任

一、行政诉讼证明责任分配的原则

《行政诉讼法》第 34 条规定："被告对作出的行政行为负有举证责任，应当提供作出该行政行为的证据和所依据的规范性文件。被告人不提供或者无正当理由逾期提供证据，视为没有相应证据。但是，被诉行政行为涉及第三人合法权益，第三人提供证据的除外。"这一规定确定了行政诉讼由被告承担证明责任的一般原则，即行政机关对其作出的行政行为的合法性负有举证责任，这是行政诉讼举证责任的基本分配原则。

这一证明责任分配原则，体现了对政府权力的限制，有利于促进"依法行政"的实现。政府实施行政行为时必须具有合法性、正当性，一旦形成行政诉讼，政府必须能够证明其业已实施的行政行为是合法的、正当的。事实上，政府举证证明其行政行为合法、正当，比原告举证证明行政机关的行政行为不合法容易得多。由被告负举证责任，既符合督促行政机关依法行政、保障相对人合法权益的目的，也符合举证负担均衡的要求，因为被告的举证能力要远远强于原告，让举证能力较强的被告一方承担举证责任是合情合理的。被告为避免承担败诉后果，就会积极进行举证，也会促使行政机关在行政程序中加强证据意识，在具体行政行为过程中收集和运用证据，提高行政行为的合法性。从保护弱者以实现实质公平的角度考虑，这种制度安排也是合理的。

被告所提供的证据应当是在行政程序中已经收集到的证据，而且是作为行政行为依据的证据，即行政行为的事实依据，但是其范围仅限于与行政行为相关联的事实。在行政诉讼中，由于被告方行政机关在行政程序中应遵守"先取证、后裁决"的基本程序原则，这一原则决定了行政诉讼实质上是对行政程序的二次审查，而行政机关在行政程序中的优势地位以及各种强势的取证手段决定了其在取证和举证方面的优势，因此在举证责任分配上不坚持民事诉讼中的"谁主张、谁举证"的一般举证原则，而是由作为被告的行政机关承担主要的举证责任。这一原则的确立，正是基于正义、衡平的诚信原则，从衡平双方当事人的合法权益出发来确定诉讼中证明责任的分配。在这里，诚实信用原则作为一种法的基本精神贯穿于行政诉讼过程中，指导着诉讼的进程。

最高院《行诉解释》以及《行诉证据规定》进一步对行政诉讼证明责任分配原则和具体规则作出了详细的规定。根据《行政诉讼法》及相关司法解释，行政诉讼证明责任分配的原则是由被告对其作出的具体行政行为承担证明责任。行政诉讼被告除了原则上要对其作出的具体行政行为的合法性、正当性承担证明责任之外，还应当对已过诉讼时效的事实承担证明责任。最高院《行诉证据规定》第4条第3款规定："被告认为原告起诉超过法定期限的，由被告承担举证责任。"在行政诉讼中，原告不承担证明责任。然而，原告有权对被告的主张和证据提出抗辩和反证，原告的举证属于诉讼权利的内容。

依据《行政诉讼法》第37条的规定，原告可以提供证明行政行为违法的证据。原告提供的证据不成立的，不免除被告的举证责任。增加原告提供证据的规定，既有基于查明事实、便于审理行政案件、解决行政纠纷的考虑，也是司法政策的体现。有学者认为原告承担一定的举证责任也具有特殊的政策考虑，包括培养公民的主体意识和法律观念；规范公民的市场行为，促进社会主义市场经济体制的发展等。[1] 原告在行政诉讼中可以提供证据来证明行政行为违法，这是法律赋予的陈述权和申辩权在诉讼程序上的延伸，更多的是一种权利，而非义务。原告没有义务来证明自己具有行政违法行为，那是行政机关要证明的内容。因此就有必要区分原告"可以提供证据"与"应当提供证据"的行为，

---

[1]　高家伟：《公正高效权威视野下的行政司法制度研究》，中国人民公安大学出版社2013年版，第286、287页。

前者是一种诉讼权利，后者更多是一种责任，即举证责任。原告这种举证责任是一种有限责任，只有在行政诉讼特定阶段和特定类型行政案件中才需要承担，而被告承担举证责任更多是一种普遍性的规则。[1]《行政诉讼法》第 36 条对被告延期提供证据与补充证据进行了规定。2018 年 2 月 6 日颁布的最高院《行诉解释》第 34 条细化了法院依照职权可准许被告延期提供证据的相应规则。[2]

二、行政诉讼证明责任分配的例外规则

由被告行政机关承担证明责任是行政诉讼中证明责任分配的原则，但是行政诉讼中除行政行为合法性事实之外，还有其他争议事实。被告承担举证责任，并不意味着被告在任何情形下对任何行政行为都负有举证责任，而且行政机关并非在任何情形下都具有举证优势，一概要求行政机关承担举证责任既不科学，也不利于行政纠纷的解决。因此，在某些情况下，原告也要对特定的要件事实承担证明责任。根据《行政诉讼法》及相关司法解释，行政诉讼中的原告对下列事项承担证明责任：

（一）原告对起诉符合法定条件承担证明责任

根据最高院《行诉证据规定》第 4 条第 1 款的规定，公民、法人或者其他组织向人民法院起诉时，应当提供其符合起诉条件的相应的证据材料。关于行政诉讼的起诉条件，《行政诉讼法》第 49 条作了明确规定：原告是符合本法第 25 条规定的公民、法人或者其他组织；有明确的被告；有具体的诉讼请求和事实根据；属于人民法院受案范围和受诉人民法院管辖。据此，原告应对其起诉符合上述条件提供证据加以证明，否则，法院不予受理或者裁定驳回起诉。从理论上来说，原告对是否具备起诉的法定条件承担举证责任的政策考虑主要是防止滥诉。法院受理案件的前提必须是行政纠纷的客观存在，且符合司法审查的争执点。原告不能无缘无故地提起诉讼，设置一定的门槛，既是节约司法成本的需要，也有助于原告起诉更加理性化。

原告的起诉行为启动了行政诉讼程序，其提起诉讼所依据的事实属于程序性事项的"主张"，原告应当对其起诉是否符合法定条件等相关事项承担举证责

---

[1] 李大勇："行政诉讼证明责任分配：从被告举证到多元主体分担"，载《证据科学》2018 年第 3 期。

[2] 最高院《行诉解释》第 34 条规定："根据行政诉讼法第 36 条第 1 款的规定，被告申请延期提供证据的，应当在收到起诉状副本之日起 15 日内以书面方式向人民法院提出。人民法院准许延期提供的，被告应当在正当事由消除后 15 日内提供证据。逾期提供的，视为被诉行政行为没有相应的证据。"

任，这些事项包括有具体的诉讼请求和事实根据，符合"谁主张、谁举证"的证明原理。最高院《行诉解释》第 54 条规定："依照行政诉讼法第 49 条的规定，公民、法人或者其他组织提起诉讼时应当提交以下起诉材料：①原告的身份证明材料以及有效联系方式；②被诉行政行为或者不作为存在的材料；③原告与被诉行政行为具有利害关系的材料；④人民法院认为需要提交的其他材料。"最高院《行诉证据规定》第 4 条规定，原告起诉时，应提供符合起诉条件的证据材料。原告在起诉阶段需要证明的事实依据主要包括：被诉行政行为客观存在、原告与被诉行政行为之间有利害关系。需要注意的是，由于起诉条件主要是程序性条件，原告主张符合起诉条件的事实属于程序性事实，其证明标准比较低，在证明理论中属于自由证明或释明的范畴。根据《行政诉讼法》第 51 条第 1 款的规定，人民法院在接到起诉状时对符合本法规定的起诉条件的，应当登记立案。

（二）起诉被告不作为案件中的证明责任

原告在起诉行政主体不作为的案件中应当对其向被告提出申请的事实承担证明责任。《行政诉讼法》第 38 条第 1 款规定："在起诉被告不履行法定职责的案件中，原告应当提供其向被告提出申请的证据。但有下列情形之一的除外：①被告应当依职权主动履行法定职责的；②原告因正当理由不能提供证据的。"例如，在行政许可争议案件中，原告认为其符合法定条件向行政机关申请办理许可证或者执照，而行政机关超过法定期限不予答复或者拒绝颁发而提起行政诉讼的，原告应当提供证据证明其曾经依法向行政机关提出过申请的事实。

在行政不作为的案件中，之所以将"提出过申请的事实"的证明责任分配给原告承担，而不是由原告承担被告存在不作为等事实的证明责任，是因为证明行政不作为实际上是证明行政机关没有作出某种法定行为，属于"否定事实"或"消极事实"，这种证明对于行政相对人来说是较为困难的，而行政机关证明其作为或者有合理理由不作出某种行为是相对容易的。这也符合"事物之性质上，否定之人无须证明"的原理。

在起诉被告行政不作为的案件中，虽然原告对提出申请的事实承担证明责任，但是有两种例外情形：

1. 被告应当依职权主动履行法定职责的。因为被告负有无需原告申请而应主动作为的法定职责，因而提出申请并非原告提起诉讼的前提条件，原告即无需提供证据证明其在行政程序中曾提出过申请的事实。这种情况考虑到了两种行政不作为类型的差异，对于依职权的不作为无论是否有行政相对人的申请，都不影响对其违法性的确定和判断。

2. 原告因被告受理申请的登记制度不完备等正当事由不能提供相关证据材料并能够作出合理说明的。这种情形客观上增加了行政机关行政程序上的义务，如果行政机关不能建立一种较为完备的受理申请的登记制度，将会在行政诉讼中承担不利后果。这主要是考虑到实际情况，登记制度不完备或者工作人员缺乏责任心没有进行登记，或没有出具回执。这时候一概要求原告承担举证责任，既不符合实际情况，也有些强人所难。因此该规定作了适当的变通，用原告承担解释说明义务来替代举证责任，有助于缓解诉讼压力和减轻负担。

（三）行政赔偿、补偿案件中的证明责任

行政侵权行为的构成要件包括职权行为违法、损害事实、因果关系。根据法律规定，除了损害事实这一构成要件由原告举证外，被告对行政侵权的其他构成要件负举证责任。其理论依据包括两个方面。一方面是依法行政的要求，行政机关行使职权应当有法律的明确规定，行政机关要证明其侵权致害行为符合法律规定，否则就要承担赔偿责任。另一方面是举证负担的相对均衡，被告举证能力较强，对侵权行为与损害之间是否具有因果关系承担举证责任，有利于保护原告合法权益，也使得行政机关及其工作人员行使职权更为谨慎，减少滥用职权的可能。另外有些致害行为处于行政机关控制之下，被告来举证更符合公平正义。[1]

原告对行政赔偿案件中具体行政行为造成损害的事实承担证明责任。在行政法律关系中，公民、法人或者其他组织的合法权益受到行政机关及其工作人员作出的具体行政行为侵犯造成损失的，有权向人民法院提起行政赔偿诉讼。行政赔偿诉讼的证明责任的分配，直接关系到受损害的公民能否通过诉讼救济途径保护自身的合法权益。为此，《行政诉讼法》第 38 条第 2 款规定："在行政赔偿、补偿的案件中，原告应当对行政行为造成的损害提供证据。因被告的原因导致原告无法举证的，由被告承担举证责任。"另根据最高院《行政赔偿规定》第 32 条的规定，被告有权提供不予赔偿或者减少赔偿数额方面的证据。在行政赔偿案件中，原告应当证明损害后果的存在、具体行政行为与损害后果之间的因果关系。最高院《行诉证据规定》第 5 条规定，原告在行政赔偿诉讼中应对损害事实提供证据，无需再对被诉行政行为和损害之间的因果关系承担举证责任。这实际上是减轻了原告的举证负担。具体行政行为合法性的证明责任

---

[1] 李大勇："行政诉讼证明责任分配：从被告举证到多元主体分担"，载《证据科学》2018 年第 3 期。

仍然由被告承担。在公民人身自由受到限制等处于极端不利地位的特殊情况下，具体行政行为与损害结果之间不存在因果关系的证明责任由被告行政机关来承担，既有利于保障原告行政赔偿请求权的实现，又可以督促行政机关依法行政。例如，在公民因行政机关非法限制其人身自由而致其人身受到损害的行政赔偿诉讼中，应当由行政机关对其限制人身自由的行为与原告的人身损害之间不存在因果关系承担证明责任。如果其无法履行该证明责任，那么将承担赔偿责任。

最高院《行诉解释》第 47 条第 1 款规定："根据行政诉讼法第 38 条第 2 款的规定，在行政赔偿、补偿案件中，因被告的原因导致原告无法就损害情况举证的，应当由被告就该损害情况承担举证责任。"[1] 该规定明确了原告对遭受损害的事实承担举证责任的原则，除非因被告原因而导致原告无法举证。其理由是，原告提起行政赔偿诉讼所依据的基本事实是其遭受损害的事实，原告对其遭受损害的事实具有举证便利，由原告承担举证责任符合"谁主张，谁举证"的原则。这里的损害事实既包括已经发生的损害，也包括将来一定要发生的损害，但只能是受法律所保护或认可的权益所遭受到的损害。

练习案例

原告甲公司向法院起诉被告乙，请求之一是判令原告不承担支付被告加班费 5227.78 元的连带赔偿责任。原审法院认为，劳动者主张加班费的，应当就加班事实的存在承担举证责任。被告乙称其有加班，提供了值班表、加班时间统计表，但均为打印件，没有单位印章及签字；提供了值班表照片，但为拍摄的电脑屏幕照片；提供了证言，但证人未出庭；提供了加班照片，但照片不显示拍摄时间。一审法院援引 2010 年最高院《劳动争议案件解释（三）》第 9 条规定："劳动者主张加班费的，应当就加班事实的存在承担举证责任。但劳动者有证据证明用人单位掌握加班事实存在的证据，用人单位不提供的，由用人单位承担不利后果。"认为被告乙称其有加班的事实证据不足，原告不应对加班费承

---

[1] 最高院《行诉解释》第 47 条规定："根据行政诉讼法第 38 条第 2 款的规定，在行政赔偿、补偿案件中，因被告的原因导致原告无法就损害情况举证的，应当由被告就该损害情况承担举证责任。对于各方主张损失的价值无法认定的，应当由负有举证责任的一方当事人申请鉴定，但法律、法规、规章规定行政机关在作出行政行为时依法应当评估或者鉴定的除外；负有举证责任的当事人拒绝申请鉴定的，由其承担不利的法律后果。当事人的损失因客观原因无法鉴定的，人民法院应当结合当事人的主张和在案证据，遵循法官职业道德，运用逻辑推理和生活经验、生活常识等，酌情确定赔偿数额。"

担连带责任。被告不服判决，提起上诉。二审法院认为，一审庭审中，乙提交了值班表、值班表照片、加班时间统计表、证人赵某的证言、加班活动照片，已就加班事实的存在承担了其应当承担的举证责任。然而，在本案的一审和二审程序中，作为用工单位的 Y 市分公司及用人单位甲公司，未提交客观记录劳动者日常出勤情况、用工单位为劳动者发放劳动报酬的考勤资料、工资发放表等均应由用人单位掌握的直接证据，应当承担不利后果。故对上诉人乙所主张的加班事实、加班费数额，依法予以认定。遂判决用工单位 Y 市分公司应支付上诉人乙加班费 5227.78 元，甲公司对上述加班费的支付应负连带责任。[1]

问题：

1. 一审法院对证明责任的适用是否正确？

2. 法院仅因为被告所提证据无法完全证明加班事实就支持原告请求是否合理？

3. 证据妨碍法理和文书提出义务在本案中是如何体现并发挥作用的？

4. 二审法院以原告未提交与加班有关的直接证据为由判定其承担不利后果，是否合理？

5. 结合证明责任分配的法律规范及相关理论，评析本案一、二审法院在适用证明责任归责解决"证据偏在型案件"过程中思维方式的差异。

🔵 思考题

1. 如何理解证明责任的内容？

2. 行为责任与结果责任有何联系与区别？

3. 我国刑事诉讼证明责任分配的一般原则及特殊规则是什么？

4. 我国民事诉讼中证明责任分配的原则及特殊规则有哪些？

5. 我国行政诉讼证明责任分配的原则及例外规定有哪些？

---

[1] 河南省郑州市中级人民法院（2014）郑民一终字第 628 号民事判决书。

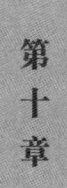

第十章

证明标准

➡学习指导

　　通过本章学习，应当掌握证明标准的概念及其特征、影响证明标准的因素、我国三大诉讼各自的证明标准及其理解、适用。重点理解和把握我国刑事诉讼"案件事实清楚，证据确实、充分"的证明标准；并理解行政诉讼证明标准所具有的灵活性、中间性和审查性特征。学习的难点在于把握两大法系国家刑事诉讼和民事诉讼的证明标准之差异，以及"排除合理怀疑""内心确信"等证明标准的关系。

第一节　证明标准概述

一、证明标准的概念与特征

　　证明标准，是指依照法律规定，承担证明责任的主体运用证据对待证事实加以证明所要达到的程度。在日本，证明标准也被称为证明度，用以指代肯定案件中作为证明对象（待证事实）存在所必须达到的最低限的证明程度，以及需要被证明的事实（待证事实）通过举证和辩论所呈现出来的逼真程度。[1]通俗来讲，证明标准实际上就是"证明尺度，据以衡量什么时候证明才算成功"。[2]如果说证明对象是证明活动的起点，证明责任的分配及履行推动着证明活动的展开，那么，证明标准即为最终对证明活动的结果加以衡量和评判的尺度。它一方面属于证明责任制度的内在组成部分，另一方面体现了证据法对于

────────────

〔1〕　参见王亚新:《社会变革中的民事诉讼》，中国法制出版社2001年版，第293页。
〔2〕　［德］汉斯·普维庭著，吴越译:《现代证明责任问题》，法律出版社2000年版，第91页。

证据在质量和数量方面的要求。

证明标准这一概念虽然是证明责任法对于举证方在证据质量和数量方面的要求，但这种要求不是直接针对证据提出，而是针对法官的内心确信程度所提出的。

第一，作为诉讼活动之中证明主体证明待证事实、卸除证明责任的目标和方向、衡量与评判证明主体之证明责任是否完成的尺度，证明标准与证明对象、证明责任之间有着密切的联系。一方面，就证明标准与证明对象的关系而言，证明标准针对证明对象而设立。对于不属于证明对象的事实，证明主体无须证明，自然也就不需要达到证明标准；而对于证明对象范畴内的相关事实，则需要根据具体情形设定相应的证明标准，并根据证明是否达到法定的程度来判定该事实是否得到证实。另一方面，就证明标准与证明责任的关系而言，承担证明责任的主体需以履行证明责任的方式寻求证明标准的实现。当承担证明责任的主体运用证据对待证事实的证明达到了法律规定的证明标准，就完成了其所承担的证明责任，就不会承担不利的后果；反之，如果承担证明责任的主体运用证据对待证事实的证明没有达到法律规定的证明标准，就没有完成其所应当承担的证明责任，就会承担不利的后果。是故，在英美证据法理论中，证明标准也被理解为负有证明责任的一方当事人，就其主张的事实予以证明应达到的水平、程度。即证明标准是为了避免遭到于己不利的裁判，负有证明责任的当事人履行其责任所必须达到的法律要求的程度。[1]

第二，法律对于证明标准之设定，对诉讼各方均具有约束力。证明标准既作用于当事人的举证行为，也作用于审理者的裁判行为。对当事人而言，承担证明责任者依循证明标准确定和组织用于证明的证据，并努力按照证明标准来履行自己的举证行为；不负担证明责任的当事人则依循证明标准质疑或抨击对方的举证行为，并选择己方是否有必要提供相反证据进行反驳。对审理者而言，其以证明标准为依据对当事人的证明活动进行法律评价，如果当事人履行证明责任达到了法定的证明标准，法官就可以据此认定当事人的诉讼主张成立；反之，则应判定其诉讼主张不成立。从这个意义上来讲，诉讼各方主体均可借助于证明标准预测相互之间的行为动向和即将采取的程序步骤，同时决定自己将采取哪些诉讼策略对应。[2]

---

[1] Peter Murphy, *A Practical Approach to Evidence*, Blackstone Press Limited, 1992, p. 104.

[2] 参见卞建林、谭世贵主编：《证据法学》，中国政法大学出版社 2014 年版，第 469~470 页。

第三，证明标准本身具有模糊性，精确界定证明标准是非常困难的，这也就是为什么部分德国学者会以刻度盘为例更为直观地对盖然性作出描述。证明标准也具有主观性，它存在于人们心中。"无论对证明标准的内容如何进行描述，任何一种表达都可以说只是一种形容或比喻。这是因为作为衡量认识程度或状态的基准，证明标准看不见、摸不着，它只是人们心目中一种共通的理解或认识。"[1]

第四，证明标准具有层次性。无论是大陆法系国家还是英美法系国家，对于证明标准的设定都呈现出层次性、多元化特征。例如，在大陆法系德国，针对不同的证明对象，证明标准被确定为原则性证明标准、降低的证明标准与提高的证明标准三个等级。再如，在美国的民事诉讼中，证明标准亦被分为两个等级，其中，优势证据标准适用于大部分民事案件实体事实的证明；清楚和有说服力的证明标准则用于如欺诈一般的特定事实的证明[2]，"许多司法区要求，民事欺诈案或可能涉及刑事行为的民事案件的主张，要用清晰且令人信服的证据加以证明"[3]。

二、证明标准的设定

科学、合理地设定证明标准，必须考虑证明对象、证明责任、诉讼性质、证明阶段等与其相关的特定因素，这些因素对于多元化、层次化的证明标准的设立产生着重要的影响。

（一）诉讼性质与证明标准的设定

刑事诉讼、民事诉讼以及行政诉讼理应适用不同的证明标准，这既是由不同诉讼之性质，也是由不同诉讼之目的所决定的。刑事诉讼解决的是犯罪嫌疑人、被告人是否犯罪、应否处以刑罚以及如何处罚的问题，其结果往往是犯罪行为人的人身权、财产权甚至生命权被限制或剥夺；民事诉讼主要解决当事人之间的权利义务纠纷，其责任承担往往只涉及公民的财产权；而行政诉讼则主要审查具体行政行为的合法性。相较而言，刑事诉讼对当事人权利的影响较之民事诉讼与行政诉讼更大。也正因如此，在诉讼目的上，刑事诉讼更强调发现

---

〔1〕　王亚新：《对抗与判定——日本民事诉讼的基本结构》，清华大学出版社2002年版，第214页。

〔2〕　参见沈德咏主编：《最高人民法院民事诉讼法司法解释理解与适用（上）》，法律出版社2015年版，第361页。

〔3〕　［美〕罗纳德·J.艾伦等著，张保生等译：《证据法——文本、问题和案例》，高等教育出版社2006年版，第808页。

案件事实真相。而民事诉讼更侧重于解决争议，行政诉讼则限定为对具体行政行为合法性的审查。上述诉讼性质与诉讼目的之差异，决定了立法本身对于刑事诉讼的证明应当比民事诉讼和行政诉讼中的证明更为严格，证明标准也应更高。[1]

从其他国家和地区的立法及司法实践来看，在不同的诉讼中适用不同的证明标准并不鲜见。如在英美法系国家，刑事案件的证明标准要求达到"排除合理怀疑"的标准；而普通民事案件，只要求达到"盖然性占优势"的标准；对于某些特殊类型的案件，则采用"明晰可信"的证明标准。此一证明标准处于普通民事案件与刑事案件的证明标准之间，虽较之普通民事案件的证明标准要高，但仍不及刑事案件的证明标准。

（二）诉讼阶段与证明标准的设定

从域外国家和地区的证据立法规范来看，在不同的诉讼阶段针对不同的事项适用不同证明标准实属较为普遍的现象。例如，在美国证据法上，依证明所需的确定性程度，证明标准由高到低被划分为如下九个层次：①绝对确定——由于认识论的限制，关于绝对确定的标准，一般认为无法达到；②排除合理怀疑——为刑事案件作出定罪裁判所应达到的证明标准，也是诉讼证明的最高标准；③清楚和有说服力的证明——适用于某些民事案件以及某些管辖法院对死刑案件中保释请求的驳回；④优势证据——适用于多数民事案件以及刑事诉讼中被告人的肯定性抗辩；⑤合理根据——适用于逮捕令状的签发、无证逮捕、搜查及扣留、抗诉书和起诉书的发布、缓刑及假释的撤销，以及对公民逮捕的执行；⑥有理由的相信——适用于阻截和搜身；⑦有理由的怀疑——无罪释放被告人的充足理由；⑧怀疑——适用于调查的开始；⑨无线索——不足以采取任何法律行为。[2]

我们认为，在不同的诉讼阶段设定不同的证明标准有其合理性。一方面，不同诉讼阶段的诉讼任务不同。以刑事诉讼为例，侦查阶段的直接任务主要是收集证据、抓获犯罪嫌疑人。因此，在该阶段只需对案件事实进行初步的证明，足以查获犯罪嫌疑人并对其采取相应的强制措施即可。起诉阶段的主要任务是确定能否将犯罪嫌疑人交付审判的问题。在此阶段，只需公诉机关认为具有定罪的较大可能性即可提起公诉。而审判阶段是整个刑事诉讼的中心阶段，将集

---

〔1〕 参见陈光中主编：《证据法学》，法律出版社 2015 年版，第 357 页。

〔2〕 参见卞建林译：《美国联邦刑事诉讼规则和证据规则》，中国政法大学出版社 1996 年版，第 22 页。

中并最终确定对被告人的定罪量刑问题。因此，在该阶段中，应力求对有关被告人刑事责任的案件事实进行全面而充分的证明，并达到较高的证明标准；另一方面，不同的诉讼阶段对认识的要求也不同。对案件事实的证明也必须遵循认识论的一般原理，逐步地、渐进地由感性认识上升到理性认识。从证明标准的角度来考察，也必然是由低到高，逐步达到定案所要求的标准。在侦查的初始阶段，一般只有很少的证据，很难对案件作出完全正确的判断。受认识阶段的局限性，在该阶段不宜设立过高的证明标准。而案件经过审查起诉和审判之后，司法工作人员已对全案的证据材料进行了审查判断，并去粗取精、去伪存真，使得对案件事实的认识从感性阶段上升到理性阶段。此时，要求达到较高的证明标准才具有实现的可能。[1]

（三）证明对象与证明标准的设定

从证明对象来看，大陆法系国家普遍将刑事诉讼的待证事实分为实体法事实和程序法事实，从而将证明区分为严格证明和自由证明，即不同的证明对象适用不同的证明标准。其中，运用诉讼法规定的法定证据方法（证人、当事人等），经过法律规定的证据调查程序进行的证明称为严格证明，而运用除此之外的证据方法，不受法律规定的约束而进行的证明称为自由证明。一般而言，严格证明主要适用于关于刑罚权是否存在及其范围的实体法事实；而自由证明的对象则仅限于程序事实，尤其是涉及诉讼要件的相关事实。[2]

（四）证明难易程度与证明标准

随着社会经济的发展，以消费者权益纠纷、医疗事故纠纷、环境污染纠纷为代表的新型纠纷不断出现。而在此类新型纠纷的诉讼之中，一方当事人处于明显的弱势地位，同时面临着证据匮乏、取证不易等困难。据此，两大法系国家普遍通过采取举证责任倒置与适用相对较低的证明标准等方式保障弱势人群的诉讼利益。以德国为例，德国《民事诉讼法》第 287 条第 2 款规定，如果通过各种方法（如调查证据、进行鉴定、讯问举证人等）去阐明一切有关情况需要花费大量的人力、物力或存在其他困难，法院便可自行决定不进行证据调查，仅依自由心证作出判断即可。[3] 在实践层面，德国联邦最高法院则对某些医疗

---

〔1〕　参见陈光中主编：《证据法学》，法律出版社 2015 年版，第 358 页。

〔2〕　参见张保生主编：《证据法学》，中国政法大学出版社 2018 年版，第 358～359 页。

〔3〕　参见谢怀栻译：《德意志联邦共和国民事诉讼法》，中国法制出版社 2001 年版，第 70 页。

纠纷、交通事故纠纷等通过举证责任倒置和表见证明[1]的方式努力减轻被害人的负担。[2] 此外，在英国和美国，依待证事实发生概率之高低调整证明标准的方法也日益受到重视，而我国学界在此一方面的研究则稍显不足。

三、证明标准的价值与功能

在诉讼活动中，诉讼程序如何进行、诉讼措施如何采取，特别是司法裁判如何作出，都涉及证明标准问题。正如有学者言："证明标准既是证明理论的核心，又是证据制度的灵魂，构成指引整个证明活动的灯塔。有了证明标准……证明活动就有了方向，有了目标位，有了归宿点。"[3] 法律对于证明标准之设定，既规制当事人的证明活动，也作用于公安司法机关的取证、认证或裁判行为。概括而言，证明标准的价值与功能主要体现在如下四个方面：

（一）指引功能

诚如英国证据法学家摩菲所言："证明标准是指证明责任被卸除所要达到的范围和程度，它实际上是在事实裁判者的大脑中证据所产生的确定性或可能性程度的衡量标尺；也是负有证明责任的当事人最终获得胜诉或所证明的争议事实获得有利的事实裁判结果之前，必须通过证据使事实裁判者形成信赖的标准。从证明责任的履行来看，证明标准是证据质量和证明力的测试仪。"[4] 作为当事人履行证明责任的灯塔，证明标准代表了一种努力，以期指示当事人凭借证明标准，明确证明目标，知悉何时应当举证，何时可以暂停举证，于证明主体在证明活动中履行证明责任、进行证明活动发挥着指导和规范的作用。

（二）量化功能

"作为法律对于案件真相之揭示程度所划定的最低底线，证明标准的设定可以指示事实的发现者：我们的社会认为他们要达到何种程度的信念才能做出正确的事实结论。"[5] 事实审理者可以借以量化和评判事实真伪，达到了此标准，在法律上即认为待证事实得到了证明。

---

[1] 所谓"表见证明"，可以被理解为一种增强法官心证的方式，它依经验法则使法院对一些不明的事实状态更易获得心证。参见陈荣宗：《举证责任分配与民事程序法》，台湾三民书局1984年版，第61页。

[2] 参见陈光中主编：《证据法学》，法律出版社2015年版，第371~372页。

[3] 裴苍龄：《新证据学论纲》，中国法制出版社2002年版，第480页。

[4] 转引自牟军："民事证明标准论纲——以刑事证明标准为对应的一种解析"，载《法商研究》2002年第4期。

[5] In re Winship, 397 U. S. 358（1970）（哈兰法官的赞同意见）。

（三）平衡功能

证明标准的这一功能主要体现在刑事诉讼中。在刑事诉讼中，就实质性能力而言，辩护方和公诉方在诉讼能力、诉讼资源以及诉讼条件等方面皆存在严重的失衡，控辩双方之间的平等只是一种形式上的平等，而并非真正意义上的实质平等。[1]为最大限度地克服控辩平等对抗的形式性及表面性，两大法系国家普遍要求刑事诉讼中的证明责任一般由控方承担，并为控方设定了较高的证明标准，用以保证刑事诉讼的正义天平在诉讼的起点上人为地向辩护方倾斜，从而保持诉讼构造的平衡与合理，实现诉讼程序的公平与公正。

（四）制约功能

"一切有权力的人都容易滥用权力，这是万古不易的一条经验。"[2]在刑事诉讼中，立案、强制措施、移送审查起诉、提起公诉和定罪的证明标准，既体现了对国家刑事司法权限制的宽严，又体现了对被追诉者权利保障的强弱。证明标准设定之高低、宽严在一定情况下影响着刑事案件的立案、强制措施、起诉和裁判。证明标准设置得越高，对国家刑事司法权限制也就越严格，对犯罪嫌疑人、被告人人权的保障也就越充分。相反，证明标准设置得越低，对国家刑事司法权限制也就越宽松，对犯罪嫌疑人、被告人人权的保障也就越不充分。[3]

第二节　刑事诉讼的证明标准

一、英美法系国家的刑事诉讼证明标准

"排除合理怀疑"（beyond reasonable doubt）是英美法系国家所普遍采用的刑事有罪证明标准，其本身建立在 17 世纪神学家、哲学家、历史学家对可能性、确定性、真实的本质、知识的来源作以大量研究的基础上。此一证明标准，最早产生于 18 世纪末 19 世纪初。1824 年，英国学者史塔克率先主张，刑事诉讼中的证明标准应当是"具有道德上的确定性以至于排除所有的合理怀疑"。此后，"排除合理怀疑"的证明标准首先在死刑案件中使用，随后逐步扩大到所有

---

〔1〕　步洋洋：《刑事庭审实质化路径研究》，法律出版社 2018 年版，第 38 页。
〔2〕　转引自［法］孟德斯鸠著，张雁深译：《论法的精神》（上册），商务印书馆 1961 年版，第 184 页。
〔3〕　潘金贵主编：《证据法学》，法律出版社 2013 年版，第 227～228 页。

的刑事案件，成为英美法系国家刑事案件中认定被告人有罪时的通用证明标准。

关于什么是"排除合理怀疑"，立法未作明确规定。《布莱克法律词典》将其含义解释为"所谓排除合理怀疑，是指全面的证实、完全的确信或者一种道德上的确定性；这一词汇与清楚、准确、无可置疑这些词相当。在刑事案件中，被告人的罪行必须被明确到排除合理怀疑的程度方能成立，意思是，被证明的事实必须通过它们的证明力使罪行成立"。"'排除合理怀疑'的证明，并不排除轻微可能的或者想象的怀疑，而是排除每一个合理的假设，除非这种假设已经有了根据；它是'达到道德上确信'的证明，是符合陪审团的判断和确信的证明，作为理性的人的陪审团成员在根据有关指控犯罪是由被告人实施的证据进行推理时，是如此确信，以至于不可能作出其他合理的推论。"[1]

关于"排除合理怀疑"这一证明标准的含义，英国著名法官丹宁勋爵指出："证明标准必须得到妥适的确定。尽管这种标准不必达到绝对的肯定性，但却必须具有相当高的盖然性程度。排除合理怀疑的证明并不意味着此种证明已没有丝毫可疑的影子。如果不利于某人的证据非常有力，而有利的可能性甚微，那么，此种可能性也可由这样的判决加以消除，即'当然，它是可能的，但一点也不确实'。倘若如此，此案的证明已达到了排除合理怀疑的程度。但任何小于此种程度的证明都不够充分。"[2]英国的一个判例也说道："合理的怀疑就是当你在处理一件你自己重要的事情时，你能允许它这样或那样来影响你作出决定的怀疑。"[3] 在美国，人们通常习惯于引用马萨诸塞州首席大法官肖恩在韦伯斯特谋杀帕克曼一案中的说法来解释排除合理怀疑："在对全部证据进行完全的比较和思量之后，在陪审员脑海中留下的印象是，他们不能说他们感觉到，对于指控的事实真相，有必要将被告人予以定罪，达到如此的确定……证据必须将事实证明到理性和盖然性的确定性——这是一种能够说服和指示理解能力，并且满足理性和判断力的确定性……只有这样我们才能说达到了排除合理怀疑的证明标准。"[4] 即所谓的排除合理怀疑绝非凭空的猜测或推断，而是关注"被告人事实上无罪的现实可能性"。

作为一种抽象的、并不十分明确的概念、标准，"排除合理怀疑"也时常受

---

〔1〕 Bryan A. Garner, *Black's Law Dictionary*, 9th ed., West Publishing Co., 2009, p. 1380.

〔2〕 参见［英］丹宁著，刘庸安、张弘译：《法律的界碑》，群众出版社 1992 年版，第 131 页。

〔3〕 Walter v. R. (1969) 2 A. C. 26, PC.

〔4〕 Commonwealth v. Webster, 59 Mass (5 Cush) 295, 1850.

到质疑甚至批判。戈德勋爵就曾明确指出："指示陪审团什么是'合理怀疑'，是一件很'不幸'的事，因为解释什么是'合理怀疑'以及什么不是'合理怀疑'是非常困难的。"在他看来，告诉陪审团"合理怀疑"不是臆想的怀疑，这并没有给他们真正的指导，告诉陪审团"合理怀疑"是引起他们犹豫不决的迟疑，其实也没有给出一个特定的标准；一个陪审员可能会说，他对某件事还有犹豫，另一个陪审员则可能会说，他对此事实毫无犹豫。[1] 基于此，戈德勋爵建议适用其他用语用以表达有罪证明标准，但由于没有一个更适当的标准或用语替代排除合理怀疑，所以此一标准仍然维持着它原来的地位。[2]

二、大陆法系国家的刑事诉讼证明标准

大陆法系国家刑事诉讼的有罪证明标准是"内心确信"，在证据法理论中又常被概括为"高度盖然性"，用以指代法官在听取并审查了全部证据之后，必须在内心形成一种确信的程度，并根据此种理性的、真诚的确信判决案件。关于内心确信的内涵，法国《刑事诉讼法典》第353条将其表述为："法律除了要求说明判决的理由外，并不要求重罪法院每一个法官或陪审官报告其建立内心确信的方法，法律并没有规定他们必须依据充分和足够的证据；法律只要求他们平心自问，全神贯注，凭自己的诚实和良心，依靠自己的理智，根据控诉证据和辩护理由形成印象。法律仅向他们提出一个涵括其所有职责的问题：你们是否已经形成内心确信？"

从历史发展的维度进行考察，1808年，法国在其颁布的世界上第一部刑事诉讼法典中，最先确立"内心确信"的证明标准。随后，德国在其1877年《刑事诉讼法》中采用了此一证明标准，之后通过帝国裁判所的判例逐渐形成了"高度盖然性"的公式，即有罪认定除要求法官的诚实、良心和基于此而产生的有罪的内心确信外，还要求通过证据在量和质上的积累而使待证事实达到客观的"高度盖然性"。[3] 而从大陆法系国家及地区的有关立法规定来看，内心确信证明标准之确立实与法官的"自由心证"密不可分，即法官通过对证据的审查判断所形成的那种内心确信为"心证"，当这种"心证"达至深信不疑或者排除

---

〔1〕 See Heydon, *Evidence(Cases And Material)*, Butterworths, 1975, p. 33.

〔2〕 陈光中主编：《证据法学》，法律出版社2015年版，第362页。

〔3〕 这里的"高度盖然性"，可以从两个方面加以理解：一是在公开的法庭上通过对证据的提出和调查以及当事人客观状态所反映出来的要证事实的明白性和清晰性；二是法官对这种客观状态的认识，即证据的客观状态作用于法官的心理过程而使其达到的确信境地。

合理怀疑的程度便形成确信。大陆法系自由心证制度的实质内容，就是对于各种证据的真伪、证明力的强弱以及认定案件事实方式，法律概不作出详尽的规定，它没有英美法系证据法中那些诸多的排除规则和例外规则，而是全数凭悉法官依据"良心"和"理性"来判断证据，不设定任何限制和框架。[1]

由于大陆法系国家及地区实行完全的自由心证，因此在自由心证的范围内，无论法官作出何种认定，均不产生违反法律的问题。法官为了形成心证而采用的有关资料也并不限于经过有目的的调查所取得的证据资料，而是包括在审理过程中当事人所表现出来的各种态度和状况在内的全部意旨。从某种意义上来讲，证明标准几乎完全受自由心证的制衡。[2]例如，在法国的刑事诉讼中，"法官以完全的自由来评判向其提出的证据之价值，这既适用于预审法庭，也适用于审判法庭。而在刑事审判法庭中，自由心证制度不仅适用于重罪法庭，同样也适用于轻罪法庭和违警罪法庭"。德国《刑事诉讼法》第 261 条"自由心证"规定，"对证据调查的结果，由法庭根据它在审理的全过程中建立起来的内心确信而决定"。俄罗斯《刑事诉讼法典》第 17 条要求，"法官、陪审员以及检察长、侦查员、调查人员根据自己基于刑事案件中已有全部证据的总和而形成内心确信，同时遵循法律和良知对证据进行评价"。日本《刑事诉讼法》第 318 条也规定"证据的证明力由法官自由判断"，其最高法院判例认为"在刑事审判中，'证明是犯罪'就是存在'高度盖然性'。但是'盖然性'并不能否定相反事实存在的可能性，应当切记，在观念上一味强调盖然性是很可能导致错误判决的。因此，上述所说的'高度盖然性'必须达到不允许相反事实存在的程度，'证明构成是犯罪的证明'，必须达到这种程度才是可信的判断"。[3]

需要明确的是，内心确信的形成是自由的，但却不是恣意的，其以证据和具有说服力的推理证明为基础，并受到证据裁判原则的制约。"法官在行使司法裁判权的时候，并非代表其自身，而是代表法律的逻辑去实施诉讼行为。在对社会控制的司法裁判权配置中，立法机关实际上比法官更早地拥有了对于犯罪事实的裁断权，因为作为事实裁判者的法官正是在证据法规则、法庭程序规则、实体裁判规则等立法规则的框架基础上，对案件事实进行回溯性的重组和抽象，

---

〔1〕 卞建林、谭世贵主编：《证据法学》，中国政法大学出版社 2014 年版，第 477 页。

〔2〕 ［日］兼子一、竹下守夫著，白绿铉译：《民事诉讼法》，法律出版社 1995 年版，第 107 页。

〔3〕 日本最高法院判例昭和四十八，载《判例时报》第 725 号，第 104 页。转引自［日］田口守一著，刘迪等译：《刑事诉讼法》，法律出版社 2000 年版，第 223 页。

而这些以证据、法规等为基本要素的裁判规则恰恰构成了法官自由裁量的界限，最大限度地减少了法官的恣意。"[1]

三、两大法系国家刑事诉讼证明标准之比较分析

（一）两大法系国家刑事诉讼证明标准的区别

关于刑事诉讼的证明标准，大陆法系国家所采取的"内心确信"的证明标准和英美法系国家奉行的"排除合理怀疑"的证明标准的确存在一定的差异。首先，在表达方式上，"内心确信"或"高度盖然性"从正面阐释证明标准之含义，而"排除合理怀疑"则从反面阐释证明标准之含义。其次，"内心确信"的表达方式更为强调证明标准的主观方面，而"排除合理怀疑"的表达方式则更为强调主观方面和客观方面的平衡。再次，从证明标准的划分依据来看，英美法系主要根据可能性或确定性的不同，偏重于从诉讼阶段上进行划分，证明标准成为不同诉讼阶段的主导者对案件进行实体处理（逮捕、搜查、起诉、定罪等）的尺度，其刑事诉讼的证明标准亦因此被划分为以绝对确定、排除合理怀疑、清楚和有说服力的证明、优势证据、有合理根据、有理由的相信、有理由的怀疑、怀疑、无线索为内容的逐步递减的九等；而大陆法系国家证明标准之设定则主要根据证明的方式及法官内心确信程度之不同，偏重于从证明对象进行划分，证明标准主要立足于审判程序。[2] 相应地，在大陆法系国家自由心证的证据制度下，法官的心证通常被划分成四个等级：微弱的心证；盖然的心证；盖然的确实心证；必然的确实心证。其中有罪判决的证明标准为必然的确实心证，即法官须以提交庭审辩论并经各方当事人自由争论的材料，作为形成内心确信的依据。[3]

（二）两大法系国家刑事诉讼证明标准的联系

在承认两大法系国家刑事诉讼证明标准差异的前提下，我们也应当看到，大陆法系国家所采取的"内心确信"标准与英美法系国家奉行的"排除合理怀疑"标准亦具有某些共性，具体表现在：首先，两大法系国家的刑事证明标准，

---

[1] 参见周光权："行为评价机制与犯罪成立——对犯罪构成理论的扩展性思考"，载《法学研究》2000年第3期。

[2] 参见熊秋红："对刑事证明标准的思考——以刑事证明中的可能性和确定性为视角"，载《法商研究》2003年第1期。

[3] 参见陈卫东、刘计划："关于完善我国刑事证明标准体系的若干思考"，载《法律科学》2001年第3期。

其证明程度都是要求接近真实，而不是达到真实。其次，两种证明标准在实质内容上具有一致性，两者均将出于良知或真诚形成的，是合理的，也是理性的信念确信作为对于事实审理者所应当达到的证明程度的基本要求。再次，两种证明标准都不是完全主观和任意的，二者都要求具有据以形成确信的证据基础。最后，两种证明标准均要求事实审理者在认定事实的时候达到深信不疑的程度，而当出现疑问时，则实行"存疑当有利于被告人"的原则。

我们认为，大陆法系国家的"内心确信"标准与英美法系国家的"排除合理怀疑"标准相互依存，它们实为互为表里的两种表述，确信无疑是证伪，内心确信是证实。要达到"内心确信"就必须排除合理的怀疑，也只有"排除了合理怀疑"，才能够形成真正的内心确信。[1]诚如日本学者田口守一所说："高度盖然性"（内心确信）的标准是双重肯定的评价方法，"无合理的怀疑"的证明标准是排除否定的评价方法。两者是同一判断的表里关系。[2]

四、我国刑事诉讼的证明标准

（一）现行《刑事诉讼法》下不同诉讼阶段的证明标准

根据我国刑事诉讼法的规定，公诉案件大体上要经过立案、侦查、起诉和审判等阶段，具体又包括立案、逮捕、移送审查起诉、提起公诉和判决等若干主要环节。由于诉讼阶段不同，证明主体与证明对象不同，相应的证明标准也有所差异，我国现行《刑事诉讼法》下的证明标准因诉讼阶段之不同而不尽相同，具体规范如下：

1. 立案的证明标准。《刑事诉讼法》第112条规定，人民法院、人民检察院或者公安机关认为有犯罪事实需要追究刑事责任的时候，应当立案；认为没有犯罪事实，或者犯罪事实显著轻微，不需要追究刑事责任的时候，不予立案。

2. 侦查终结的证明标准。《刑事诉讼法》第162条规定："公安机关侦查终结的案件，应当做到犯罪事实清楚，证据确实、充分，……移送同级人民检察院审查决定；……"

3. 提起公诉的证明标准。《刑事诉讼法》第176条规定："人民检察院认为犯罪嫌疑人的犯罪事实已经查清，证据确实、充分，依法应当追究刑事责任的，应当作出起诉决定，按照审判管辖的规定，向人民法院提起公诉……"

---

[1] 参见魏虹："论我国刑事证明的最高标准之重构"，载《法学论坛》2007年第3期。
[2] ［日］田口守一著，刘迪等译：《刑事诉讼法》，法律出版社2000年版，第223页。

4. 有罪判决的证明标准。《刑事诉讼法》第 200 条第 1 款第 1 项规定，"案件事实清楚，证据确实、充分，依据法律认定被告人有罪的，应当作出有罪判决"。对于"案件事实清楚，证据确实、充分"的具体标准，《刑事诉讼法》第 55 条第 2 款作了细化的规定，即"证据确实、充分，应当符合以下条件：①定罪量刑的事实都有证据证明；②据以定案的证据均经法定程序查证属实；③综合全案证据，对所认定事实已排除合理怀疑"。

（二）我国刑事诉讼有罪证明标准的理解与适用

我国《刑事诉讼法》第 200 条第 1 款第 1 项规定，"案件事实清楚，证据确实、充分，依据法律认定被告人有罪的，应当作出有罪判决"，明确重申了我国刑事有罪判决的证明标准，即"案件事实清楚，证据确实、充分"。

所谓案件事实清楚，是指认定事实的司法人员对定罪量刑的有关事实和情节已经查清楚或认识清楚，这是从主观状态上说的；而所谓证据确实、充分，则是对证据质和量的综合要求，是实现司法人员对案件事实认识清楚的客观基础。证据确实，即每个证据都必须是客观真实的，并且具有客观的关联性，这是对证据在"质"方面的要求；证据充分，则是指一切定罪量刑的事实都有证据证明，而且证据的数量足以确定性地认定案件事实，即证明案件真实情况的证据必须达到一定"量"的程度。

司法实践证明，"案件事实清楚，证据确实、充分"的证明标准基本上是正确的、可行的，但由于此一标准过于笼统，司法工作人员往往难以把握，增加了证明标准的适用难度。为在刑事司法实践中准确适用证明标准，增强其可操作性，2012 年《刑事诉讼法》使用"排除合理怀疑"来对"证据确实、充分"进行细化解释，使之成为我国有罪证明标准的重要补充。依据现行《刑事诉讼法》第 55 条第 2 款之规定，"证据确实、充分，应当符合以下条件：①定罪量刑的事实都有证据证明；②据以定案的证据均经法定程序查证属实；③综合全案证据，对所认定事实已排除合理怀疑"。

关于立法的细化规定，我们可以从如下角度进行理解：

第一，"定罪量刑的事实都有证据证明"，这既是证据裁判原则的体现，也是认定"证据确实、充分"的基础，其本身属于对证明标准在证据量上的要求。按照此规定，对犯罪构成要件等相关事实和影响量刑的各种情节都要有相应的证据证明，即为证明被告人犯罪，控诉方需以提出证据证明犯罪事实已经发生、被告人实施了犯罪行为以及犯罪行为的具体情节，被告人的身份与刑事责任能力、被告人的罪过以及共同犯罪中被告人的地位和作用等。

第二，"据以定案的证据均经法定程序查证属实"，这是对作为证明依据而提出的证据转化为定案依据的要求，其本身属于对证明标准在证据质上的要求。此项规定，既包括对证据真实性之要求，还包括对程序正义的相关要求。"据以定案的证据"指证据必须能够证明案件事实，突出的是证据的关联性。而"经法定程序"是对证据能力的要求，强调的是证据的合法性，要求凡是作为认定案件事实的证据都应当经过法律规定的程序进行调查或查证；"查证属实"则是指证据应当符合客观真实性标准，即只有经过检验、核实的证据才能作为认定案件事实的依据，既强调了用以定案的证据是查证属实的结果，又强调了对各种证据查证属实的过程。

第三，"综合全案证据，对所认定事实已排除合理怀疑"，这是对证据综合审查判断的标准，即运用逻辑规则、经验法则对全案证据进行综合判断和推理，对所认定的案件事实达到排除合理怀疑的程度。[1]这项要求将我国传统的"证据确实、充分"与西方的"排除合理怀疑"相结合，以"排除合理怀疑"来补充和解释"证据确实、充分"，将"证实"和"证伪"相结合，"论证"与"反驳"相结合，既保留、沿袭了我国传统的表达方式，符合中国国情；又有借鉴吸收"排除合理怀疑"的排除法认知方式，兼融主、客观因素为一体，不仅增强了刑事诉讼证明标准的可操作性，具有重要的方法论意义，同时体现出我国刑事证明标准由强调客观向主客观相并重结合的发展趋势。[2]

需要注意的是，不宜简单地将"排除合理怀疑"理解成"证据确实、充分"的全部内容。一方面，应当承认，"排除合理怀疑"是认定案件事实达到证据确实、充分的必要条件。只有综合全案证据，对案件事实的证明达到排除合理怀疑的程度，才能达到"证据确实、充分"的标准。另一方面，应当看到，"排除合理怀疑"并不是"证据确实、充分"的全部内容，"排除合理怀疑"仅是"证据确实、充分"标准项下的一项具体衡量标准，其与"案件事实清楚，证据确实、充分"一起，共同组成了我国刑事诉讼有罪判决的证明标准。在我国刑事诉讼法中，"证据确实、充分"的标准包含着"排除合理怀疑"。

---

[1] 参见卞建林、张璐："我国刑事证明标准的理解与适用"，载《法律适用》2014 年第 3 期。

[2] 在部分学者看来，"案件事实清楚，证据确实、充分"的证明标准只侧重对证明标准的客观层面进行描述，而忽视了对事实审理者内心确信程度的主观层面的描述，缺乏操作性。参见陈瑞华：《刑事证据法学》，北京大学出版社 2012 年版，第 260 页。

五、我国刑事诉讼证明标准的完善路径

从前述关于刑事诉讼证明标准的立法规定中可以看出，依据刑事诉讼的不同阶段划分，我国刑事立法在形式层面规定了旨在针对不同诉讼阶段的不同证明标准。但是，仔细研读便可发现，我国现行刑事立法下的侦查终结、提起公诉与有罪判决的证明标准在实质上近乎一样，都是"犯罪（案件）事实清楚，证据确实、充分"，刑事证明标准在我国现行立法规范下存在着明显的"一元化"的倾向。根据客观真实与法律真实相结合的理念、司法实践中证明标准的运用经验，以及域外国家和地区关于刑事证明标准层次化的有益经验，我们认为，我国刑事立法亦应当逐步建立多元化的证明标准体系，这不仅符合刑事司法实践诉讼证明逐步深入的现实，也与侦查、检察、审判机关在刑事诉讼不同阶段的不同诉讼任务相契合。

第一，在多元化刑事证明标准的设立问题上，刑事立法至少应当考虑如下以下几个因素：首先，符合诉讼证明的规律。由于不同的证明过程有着不同的证明任务，因而应当适用不同的证明标准。即使是同一诉讼过程，案件的实体事实与程序事实的证明标准也应有所不同。其次，要将查明事实真相同其他价值目标的实现结合起来。既要实现司法公正，又要注意人权保障及提高司法效率、降低诉讼成本等。再次，应当为大多数诉讼所能达到。如果设置标准过多，就会造成可望而不可即的结果，因为诉讼证明受时空限制和司法资源的限制。最后，必须是明确、可操作的证明标准，不能将证明标准理解为一种应然模式或理想状态。

第二，关于不同层次的证明标准的具体规范构建，我们认为：其一，在是否存在犯罪事实和被告人是否实施了犯罪行为的关键问题上，必须做到案件事实清楚，证据确实、充分，以避免冤案错案的发生；其二，基于证明的难易以及刑事政策的考量，对某些犯罪事实可以依法采取有确定根据的推定；其三，就程序事实与实体事实的证明标准而言，前者可以适用比后者相对较低的证明标准。在这一点上，可以借鉴域外经验，对程序事实适用"盖然性占优势"或"高度盖然性"标准。

第三，在多元化刑事证明标准的具体规范内容上，我们认为，当下我国立案阶段的证明标准——"有犯罪事实需要追究刑事责任"的规定是适当和可行的，可以继续沿用。侦查终结的证明标准似有过高之嫌，与案件所处的诉讼阶段所要达到和所能达到的诉讼认识有所不符，因而应当适当降低，可以修改为：

侦查机关"认为犯罪事实清楚，有定罪的可能"。如此规定，既与侦查的认识阶段与证明过程相符，又便于实践操作。为与审判阶段有罪的证明标准相区别，检察机关提起公诉的证明标准可以规定为：检察机关认为"犯罪事实清楚，足以作出有罪判决"。如此规定，既能够保证起诉的有效性，提高公诉的效率，又得以将公诉的证明标准定位于侦查和审判的证明标准之间，契合诉讼证明不断深入的认识规律。而对于审判阶段有罪判决的证明标准，可以沿用我国《刑事诉讼法》第 200 条第 1 款第 1 项"案件事实清楚，证据确实、充分"的证明标准。

第三节 民事诉讼的证明标准

一、英美法系国家的民事诉讼证明标准

在英美法系国家，民事案件与刑事案件适用不同的证明标准，理论上将其称为"证明标准的二元制"。与刑事诉讼要求控方对被告人的指控必须达到"排除合理怀疑"程度的标准不同，民事诉讼的证明标准相对宽松，只要达到"或然性权衡"或"盖然性（概率）优势"的标准即可。英国通常将民事证明标准表述为"盖然性占优势"（preponderance of probability），美国则通常表述为"优势证据"（preponderance of evidence）。

在米勒诉年金及国民保险大臣一案中，英国大法官丹宁勋爵表明了民事诉讼证明标准与刑事诉讼证明标准的区别。在谈及民事案件的证明标准时，丹宁勋爵指出："在可能性上，它必须达到合理的程度，这不像刑事案件所要求达到的那么高。如果证据能够使法院裁决说：'我们认为它存在的可能性大于它不存在的可能性'，该证明负担也就卸去了，但如果两种可能性的大小一样，证明负担就没有得到卸除。"[1] 英国证据法学家彼德·摩菲也认为："在民事案件中，证明标准无非是要求'或然性权衡'和'盖然性占优势'的标准，也就是说，足以表明案件中负有法定举证责任的当事人就其主张的事实上的真实性大于不真实性。"[2]

---

[1] Rupert Cross, D. C. L. & Nancy Wilkins, *An Outline of the Law of Evidence*, Butterworths & Co. Ltd., 1964, p. 33.

[2] Peter Murphy, *A Practical Approach to Evidence*, Blackstone Press Limited, 1992, p. 105.

关于"盖然性",《现代汉语词典》将其解释为：有可能但又不是必然的性质。丹宁勋爵对盖然性所作的解释是："如果证据能够让审理者认为'我们宁信其有，而不信其无'，那么当事人的证明责任就可以卸除。但如果两种盖然性势均力敌，则没有达到要求。"[1]

而所谓"盖然性占优势"，按照英美法系国家学者的通常理解则是指："凡于特定事实之存在有说服负担之当事人，必须以证据之优势确立其存在。法官通常解说所谓证据之优势与证人多寡或证据数量无关，证据之优势乃在其使人信服的力量。有时并建议陪审团，其心如秤，以双方当事人之证据分置于其左右之秤盘，从而权衡何种有较大之重量。"[2]如果证明责任的承担者所提供的证据在总体上的分量上高出对方当事人或者更为可信，用百分比来表达的话，就是双方当事人证据的分量或者可信度形成了51%和49%的对比关系，那么，证明责任承担者便完成了他的证明责任；相反，如果双方当事人提供的证据分量相等或者反证者的证据分量更高，那么，证明责任承担者便要承受败诉的结果。盖然性占优势的证明并不是说哪一方的证据在数量上占优势即可胜诉，而是看哪一方的证据在总体上对案件事实的证明程度更好，也就是质量更高。[3]

在理解"盖然性占优势"或"优势证据"的证明标准时，需要注意如下的两个问题：一是"盖然性占优势"或"优势证据"的证明标准仍具有模糊性。一方面，何谓"优势证据"？这在英美法上是一个非常微妙且难以解释的问题。在陪审团审理的案件中，法官要在举证结束时向陪审团解释"优势"的含义。法官常常感到难以解释"优势"的含义，即使竭尽全力作了适当的诉讼指示，陪审团也未必能够获得真正的理解。[4]另一方面，即使一方提出少量证物而另一方不提出任何证据，前者也不一定能够胜诉，因为他的主张可能具有某些内在的不可能性。即如霍夫曼所言一般："放在大平上的分量不是证据的数量而是由证据产生的盖然性以及案件的全部环境决定的。"[5]二是"盖然性占优势"或"优势证据"的证明标准并不意味着在所有的案件中只要一方当事人证明其主张有51%的可能性就可以胜诉。在英美法系国家，"盖然性占优势"或"优势证据"的证明标准亦具有一定的弹性，证明标准会随着争议案件事实的严重程度

〔1〕 Miller v. Minister of Pensions（1947）All ER 372.

〔2〕 ［美］Edmund M. Morgan 著，李学灯译：《证据法之基本问题》，世界书局1982年版，第48页。

〔3〕 樊崇义主编：《证据法学》，法律出版社2017年版，第291~292页。

〔4〕 潘金贵主编：《证据法学》，法律出版社2013年版，第227~228页。

〔5〕 沈达明：《英美证据法》，中信出版社1996年版，第46页。

而发生变化，争议事实越严重，要求的盖然性程度也就越高。正如罗纳德·沃克所指出的那样："无论是民事还是刑事案件，法官和陪审团所关心的皆是：所证明的情况是否使之信服。如果所述主张性质严重，要使法官信服，自然要求更高的证明程度。"[1] 也正因为如此，美国的民事证据立法还规定了一种适用于特殊民事案件的证明标准："明晰可信"或曰"明确及令人信服"的标准。此一标准是美国联邦法院在 1966 年的一起驱逐出境案件中确立的，而这类特殊的民事案件从实质上来说即为行政案件。因此，"盖然性占优势"或"优势证据"的证明标准并不是英美法系国家所有民事案件的证明标准，而是适用于普通民事案件的最低限度的证明标准。

二、大陆法系国家的民事诉讼证明标准

在大陆法系国家，"内心确信"的证明标准不仅适用于刑事诉讼，同时适用于民事诉讼，均以达到高度的盖然性为基本要求。所谓高度盖然性，即根据事物发展的高度概率进行判断的一种认识方法，是人们在对事物的认识达不到逻辑必然性条件时不得不采用的一种认识手段……具体而言，就是在证据无法达到确实充分的情况下，如果一方当事人提出的证据已经证明事实的发生具有高度盖然性，法官即可予以确认。[2] 德国学者以刻度盘为例对高度盖然性标准下的"盖然性"作以描述：假定刻度盘两端为 0% 和 100%，将刻度盘两端之间分为四个等级：1%~24% 为非常不可能，26%~49% 为不太可能，51%~74% 为大致可能，75%~99% 为非常可能。其中 0% 为绝对不可能，100% 为绝对肯定，50% 为可能与不可能同等程度存在。据此，民事诉讼的证明标准应当确定在最后一个等级，即在穷尽了可以获取的所有证据之后，如果仍然达不到 75% 的证明程度，则应当认定案件事实不存在；超过 75% 的，则应当认定事实存在。[3] 此即大陆法系国家和地区在民事诉讼中所普遍采用的高度盖然性的证明标准。

大陆法系国家和地区将高度的盖然性作为其民事案件的证明标准有其特定的制度成因，实与大陆法系各国在证据评判上实行的自由心证制度以及职权主义的诉讼模式密切相关。一方面，自由心证制度在证明标准的问题上体现为

---

[1] [英]罗纳德·沃克著，王莹文、李浩译：《英国证据法概述》，西南政法学院诉讼法教研室 1984 年印制，第 77 页。

[2] 韩象乾主编：《民事证据理论新探》，中国人民公安大学出版社 2006 年版，第 386~387 页。

[3] [德]汉斯·普维庭著，吴越译：《现代证明责任问题》，法律出版社 2000 年版，第 108~109 页。

"高度盖然性标准"，即依据日常经验可能达到的那样高度，疑问即告排除，产生近似盖然性的可能；另一方面，在大陆法系国家的职权式诉讼模式下，法官对于事实的认定并非着眼于双方当事人通过证据加以攻击和防御，从而使一方以优势证据的明显效果导致案件事实自动暴露出来，而是主要由法官对各种证据的调查、庭审活动的开展所直接形成的一种心证，当这种心证在内心深处达到相当高度时，便促使法官对某一案件事实的认定。[1]

但是，需要明确的是，基于两类诉讼的性质差异，大陆法系国家民事诉讼和刑事诉讼对于盖然性的程度要求有所不同，民事诉讼对于"盖然性"的要求在实质上是低于其刑事诉讼的。

三、我国民事诉讼的证明标准

（一）现行《民事诉讼法》及司法解释下的证明标准

关于民事诉讼的证明标准，我国《民事诉讼法》并未作出明确规定，而最高院《民诉解释》有明确规定，其具体规范如下：

1. 一般证明标准：最高院《民诉解释》第 108 条规定："对负有举证证明责任的当事人提供的证据，人民法院经审查并结合相关事实，确信待证事实的存在具有高度可能性的，应当认定该事实存在。对一方当事人为反驳负有举证证明责任的当事人所主张事实而提供的证据，人民法院经审查并结合相关事实，认为待证事实真伪不明的，应当认定该事实不存在。法律对于待证事实所应达到的证明标准另有规定的，从其规定。"

2. 特殊证明标准：最高院《民诉解释》第 109 条规定："当事人对欺诈、胁迫、恶意串通事实的证明，以及对口头遗嘱或者赠与事实的证明，人民法院确信该待证事实存在的可能性能够排除合理怀疑的，应当认定该事实存在。"

（二）我国民事诉讼证明标准的理解与适用

从两大法系国家的民事诉讼证明标准来看，在民事诉讼中针对不同的证明对象通常适用不同的证明标准，如对于某些程序性事实普遍适用较低的证明标准，而对于那些一旦被证明，将给当事人的利益造成重大损害的待证事实则普遍适用较高的证明标准。以德国和日本为例，德日两国在民事诉讼的证明标准上存在"证明"和"疏明"之分。基于此理念，我国最高院《民诉解释》对于不同的待证事实规定了不同的证明标准。

---

[1] 参见刘善春、毕玉谦、郑旭：《诉讼证据规则研究》，中国法制出版社 2000 年版，第 631~632 页。

一方面，最高院《民诉解释》第 108 条从本证和反证相互比较的角度出发对盖然性规则进行描述。本证证明活动的目的在于使事实审理者对待证事实的存在与否形成内心确信，这种内心确信应当满足证明评价的最低要求，即法定的证明标准——"高度可能性"。而反证的证明活动，其目的在于动摇事实审理者对本证所形成的内心确信，使其达不到证明评价的最低要求。因此，对于反证而言，其证明的程度要求相比本证要低，只需要使待证事实陷于真伪不明即可。本条解释对于本证与反证的证明标准和要求的规定非常明确，对待证事实负有举证责任的当事人所提出的本证，需要使事实审理者的内心确信达到"高度可能性"，即中国式表达的高度盖然性程度才能被视为完成证明责任；反证则只需要使本证对待证事实之证明陷于真伪不明的状态即达到目的。在适用本条解释时，需要注意的是，无论本证还是反证，对其证明效果的判断，都应当在依照法定程序和要求的所有证据均提供的情况下，结合全部证据作以综合判断。[1]

另一方面，出于建立多层次民事诉讼证明标准体系、与民事实体法相衔接等目标，鉴于欺诈、胁迫、恶意串通涉及对一方或他人合法权益的损害，而口头遗嘱和赠与则属于特殊民事法律行为的本质，最高院《民诉解释》第 109 条对于"欺诈、胁迫、恶意串通以及对口头遗嘱或者赠与"这五类特殊待证事实的证明，设立了较高的证明标准，要求达到"能够排除合理怀疑"的程度，以防止对合法权益人造成任意侵害。本解释之前的司法解释未考虑证明标准的层次性而作出多元化的规定，但我国的民事实体法却已然存在要求提高或降低证明标准的相关规定，实体法上所使用的"足以""显示公平"等表述，均反映出立法者对于此类待证事实拔高证明标准的意图。该条解释主要是根据民事实体法之规定，将欺诈、胁迫、恶意串通、口头遗嘱与赠与事实的证明标准予以提高。具体理解与适用如下：

1. 欺诈、胁迫。意思表示真实的前提是意思的形成自由和意思的表示自由，而欺诈、胁迫行为系在意思表示形成和表示过程中欠缺自由甚至完全不自由，属于《民法总则》规定的可撤销的行为。

2. 恶意串通。行为人与相对人恶意串通，损害他人合法权益的民事法律行为无效。表意人与相对人通谋实施虚伪的意思表示，系专为侵害他人合法权益。

---

[1] 沈德咏主编：《最高人民法院民事诉讼法司法解释理解与适用（上）》，法律出版社 2015 年版，第 359~360 页。

不仅表意人单方面了解自己的表示是虚伪的，而且相对人也了解这一情况，相互勾结，恶意通谋。

3. 口头遗嘱。遗嘱的法定形式有五种：公证遗嘱、自书遗嘱、代书遗嘱、录音遗嘱和口头遗嘱。其中，口头遗嘱是指遗嘱人口头表述的，而不以任何方式记载的遗嘱。我国《继承法》第 17 条第 5 款规定：遗嘱人在危急情况下，可以立口头遗嘱，口头遗嘱应当有两个以上见证人在场见证。危机情况解除后，遗嘱人能够用书面或者录音形式立遗嘱的，所立的口头遗嘱无效。

4. 赠与。赠与是指一方当事人将自己的财产无偿给予他方，他方受领该财产的行为。赠与合同系无偿合同、单务合同和诺成合同，自当事人意思表示一致时成立。赠与的动产所有权自交付起转移，不动产所有权以不动产权利转移方式而转移。[1]

从最高院《民诉解释》的既有规定来看，现行司法解释对于降低证明标准的情形未有规定。为与两大法系国家的民事诉讼证明标准相衔接，我们认为，未来的民事诉讼立法应当鉴于实体事实影响当事人的权利义务，而程序性事实不影响当事人权利义务的考量，针对程序事实和实体事实，作出不同的证明标准规范，使前者的证明标准要低于后者的证明标准，即通过明确程序性事实适用降低的证明标准用以减少当事人运用诸如回避、不公开审理、保全等程序申请之困难，彰显诉讼程序在保障公正的前提下对于诉讼效率的价值追求。[2]

第四节 行政诉讼的证明标准

一、两大法系国家行政诉讼的证明标准

在英美法系国家，"几乎所有关于行政法的案件都是民事的，其为刑事诉讼的对称"。[3]因此，一般而言，英美法系国家只存在两种基本的证明标准，一种是刑事案件的排除合理怀疑标准，一种是民事案件的盖然性占优势（或称优势

---

〔1〕 张保生主编：《证据法学》，中国政法大学出版社 2018 年版，第 374 页。

〔2〕《民事诉讼法》第 44 条规定："审判人员与本案当事人或诉讼代理人有其他关系，可能影响对案件公正审理的"，这里的"可能"一词，即表明属于降低证明标准的情形。转引自沈德咏主编：《最高人民法院民事诉讼法司法解释理解与适用（上）》，法律出版社 2015 年版，第 361 页。

〔3〕 孔祥俊：《最高人民法院〈关于行政诉讼证据若干问题的规定〉的理解与适用》，中国人民公安大学出版社 2002 年版，第 251 页。

证据）标准，而没有明文规定的行政诉讼证明标准。尽管并无成文的行政诉讼证明标准，但从英美法系国家的司法实践来看，实践中还可能派生出一种介于两者之间的标准，此种标准高于一般的优势证据、低于排除合理怀疑的证明标准，在诸如限制人身自由等民事案件（相当于我国行政案件的司法审查案件）中适用。此外，在1966年的一起驱除出境的案件中，美国联邦法院还曾确立了"清楚的、明确的和令人信服的标准"。对于这一证明标准，美国联邦最高法院的解释是："由于该案涉及公民的基本权利的严重剥夺，并会给相关公民的生活造成立竿见影的障碍，如果仅适用较低的盖然性优势标准，则显得有失法律的严肃性，并显得轻率，故而应当适用新的证明标准。"有学者认为，实际上，这类特殊的民事案件，从实质上说就是行政案件。[1]

在美国，"清楚的、明确的和令人信服"的证明标准主要适用于特殊民事诉讼，即涉及如下内容的民事诉讼：欺诈、不当影响、生前口头契约、灭失遗嘱的内容、口头契约的履行、书面协议事项的撤销或变更、因欺诈或疏忽或不合格而发生的行政行为等。在诸如驱除出境和剥夺国籍等案件中，清楚的、明确的和令人信服的证明标准似乎更接近于排除合理怀疑的证明标准，而在民事羁押程序中，其证明标准则更接近于优势证据标准。

在大陆法系德国，由于民事诉讼与行政诉讼的交叉影响，行政诉讼的证明标准则是类似于民事诉讼的，即以高度盖然性为内容的证明标准。具体来讲，德国行政诉讼的证明标准一般分为两种：一种是高度盖然性的证明标准，也即一般行政诉讼的证明标准；另一种是在特殊情形下降低的证明标准。由于行政诉讼案件的案情千变万化，尤其是被告行政机关拥有强大的实力，要求所有诉讼证明都达到高度盖然性不仅是有相当难度的，而且有时也是没有必要的。因此，当行政诉讼的性质接近于刑事案件，则要求适用较高的证明标准，即高度盖然性证明标准；而当行政诉讼的性质接近于民事案件，则没有必要要求适用很高的证明标准。是故，高度盖然性的证明标准在德国的司法实践中根本无法作为统一的证明标准，实践中最常见的就是适用降低的证明标准。而适用降低的证明标准主要有两种方式：①立法明文降低证明标准，即通过立法的方式来降低诉讼证明标准，例如，德国的《财务法院法》规定："稽征机关无法调查或者计算课税基础时，应估计之。估计课税基础时，应斟酌一切对估计具有重要性之情形。"这个估计其实就是一种对一般证明标准的降低。②法院通过司法解

---

[1] 参见樊崇义：《证据法学》，法律出版社2017年版，第292页。

释予以降低，即通过法院判决来降低证明标准。这种方式主要适用于存在证明困境的案件[1]，并已成为目前德国行政法院常用的做法。

二、我国《行政诉讼法》关于证明标准的规定、理解、适用与重构

我国现行《行政诉讼法》没有关于证明标准的明确条款，但能够从相关法律条文中推导出相应的立法本意，归纳概括出我国行政诉讼证明标准的基本内容。例如，《行政诉讼法》第 69 条规定："行政行为证据确凿，适用法律、法规正确，符合法定程序的，或者原告申请被告履行法定职责或者给付义务理由不成立的，人民法院判决驳回原告的诉讼请求。"第 89 条第 1 款规定："人民法院审理上诉案件，按照下列情形，分别处理：①原判决、裁定认定事实清楚，适用法律、法规正确的，判决或者裁定驳回上诉，维持原判决、裁定；②原判决、裁定认定事实错误或者适用法律、法规错误的，依法改判、撤销或者变更；③原判决认定基本事实不清、证据不足的，发回原审人民法院重审，或者查清事实后改判；④原判决遗漏当事人或者违法缺席判决等严重违反法定程序的，裁定撤销原判决，发回原审人民法院重审。"

关于行政诉讼的证明标准，学界的看法不尽相同。有学者认为，我国行政诉讼中的证明标准实与刑事诉讼一样，即"案件事实清楚，证据确实充分"[2]；还有学者认为，行政诉讼的证明标准应介于刑事诉讼和民事诉讼之间或者接近刑事诉讼的证明标准。[3] 另有学者认为，行政诉讼的证明标准当与民事诉讼的证明标准一样，即仅要求达到某种占优势的盖然性。[4]

我们认为，行政诉讼的证明标准兼有刑事诉讼证明标准与民事诉讼证明标准的成分。概括而言，就被告承担行政行为合法性的证明责任角度来说，被告之证明需要达到《行政诉讼法》第 69 条的"证据确凿"的较高证明标准，此一标准相当于刑事诉讼"案件事实清楚、证据确实、充分"的证明标准。而从原告的角度来看，对授益性行政行为，或者要求被告履行职责，原告需要证明的事实和一些程序性事实，则仅需达到"理由成立"的较低证明标准，其至多相当于民事诉讼的"优势证据"标准。从这个意义上来说，刑事诉讼和民事诉讼

〔1〕　典型的存在证明困境的案件有：根据联邦赔偿法，受纳粹迫害的受害人提出的赔偿请求；根据难民
　　　庇护向德国寻求庇护的事由；根据联邦难民救助法关于是否为德国属民的认定等。
〔2〕　高家伟：《行政诉讼证据的理论与实践》，工商出版社 1998 年版，第 172 页。
〔3〕　参见樊崇义：《证据法学》，法律出版社 2017 年版，第 294 页。
〔4〕　何家弘主编：《新编证据法学》，法律出版社 2000 年版，第 433 页。

的证明标准分别构成了行政诉讼证明标准的两个极端，行政诉讼的证明标准处于刑事诉讼"案件事实清楚，证据确实、充分"的标准与民事诉讼"高度盖然性"的标准之间，具有明显的灵活性、中间性和审查性。[1]

所谓灵活性，用以指代行政诉讼证明标准与行政案件的具体性质和严重程度成比例关系，案件越是重大复杂，证明标准越是更高；所谓中间性，则是指在行政诉讼中，当事人权利义务的不等程度处于中间位置，介于民事诉讼当事人之对等关系与刑事诉讼当事人之权利义务关系不等的最高程度之间；而审查性则是指有关具体行政行为的证明标准，既是被告履行说服责任的证明标准，也是人民法院审查被诉具体行政行为合法性或合理性的证明标准。同一证明标准，对被告来说是证明标准，对人民法院来说则是审查标准，这是由行政诉讼本身所具有的司法审查性决定的。[2]

在行政诉讼中，由各类行政行为的不同性质、行政诉讼案件涉及客体的多样性和广泛性所决定，我们认为，行政立法应当基于行政诉讼证明标准的特点，建构多元化的行政诉讼证明标准体系，即针对不同的案件事实设定不同的证明标准。具体而言：

1. 当行政机关的行政行为对原告的人身权、财产权等基本权利有重大影响时，适用"案件事实清楚，证据确实、充分"的证明标准，如行政拘留，限制人身自由，财产查封、扣押、冻结等。此一情形下行政行为合法性之证明，直接关系到相对人的人身、财产权益，因而需要适用更为严格的证明标准。

2. 紧急处置行为的证明标准应当降低，只要有合理的理由证明行政机关应当采取紧急处置措施，法官就应当认定其合法性。在紧急状态下或者突发事件中，行政机关必须立即采取行动，否则可能带来重大的不可弥补的后果。在这些情况下，法律不可能要求行政机关从容、全面地进行调查证据、审核认定证据，进而对事实作出判断。基于这类行政行为采取时的紧迫性和重要性，对其适用较低的证明标准有利于维护公共利益，提高行政效能，因而其证明标准应当低于正常情形。

3. 其他情形，适用明显证据优势标准。"案件事实清楚，证据确实、充分"的标准有利于引导法官认定客观事实，防止其主观臆断。但不可否认的是，在诉讼中，受各方面条件的影响或者限制，如认识时间、认识主体的水平、认识

---

[1] 参见卞建林、谭世贵主编：《证据法学》，中国政法大学出版社 2014 年版，第 493 页。
[2] 参见卞建林、谭世贵主编：《证据法学》，中国政法大学出版社 2014 年版，第 493 页。

手段等因素的影响或限制，客观真实标准很难实现。因此，当被诉行政行为对原告的人身权、财产权等基本权利有重大影响时，应当适用较为严格的证明标准；但在被诉行政行为对原告权利的影响不属于那些基本权利时，就应当适用较低的证明标准，即明显证据优势标准。[1]

⊃ 练习案例

　　1994 年 6 月 12 日深夜，美国著名黑人橄榄球明星辛普森的前妻尼科尔及其男友戈尔德曼于洛杉矶的豪华住宅里被人谋杀，经鉴定二人都是被利器割断喉咙致死，死亡时间为当天晚上 10 点左右。案发后凌晨，四名警察部侦探对辛普森的住所进行了调查。随后侦控机关获取了大量能够证明辛普森犯罪的有力证据，辛普森因此被捕并起诉到法院，随后展开了"美国的世纪审判"。

　　控方主要证据：①在辛普森的"野马"牌吉普车门上有辛普森、妮科尔和戈德曼的头发；②在妮科尔的尸体上有辛普森的头发；③谋杀现场滴落的血迹和在辛普森住宅发现的手套上的血迹和血酶都与辛普森的相同；④在犯罪现场发现的血脚印与辛普森尺寸相同等。

　　辩方主要质疑：①警察局长布歇直接调派在血迹遍布的第一杀人现场（妮科尔的住宅）勘察的四位白人警官前往辛普森住宅调查；②警方用妮科尔公寓的被单盖住尸体，使得尸体上找到的物证的来源存在其他可能性；③在从尸体采集毛发和纤维样本前，尸体已经被移动；④四位警官在无搜查证的情况下非法搜查辛普森住宅，且进行搜查的警察菲利普·范耐特对事实"轻忽、毫不在意"；⑤警官将在辛宅发现的血手套带到第一犯罪现场；⑥采血样者之一是实习警察，以前没承担过这样的任务；⑦采血的样本数量在一些环节上缺少对应的记录；⑧警长携带辛普森的血样逗留第一犯罪现场达 3 个小时之久，1.5cc 血液去向不明等。

　　案件经过审理，由 12 人组成的陪审团（其中有 8 名非裔美国人、2 名西班牙裔美国人、1 名美国印第安人和 1 名白种人）作出认定，控方的证据没有达到"排除合理怀疑"的程度，宣布辛普森无罪。但在其后的民事审判中，基于同样的证据，法院却认定辛普森对本案负有"责任"，判决其对死者家属进行巨额赔偿。

　　问题：结合本案，适用本章所学的证明标准理论，思考并分析如下问题：

―――――――――――

〔1〕　陈光中主编：《证据法学》，法律出版社 2015 年版，第 377 页。

1. 在辛普森案件中，陪审团基于控方证据未能达到"排除合理怀疑"的程度，宣告辛普森无罪，其做法是否正确？

2. 结合刑事诉讼法的相关知识，选择评析辩方质疑的根据及合理性。

3. 分析法院基于同样的证据，作出结果不同的刑事判决与民事判决的原因。

➡️思考题

1. 什么是证明标准？证明标准与证明责任的关系如何？

2. 评析"排除合理怀疑"和"内心确信"证明标准的异同。

3. 评析我国刑事诉讼证明标准的内容、形成、理解与完善。

4. 简述对于我国民事诉讼、行政诉讼证明标准的理解与适用。

第十一章 证明过程

⊖学习指导

通过本章学习，应当理解和掌握证据收集与保全的概念、特征及其原则、方法等。重点是证据开示和举证时限、证据的审查判断的内容等。学习的难点在于掌握不同证据种类所要求的审查判断方法、内容之间的差异。

第一节　证据的收集与保全

证据收集是查明案件事实或证明自己诉讼主张的前提，也是案件办理的必经阶段；证据保全，是对证据的固定和保护，其目的是保证证据的完整性和真实性，而不被人为地破坏或者自然灭失，其针对的是有可能湮灭、伪造、变造、藏匿或碍难使用的情形。[1] 证据的收集与保全是完成证明任务、实现证明过程的基础，是正确办理刑事、民事和行政诉讼案件的首要工作。

一、证据收集与保全的概念及特征

（一）证据收集的概念及特征

证据收集即取证，是指为查明特定的案件事实或证明自己的诉讼主张，公安、司法机关以及其他证明主体，按照法律规定的方法、手段和程序，发现、采集和提取与案件有关的各种证据材料的活动。根据法律规范与司法实践，证据收集通常具有以下四个特征：

1. 证据收集的目的具有明确性。不同证明主体有着不同的证明任务，其证据收集的重点也就有所不同。三大诉讼因案件的性质及类型不同，所需要运用

〔1〕 贾志强、闵春雷："刑事证据保全制度研究"，载《理论学刊》2011 年第 10 期。

证据证明的案件事实范围有所不同，因而证明主体在收集证据的过程中，应当根据法律的规定明确收集证据的范围和步骤，凡是法律规定的要件事实，都需要相应的证据去证明。每个诉讼主体只有按照法律的规定，有目的、有计划的收集证据，才能完成所担负的证明任务，实现诉讼主张或诉讼目的。

2. 证据收集的主体具有广泛性。在我国三大诉讼中，证据收集既是公安、司法机关运用证据、认定案件事实的基础工作，也是履行法律赋予其职权的活动。在刑事诉讼中，公安机关、人民检察院、人民法院均有权力收集证据。而民事诉讼、行政诉讼中，人民法院可以依职权、申请调取与本案有关的证据。同时，我国诉讼中的其他证明主体有权收集证据。对于在诉讼中承担证明责任的当事人、诉讼代理人、辩护人而言，进行收集证据的活动不仅体现为一种权利活动，也是履行自己证明责任所必需的诉讼活动。

3. 证据收集的方式具有法定性。合法性是证据的属性之一，证据收集必须按照法律的规定进行。在诉讼证明活动中，证据收集的主体必须遵循法律规定的方法、手段及程序，才能保障有关公民的人身权利和民主权利不受侵犯。依据法律规定，在刑事诉讼中，证据的收集可采用各种合法的侦查和调查手段进行，例如，严禁刑讯逼供等非法方法收集证据，否则非法证据就要依法被排除；在民事、行政诉讼中，证据也只能通过合法调查的方法取得。

4. 证据收集的对象有待核实。可以用于证明案件事实的材料，都是证据。因此，一切可能与案件有关的事实材料，即证据材料，都是证据收集的客体或者对象。但证明主体所收集的各种证据材料在最终经过人民法院审查判断之前，一般表现为"有待核实、确认"的状态，只有经过人民法院审查、核实的证据材料，才能作为认定案件事实的证据加以使用。例如，《刑事诉讼法》第61条规定："证人证言必须在法庭上经过公诉人、被害人和被告人、辩护人双方质证并且查实以后，才能作为定案的根据……"

（二）证据保全的概念及特征

证据保全，是指在证据可能灭失或者以后难以取得的情况下，有关主体在证据收集时、诉讼前或诉讼中用一定的形式将证据固定下来，加以妥善保管，以便公安司法人员或律师在分析、认定案件事实时使用。只有对证据保全的概念有一个正确的宏观认识，我们才能在刑事诉讼领域对刑事证据保全有一个准确的把握。[1] 证据保全具有以下三个特征：

---

[1] 贾志强、闵春雷："刑事证据保全制度研究"，载《理论学刊》2011年第10期。

1. 证据保全主体的特定性。证据保全的主体是公安司法机关、行政执法机关和公证机关。在刑事诉讼中，对公诉案件，公安机关和检察机关基于法定的职责，可以采取一定的侦查措施，对可能灭失或者以后难以取得的证据进行保全。人民法院对于刑事附带民事诉讼的民事部分也可以采取证据保全措施。在民事诉讼和行政诉讼中，人民法院可以根据当事人的申请或者依照职权采取证据保全措施，以固定证明一定案情的证据，确保诉讼的顺利进行。在行政执法程序中，行政机关认为证据可能灭失或者以后难以取得时，可以依职权或者应当事人申请采取先行登记保存措施。同时，证据保全也是国家公证机关的一项业务，公证机关根据当事人的申请，在诉讼前通过公证的方式预先将某项证据确定下来，人民法院对于经公证保全的证据，除非有相反证据足以推翻外，应当确认其真实性。

2. 证据保全条件的该当性。证据保全作为一项保证证据完整和真实，不被破坏或灭失的保护性措施。证据是否需要采取保全，通常必须具备两个条件：①要保全的证据必须有灭失或者以后难以取得的可能性；②要保全的证据必须与本案的证明对象具有关联性，也就是说该证据能够证明本案的待证事实。

3. 证据保全措施的合法性。我国三大诉讼法对证据保全有一系列具体的规定，证据保全既可以依职权实施，也可以依申请采取。同时，对于证据保全的程序要求，相关法律都有明确规定，例如：根据民事诉讼法规定，人民法院进行证据保全，可以根据具体情况，采取查封、扣押、拍照、录音、录像、复制、鉴定、勘验、制作笔录等方法。

（三）证据收集与保全的原则与方法

1. 证据收集与保全的原则。证据收集与保全关系到诉讼能否顺利进行，公民合法权利能否得到全面保障，其地位与作用至关重要。为了保证证据收集与保全顺利进行和取得成效，根据我国三大诉讼法和有关司法解释的规定以及司法实践经验的总结，证据的收集与保全必须遵循以下原则：

（1）合法性原则。合法性原则，是指在证据收集与保全时必须按照法律规定的程序、权限和要求进行。合法性是证据的法律属性，它要求证据的取证主体、取证方法和取证程序都须符合法律规定。无论是主体不合法、形式不合法，还是程序不合法的证据，都存在一个利益衡量的问题。[1] 为了保证证据材料的客观真实和防止取证程序违法所带来的权益侵害，使证据收集的诉讼活动客观、

---

〔1〕 谢登科："电子数据的取证主体：合法性与合技术性之间"，载《环球法律评论》2018 年第 1 期。

公正和有效，我国三大诉讼法及有关的法律对证据收集的步骤、方法、手续、手段和权限，都有明确的规定，对违反合法性原则而收集和保全证据的行为都有相应的制裁措施。

（2）全面客观原则。全面客观原则，是指收集证据与保全证据时，应当从客观实际情况出发全面收集客观存在的证据材料。具体来讲，就是侦查、检察和审判等人员在证据收集与保全时，既不能以主观想象代替客观事实，也不能按主观需要去收集证据，更不能弄虚作假去伪造证据；既要收集和保全正面的支持性证据材料，也要收集和保全反面的排除其他可能性的证据材料；既要收集和保全对当事人有利的证据，也要收集和保全对当事人不利的证据。

（3）秘密保守原则。秘密保守原则，是指公安司法机关及行政执法机关在证据收集的活动中，对于国家秘密、商业秘密和个人生活隐私等，应当注意保密，不得扩散和传播。保守秘密其实是对公安司法机关、行政执法机关及其工作人员的特殊要求。无论是刑事、民事还是行政诉讼案件，在证据的收集与保全时，对于涉及国家秘密、商业秘密和个人生活隐私等的证据都应当注意保密。

2. 证据收集与保全的方法。在诉讼证明活动中，案件的性质、证据的种类以及证明主体的身份不同，证据收集与保全的方法也就不同。因此，应当根据不同证据的特点，有针对性地采取收集与保全方法，以保证证据的证明价值不因提取方法不当而有所减损。根据法律规定和司法实践的经验，证据收集与保全的主要方法包括：

（1）提取原物或制作模型。提取原物主要适用于可以并且便于移动的物证、痕迹载体、书证和视听资料。在诉讼活动中，应当以提交或提取原物为原则，只有在提供原物、原件和原始载体确有困难时，才可以提供与原物、原件和原始载体核对无误的复制件、照片、录像、复印件、节录本等。制作模型是无法提取原物时，近似于提取原物的方法。例如：当存在立体感较强的痕迹物证而又无法提取原物时，可采用制模提取法，即通过制作模型来提取证据材料，这种方法主要用于各种立体痕迹物证。还有主要用于各种平面痕迹物证提取的粘印提取法，即通过粘贴、吸附等方法来提取痕迹物证。

（2）询问（或讯问）并作笔录。询问（或讯问）是最基本、最常用的言词证据的收集与保全方法。通过询问（或讯问），可以获取当事人、证人、鉴定人等对有关案件事实的言词证据。司法实践中常见的固定保全方法是制作询问笔录或者讯问笔录。依据法律规定，询问或讯问、制作笔录有一定的程序要求，如询问、讯问必须由两个以上侦查人员、检察人员或者审判人员进行，笔录制作后须交被询问人或者被讯问人阅读或向其宣读，被询问人或者被讯问人可以要求补充、改正，记录无误或者补充、更正后，被询问人或者被讯问人都应当签名。

（3）勘验、检查并制作笔录。勘验、检查是指侦查人员或审判人员等对与案件有关的场所、物品、尸体、人身等进行勘查和检查，以发现、收集和固定能够证明案件事实的各种痕迹和物品的侦查活动。按照目前我国证据学理论的通说，勘验、检查笔录属于实物证据，因为"它不是对人的语言表述的记载，而是对勘验过程以及勘验过程中所发现的物证情况的固定"。[1] 勘验可以用于刑事、民事、行政诉讼证据的收集与保全的许多场合，勘验的对象一般为与案件有关的场所、物品和尸体。勘验通常包括现场勘验、物证检验、尸体检验等。检查是刑事诉讼中，为了确定被害人、犯罪嫌疑人的某些特征、伤害情况或者生理状态，而依法对人身进行查验的活动。

（4）搜查并制作笔录。搜查是指，刑事诉讼中，侦查人员、检察人员依法对犯罪嫌疑人以及可能隐藏罪犯或者罪证的人的身体、物品、住所和其他有关地方进行搜寻、检查的行为。搜查既可以对犯罪嫌疑人，也可以对可能隐藏犯罪证据的人员进行。搜查的范围，既包括有关犯罪或留有犯罪证据的建筑物、住宅，也包括犯罪嫌疑人的人身以及隐藏罪犯、罪证的其他场所如车船等物体。为保证搜查的正当性，搜查主体一般要出示搜查证。搜查应当制作笔录，以固定和保全有关的证据材料，保证通过搜查获取的证据的来源合法、客观、真实。需要注意的是，搜查笔录应记载以下内容：①搜查笔录必须有搜查人员和见证人的签名或者盖章；②对于搜查中发现的证据种类、数量等，必须如实予以记载；③必要时可以拍照、录像；④搜查笔录要对搜查时间、地点、对象、范围等予以准确记载。[2]

（5）查封、扣押并制作笔录。查封是对涉案的动产或不动产就地封存、贴上封条，不允许任何机关和个人使用和处分，以防止转移隐匿或毁损丢失，以待进一步查处的证据收集与保全方法；扣押是指侦查人员或审判人员等依法强行提取、扣留和封存与案件有关的物品、文件的行为。查封与扣押区别在于：

---

〔1〕 董坤："行、刑衔接中的证据问题研究——以《刑事诉讼法》第52条第2款为分析文本"，载《北方法学》2013年第4期。

〔2〕 王敏远、祁建建："电子数据的收集、固定和运用的程序规范问题研究"，载《法律适用》2014年第3期。

查封一般是对不可移动的财物就地封存；而扣押是将可移动的财产转移于办案机关的控制下。查封、扣押受到法律强制性限制较多，例如：与案件无关的财物、文件，不得查封、扣押；对于查封、扣押的财物、文件，要妥善保管或者封存，不得使用、调换或者损毁；对查封、扣押的财物等财产，经查明确实与案件无关的，应当迅速解除查封、扣押。

（6）辨认并制作笔录。辨认是指侦查机关或司法机关为查明案件事实而组织安排熟悉或了解辨认对象特征的人对与案件有关的人、物、场所等进行辨别、指认或确认的活动。辨认是司法实践中很多案件都采用的证据收集方法，辨认的主体通常就是案件中的当事人和证人。辨认的对象可以是与案件有关的人，也可以是与案件有关的物品或场所。辨认具有双重性，即它不仅可以作为收集证据的方法，也可以作为检验证据的方法。前者如被害人从许多物品中辨认出与犯罪行为有关的物证，就是将辨认作为收集证据的一种方法来使用的；后者如在法庭调查过程中，当事人对于出示的物证是否与案件有关进行的辨认，起到的就是验证证据真伪的作用。另外，辨认人的陈述和辨认过程的笔录，往往可以成为案件中的证据。

（7）鉴定。鉴定是指具有专门知识和技能的人员，接受公安机关、人民检察院、人民法院的指派或聘请，或接受诉讼当事人及其律师的委托，对案件中某些专门性问题进行检验、分析、鉴别和判断的活动。鉴定意见也是言词证据，但较之当事人和普通证人，鉴定人具有中立性和专业性，因此，对于案件有关专门性问题的解决，鉴定意见具有重要作用。而且，由于证据法发展的科学化趋势，鉴定意见在诉讼中的作用日益突显。[1] 鉴定的主体是有关的鉴定机构以及负责鉴定的人员。司法鉴定包括以下主要类别：法医病理鉴定、法医临床鉴定、法医精神病鉴定、法医物证鉴定、法医毒物鉴定、司法会计鉴定、文书司法鉴定、痕迹司法鉴定、微量物证鉴定、计算机司法鉴定、建筑工程司法鉴定、声像资料司法鉴定、知识产权司法鉴定等，根据上述鉴定内容而出具的鉴定意见是主要的证据形式。由于鉴定既能够揭示证据的特性，又能够印证证据的真伪，因此是许多刑事、民事及行政诉讼案件中经常使用的证据收集与保全方法。

（8）实验及有关笔录。实验是司法实践中证据的收集与保全方法之一，也是验证案件证据的重要措施。在刑事诉讼中称为侦查实验，是指为了确定和判明与案件有关的某些事实或者行为在某种条件下能否发生或者怎样发生，而由

---

[1] 龙宗智："刑民交叉案件中的事实认定与证据使用"，载《法学研究》2018 年第 6 期。

侦查人员进行的按照原有条件对该事实或情节进行的一种模拟试验活动。除了刑事诉讼中的侦查实验外，在其他种类的案件中也可能有需要用这种再现性实验方法来查明事故的原因或验证当事人、证人的陈述，如行政执法机关在依法执行行政职权作出具体行政行为时，常借此获取必要的证据。有关人员应当将实验过程和结果制作笔录，实验笔录是固定和保全证据及其线索的方法之一。

（9）技术侦查。技术侦查是刑事诉讼中收集和保全证据的方式。技术侦查是采取一定科学技术手段获取与案件有关信息、证据和追捕犯罪嫌疑人等侦查行为的总称。当前技术侦查措施主要指监听、窃听、秘密录像、秘密搜查、邮件检查等多种形式。《刑事诉讼法》第150条对技术侦查的适用机关、适用案件类型和适用程序等进行了明确规定："公安机关在立案后，对于危害国家安全犯罪、恐怖活动犯罪、黑社会性质的组织犯罪、重大毒品犯罪或者其他严重危害社会的犯罪案件，根据侦查犯罪的需要，经过严格的批准手续，可以采取技术侦查措施。人民检察院在立案后，对于利用职权实施的严重侵犯公民人身权利的重大犯罪案件，根据侦查犯罪的需要，经过严格的批准手续，可以采取技术侦查措施，按照规定交有关机关执行。追捕被通缉或者批准、决定逮捕的在逃的犯罪嫌疑人、被告人，经过批准，可以采取追捕所必需的技术侦查措施。"信息化社会的发展日新月异，随着一些高科技监控手段迅速进入刑事侦查领域，公民的基本人权也面临越来越大的威胁。[1] 因此，在司法实践中，技术侦查措施被严格限制使用，但通过技术侦查手段获取的言词证据、实物证据可以作为证据使用。

第二节　证据开示与举证时限

为有利证明过程的顺畅、有效，实现程序公正和实体公正，很多国家、地区的诉讼法都规定了"证据开示"（evidence discovery）制度，及民事诉讼、行政诉讼"举证时限"制度，我国亦如此。证据开示制度和举证时限制度的设立，是诉讼证明过程中的重要环节，有利于诉争的迅速解决，提升诉讼效率。

---

[1] 万毅："解读'技术侦查'与'乔装侦查'——以《刑事诉讼法修正案》为中心的规范分析"，载《现代法学》2012年第6期。

一、刑事证据开示制度

刑事证据开示制度，也称刑事证据展示制度，是指在庭审前控辩双方依法展示与案件有关的信息、证据的一种诉讼制度。这一制度具有"双向性"，即要求控方应当将指控证据向辩护方进行公开，使辩护方能够在庭审中提出有准备、富于针对性的辩护意见；辩护方也应向控方展示相关证据，为准确的指控提供帮助。刑事证据开示制度对于充分保障被告人的辩护权、预防控辩双方恶意证据突袭、实现实体公正和提高诉讼效率有着重要的意义。除此之外，建立针对辩护人阅卷权的司法救济机制，确保庭审程序的集中进行，发挥庭前会议之争点整理、程序分流、非法证据排除等功能的实质性作用，均是以证据展示为逻辑前提的自然延伸。因此，证据展示或者双方诉讼信息的交流为庭前会议的重要功能之一。[1]

随着两次《刑事诉讼法》的修改，我国的刑事立法和刑事司法不断吸收和借鉴对抗式庭审模式的有益因素，刑事庭审模式不断由原有的职权式向对抗式转型，带有了较为明显的具有中国特色的混合特征。作为对抗式庭审模式下诉讼制度体系中的重要一环，证据开示制度日渐得到了学界和实务界的关注和讨论。一方面，学界就证据开示制度之历史发展、基础理论、运作程序等方面的相关内容，进行了较为深入的比较研究；另一方面，一些检察院和人民法院对于证据开示制度作出了有益的实践探索。

与此同时，从我国现行的刑事立法来看，也有一些类似于证据开示的规定。例如《刑事诉讼法》第40条关于辩护人阅卷权的规定；《刑事诉讼法》第176条关于庭前卷宗材料全案移送的规定；以及《刑事诉讼法》第42条关于辩护人对三类积极性抗辩事项之告知义务的规定。客观来讲，上述规定的确带有证据开示的某些意味，然而，在我们看来，我们并不能据此认为我国刑事立法已经确立了庭前的证据开示制度。上述立法规定不仅在规范层面过于简单，对于证据开示之主体、时间、方式、程序以及不进行开示的法律后果等内容均未有涉及；同时，由于立法上的固有缺陷，如未有配套机制的关于审查起诉阶段和法庭审理阶段补充侦查之规定就为证据突袭的发生提供了机会，而证人保护机制的不够健全等也在不同程度上对此制度之确立产生消极影响，制约其应有功能

---

[1] 汪海燕："庭前会议制度若干问题研究——以'审判中心'为视角"，载《中国政法大学学报》2016年第5期。

的发挥，掣肘刑事司法改革目标之实现。[1]

《刑事诉讼法》体现了刑事证据开示制度，并在相关司法解释中也有了一些细化规定。具体而言，我国现行的刑事证据开示制度主要有以下内容：

1. 明确双向开示义务。在审前阶段，审查起诉机关有义务向辩方展示相关证据。《刑事诉讼法》第 40 条规定："辩护律师自人民检察院对案件审查起诉之日起，可以查阅、摘抄、复制本案的案卷材料。其他辩护人经人民法院、人民检察院许可，也可以查阅、摘抄、复制上述材料"，该条规定了人民检察院对案卷材料的开示义务。辩护律师自审查起诉之日起可查阅、摘抄、复制案件的案卷材料。而对于辩护方，《刑事诉讼法》第 42 条规定："辩护人收集的有关犯罪嫌疑人不在犯罪现场、未达到刑事责任年龄、属于依法不负刑事责任的精神病人的证据，应当及时告知公安机关、人民检察院"，该条规定了辩护人对于部分证据的开示义务。

2. 设定开示时间。为保障审查起诉机关、审判机关履行证据开示义务，保障辩护权的实现，刑事诉讼法对证据开示时间进行了明确规定。证据开示的时间分为审查起诉阶段与审判阶段两个阶段。《刑事诉讼法》规定，审查起诉阶段，辩护律师可以查阅、摘抄、复制本案的案卷材料，并自本阶段开始，辩护律师可向犯罪嫌疑人、被告人核实有关证据；审判阶段，检察机关需向人民法院移交全部案卷材料和证据，辩护律师在本阶段也可以查阅、摘抄、复制本案的案卷材料。

3. 确立庭前会议制度。庭前会议制度的确立是我国刑事证据开示制度的重要内容。《刑事诉讼法》第 187 条第 2 款规定："在开庭以前，审判人员可以召集公诉人、当事人和辩护人、诉讼代理人，对回避、出庭证人名单、非法证据排除等与审判相关的问题，了解情况，听取意见。"根据该条规定，庭前会议涉及的程序问题可分为两大类：一是控辩双方提出的程序性请求，二是控辩双方的程序性争议。[2] 具体内容包括：是否申请调取在侦查、审查起诉期间公安机关、人民检察院收集但未随案移送的证明被告人无罪或者罪轻的证据材料；是否提供新的证据；是否申请排除非法证据等问题，庭前会议召开时，审判人员可以询问控辩双方对证据材料有无异议，对有异议的证据，应当在庭审时重点调查；无异议的，庭审时举证、质证可以简化。庭前会议中，法院作为中立第

---

〔1〕 步洋洋：《刑事庭审实质化路径研究》，法律出版社 2018 年版，第 114 页。
〔2〕 闵春雷、贾志强："刑事庭前会议制度探析"，载《中国刑事法杂志》2013 年第 3 期。

三方可以对证据展示的有效性发挥极大的促进作用，同时法院也再一次确认进入审判程序的证据范围，减少"证据突袭"造成的休庭情况发生。

4. 确定开示禁止内容。证据开示并不是无限制、无条件的开示，在特定的情况下，双方特别是公诉方对特定的证据材料无需进行开示。例如，《刑事诉讼法》第 64 条规定，对于危害国家安全犯罪、恐怖活动犯罪、黑社会性质的组织犯罪、毒品犯罪等案件，证人、鉴定人、被害人因在诉讼中作证，本人或者其近亲属的人身安全面临危险的，人民法院、人民检察院和公安机关应当采取以下一项或者多项保护措施：不公开真实姓名、住址和工作单位等个人信息；采取不暴露外貌、真实声音等出庭作证措施；禁止特定的人员接触证人、鉴定人、被害人及其近亲属；对人身和住宅采取专门性保护措施；其他必要的保护措施。因此，在公共利益与相关人员保护的前提下，公诉方无需对上述证据进行开示。

5. 确立开示救济制度。无救济即无权利。对于处于弱势地位的辩方而言，控诉方的刑事证据开示是制定辩护策略的重要参考，为保证控辩对等，刑事诉讼确立了证据开示救济制度。《刑事诉讼法》第 41 条规定："辩护人认为在侦查、审查起诉期间公安机关、人民检察院收集的证明犯罪嫌疑人、被告人无罪或者罪轻的证据材料未提交的，有权申请人民检察院、人民法院调取。"申请人民法院调取的，辩护人应当以书面形式提出，并提供相关线索或者材料。人民法院接受申请后，应当向人民检察院调取。人民检察院移送相关证据材料后，人民法院应当及时通知辩护人。

二、民事证据开示制度

民事证据开示制度，也称民事证据交换制度，是指诉讼当事人或诉讼外第三人所掌握的事实材料，只要与案件有关，除享有秘密特权保护的以外均应向对方当事人披露，任一方当事人均享有要求对方当事人及诉讼外第三人披露上述事项之权利的制度。为保证诉讼公正和诉讼效率，受英美民事诉讼中证据开示制度和大陆法系一些国家准备程序制度的影响，各地法院推出了庭前证据交换制度，以提高庭审的效率，不再过分地强调"一步到庭"，认为应当作好庭前审理的准备工作，做到"分步到庭"。[1] 我国民事诉讼法也规定了民事证据开示制度，《民事诉讼法》第 133 条第 4 项规定："需要开庭审理的，通过要求当事人交换证据等方式，明确争议焦点。"因此，民事证据开示制度对于庭审而言可

---

[1] 张卫平："改革开放四十年民事司法改革的变迁"，载《中国法律评论》2018 年第 5 期。

以"明确争议焦点"，提高诉讼效率。

根据民事诉讼法相关规定，我国民事证据开示制度具有以下内容：

1. 明确了证据开示前提。根据民事诉讼法规定，经民事诉讼当事人申请，人民法院可以组织当事人在开庭审理前交换证据；同时，人民法院对于证据较多或者复杂疑难的案件，应当组织当事人在答辩期届满后、开庭审理前交换证据。因此，证据开示的前提有二：依当事人申请的证据开示；依职权对证据较多或者复杂疑难案件的证据开示。

2. 规定了证据开示时间。根据民事诉讼法规定，交换证据的时间可以由当事人协商一致并经人民法院认可，也可以由人民法院指定。人民法院组织当事人交换证据的，交换证据之日举证期限届满。当事人申请延期举证经人民法院准许的，证据交换日相应顺延。因此，民事诉讼中的证据开示时间可以由当事人协商确定并经人民法院认可，也可以由人民法院指定。当事人收到对方交换的证据后提出反驳并提出新证据的，人民法院应当通知当事人在指定的时间进行交换。证据交换一般不超过两次。但重大、疑难和案情特别复杂的案件以及人民法院认为确有必要再次进行证据交换的除外。

3. 释明了证据开示主持人。根据民事诉讼法规定，证据交换应当在审判人员的主持下进行。由审判人员主持证据交换便于裁判者尽早熟悉案情，形成对案件的整体认识，进而对案件作出客观、准确的评判，及时行使审判权，促成以和解、调解等诉外方式解决纠纷[1]。在证据交换的过程中，审判人员对当事人无异议的事实、证据应当记录在卷；对有异议的证据，按照需要证明的事实分类记录在卷，并记载异议的理由。通过证据交换确定双方当事人争议的主要问题。

4. 确定了证据开示方式。民事诉讼中，人民法院可以在答辩期届满后，通过组织证据交换、召集庭前会议等方式，作好审理前的准备。根据司法实践，一般情况下，证据开示都是在庭前会议程序中进行，其主要内容是对当事人进行举证指导、由当事人协商确定举证期限、证据交换及开庭审理的时间。

三、举证时限制度

举证时限制度，是指负有举证责任的当事人应当在法律规定和法院指定的期限内提出证明其主张的相应证据，逾期不举证则承担证据失效的法律后果的一项诉讼期间制度。举证时限制度存在于民事诉讼与行政诉讼中。具体而言，

---

〔1〕　许少波："民事诉讼证据交换制度的立法探讨"，载《法律科学》2012年第3期。

举证时限制度包含两项内容：一是举证期限，即法律规定和法院指定的诉讼法上的期间，当事人应当在此期间内提供支持其主张的证据；二是举证不能的后果，当事人若在此期间内不提供或不能提供相关的证据，则将产生诉讼程序上的法律后果，该证据不能被法院采纳，当事人将承担对己不利的法律后果。举证时限制度能有效防止"证据突袭"，可以创造同等知悉的证据机会，有利于实现程序公正，并提高诉讼效率，提升诉讼效益。

我国行政举证时限制度较为简洁。首先，被告对作出的行政行为负有举证责任，应当提供作出该行政行为的证据和所依据的规范性文件，被告不提供或者无正当理由逾期提供证据，视为没有相应证据。其次，被告在作出行政行为时已经收集了证据，但因不可抗力等正当事由不能提供的，经人民法院准许，可以延期提供，原告或者第三人提出了其在行政处理程序中没有提出的理由或者证据的，经人民法院准许，被告可以补充证据。最后，原告起诉被告不履行法定职责的案件中，原告应当提供其向被告提出申请的证据，除非被告应当依职权主动履行法定职责的，或原告因正当理由不能提供证据的；但在行政赔偿、补偿的案件中，原告应当对行政行为造成的损害提供证据，因被告的原因导致原告无法举证的，由被告承担举证责任。

较于行政举证时限制度而言，我国民事举证时限制度包含以下内容：

1. 允许选择举证期限适用方式。"就民事诉讼法理论而言，证据申请原则上应在口头辩论期日或准备程序期日中提出，不排除可以例外地在期日外提出。"[1] 由于我国的民事诉讼制度采用"证据结合主义"模式，证据申请与事实主张一样，作为攻击防御的方法可以在事实审口头辩论终结前的任何时候提出。这是举证时限制度的运行背景，也是当事人提出证据申请的基本原则。[2] 根据民事诉讼法，举证期限可以由当事人协商一致，并经人民法院认可，或者由人民法院指定举证期限，指定的期限在普通程序中不得少于 15 日，自当事人收到案件受理通知书和应诉通知书的次日起计算。因此，举证期限可以由当事人协商确定，也可以由人民法院指定。另外，人民法院应当在送达案件受理通知书和应诉通知书的同时向当事人送达举证通知书。举证通知书应当载明举证责任的分配原则与要求、可以向人民法院申请调查取证的情形、人民法院根据案件情况指定的举证期限以及逾期提供证据的法律后果。举证期限内，当事人

---

〔1〕 ［日］高桥宏志著，张卫平、许可译：《重点讲义民事诉讼法》，法律出版社 2007 年版，第 46 页。

〔2〕 段文波："民事诉讼举证时限制度的理论解析"，载《法商研究》2013 年第 5 期。

可以申请证人出庭作证、可以申请人民法院调查收集证据，也可以增加、变更诉讼请求或者提起反诉。

2. 明确举证逾期法律后果。一般来讲，人民法院送达当事人的举证通知书中已经载明举证期限以及逾期提供证据的法律后果。当事人应当在举证期限内向人民法院提交证据材料，当事人逾期提供证据的，人民法院应当责令其说明理由，拒不说明理由或者理由不成立的，人民法院根据不同情形可以不予采纳该证据，或者采纳该证据但予以训诫、罚款。

3. 限定"新证据"范围。"新证据"是指原审庭审结束后新发现的证据，以及当事人经人民法院准许延期举证但因客观原因未能在准许的期限内提供，且不审理该证据可能导致裁判明显不公的证据。一方当事人提出新的证据的，人民法院应当通知对方当事人在合理期限内提出意见或者举证。一审程序和二审程序均涉及"新证据"。首先，一审程序中的新的证据包括：当事人在一审举证期限届满后新发现的证据；当事人确因客观原因无法在举证期限内提供，经人民法院准许，在延长的期限内仍无法提供的证据。当事人在一审程序中提供新的证据的，应当在一审开庭前或者开庭审理时提出。其次，二审程序中的新的证据包括：一审庭审结束后新发现的证据；当事人在一审举证期限届满前申请人民法院调查取证未获准许，二审法院经审查认为应当准许并依当事人申请调取的证据。当事人在二审程序中提供新的证据的，应当在二审开庭前或者开庭审理时提出；二审不需要开庭审理的，应当在人民法院指定的期限内提出。另外，当事人在再审程序中提供新的证据的，应当在申请再审时提出。当事人举证期限届满后提供的证据不是新的证据的，人民法院不予采纳。

第三节　证据的审查判断

目前，我国的刑事证据立法和刑事证据制度改革进入了一个前所未有的快车道时期。[1] 一方面，刑事证据规范的数量得到大幅度的增加。另一方面，刑事证据立法开始呈现一种体系化的样态，证据裁判原则得以确立，以证据种类为基本框架的证据审查规范体系得以确立。证据审查规范体系建立的一个重要话语标志就是以能否成为"定案根据"来作为一系列证据审查规范的法律后

---

〔1〕　樊崇义："刑事证据规则体系的完善"，载《国家检察官学院学报》2014 年第 1 期。

果。[1] 司法实践中，由于主客观各种因素的综合影响，公安、司法工作人员、当事人及其辩护人或诉讼代理人在诉讼过程中所收集的证据往往真伪并存、优劣混杂，为了确定所收集的证据是否真实、有效，以及证明力的大小，并最终对案件事实进行裁判，就需要对证据进行审查判断。证据的审查判断既依赖于法律明确载明的原则与规则，也依赖于审查判断者自身的理性、良心、法律知识、生活常识、逻辑思维等。科学、规范地审查判断证据，能够提高诉讼效率，实现公正。

一、证据审查判断的概念及意义

证据的审查判断，是指公安、司法工作人员、当事人及其辩护人或诉讼代理人在诉讼过程中对证据进行审查、甄别、分析、判断，找出它们与案件事实之间的客观联系，并确定其有无证据能力及证明力大小的诉讼活动。证据的审查判断具有以下三个特征：

1. 就行为主体而言，审查判断证据的主体既包括公安、司法工作人员，也包括当事人及其辩护人或诉讼代理人。公安、司法工作人员是审查判断证据的主要主体，但案件当事人及其辩护人或诉讼代理人在诉讼中有收集证据的权利，当然也要对证据进行审查判断。

2. 就行为属性而言，审查判断证据的本质是一种思维活动。首先，在证据的收集过程中，相关主体就要对证据的真伪优劣进行审查判断，以保证证据收集的有效性；其次，在证据的运用过程中，相关主体经过审查判断，如果发现有疑问或遗漏，则必须再去收集证据以便消除疑问或补充证据；最后，在对案件事实定性时，司法人员、当事人及其辩护人或诉讼代理人等就要把全案所有证据结合起来进行细致分析，综合审查判断，实际上这正是相关主体对案件事实的思维由浅入深，由感性到理性审查、判断的过程。

3. 就行为内容而言，审查判断证据是确定证据有无证据能力以及证明力大小的活动。前者可以称为证据的采纳；后者可以称为证据的采信。就行为主体的认识过程来说，采纳是对证据的初步审查和认定，采信是对证据的深入审查和认定；采纳是采信的基础，采信是采纳的延续；没有被采纳的证据当然谈不上采信，但是采纳了的证据也不一定都被采信。[2] 司法人员、当事人及其辩护

---

〔1〕 吴洪淇："刑事证据审查的基本制度结构"，载《中国法学》2017 年第 6 期。

〔2〕 何家弘："证据的审查与认定原理纲"，载《法学家》2008 年第 3 期。

人或诉讼代理人等通过对证据进行分析、研究和鉴别，一方面，确定现有证据有无证据能力，能否作为定案根据；另一方面，确定现有证据与案件事实联系程度，联系越紧密，其证明力越大，反之，其证明力就越小。

在诉讼证明活动中，审查判断证据具有十分重要的意义。审查判断证据是认识过程的第二阶段即理性认识阶段，它是在收集证据的基础上，运用概念、判断和推理的思维方式来进行的，是公安、司法工作人员、当事人及其辩护人或诉讼代理人对案件事实的认识由浅入深，由感性到理性的发展过程，因此，审查判断证据对于司法实践而言，意义重大。

二、证据审查判断的内容

证据审查判断的内容是指公安、司法工作人员、当事人及其辩护人或诉讼代理人在审查判断证据时所关注的证据客观性、合法性及关联性。

（一）证据客观性的审查判断

客观性是证据的本质属性。我们通常所说的证据的客观性，就是指证据的真实性或可靠性。三大诉讼法均明确规定，证据必须经过查证属实，才能作为定案根据。因此，对于收集到的每个证据材料，只有通过审查判断，才能确定其是否真实可靠即是否符合案件的实际情况。[1]

根据司法经验，应当根据案件的具体情况，从以下方面审查证据的真实性：证据形成的原因；发现证据时的环境；证据是否为原件、原物，复印件、复制品与原件、原物是否相符；提供证据的人或者证人与当事人是否具有利害关系；影响证据真实性的其他因素。结合法律规定与司法经验，具体而言，审查判断证据的客观性，主要应从两个方面进行：

1. 对证据来源的审查判断。证据的来源，是指证据是如何形成的，是由谁提供或收集证据的，收集方法是否正确，收集的方式是否合法等。证据的来源不同，其真实可靠性即证明力也会有所差异。根据证据的来源审查判断证据所反映的事实是否真实可靠，一般应着重审查：①收集主体是否受自身能力、身份与动机或客观环境等主客观因素的制约，影响了证据的客观真实性；②收集证据的主体是否已经对证据本身特性尽到了充分注意义务，以及收集证据的形式是否合法、正确，固定和保全证据的方法是否科学；③是否会存在相关人员出于不良动机，提供虚假、无效证据；④证据提供者是否出于生理上、心理上、

---

〔1〕 樊崇义、赵培显："论客观性证据审查模式"，载《中国刑事法杂志》2014 年第 1 期。

认识上、表达上等各种原因，提供了虚假的陈述或证言。

2. 对证据信息的审查判断。证据的信息，是指证据本身蕴含的以及其反映的人、事、物，与案件待证事实联系的情况。审查判断证据的信息，应当着重审查以下信息：①要判断证据所反映的情况有没有可能发生；②要审查判断证据信息是否协调一致，包括证据信息内部能否协调一致、证据信息与本案其他证据能否协调一致以及证据信息与本案已知事实能否协调一致；③要审查判断证据信息是否合理，包括证据所表明的情况是否合理，证据信息与其要证明的案件事实之间的关系是否合理；④审查证据能否反映某事件的具体细节特征，以及该些特征与其他证据所蕴含信息是否能够互相印证。

（二）证据合法性的审查判断

证据的合法性，是指证据收集主体在收集证据时是否依照法律的要求和法律规定的形式进行收集和固定，是否具备法律手续或符合法律程序，否则就不能采纳为诉讼中的证据。合法性是证据的社会属性，是国家基于一定的价值考量而赋予证据的属性。[1] 对证据合法性的审查判断，应当根据案件的具体情况，从证据是否符合法定形式，证据的取得是否符合法律、法规、司法解释和规章的要求以及是否有影响证据效力的其他违法情形上对证据合法性进行审查。

根据刑事诉讼、民事诉讼及行政诉讼法律、司法解释的相关规定，结合司法实践经验，对证据合法性的审查判断，应当从下四个方面进行：

1. 对证据形式要件的审查判断。对证据形式要件的审查判断，主要针对证据是否具备法定的形式，从而确定证据真伪。我国三大诉讼法对证据的形式均作了明确的规定。我国《刑事诉讼法》规定的证据有物证、书证、证人证言、被害人陈述、犯罪嫌疑人、被告人供述和辩解、鉴定意见、勘验、检查、辨认笔录、视听资料、电子数据；我国《民事诉讼法》规定的证据有当事人的陈述、书证、物证、视听资料、电子数据、证人证言、鉴定意见、勘验笔录；我国《行政诉讼法》规定的证据除与《民事诉讼法》规定的证据相同外，还有现场笔录。任何证据都必须具备上述法定形式之一，才能成为诉讼证据。

2. 对证据收集主体的审查判断。证据必须由法定的主体收集。例如，刑事公诉案件中，审判人员、检察人员、侦查人员具有收集证据的主体资格，其收集的证据具有合法性。但特殊情况下，行政机关在行政执法和查办案件过程中

---

[1] 何家弘：“证据的采纳和采信——从两个‘证据规定’的语言问题说起”，载《法学研究》2011 年第 3 期。

收集的物证、书证、视听资料、电子数据等证据材料，在刑事诉讼中可以作为证据使用，经法庭查证属实，且收集程序符合有关法律、行政法规规定的，也可以作为定案的根据，法律的严格、明确可见一斑。

3. 对证据收集程序的审查判断。我国三大诉讼法对各种证据的收集、调取都规定了具体的程序。证据的收集是否符合法定程序，直接影响着证据内容的真实性和证据的可采性，因而在审查证据的合法性时，应着重查明收集证据的程序是否合法。程序的违法，可以导致证据无效，例如，刑事诉讼中，犯罪嫌疑人、被告人供述的讯问笔录没有经其核对确认；讯问（询问）聋、哑人，应当提供通晓聋、哑手势的人员而未提供等情况下，所取得言词证据都不得作为定案根据。审查判断证据是诉讼证明的重要环节，必须严格依照法定程序进行，严禁刑讯逼供和以威胁、引诱、欺骗等非法的方法审查判断证据。[1]

4. 对证据运用的审查判断。证据的运用符合法律规定，也是证据合法的一项重要内容。为保证证据具有证据能力和证明力，我国三大诉讼法和相关的司法解释对如何运用证据作了许多规定。例如，在诉讼中，证人证言必须在法庭上经过诉辩双方询问、质证，并经查实后，才能作为定案根据；用作证据的鉴定意见必须告知案件当事人；等等。这些要求都是衡量证据运用是否合法的标准。如果违反上述证据运用标准，则已经取得的证据失去证据效力，不得作为定案根据。

（三）证据关联性的审查判断

证据的关联性，又称证据的相关性，是指证据与待证事实的关联程度。关联性是证据的一种客观属性，根源于证据同案件事实之间的客观联系，作为证据必须是与待证事实存在着某种联系，即能够证明案件某一真实情况，如果证据与待证事实之间没有关联性，就对待证事实起不到证明作用，自然就不能成为诉讼证据。根据司法经验及法律规范，在审查判断证据的关联性时，应从以下两个方面进行：

1. 对证据与待证事实之间有无关联进行审查判断。案件事实总是发生在一定的时间、空间内，而时间不可能回溯，只能通过案发现场留下的各种各样的痕迹、物品等证据重构案件事实。类似于这些实物证据特别是物证本身没有思想，不会陈述所要证明的案件事实。所以，收集证据后的重要工作就是对其蕴

---

〔1〕 刘金友：“试论我国审查判断证据的原则及其理论根据”，载《政法论坛》2004 年第 2 期。

含的案件事实进行识别，并通过一定的形式表现出来。[1] 虽然这些痕迹、物品等都是客观存在的，但并非每个痕迹、物品等都会对待证事实起到证明作用，只有那些与待证事实有关联性的痕迹、物品等才能成为本案的证据。对于那些与待证事实之间只存在某种表面联系的痕迹、物品等，由于他们本身并不能证明案件的什么问题，因而即使它们是真实的，也不能作为证据加以使用。而对于那些与待证事实无关的痕迹、物品等，均应将其排除在诉讼证据之外。

2. 对证据与待证事实之间关联程度进行审查判断。证据证明力的大小，取决于证据与待证事实的关联程度。关联程度紧密的，证明力就较强，在诉讼中所起证明作用也较大。证据与案件事实之间的联系形式是多种多样的，有必然联系与偶然联系、内在联系和外部联系、直接联系与间接联系等。证据与待证事实之间由于联系程度不同而表现出不同的证明价值。虽然与待证事实具有客观联系的证据都能反映一定的案件事实，但由于联系的程度不同，因而反映的程度就不同，其证明价值也就不同。一般来说，必然联系的证明价值高于偶然联系，内在联系的证明价值高于外部联系，直接联系的证明价值高于间接联系，因果联系的证明价值高于非因果联系。

三、证据审查判断的步骤和方法

（一）审查判断证据的基本步骤

审查判断证据是从个别到整体、由浅入深的过程，应具体情况具体分析，循序渐进地进行。虽然各审查判断主体诉讼角色、诉讼利益、审查判断方向都不尽相同，但大致都应包括以下三个基本步骤：

1. 单个证据的审查判断。单个证据的审查判断，是对单个证据真实性、关联性和合法性的审查判断。能够证明案件事实的证据链条是由作为若干"证据链结"的单个证据构成的，因此，对单个证据的审查判断是审查判断证据的最基本步骤。审判人员对单一证据可以从下列方面进行审核认定：证据是否是原件、原物，复印件、复制品与原件、原物是否相符；证据与本案事实是否相关；证据的形式、来源是否符合法律规定；证据的内容是否真实；证人或者提供证据的人，与当事人是否具有利害关系。

2. 多个证据的审查判断。对于案件事实的发生留下的各种证据是否具有证据能力，是否具有证明力及证明力的大小，有时仅仅从单个证据本身无法作出

---

[1] 罗智勇、冯黔刚："刑事审判中实物证据的审查判断及排除"，载《证据科学》2012 年第 2 期。

准确的判断，需要对案件中证明同一待证事实的两个或多个证据进行比较和对照，看其内容和所反映的情况是否一致，看其能否合理地共同证明待证事实。一般来说，通过比对分析的方法，如果该两个或多个证据材料互相矛盾，则可能其中之一有问题或者都存在问题。当然，相互一致的证据材料也未必都是真实可靠的，因为串供、伪证、刑讯逼供等也可能会造成虚假的一致。对于相互矛盾或者有差异的证据材料也不应一概否定，应当认真分析这些矛盾和差异产生的原因和性质。对多个证据进行审查判断一般有两种方式：一是纵向比对审查，即对同一个人就同一案件事实提供的多次陈述做前后对比，看其陈述的内容是否前后一致，有无矛盾之处；二是横向比对审查，即对证明同一待证事实的不同证据做并列分析，看其内容是否协调一致，有无矛盾。

（二）全案证据的审查判断

对全案证据的审查判断是指对案件中的所有证据进行综合的分析、鉴别和研究，看其内容和反映的情况是否协调一致，能否相互印证，能否确实充分地证明案件的全部事实。最高院《刑诉解释》第 104 条第 2、3 款规定："对证据的证明力，应当根据具体情况，从证据与待证事实的关联程度、证据之间的联系等方面进行审查判断。证据之间具有内在联系，共同指向同一待证事实，不存在无法排除的矛盾和无法解释的疑问，才能作为定案的根据。"这是以司法解释的形式确立了我国印证式的证据审查判断方法。所谓印证，是指两个或多个证据之间包含的事实信息完全重合或者部分交叉，使得证据的真实性得到了其他证据的验证。对全案证据进行审查判断时，既要注意鉴别实物证据的真伪，也要注意分析言词证据的真假，既要注意符合自己原先设想或推断的证据，也要注意与原先设想或者推断不相符合的证据，切记片面性和倾向性。如果审查判断所依据的证据材料不全面，就难以得出正确的结论。因此，审查判断的重点不仅在于证据的真实可靠性，更在于其证明价值，即其究竟能证明哪些案件事实，以及证明的确定程度。要查明证据的证据能力和证明力，就必须在证据与证据之间、证据与案件事实之间的联系中进行考察。

对全案证据进行审查判断，最基本的方法就是将案件中的各个证据进行比较。司法实践中，一般会将实物证据、言词证据进行比较分析。例如，对查获的作案工具与犯罪嫌疑人、被告人的供述或被害人陈述进行比较分析；对辨认笔录与被害人陈述、犯罪嫌疑人供述和辩解、证人证言进行比较分析；对勘验、检查笔录与鉴定意见、视听资料进行比较分析等。应善于从细微之处发现不同证据之间的矛盾之处，然后认真分析这些矛盾的性质和形成的原因，以便对案件中的证据材料作出整体性评价。

对全案证据进行审查判断，不仅要注意审查证据是否属实，而且要注意判断证据是否充分。从某种意义上讲，单个证据和多个证据的审查判断，其任务主要是查明证据是否确实，而全案证据的审查判断，其主要任务是查明证据是否充分。较之单个证据和多个证据的审查判断，全案证据的审查判断更加全面，也更为复杂，更需要发挥办案人员的理性、良心、法律知识、生活常识、逻辑思维。同时，对全案证据进行审查判断并不是对单一证据和多个证据审查判断的简单重复和相加，办案人员需要遵循认识规律，运用各种审查判断证据的具体方法，根据个人的直觉和经验，善于在众多的证据材料中发现矛盾，并找出矛盾的症结，再通过进一步收集证据去排除这些矛盾，从而对全案事实作出正确的认定。

证据的审查、判断，历来是司法工作的核心环节。因为，一方面，现代刑事诉讼法奉行证据裁判原则，认定事实，必须以证据为依据，"无证据，则无事实"，在这个意义上讲，对证据的审查和判断，本身就是司法官认定事实的过程、方式和手段，是司法工作的核心内容之一；另一方面，司法工作本身又强调亲历性，即作为事实裁判者的司法官必须抱着"亲口尝梨子"的态度亲自接触证据源、体认证据，对证据的证据能力和证明力进行审查，并在此基础上认定事实、适用法律。[1]

四、证据审查判断的常用方法

为正确裁判案件事实，必须正确审查判断证据，因此，必须掌握科学审查判断证据的方法。司法实践经验中，审查判断证据通常采用以下几种方式进行：

（一）甄别法

甄别即审查鉴别的意思，因此，甄别法又称鉴别法。运用甄别法审查判断证据，要求根据客观事物发生、发展、变化的一般规律和常识去辨别证据的真伪，确定其是否具有证明力。这种方法主要用于对单个证据的审查判断。对单个证据进行审查判断，主要是看每个证据是否符合事物规律，是否合情合理，来源是否真实可靠。

（二）现场实验法

现场实验法，是指为了验证某一现象在一定的时间、空间、条件下，能否

---

[1] 万毅："论证据分类审查的逻辑顺位"，载《证据科学》2015年第4期。

发生，而依据在相同的时间、空间、条件下进行现场实验的方法。现场实验的目的可以是为确定在一定的条件下有关人员能否看到、听到、感觉到有关声音或形象；确定在一定的条件下能否发生某种现象，或有关人员能否完成有关动作；确定用某种工具是否会留下有关痕迹等。

（三）对比法

对比法，又称比较法，是指对证明同一待证事实的证据进行比较或对照以判断其是否具有证据能力和证明力的方法。这种方法主要用于对两个或两个以上证据的分析判断。在采用对比法判断证据时，应当注意各个证据之间必须具有"可比性"，即各个证据所证明的对象必须是同一待证事实。如果用来进行比对的证据之间不具有这种"可比性"，则不能进行比对。在实践中，它通过将各个证据加以比较，在联系中考虑它们是否一致，就较容易发现问题，判明真伪。凡属事实可靠，能证明案件真实情况的证据，它们之间必然是协调一致的，一般可以起到互相印证的作用。如果出现矛盾，则其中必有虚假证据。[1]

（四）鉴定法

鉴定法，是指对案件中涉及专门知识的有关问题，通过指定或聘请鉴定人进行鉴定或者要求重新鉴定、补充鉴定予以查明的方法。因其准确性和科学性，鉴定法也是当今司法实践中最经常使用的证据审查判断方式。司法实践中，被害人的死亡时间及死亡原因，被盗物品的价值，化学物品的性质，现场提取的血迹的血型，现场遗留的指纹和脚印与犯罪嫌疑人的指纹和脚印是否具有同一性，当事人之间争执产品的质量如何，录音带、录像带是否被删节、篡改或剪接，等等，都需要运用各种鉴定方法才能判明。在实践中，比较常见的有法医鉴定、会计鉴定、化学毒物鉴定、文件笔迹鉴定、商品质量、价格与性能鉴定等。

（五）辨认法

辨认法，是指在公安、司法人员的主持下，由当事人、证人对与案件有关的物证、书证或者犯罪嫌疑人以及尸体、场所等进行辨别和确认的方法。通过辨认，可以确认与案件有关的物证、书证的真伪，确定犯罪嫌疑人是否为作案人，可以印证其他证据是否真实，有利于司法机关查明案情，正确处理案件。辨认可以依据不同的标准划分为不同的类型：依辨认的方式不同，可分为公开辨认和秘密辨认；依辨认的对象不同，可分为对人的辨认、对物的辨认、对尸

---

〔1〕 侯喆："论刑事证据审查判断的标准与方法"，载《河北法学》2011年第1期。

体的辨认和对场所的辨认；依辨认的主持者不同，可分为侦查人员主持的辨认和审判人员主持的辨认；等等。

（六）质证法

质证法，是指审判人员在法庭调查中组织诉讼双方对有关证据材料进行交叉审查，以查明案件事实真相的方法。质证一般是由一方当事人或其辩护人、诉讼代理人对另一方当事人或该方证人、鉴定人的陈述进行盘诘，以判断其陈述的真伪和可信度。我国三大诉讼法均规定，证人证言、鉴定意见必须在法庭上经过质证并查实以后，才能作为定案的根据。

（七）对质法

对质法，是指为了确认某一事实的真实性，司法人员依法组织了解该事实的两个或两个以上的人，就有关事实情况进行相互质询、诘问的活动。司法实践中，对质一般发生在当事人之间，当事人与证人之间或者证人与证人之间。使用对质法的前提条件是两个或两个以上的人对同一案件事实的陈述之间出现尖锐矛盾而办案人员难以确认其真假。通过对质，办案人员可以发现对质人陈述之间的矛盾，掌握矛盾的症结所在，进而判明哪一方的陈述是真实的。特别是在缺少旁证的情况下，或者在只有"一对一"证据的案件之中，对质法更加有助于办案人员查明证据的真实性和可靠性。

五、各种证据的审查判断

对各种证据的审查判断，主要围绕证据的真实性、合法性和关联性进行。由于各类证据在实践中的表现样态各不相同，因此，对其进行审查的内容自然有所侧重和区别，对此，最高院《刑诉解释》有着具体的规定。我们以证据法理论为基础，结合法律规定和司法实践，对各种法定证据的审查判断进行以下阐述。

（一）物证、书证的审查判断

1. 审查物证、书证的来源。审查物证、书证的来源，主要是要证明物证、书证的客观性与合法性。应当查明：物证、书证是由何人在何处收集或提供的，发现的时间、地点，形成的原因、经过；有无记录物证、书证来源的勘验、检查、扣押、提取等证据；物证、书证是否为原物、原件，如果不是原物或原件，要审查复制品、照片、复印件、副本是否与原物或原件一致；无法与原物、原件核对的复制品、照片复印件、副本，不能单独作为认定案件事实的依据。

2. 审查物证、书证的收集程序是否合法。物证、书证的收集程序必须符合法律规定。应当查明：物证、书证是否为以违反法律禁止性规定或者侵犯他人合法权益的方法而取得；与案件有关联的物证、书证是否全面收集；经勘验、检查、扣押、提取所取得的物证、书证，是否附有相关笔录或者清单；笔录、清单是否经侦查人员、物品持有人、见证人签名，没有物品持有人签名的，是否注明原因；物品的名称、特征、数量、质量等是否注明清楚；物证、书证在收集、保管及鉴定过程中是否受到破坏或者改变；是否因为时间、环境或其他因素而导致证据产生变化。

3. 审查物证、书证与待证事实有无联系。物证、书证与待证事实有无联系是审查的关键。这是确定物证、书证是否具有证据价值的关键问题。例如，犯罪现场上遗留的脚印、指纹是否与案件有关；犯罪嫌疑人、被告人身上的血迹是否为被害人被杀害时所溅的血迹；物证、书证是否是民事诉讼的标的物等。应当查明：现场遗留与犯罪有关的具备检验鉴定条件的血迹、指纹、毛发、体液等生物物证、痕迹、物品，是否通过 DNA 鉴定、指纹鉴定等鉴定方式与被告人或者被害人的相应生物检材、生物特征、物品等作同一认定；被提供的文件上的署名和印章是否完整和属实等。

（二）证人证言的审查判断

由于受各种主客观条件的影响，证人提供的证言有可能不真实或不完全真实，甚至有可能是伪证。因此对证人证言也应该进行审查判断。最高院《民诉证据规定》第 78 条就明确规定："人民法院认定证人证言，可以通过对证人的智力状况、品德、知识、经验、法律意识和专业技能等的综合分析作出判断"，因此，根据证人的特点，我们认为对证人证言等审查判断应着重注意以下几个方面：

1. 审查证人证言的来源。应从证人证言的来源方面展开审查。[1] 要审查证人对案件事实是亲身感知的，还是听他人转述而间接得知的，或者是否是猜测推想的。证人的猜测性、评论性、推断性的证言，不得作为证据使用，但根据一般生活经验判断符合事实的除外。

2. 审查证人的自身情况。包括证人资格，证人的身体和生理、年龄状况、文化知识、生活阅历等情况，这些都可能影响证人的感知、记忆和表达能力，其中证人资格直接关系到证言的可采性。另外，还应注意审查证人的品格、操

---

〔1〕 何家弘、刘品新：《证据法学》，法律出版社 2013 年版，第 395 页。

行、精神心理状态等有可能影响证人证言的真实性的各种因素。[1]

3. 审查证人证言的形成过程。证人证言易受一系列主客观条件和因素的影响。例如，证人距离发案现场的远近、光线、天气等客观环境和条件，都会对证人能否正确感知案件事实及感知的程度产生重要影响；同时，证人的感知能力、记忆能力和表达能力也会影响证人证言的客观性、准确性。

4. 审查收集证人证言的程序。对于证人证言的收集法律亦有明确规定。例如，收集方法是否得当，有无足以影响如实作证的违法因素；办案人员有无采取威胁、引诱、欺骗或其他非法方法收集证人证言；有无采取暗示、诱导性方式进行询问；询问证人是否个别进行；刑事诉讼中，询问之前是否告知了证人、被害人相关的法律权利与义务，询问证人是在何种地点进行，询问笔录是否填写询问的起止时间，询问笔录是否经证人核对确认并签名（盖章）、捺指印，询问未成年人证人时是否有其法定代理人或监护人员在场陪同询问；询问聋哑人或者不通晓当地通用语言、文字的少数民族人员、外国人，是否提供了翻译人员等。

5. 审查证人证言的内容。对于证人证言还要审查其内容是否合情合理，前后有无矛盾，与案内其他证据及案件事实是否协调一致。审查时应把证人证言与案内其他证据结合起来进行对比分析。如果有几名证人就同一案件情况作证，要审查他们的证人证言是否一致，有无矛盾。如果只有一名证人作证，则要审查其证言前后有无矛盾。如果发现证人证言之间有矛盾，或者证人证言与其他证据之间有矛盾，尤其是在案件关键情节上有出入，就应进一步核实清楚。

（三）当事人陈述的审查判断

1. 民事、行政诉讼当事人陈述的审查判断。在民事、行政诉讼中，当事人往往是案件的利益关联者及有关案件事实的实际参与者，其陈述可能带有片面性或倾向性，以致事实陈述上以偏概全，甚至有可能作虚假的陈述。因此，对当事人的陈述必须进行更为深刻的审查判断，才能作为定案的根据。结合司法实践，我们认为，应当从以下几方面对民事、行政诉讼当事人的陈述进行审查判断。

（1）审查陈述的内容。民事、行政诉讼中的当事人一般是案件事实的亲历者，其陈述对于案件事实的重构具有重大意义。因此，审查当事人陈述的内容时，应着重审查陈述的内容是否符合案件事实所涉及的实体法律关系的发生、

---

[1] 何家弘、刘品新：《证据法学》，法律出版社 2013 年版，第 395 页。

发展和消灭的实际过程，是否合情合理，有无矛盾之处。发现矛盾，可责令其说明具体情况，以便进一步调查核实。但审查当事人陈述，不能仅仅局限于陈述本身，还应当结合其他证据来验证陈述的真实性。

（2）审查陈述的自愿性。在民事诉讼中，双方当事人是平等的诉讼主体，参与诉讼的目的都是维护自己的合法权益，不自愿的陈述一般不会发生。但实践中，仍然存在由于误解、一方欺诈或胁迫等而产生的不自愿陈述，因此，民事诉讼中应当重点审查当事人陈述的意思自愿性；在行政诉讼中，由于原告是被告行政管理的对象，有些被告就借助行政权威胁被告，迫使其作出不符合实际的陈述，在这种情况下，必须认真仔细地审查当事人陈述的动机和目的，以判明其是否真实可靠，能否作为定案的根据。

2. 刑事被害人陈述的审查判断。被害人陈述是我国刑事诉讼法明确规定的独立证据种类，在证据能力与证明力方面有其自己的特点。[1] 这里的刑事被害人，是指遭受犯罪行为侵害，因而与案件处理结果具有直接利害关系的公诉案件当事人。公诉案件中的被害人往往还是案件事实的知情人，因而被害人的陈述是一种重要的证据来源。但被害人陈述相当复杂，对这种证据既不能盲目轻信，也不能随意否定，必须进行认真仔细的审查核实。

（1）审查被害人陈述内容的来源。这主要是审查被害人陈述的内容是亲自感知的，还是转述别人的，或是推测的。如果是亲自感知的，应进一步查清他感知案件事实的主客观条件。如果是转述别人的，要查明是谁转告的，在转述过程中有无差错，并尽可能地找到转告者进行核实。

（2）审查被害人陈述的收集程序。刑事被害人是已经受到犯罪侵害的当事人，因此，为防止二次侵害，刑事诉讼法对被害人陈述这一证据的收集程序进行了明确规定，如果违反有关程序的法律强制性规定，则被害人陈述应当被排除。

（3）审查被害人的思想品质与平时表现。有的被害人由于思想品质不好，在陈述时往往言过其实；有的出于私心杂念，可能会掩盖案件事实；有的因为工作失职，怕受处分，而捏造事实，谎报假案。因此，审查被害人的思想品质与平时表现，可以判断其陈述是否真实可靠。

（4）审查被害人陈述的内容。审查被害人陈述的内容，主要是审查陈述内

---

[1] 卫跃宁、宋振策："被害人陈述的证据能力与证明力规则——一个比较证据法的视角"，载《证据科学》2017年第3期。

容是否合情合理，与案内其他证据是否协调一致，有无矛盾。对被害人陈述的内容，应从所涉及的犯罪的时间、地点、环境、手段、情节、目的、步骤和造成的后果上分析其是否合情合理。

3. 犯罪嫌疑人、被告人供述和辩解的审查判断。我国刑事诉讼法虽然明确了犯罪嫌疑人、被告人的当事人地位，但犯罪嫌疑人、被告人仍然被公安司法人员作为主要的证据来源，刑讯逼供屡见不鲜。但同时，由于犯罪嫌疑人、被告人供述和辩解具有虚伪性，且具有反复性，因此在将其作为证据使用时，必须进行严格的审查判断。主要应对供述自愿性进行审查。供述自愿性审查判断的实质是供述证据能力或者讯问笔录证据能力的审查判断。[1]

（1）审查取得犯罪嫌疑人、被告人供述和辩解的方法和程序。首先，应当审查讯问笔录上载明的时间、地点、讯问人的身份。《刑事诉讼法》及相关司法解释规定，讯问被追诉人的侦查人员不得少于 2 人，对于共同犯罪的被追诉人的讯问，应当分别进行等；对于未被羁押的被追诉人，拘传讯问的时间一般不得超过 12 小时，对于被羁押的被追诉人，原则上只能在看守所讯问。其次，应当审查讯问笔录的制作、修改是否符合法律规定。讯问笔录是否注明讯问的起止时间和讯问地点，首次讯问时是否告知被追诉人有申请回避、聘请律师等相关权利和法律规定；被告人是否核对确认并签名、捺手印，是否有不少于 2 人的侦查人员签名；笔录上有否注明"以上内容我看过（听过），内容属实"；笔录中有修改痕迹的地方，是否有被追诉人签名、捺手印等。再次，应当审查讯问时是否保障了特殊被追诉人的权利。讯问聋哑人、少数民族人员、外国人时，是否提供了通晓聋、哑手势以及翻译人员；讯问未成年人时，是否通知了其法定代理人到场，其法定代理人（或合适成年人）是否在场。最后，应当审查讯问时侦查人员是否采用了刑讯逼供等非法方法获取供述。最高院《刑诉解释》规定，使用肉刑或者变相肉刑，或者采用其他使被告人在肉体上或者精神上遭受剧烈疼痛或者痛苦的方法，迫使被告人违背意愿供述的，应当认定为"刑讯逼供等非法方法"。为保证被追诉人的供述的真实合法，必要时可以调取讯问时的录音录像、"入所体检表"、同监室人员证言等。

（2）审查犯罪嫌疑人、被告人供述和辩解的动机。主要审查犯罪嫌疑人、被告人是在何种情况下，出于何种动机作供述的。实践中，犯罪嫌疑人、被告

---

〔1〕 孔令勇："供述自愿性审查判断模式实证研究——兼论非法供述排除难的成因与解决进路"，载《环球法律评论》2016 年第 1 期。

人供述和辩解的动机是多种多样的。有的真诚悔罪，彻底交代全部犯罪事实；有的避重就轻，供述不完全；有的为了获得从宽处理或者企图将侦查工作引入歧途，而故意"坦白交代"并非自己所犯的罪行；等等。因此，犯罪嫌疑人、被告人出于何种动机作供述和辩解，对口供真实性影响较大，必须细加鉴别。

（3）审查犯罪嫌疑人、被告人供述和辩解的内容。主要审查犯罪嫌疑人、被告人供述和辩解是否合理，前后有无矛盾和翻供。要根据案件具体情况，从犯罪的时间、地点、动机、目的、手段和后果等方面分析犯罪嫌疑人、被告人是否存在实施犯罪的可能性，其口供内容是否合理，前后有无矛盾，有无翻供。最高院《刑诉解释》规定，被告人庭审中翻供，但不能合理说明翻供原因或者其辩解与全案证据矛盾，而其庭前供述与其他证据相互印证的，可以采信其庭前供述。被告人庭前供述和辩解存在反复，但庭审中供认，且与其他证据相互印证的，可以采信其庭审供述；被告人庭前供述和辩解存在反复，庭审中不供认，且无其他证据与庭前供述印证的，不得采信其庭前供述。

（4）审查犯罪嫌疑人、被告人供述和辩解与其他证据的关系。主要审查犯罪嫌疑人、被告人供述和辩解与本案其他证据的内容，是否协调一致，有无矛盾。根据《刑事诉讼法》的规定及司法经验，审查被告人供述和辩解，应当结合控辩双方提供的所有证据以及被告人的全部供述和辩解进行。因此，审查犯罪嫌疑人、被告人供述和辩解时，应特别注意将其与案内其他证据联系起来进行对比分析，查清犯罪嫌疑人、被告人供述和辩解前后是否一致，有几名犯罪嫌疑人、被告人，他们的供述和辩解是否一致，犯罪嫌疑人、被告人供述和辩解与其他证据以及案件事实是否一致。[1] 如果基本一致，则说明犯罪嫌疑人、被告人供述和辩解是真实可靠的。反之，就说明其中存在虚假成分，应进一步审查清楚。

（四）鉴定意见的审查判断

鉴定意见是在检验、鉴别和判断的基础上对有关的专门性问题所作的书面意见。鉴定意见是某一方面的专家根据科学原理，利用先进的技术手段所得出的专业意见，具有很强的科学性，往往可以用来审查犯罪嫌疑人、被告人的口供和被害人陈述、证人证言、物证、书证的真伪。但鉴定意见并不是"科学的判决"，并非绝对科学、可靠，如果鉴定人受外界影响或者推理不合逻辑，或者鉴定材料本身不真实、不充分，也不能得出正确的鉴定意见。鉴定意见的有效

---

〔1〕　向燕："论口供补强规则的展开及适用"，载《比较法研究》2016 年第 6 期。

质证是庭审实质化的应有之义。[1]

1. 审查判断鉴定人的资格。诉讼中，无论是公安司法机关指派或聘请，抑或当事人委托的鉴定单位或鉴定人必须具有鉴定资格，否则其作出的鉴定意见不能作为定案的根据。[2] 应当审查：鉴定人是否具有解决案件中某一专门性问题所需要的专业知识；鉴定意见的作出者是否为合法鉴定单位的自然人，是否经过指派、聘请、委托而从事鉴定；鉴定人是否与案件的当事人有亲属或其他利害关系，是否符合回避条件而未回避；对精神病鉴定或对人身伤害的医学鉴定有争议需要重新鉴定的，是否是省级人民政府指定的医院作出的鉴定等。

2. 审查判断检材的真实、有效。鉴定意见是鉴定人在分析、研究司法机关提供的鉴定材料的基础上作出的，因此，鉴定检材是鉴定的对象和前提，只有鉴定材料充分且真实可靠，才能得出正确的鉴定意见。对检材的审查判断，包括对检材提取、保管程序的审查判断。应当审查，检材的来源是否真实、可靠，是否附有相关提取笔录、勘验检察笔录、物品扣押清单等；检材的提取是否科学，是否受到破坏、污染；检材保管期间保管方法是否科学，检材是否变质、污染、腐烂等。

3. 审查判断鉴定意见的形式要件。鉴定意见的形式要件是否齐备是决定鉴定意见能否作为定案根据的必备要件。审查判断鉴定意见的形式要件就要审查鉴定委托人、鉴定机构、鉴定事由、鉴定要求、鉴定文书的日期等相关内容；也要审查鉴定机构是否加盖鉴定专用章并由鉴定人签名盖章；还要审查鉴定使用何种鉴定方法以及鉴定过程、鉴定意见是否明确。

4. 审查判断鉴定意见与其他证据的关系。审查鉴定意见同案件事实和案内其他证据之间有无矛盾，是否协调一致。由于鉴定意见涉及不同领域的专门知识和技能，司法人员仅就鉴定意见本身进行审查的难度较大，需要将鉴定意见与案件事实及案内其他证据结合起来，进行对比、分析。

刑事诉讼中，具有下列情形之一的，该鉴定意见不得作为定案的根据：鉴定机构不具备法定资质，或者鉴定事项超出该鉴定机构业务范围、技术条件的；鉴定人不具备法定资质，不具有相关专业技术或者职称，或者违反回避规定的；送检材料、样本来源不明，或者因污染不具备鉴定条件的；鉴定对象与送检材料、样本不一致的；鉴定程序违反规定的；鉴定过程和方法不符合相关专业的

---

〔1〕 卞建林、谢澍："庭审实质化与鉴定意见的有效质证"，载《中国司法鉴定》2016年第6期。

〔2〕 樊崇义、吴光升："鉴定意见的审查与运用规则"，载《中国刑事法杂志》2013年第5期。

规范要求的；鉴定文书缺少签名、盖章的；鉴定意见与案件待证事实没有关联的；违反有关规定的其他情形。人民法院通知鉴定人出庭，鉴定人拒不出庭作证的，鉴定意见不得作为定案的根据。鉴定人由于不能抗拒的原因或者有其他正当理由无法出庭的，人民法院可以根据情况决定延期审理或者重新鉴定。对没有正当理由拒不出庭作证的鉴定人，人民法院应当通报司法行政机关或者有关部门。

（五）笔录类证据的审查判断

勘验、检查、辨认、侦查实验、现场笔录等证据是对现场状况的客观记载，一般来说是比较客观的。各种笔录对保障辩护方的阅卷权及查明事实起着不可替代的作用。[1] 但因其是由人制作的，如果制作人的责任心不强，或者受到外界影响，也可能发生差错。审查判断该类证据的证明力，应当查明、确认其内容的客观性、完整性与准确性，以及制作人的业务水平与工作态度。[2]

1. 审查笔录制作的合法性。主要审查：①笔录的制作主体是否合法，对此，应审查勘验、检查、辨认、侦查实验笔录是否为承办该案的侦查人员、检察人员、审判人员及其主持下的专门工作人员所制作，现场笔录是否确为有权作出该项具体行政行为的国家行政机关工作人员，依法行使职权时所制作。②进行勘验、检查、辨认、侦查实验时是否遵循法定程序，使用的手段、方法是否妥当，例如，刑事诉讼中，辨认不是在侦查人员主持下进行的，辨认前使辨认人见到辨认对象的；辨认活动没有个别进行的；辨认对象没有混杂在具有类似特征的其他对象中的。③有无邀请见证人到场，是否通知民事、行政诉讼当事人或者其成年家属到场。④笔录上有无制作笔录的人员和见证人、当事人和被邀请参加人的签名或盖章。

2. 审查笔录内容的准确性。勘验、检查、辨认、侦查实验、现场笔录等证据是对现场状况的客观记载。因此，应当全面、准确记录现场状况，审查时应当对笔录记录的内容进行审查。例如，勘验、检查笔录是否记录了提起勘验、检查的事由，勘验、检查的时间、地点，在场人员、现场方位、周围环境等，现场的物品、人身、尸体等的位置、特征等情况，以及勘验、检查、搜查的过程；文字记录与实物或者绘图、照片、录像是否相符；现场、物品、痕迹等是否伪造、有无破坏；人身特征、伤害情况、生理状态有无伪装或者变化等。

---

〔1〕　蔡元培："论笔录类证据的法定化与言词化"，载《北京社会科学》2016 年第 7 期。
〔2〕　何家弘、刘品新：《证据法学》，法律出版社 2013 年版，第 400 页。

3. 审查笔录内容的真实性。主要是审查笔录所记载的现场的物品、痕迹是否被破坏或伪造，被检查人的特征、伤情、生理状态是否有伪装或变化；笔录中记载的物证、书证是否与收集到的物证、书证相吻合；笔录记载的情况与案件其他证据之间有无矛盾。对于行政机关提交的现场笔录，还应审查是现场制作的还是事后补救制作的。如果是事后补救制作的，应当由提供者作出必要的解释，以便对其真实性和可靠性加以确认。

4. 审查笔录与其他证据的印证性。应联系全案证据进行对比分析，发现矛盾应进一步审查核实，必要时可重新进行勘验、检查。

（六）视听资料的审查判断

视听资料由于是通过现代科技设备所记录的音像或其他信息资料再现案情经过的，具有其他证据无法比拟的准确性和可靠性。但是视听资料容易被伪造。例如，录音带、录像带容易被冲洗、消磁、剪辑，计算机易被输入病毒等。视听资料被伪造、篡改后，仅凭人的感官往往难以发现，难以识破和恢复。

对视听资料进行审查时，主要从以下几方面进行：

1. 审查视听资料的来源。对视听资料首先要审查该证据的真实来源，应当查明视听资料是否附有提取过程的说明，来源是否合法；[1] 持有人是从何处获得视听资料的，是本人录制的，还是从别人处得到的；是否为原件，有无复制及复制份数；是复制件的，是否附有无法调取原件的原因、复制件制作过程和原件存放地点的说明，制作人、原视听资料持有人是否签名或者盖章。

2. 审查视听资料的制作与形成过程。主要审查视听资料的制作者是在何种情况下制作视听资料的，是否写明制作人、持有人的身份，制作的时间、地点、条件和方法；制作的起因和过程，以及制作的仪器设备是否完好；制作过程中是否存在威胁、引诱当事人等违反法律、有关规定的情形等。

3. 审查视听资料的真实性。应当审查视听资料有无剪辑、增加、删改等情况；有无影响其所储存信息真实性的情况；必要时，应进行技术鉴定，以验证是否为原版，是否存在伪造、删节、篡改或剪接等情况。

4. 审查视听资料与其他证据的印证性。由于视听资料是以其所记载或反映的声音、图像、数据或其他信息发挥证明作用的，因此，应审查其内容与案件事实有无客观联系，视听资料前后所反映的内容是否连贯，是否具有一定的逻辑性。如果发现可疑之处，就应进一步核实清楚。

---

[1] 陈瑞华：《刑事证据法》，北京大学出版社 2018 年版，第 266 页。

（七）电子数据的审查判断

电子数据作为一种证据，是指以电子形式存在的、借助信息技术或信息设备形成的证明案件真实情况的一切数据。其包括：电子邮件、电子数据交换、网上聊天记录、博客、微博客、手机短信、电子签名、域名等存储在电子介质中的信息及数据。因其对于高新信息技术的依赖，对其进行审查判断时必须结合科学方法。电子数据的鉴真关键在于保护电子数据的完整性。[1]

1. 审查电子数据的来源。应当审查经勘验、检查、搜查等活动收集的电子数据，是否附有相关笔录、清单，并经收集人员、电子数据持有人、见证人签名；没有持有人签名的，是否注明原因；远程调取境外或者异地的电子数据的，是否注明相关情况等。

2. 审查电子数据的收集与制作过程。如果忽视对电子数据提取、保管以及流转链条的规范，就很可能造成电子数据的失真，由此导致对案件事实认定错误。[2] 应当审查收集程序、方式是否符合法律及有关技术规范；对电子数据的规格、类别、文件格式等注明是否清楚；与案件事实有关联的电子数据是否全面收集；该电子数据存储的磁盘、光盘等可移动存储介质是否与打印件一并提交；在原始存储介质无法封存、不便移动或者依法应当由有关部门保管、处理、返还时，提取、复制电子数据由何人进行，是否足以保证电子数据的完整性，有无提取、复制过程及原始存储介质存放地点的文字说明和签名等。制作、取得的时间、地点、方式等有疑问，不能提供必要证明或者作出合理解释的，不得作为定案根据。

3. 审查电子数据的真实性。应当审查电子数据内容是否真实，有无删除、修改、增加等情形；有无影响其所储存信息真实性的情况；必要时，应进行技术鉴定或者检验，以验证其真实性。

4. 审查电子数据的与其他证据的印证性。应当审查电子数据与案件事实的关联性，以确定电子数据与当事人陈述、证人证言、犯罪嫌疑人、被告人供述或辩解、鉴定意见等证据能否互相印证，是否存在疑点，如果发现矛盾，应进一步核查。

---

[1]　陈瑞华：《刑事证据法》，北京大学出版社 2018 年版，第 267 页。
[2]　谢登科："电子数据的鉴真问题"，载《国家检察官学院学报》2017 年第 5 期。

⊃ **练习案例**

　　2006 年 7 月 27 日夜，福建省平潭县澳前村 17 号两户居民家中多人出现中毒症状，其中两人经抢救无效死亡。警方经过侦查，很快确定是人为投入氟乙酸盐鼠药所致，认为其邻居念斌有重大作案嫌疑，将其逮捕。现场勘查中，侦查机关从丁家厨房里提取了包括酱油煮杂鱼、调味料和锅碗瓢盆等在内的 150 多件物品，连地面上的尘土也被扫起来送去化验。但这 150 多件提取物中登记造册有记载的只有 5 件：丁云虾卧室内呕吐物 1 份；丁云虾灶台上铁锅 1 个；灶台旁高压锅 1 个；煤炉上烧水铝壶（原壶）1 个；念斌食杂店通往陈炎娇天井的门外侧门把 1 个。后该案历时 8 年 10 次开庭审判，被告人念斌 4 次被判处死刑立即执行，最终念斌被判无罪。

　　问题：

　　1. 本案中，侦查人员收集与保全物证时应当遵循哪些原则？

　　2. 本案中，侦查人员收集物证时应当采用哪种方式？

　　3. 对本案物证等证据审查判断应当如何进行？

⊃ **思考题**

　　1. 证据鉴真的方法有哪些？

　　2. 实物证据收集、保管程序应当注意哪些事项？

　　3. 证据收集与保全应当遵循哪些原则？

　　4. 笔录证据的价值有哪些？

推定与司法认知

学习指导

通过本章学习，掌握推定、司法认知的概念及特征；了解有关推定在我国立法及司法解释中的规定；理解和把握推定与相关范畴的关系及作用、司法认知与相关范畴的关系。重点掌握法律推定及其适用条件、分类，事实推定及其作用，司法认知的程序以及在我国的体现等。学习的难点在于推定与司法认知在实践中的运用问题。

第一节　推定

一、推定的概述

（一）推定的概念

推定（presumption），在日常生活语言中具有"经推测而断定"的含义，可以有推理、推论、假定、推断等多重意思。作为一个法律术语，中文的推定概念是从西方翻译过来的，[1] 证据法意义上的推定绝大多数属于证据规则[2]。作为一种特殊的证明方法，推定是根据法律规定或者逻辑经验法则，当基础事实已被确认时，据以推断出未知的结果事实存在，并允许当事人提出证据予以反驳。证据裁判主义是现代法治国家普遍确立的证明事实的原则，而推定是证据裁判主义的例外，推定是证据逻辑的跳跃、证明过程的中断，是为了节约司法成本，更为合理地配置证明责任，保护社会关系，法律直接规定或者依据逻

---

〔1〕 何家弘：《司法证明方法与推定规则》，法律出版社 2018 年版，第 186 页。
〔2〕 *Black's Law Dictionary*, 8th ed., Thomson West, 2004, p. 1223.

辑经验法则，在具备已知前提事实的前提下，无相反证据证明的话，直接确认未知结论事实的存在。[1]

运用推定方法认定案件事实的做法由来已久，最早可追溯至古罗马时期。罗马法中已经有了多种推定的相关规定，比如死亡的推定、要式买卖的推定、婚生子女的推定、善意的推定、占有为所有的推定、占有的意思推定等，当然罗马法中的推定具有很大的任意性，且推定和法律拟制的关系混淆不清。近现代的推定可追溯至 1804 年法国《民法典》，其对推定作出了相对系统的规定和分类，此后各国纷纷效仿，推定制度逐步在世界范围内普遍确立。

关于推定概念的理解，必须重点注意以下几个方面：

1. 推定仅是证明方法种类之一。认定案件事实，主要法治国家主要适用两类方法，一是运用查证属实的证据予以证明，二是采用推定或者司法认知等方法直接予以认定。前者通常被认为是一般的司法证明方法，也是各国认定案件事实的原则性方法，后者仅限于特定情况下使用，是法律直接明文规定或者许可的认定案件事实的例外性方法，其对运用证据证明案件事实的方法起到辅助和补充作用。

2. 推定的事实包括两个部分，即前提基础事实和推定事实。前提基础事实是指作为推断或者认定根据的事实，而推定事实则是指根据前提基础事实认定其存在的事实。运用推定方法就是在前提基础事实和推定事实之间建立一条法律纽带，该法律纽带原则上应当基于前提基础事实与推定事实间的常态联系，这种常态联系是人们在长期的社会实践中总结出来的事物之间的内在联系。但是，即便如此，基于前提基础事实，推定出来的推定事实也是具有高度的盖然性的，并不是必然发生的，因此，前提基础事实和推定事实之间是一种或然性的联系。

3. 推定也是一种司法证明中证明责任的分配规则。主张推定事实的一方当事人对于推定事实通常无需举证，但一般需承担证明基础事实存在的初步证明责任。否定推定事实的一方承担证明责任，即如果不能提出相反证据，则接受推定事实。法院在基础事实已经被证实、认知或者承认，而否定推定事实的一方又不能提出相反证据时，可以直接认定推定事实。

4. 推定的理论基础呈现多元化特征。与运用符合证据三性的证据认定案件事实的证明方法相比，推定的方法在其理论基础上呈现出多元化特征。推定的

---

[1] 潘金贵主编：《证据法学》，法律出版社 2013 年版，第 276 页。

理论基础既有认识论的基础，又有价值论的基础，而且侧重于价值衡量。认识因素的考量确保了推定是特定情况下发现事实的最合理机制，而对发现真实的价值与其他竞争价值的权衡则保证推定事实的正当性。通常而言，在设置推定时必须秉持的价值原则是协调真实发现、人权保障、诉讼效率等多种刑事诉讼价值的关系，对其中任何一种价值的强调都必须在其他价值所允许的范围之内。

（二）推定与相关概念的关系

1. 与拟制的关系。拟制是指立法者通过法律规定，把甲事实直接看作乙事实，使甲事实产生与乙事实相同的法律后果。例如：①根据《刑法》第 269 条的规定，犯盗窃、诈骗、抢夺罪，为窝藏赃物、抗拒抓捕或者毁灭罪证而当场使用暴力或者以暴力相威胁的，依照《刑法》第 263 条规定的抢劫罪定罪处罚，即发生了第 269 条描述的事实就视为发生了第 263 条抢劫的事实；②《民法总则》第 25 条规定："……经常居所与住所不一致的，经常居所视为住所"；③《合同法》第 158 条第 1 款规定："……买受人怠于通知的，视为标的物的数量或者质量符合约定"。推定和拟制在形式上有相似之处，都牵涉两个事实，而且，只要证明前一事实的存在，就能产生后一事实的法律后果。但二者之间具有本质的区别，具体而言：①二者性质不同。法律拟制仅仅是一种立法技巧，是立法者为了避免法律条文用语重复、冗长而采用的一种文字表述方式，它并非是由前提基础事实的存在推论出与之相关的另一事实的存在。推定则不同，它通常包含着推论，是从前提基础事实推论出推定事实。②能否用反证推翻不同。法律拟制的目的是使甲事实产生与乙事实相同的法律效果，甲事实的存在得到证明后，自然不允许对方当事人再提出证据来推翻乙事实。在推定中，法律允许当事人提出反证推翻推定事实，只有在缺乏相反证据的情况下，推定事实才会被认定。③对举证责任的影响不同。法律拟制不影响举证责任的分配。在推定中，需要证明的主要是后一项事实，即推定事实。由于推定的作用，主张推定事实存在的一方当事人证明前提基础事实后，法律便假定推定事实存在，这样，就把证明推定事实不存在的举证责任转移于对方当事人。[1]

2. 与假定的关系。一般认为，假定是指对某种事实进行猜测的一种思维形式，属于思维的范畴。作为一种假设，假定是主观任意的产物，不需要前提基础事实，一般也不具有任何法律效力。这和在适用程序和条件上受到严格的法律约束，能够转换证明责任，并能深刻影响诉讼法律关系的推定是有质的区别

---

〔1〕　陈光中主编：《证据法学》，法律出版社 2015 年版，第 446 页。

的。具体而言：①假定是主观任意的产物，是不需要任何前提条件的假设，属于思维的范畴，不具有任何法律效力；推定是法律允许的认定案件事实的一种特殊规则，只要在法律规定的条件和范围内，就能产生一定的法律后果。②推定必须由提出相反证据证明其伪，假定必须以证据证明其真。推定只有经相反证据才能推翻，假定必须有证据证明其真；推定无须证明其真，假定无须证明其假。推定只能适用于法院认定案件事实之时，而假定在侦查阶段初期经常使用。

3. 与推理、推论的关系。作为司法实践中最常见的一种思维活动，推理是指从已知的事实和判断出发，根据一定的逻辑规则，推导出新的事实和判断。推理和推定有一定的联系。二者都属于证明方法，都是法官认定案件事实的手段，都牵涉前提基础事实和结论事实，而且，推定从创制到适用一般是以推理为基础的。但是推定与推理的区别还是很明显的，具体而言：①推定是一种法律机制，主要依据法律规定而产生，即便是事实推定，法律一般也设置了严格的适用条件。而推理则是一种主观思维活动，主要依据逻辑经验规则，属于法官自由心证演绎的范围，不影响证明责任。②推理的目的是根据认识论上的一般原理发现真实，而推定则主要考虑的是法律的直接规定。③受到主体知识、经验和主客观认识条件的影响，推理的结论会出现多种可能性，同一合议庭的成员对相同情况可能会形成不同的推论。但推定事实是确定的、唯一的。④作为一种特殊的证明方法，推定只适用于认定案件事实，而推理则在诉讼的各个环节均可广泛使用。

推论是用语言形式表达出来的推理。即推论以推理为基础，先有推理再有推论；推理是推论的前提，推论是推理的延续；推理是推论的实质内容，推论是推理的表现形式。推论是司法证明的重要方法。推理和推论都是司法证明中常用的主观思维方法，反映了人类的思维逻辑规律。在诉讼活动中，侦查、检察、审判人员查明案件事实，均需要进行相应的推理和推论活动。推理属于自己查明案件事实的活动，推论属于向他人证明案件事实的活动，只有先自己查明案件事实，才能向他人证明案件事实。但推理和推论不同于推定，推定是对事实的认定规则，同时也是一个客观的法的适用过程，推定必须有法律规范的预置才有可能；而推理和推论纯粹为思维逻辑的产物，依靠灵感和想象力，具有极大的主观性质。[1]

---

[1] 卞建林：《证据法学》，中国政法大学出版社 2007 年版，第 297 页。

4. 与举证责任倒置的关系。举证责任倒置，指基于法律规定，将通常情形下本应由提出主张的一方当事人（一般为控告方），就某种事由不负担举证责任，而由他方当事人（一般为被告方）就某种事实存在或不存在承担举证责任，如果该方当事人不能就此举证，则推定控告方的事实主张成立的一种举证责任分配制度。推定与举证责任倒置的区别：①从形式上看，前者为证明责任的实体分配，为实体法所规范。后者是证明责任的程序分配，为诉讼法所规范，并且在出现时间上后者在先。②从实质上看，推定不同于举证责任倒置之处主要在于实体法上的推定往往是可以推翻的，只要当事人提出相反的证据就可加以驳倒；举证责任倒置系一种程序法上的技巧，它大大改变了实体法上的举证责任分配，并且使诉讼程序的价值取向发生逆转。

5. 与无罪推定的关系。无罪推定是指在刑事诉讼中，任何被怀疑犯罪或者受到刑事指控的人在未经司法程序最终确认有罪之前，"推定"其为无罪。无罪推定没有基础事实，甚至在大多数情况下都和客观事实相违背，是一种假定。无罪推定的设立旨在促进推翻该假定即证明有罪过程的合法性和文明性，创建正当的有罪认定机制，并纠正预断有罪的错误观念。因此，无罪推定并不排斥作为事实认定特殊方法的不利于被告人的推定。当然，无罪推定意味着"应当由国家积极证明被告犯罪事实之确实存在"[1]，被告人则没有自证无罪的义务，而不自证己罪原则意味着国家追诉机关不得强迫被告自证有罪，但是，刑事诉讼中的推定却多是给被告人配置了证明负担，被告人不自证己罪或者有罪就会带来不利益，从而构成了无罪推定和不自证己罪原则的例外。正因为如此，推定才需遵守合理而正当的界限。

因此，无罪推定不是证据规则意义上的推定，无罪推定虽有"推定"之名，但并不是这里本书讨论的"推定"。推定与无罪推定的区别具体包括以下几个方面：①从性质上看，两者属于不同的范畴。无罪推定是一项宪法原则和刑事诉讼基本原则，要求控诉方承担证明被追诉人符合犯罪构成要件事实的责任，且控诉方履行举证责任必须达到法律规定的定案要求。而推定更多的是一项技术性的证据规则，其根据在于基础事实与推定事实之间的常态联系，旨在加速诉讼的进程、避免举证的困难、公平负担举证责任等。②从适用上看，无罪推定是对被告人地位的直接假设，并非基于特定前提基础事实的存在，不需要确认前提基础事实，而使被告人发生被推定为无罪的效果。虽然控诉方可以举证来

---

[1]　王士帆：《不自证己罪原则》，春风煦日学术基金 2007 年版，第 94 页。

否定"无罪"，但这种举证责任是根据法律直接规定所产生的结果，并非由他方当事人转换而来。而推定则是通过事物之间的常态联系来实现对部分犯罪构成要件事实的认定，其适用的前提是基础事实已经得到确认。③从是否转换举证责任上看，无罪推定由于不需要首先证实任何前提基础事实，也就没有转换举证责任的问题。推定则会发生举证责任转换的效果。

（三）推定的特征

1. 推定表示两个事实之间的关系。推定总是涉及两个事实，一个是已知的前提基础事实 A，另一个是未知的推定事实 B。通常情形下，基础事实 A 与推定事实 B 之间具有共存关系，所以由事实 A 存在可以推导出事实 B 存在。例如：法定期限内不上诉的事实与当事人放弃上诉权的事实一般具有共存关系，所以由法定期限内不上诉可以推定出当事人放弃上诉权。在推定所涉及的两个事实的关系中，前提基础事实的真伪制约着推定事实的真伪，所以说前提基础事实至为重要。前提基础事实作为已知的事实，即在诉讼中已经成立的事实，主要包括以下几种：①法院认知的事实；②当事人无争议的事实；③基于证据认定的事实；④当事人约定的事实。

2. 推定作为一种思维形式，符合三段论推理的逻辑结构。例如：特定案件中使用婚姻存续期间怀孕所生子女为婚生子女的推定，其逻辑结构为：①婚姻存续期间怀孕所生子女（M）——婚生子女（P）；②特定案件中的子女（S）——婚姻存续期间怀孕所生子女（M）；③特定案件中的子女（S）——婚生子女（P）。这里小前提的判断代表前提基础事实 A，结论代表推定的事实 B，A、B 两个事实之间的共存关系是根据大前提的判断推定出来的，而大前提的判断只反映了事实之间的常态联系，是不周延的，虽然一般情况下大前提的判断能够成立，但并不能排除例外。所以，建立在常态关系基础上的推定有可能为假，从逻辑上而言，推定应当允许反驳。通常而言，反驳推定的方法主要包括以下几种：①可就基础事实提出反驳；②可对推定事实提出反驳；③证明基础事实和推定事实并不存在因果关系、逻辑关系或者法律上的联系。

3. 推定是一种证明方法或者说是一种证据法则。推定的本质是由司法机关承担的一项司法证明活动，无须主张者举证证明而直接认定某一具有或然性的事实或结论为法律真实的一种事实认定过程。诉讼活动对案件事实的确定，一般采用两种方法进行：①采用证据进行证明后确定；②通过推定的方法确定。通过证据来证明案件事实是首选方法，只在一些有限的特定情况下，才使用推定这种方法。

4. 推定既可以以法律规定为依据，也可以根据经验法则来展开。推定作为证据证明方法的补充，是一种程序意义上的证据规则，影响着控辩双方的证明行为。推定的依据包括法律规定与经验法则，依前者进行的推定称为法律上的推定，依后者进行的推定称为事实上的推定。法律上的推定与事实上的推定，也是最为基本的推定分类。

（四）推定的意义

1. 缓解某些事实证明上的困难，化繁为简，提高诉讼效率。某些特殊案件，负有证明责任的一方证明案件事实可能极为困难，进而法院对该案件的证明也存在很大难度，但诉讼的顺利进行又要求必须查清案件事实。此时，借助推定方法可以从较难证明的事实转化为容易证明的事实，从而使司法证明摆脱困境。而且，法院根据基础事实直接认定结果事实，简化了诉讼证明的过程，减少了当事人的举证成本和法院的查证成本，提高了诉讼效益。

2. 特定情况下发现真实的有效、便捷手段。运用推定认定案件事实虽然不及直接运用查证属实的证据认定案件事实可靠，或者说，通过推定所确定的案件事实包含着一定程度的或然性，但这并不意味着推定的案件事实不具有客观性。推定的设立或者出现，从根本上说是根据事实之间的规律性联系来进行的。推定的前提基础事实必须客观、确实、可靠，其所依据的推理过程也都建立在以科学的思维方法对相关事实的感性材料加工、提炼的基础之上，这也决定了推定事实必然体现着客观性，也蕴含绝对真实。推定在证据与经验等因素的平衡中恰恰实现了认识的主观性和客观性、相对性与绝对性的统一。基于此，从某种程度上而言，推定是特定情况下最适当的发现真实的方法。

3. 合理配置证明责任，并促使有便利一方举证。某些案件事实的证据材料可能主要由不负担证明责任的一方掌握和控制，在这种情况下，由这些掌握证据材料的人举证，可能是更加合理的。而推定对证明责任的转移和倒置可以达到这样的目的，证明上的便利性也是设置推定考虑的重要因素之一。但值得强调的是，证明上的便利性只是设置推定所考量的因素之一，并非唯一尺度。推定除了督促有便利一方举证，追求事实的准确性之外，还必须确保获得一个正当的可以作为裁判基础的事实。

4. 促进社会政策。及时有效地贯彻一定的社会政策也是设置推定的重要因素之一。推定一般能反映立法者在一定时期内所倡导的某种价值取向，有利于实施某种社会政策。只有体现社会政策，推定才能适应社会形势，最大限度地实现该规则的法律价值和社会效果。所以，在对一个推定规则进行立法层面上的价值评价时，也可以重新洞察到某个时期社会更加珍视的价值和利益。而在适用推定规则时，社会政策所体现的目标和精神，也可以为事实裁决者在基础事实证明、反驳等环节行使自由裁量权提供价值指向。

二、推定的分类

（一）英美证据法学中的推定分类

在英美法系国家的证据法学中，推定的分类繁多且相当混乱。例如，《布莱克法律词典》列举的推定的分类包括：事实推定与法律推定；可反驳推定与不可反驳推定；强制性推定与许可性推定；绝对性推定与条件性推定；结论性推定与程序性推定；争议性推定与表见性推定；冲突性推定与矛盾性推定；普适性推定与制定法推定；赛耶推定〔1〕与摩根推定〔2〕等。这些推定分类都是英美学者在多年的研究过程中为了更好地阐释推定概念的内涵和外延而创设的。这些推定分类对我国的推定理论产生了广泛且深远的影响，尤其是英美证据法中最有影响也最有争议的法律推定与事实推定、可反驳推定与不可反驳推定。

1. 法律推定与事实推定。《牛津现代法律用语词典》明确指出了美国法律学者和英国法律学者在划分法律推定和事实推定种类问题上的不同观点："在美国法中，最基本的划分是法律推定和事实推定。法律推定是一种法律规则，根据这一规则，一个基础事实的认定就导致一个可以反驳的推定事实的成立。事实推定仅是一种论点，是一种可以从一个基础事实的成立得出的推论，但不必作为法律规定来得出。英国法中把推定划分为：①合理合法的推定；②合法的推定，这是可以用证据反驳的；③事实推定，这仅仅是推断。"由此可见，法律推定和事实推定的认识对象都是未知事实，认识方法都是推断，认识过程都是从一个事实到另外一个事实，二者唯一的区别就在于有没有法律明确的规定，这里的法律不包括判例。从历史发展来看，法律推定往往是从事实推定发展或者转化而成的。

英美法国家关于法律推定和事实推定分类的反对声从没有间断过，英国证据法学家布莱恩·加纳认为法律推定和事实推定"这种划分越来越受到反对"〔3〕。美国证据法学家威格摩尔也明确指出："法律推定和事实推定的区别仅

〔1〕 指的是只转移现行举证责任但不转移证明责任的推定，由赛耶于 1898 年提出。
〔2〕 指的是转移证明责任的推定，由摩根于 1933 年提出。
〔3〕 ［英］布莱恩·加纳：《牛津现代法律用语词典》，法律出版社 2003 年版，第 689 页。

仅是借用已被误用的大陆法系的词语，实际上只有一种推定，就是法律推定，事实推定作为无用和引起混乱的东西应该予以废弃。"[1] 美国罗纳德·艾伦甚至认为："推定的概念中没有什么固定的独立内容。毋宁说，推定仅仅是一个标签，法院、立法机关和评论者们都把操作证明过程的不同方法附着在上面。明确和直接地描述那些操作方法，以及从法律论文中消除推定这个术语是可行的。"[2]

2. 可以反驳的推定和不可反驳的推定。推定都是以前提基础事实和推定事实之间的常态联系或者伴生关系为依据的。但是在不同的推定中，前提基础事实和推定事实之间的联系或者关系并不完全相同。其中有些联系的盖然性很高，有些则较低；有些关系非常稳定，有些则不太稳定。另外，法律推定和事实推定的划分也让人们感觉应该对这两种推定的效力进行区分。于是，有的学者就创设了可以反驳的推定和不可反驳的推定这个分类。按照《布莱克法律词典》中的解释，不可反驳的推定是一种不能用其他证据或者论据来推翻的推定，例如，7 岁以下的儿童不具备实施重罪的能力就属于不可反驳的推定；可以反驳的推定是根据一定事实作出的构成表见证明的推断，可以通过提出相反的证据来推翻，例如，一封以恰当方式通过邮局寄出的信件在经过适当时间之后就会到达收件人的手中。但是在有些情况下，信件也可能中途遗失或者损毁了，因此该推定结论是或然的，收信人可以进行反驳，即可以用证据和推论证明因为某种特殊事件的发生而实际上没有收到该信件。

可以反驳的推定和不可反驳的推定与法律推定和事实推定是一种什么样的关系呢？具体而言：①我们能说法律推定都是不可反驳的推定而事实推定都是可以反驳的推定吗？回答应该是否定的，因为许多所谓的法律推定显然都是可以反驳的。②不可反驳的推定是法律推定与事实推定之外的分类吗？根据上文对法律推定和事实推定的解释，二者应该是可以反驳的，那么不可反驳的推定又是从何而来呢？《元照英美法词典》对此解释道："事实推定是指从其他已知的确定事实推定某一事实成立。事实推定并非必然成立，允许通过反证予以推翻；法律推定是指当特定的事实已经证实，且无相反的证据提出时，要求法庭作出法律上的假定，即裁决推定的事实成立，法律推定允许反驳。"[3] 从这两

---

[1]　转引自龙宗智："推定的界限及适用"，载《法学研究》2008 年第 1 期。
[2]　［美］罗纳德·艾伦著，张宝生等译：《证据法》，高等教育出版社 2006 年版，第 852～853 页。
[3]　薛波主编：《元照英美法词典》，法律出版社 2003 年版，第 1085 页。

段定义来看，事实推定和法律推定都是可以反驳的。这里就产生了一个逻辑问题：如果法律推定和事实推定是对推定概念的划分而且二者都是可以反驳的，那么就不能在二者之外存在一种不可反驳的推定；如果不可反驳的推定和可以反驳的推定也是对推定概念的划分，那么上述词典对法律推定和事实推定的解释就是不正确的。

从认识论的角度来说，推定是以推断为桥梁的间接事实认定，其认识结论具有或然性和可假性，换言之，推定的事实不一定等同于客观发生的事实，因此，推定都应该是可以反驳的。陈一云教授就反对使用"可以反驳的推定和不可反驳的推定"的分类，认为"推定的事实都可以反驳"[1]。然而，推定问题之复杂在于它不仅是认识论的产物，而且是价值论的产物，是证明成本和诉讼效率之考量的产物。于是，人们看到有些法律中关于推定的规定就具有不可反驳的含义，如《布莱克法律词典》中所说的"7 岁以下的儿童不具备实施重罪的能力"的推定。然而，学者们会对这类法律规定是否属于推定产生质疑，因为这个法律规定并不是依据前提基础事实与推定事实之间的伴生关系作出的推断，而是法律基于一定的价值考量作出的规定。

大概因为认识到可以反驳的推定和不可反驳的推定这对概念的语义瑕疵，英美法系国家的学者便纷纷试图用其他词语来描述不同推定在效力上的差异，于是就出现了一系列与可以反驳的推定和不可反驳的推定相同或者相近的范畴，如强制性推定和许可性推定、绝对性推定和条件性推定等。我国证据法学者必须警惕，不可盲目地把那些容易引起混乱的推定分类移植进来，否则就会因为司法实践和司法文化传统的差异而导致更加复杂的混乱。

（二）我国对推定的分类

由于中国证据法学中的推定理论主要借鉴自英美法系国家，所以英美证据法学中的推定分类也多被中国学者所接受。基于此，绝大部分学者都在不同程度上接受了法律推定和事实推定、可以反驳的推定和不可反驳的推定的分类。我们有必要对我国的法律推定和事实推定的分类进行分析。

1. 法律推定。法律推定，是指通过法律明文确立下来的推定，即法律要求事实认定者在特定的基础事实被证实时必须做出的推断。具体而言，法律推定指的是，当某法律规定的要件事实（甲）有待证明时，立法者为避免举证困难或举证不能的现象发生，乃明文规定只须就较易证明的其他事实（乙）获得证

---

[1] 陈一云主编:《证据学》，中国人民大学出版社 2000 年版，第 180~181 页。

明时，如无相反的证明（即甲事实不存在），则认为甲事实因其他法律规范的规定而获证明。从内容上看，法律上的推定包括法律上的事实推定和法律上的权利推定。

法律推定是立法者根据两个事实之间的常态联系，在法律上规定，当已知事实 A 存在的情况下，推定事实 B 存在。法律推定的本质在于，通过证明前提基础事实的存在，来使推定事实也获得证明。原则上适用法律推定必须遵守两项基本要求：①要确认前提事实。法律推定是根据前提基础事实作出的判断，不需要作为证明对象予以证明。但是，作为推断根据的前提基础事实，除众所周知的事实和法院审判上知悉的事实可由法院径行认定外，都应该由主张存在该事实的当事人举证证明。如果负举证责任的当事人没有提供证据或者提供的证据不足以证明前提基础事实，推定法则就无法适用。前提基础事实一旦得到证明，法院就会依照法律规定作出存在推定事实的假定。所以，推定法则仅免除了于其有利的一方当事人对推定事实的举证责任，而没有免除他对前提基础事实的举证责任。对于未履行举证责任的当事人，法院可责令其提供证据，否则，不能认定前提事实，也就不能确认推定事实的存在。②适用法律推定须以无反证推翻为条件。法律推定的事实，必须是能够以相反证据推翻的事实。不能以相反证据推翻的推定，不是法律推定。当推定事实因前提基础事实的确认而被假定存在后，否认推定事实的一方要推翻该推定事实，就必须对不存在推定事实负举证责任。当相反证据不足以否定推定事实时，法院应当认定推定事实；当相反证据足以推翻推定事实时，就不能适用推定。

当然，对于法律推定的反驳并不限于针对推定事实提出相反证据，为阻碍法院适用有利于对方的推定，当事人一方还可就前提基础事实提出争议，并提供证据证明前提基础事实不存在。只要当事人提出相反证据使前提基础事实的存否处于真伪不明状态，就能有效地排除适用法律推定的可能。

2. 事实推定。事实推定，是与法律上的推定相对而言的，是指法律规定法院有权依据已知事实，根据经验法则进行逻辑上的演绎，从而得出待证事实是否存在及其真伪的结论。简言之，事实推定就是指法律没有规定，但在实践中习惯上运用的推定。有无法律的明文规定，乃区别法律推定与事实推定的明显标志。从演变过程来看，事实推定在先、法律推定在后。据此可以认为，法律推定是事实推定的法律化、定型化；事实推定是法律推定的初级阶段，有待上升为法律推定。事实推定就其本质而言，乃是一个由立法机关赋予司法者在一定情形下行使自由裁量权，调节举证责任的具体运作状态，从而决定是否认定事实的司法原则。

事实推定是在诉讼过程中，司法工作人员根据两个事实之间的常态联系，在事实 A 已经明确的情况下，推定事实 B 存在。例如：①根据被告在诉讼中销毁或者隐匿证据这一事实，可以推断出示该证据必定于其不利；②根据某人在事故发生后的瞬间正驾驶着某辆汽车这一事实，可以推断事故发生时正在驾驶这辆汽车。

中国法学界也存在着否认事实推定的观点，认为事实推定是"司法机关经过推理来认定事实，应当直接使用推理或者推论一词"。[1] 推定与推理、推论等用语在语义上作为一种思维形式的反映，含义并无多大差距，关键应该分析推理、推论在法律上是否有其意义。回答如果是肯定的，这种推理、推论就应该纳入法律范畴，并称之为推定。既然这种推理、推论就是司法机关经过推理来认定案件事实，其法律意义也就不言自明，所以这种推理、推论即使没有法律上的明文规定，也应该称之为事实推定。肯定事实推定，实际上就等于肯定司法工作人员在诉讼中的主观能动性，使司法变成一种既是合法的又是能动的过程，而不是简单地适用法律。

事实推定和法律推定之间存在着相同和联系之处，具体而言：①事实推定和法律推定都具有推定的一般特征，二者都并非证据而是一种证明方法和法则，须有前提基础事实和推定事实，一般允许当事人提出相反证据推翻等；②法律推定和事实推定的划分是相对的，某一推定暂时属于事实推定，以后可能通过立法确认而成为法律推定；③对法律推定和事实推定提出相反证据予以反驳时，都可以使用直接反证和间接反证两种方式。直接反证是指证明人通过直接证明推定所依据的基础性事实不存在的方式反驳推定事实的存在。间接反证是指证明人提出新的证据，使法官根据这些新的证据认定推定事实不存在。

但是，法律推定和事实推定之间的区别也是很明显的，具体而言：①法律推定的根据是法律的明文规定，事实推定的根据则是法官的逻辑和经验；②对于推定的反驳，法律虽然规定都可以采取直接反证和间接反证两种方式，但是提出相反证据证明的标准是不同的。法律推定的反驳，要达到推定事实不存在程度的证明；而对于事实推定的反驳，仅要求达到使法官产生可疑的证明程度，即动摇法官心证的程度即可。[2]

---

〔1〕 陈一云主编：《证据学》，中国人民大学出版社 1991 年版，第 164 页。
〔2〕 陈光中主编：《证据法学》，法律出版社 2015 年版，第 450 页。

三、推定的适用

在适用推定时，一般需要满足以下四个方面的基本要求：

（一）基础事实已经被确认

虽然前提基础事实通常只是与推定事实之间有间接关系，但推定事实毕竟是根据前提基础事实作出的判断，而该推断能够直接给当事人带来不利益，在刑事诉讼中甚至能直接置被告人于被追究刑事责任的风险之中，因此，前提基础事实必须确实、可靠。如果前提基础不真实，推定也就失去了根基，通过推定认定案件事实的准确性就无从谈起。一般而言，确立前提基础事实的责任需要由主张适用推定的一方当事人承担，即由该方当事人举证证明前提基础事实的存在。除此之外，前提基础事实的确认还有以下两种方式：①对于众所周知的事实、裁判文书所确定的事实、公证证明的事实等，法院依当事人申请或者依职权直接确认；②前提基础事实获得了申请适用推定方之对方当事人的承认。

（二）必须有明确或者充分的根据

对于法律推定而言，推定的适用必须根据明确的法律规定。我国法律中已经有不少关于推定的明文规定。例如：①《民法总则》第 15 条关于死亡时间的推定；②《著作权法》第 11 条关于署名人即为作者的推定；③《刑法》第 282 条关于明知为绝密、机密对象的推定，《刑法》第 395 条关于财产来源非法的推定等。

对于事实推定，则要求前提基础事实与推定事实之间必须要有以经验常识为基础的常态联系。具备常态联系是适用事实推定的关键条件。前提基础事实与推定事实之间是否具备这种联系，审判人员要依据逻辑和经验判断，这种联系必须与一般人的期许相符合，必须为公众所能认可和接受。审判人员在进行事实推定时并不能主观臆断。对于法律推定而言，该问题已经在推定的创制阶段解决。而且，在法律推定中，并不必然要求推定事实与前提基础事实之间具备常态联系。法律推定可以建立在人类的普遍经验和一定的逻辑规则之上，但也可能以刑事政策、价值权衡等其他因素为依据。

（三）允许对方当事人提出反驳

无论是基于实体真实，还是程序公正，作为证明方法意义上的任何推定都应当是可以反驳的，即允许对方当事人提出反驳，并视反驳情况决定推定的成立与否。反驳作为推定的构成要素，不仅是对方当事人的一种权利，更是一种义务或者负担，是在履行推定规则施加给自己的责任，放弃反驳或者反驳未达要求就意味着要承担不利后果。对方当事人既可以反驳前提基础事实，又可以反驳推定事实。对于前提基础事实的反驳只需要使基础事实达到真伪不明的状态即可，而对于推定事实的反驳需要达到产生合理怀疑的严格证明标准，才能卸除其证明责任。

（四）特定的适用范围

推定毕竟只是例外适用的特殊证明方法，对于其适用的范围必须加以适当的限制。尤其是在被告人享有不受强迫证实自己犯罪权利的刑事诉讼中，在设置和运用推定时，立法者或者司法者首先要考虑证明的难度及付出的成本，以及是否为被追诉者所独知，在此基础上，兼顾刑事政策和经验法则，并权衡秩序、效率、人权等多重价值，仅当推定保护的利益明显大于可能牺牲的利益时，该推定才是必要而正当的。我国民事诉讼中推定的适用范围较广，民事推定可以适用于意思、证据事实、能力、过错、因果关系等；行政诉讼中，推定主要适用于被告的过错、被告举证不能、被告隐匿证据、原告未过起诉时限、原告委托成立以及原告放弃举证权利等事实。

但是，不管在刑事诉讼、民事诉讼，还是行政诉讼中，在运用事实推定的方法时，必须严格遵循必要性原则，即审判人员必须确保无法直接证明待证事实的存在，只能从基础事实中对该待证事实进行推断。如果能够直接运用证据证明案件事实，就没有使用事实推定的必要。

第二节 司法认知

一、司法认知的概念厘定

（一）司法认知的内涵

司法认知，又称审判上的知悉、审判上的确认或司法确认，其英文表述为 Judicial Notice，用以指代法院在审理过程中以裁定的形式直接确认特定事实的真实性，及时排除没有合理根据的争议，确保审理顺利进行，从而提高诉讼效率的一种诉讼证明方式。《布莱克法律词典》将其解释为："法庭为了便利起见，接受公众周知并不存在争议的事实，而不要求当事人对其予以证明。"[1]

通说认为，证据法上的司法认知最早可以追溯到古罗马法和寺院法时代，

---

[1] Bryan A. Garner, *Black's Law Dictionary*, 9th ed., West Publishing Co., 2009, p. 923.

它直接起源于古罗马法的"显著之事实，无须证明"这一古老法谚[1]，并在1872 年印度《证据法》中首次作为一项明确的成文法规则予以规定[2]。经过证据法学的不断发展，无论是英美法系国家还是大陆法系国家的法律，都存在着对众所周知的、当事人双方没有争议的事项由法院直接认知的规定，以求得诉讼上的迅速快捷，从而提高诉讼效率。例如，美国《联邦证据规则》第 201 条对司法认知作以七款明确规定，以为法官之司法认知提供可操作的基本框架法则，在厘定司法认知范围、裁判事实种类的基础上，明确司法认知程序及司法认知效力等核心问题。德国《民事诉讼法》第 291 条规定："于法院已经显著的事实，不需要举证。"日本《民事诉讼法》将众所周知的事实与当事人的自认并列规定，即"当事人在裁判所自白的事实及众所周知的事实，无须举证"。[3]

司法认知应当被理解为证据裁判原则的例外，即"司法认知授权事实发现者，在审判法官的指导下，接受某些事实为真而无须正式证明"。[4]在证据法学者格莱姆看来，"司法认知建立在这样的假设之上：对于特定事实而言，其存在不会遭到理性的争议，从而也就不必以提交证据证明的方式来加以确认；因此，当一个诉讼中的事实被当作司法认知加以确认时，它就是无须以正式证据加以证明的事项"。[5]同推定和证据证明一样，司法认知也是证明特定案件事实的诉讼行为，它与证据证明及推定一同建构起完整的诉讼证明的方法体系。所不同的是，经法院司法认知的事实，法律上的真实性得到确认，当事人无需举证证明，法院也无需进一步调查和审查。除非一方当事人提出合理的反证，或者法院发现了新的事实，法院可以直接依据司法认知的事实作出定案结论。[6]就内容而言，司法认知可以划分为对事实的司法认知和对法律的司法认知两种，此一诉讼证明方式仅适用于法院管辖权限内人所共知的事实或当事人就其准确性不能提出合理争辩的事项。就性质而言，一方面，司法认知在静态上属于法

---

[1] 经 19 世纪末的著名证据法学家塞耶考证，"'承认某事实而无须证据证明该事实存在或真实'是'进行司法认知'的言外之意这种表述可以追溯到一个古老的英语惯用法。他经考证后认为，古英语中的'认知（notice）'经常与'知道（knowledge）'以及法律术语'知悉（conusance）'交替使用"。转引自周翠芳：《司法认知论》，中国人民公安大学出版社 2008 年版，第 12~13 页。

[2] 1872 年印度《证据法》第 56 条规定："认知无须举证。"第 57 条则对包括法律、印度政府的公章、公报、行政区划、历史、文学、科学和艺术等在内的 13 项法院必须认知的事项予以明确。

[3] ［日］兼子一、竹下守夫著，白绿铉译：《民事诉讼法》，法律出版社 1995 年版，第 303 页。

[4] Graham C. Lilly, *An Introduction to the Law of Evidence*, at 13 (1978).

[5] Michael H. Graham, *Evidence: An Introductory Problem Approach*, 2nd ed., Thomson West, 2007, pp. 613~614.

[6] 樊崇义主编：《证据法学》，法律出版社 2017 年版，第 336 页。

官应当履行之义务,其本身构成法官自由裁量权的合理限制,司法认知的根据是众所周知的、没有争议的、内容确定的事实和国家的法律,法官在进行司法认知时,须排除个人私知和自我的道德标准;另一方面,司法认知在动态上属于司法证明环节中的认证环节,其本身属于一种特殊的认证形式,即在对当事人之举证、质证予以省略或简化的前提下,径直由法官作出判定,打破了建立在当事人举证、质证基础上的常态化认证模式。[1]

(二) 司法认知的特征

司法认知的特征是司法认知本质的外化表现,是司法认知区别于近似概念、规则的显著标志。总体而言,司法认知的特征主要体现在如下几个方面:

1. 认知主体的唯一性。作为法院行使审判权的一种形式,司法认知的主体只能是法院。尽管从启动方式来看,司法认知既可以由当事人申请启动,也可以由法院依职权启动,但是不管采取哪一种启动方式,决定是否认知,如何认知,认知什么,均属于法官的专属权力。当事人可以申请法院对特定的案件事实采取司法认知,但没有自行采取司法认知的权利。在刑事诉讼中,公安机关、人民检察院虽然可以依职权或应有关人员的申请调查收集证据和审查判断证据,作出自己的认定结论,但仍需接受法院审查与法庭质证,不会直接成为定案的根据,因而不属于司法认知。

2. 认知对象的特定性。相较于运用证据确定待证事实的常态化事实认定方式,司法认知实乃一种非常态化的认证方式,因而在认知对象或曰认知范围上呈现出特定性特征,法院只能对特定的事实采取司法认知。所谓"特定事实",用以指代明显的事实或当事人不能提出合理争议的事实。法院不能对需要进一步证明(即不明显)的事实及存在合理争议的事实适用司法认知。对于特定事实之范围,尽管两大法系国家和地区的立法规范并不完全一致,但普遍对其作出明确且具体的限定。

3. 认知过程的交涉性。司法认知的过程并非法官单方运作的独立过程,而是法官与当事人相互交涉的渐次过程。在司法认知的过程中,此种交涉性体现为法官在司法认知作出前后应当给予当事人对拟就司法认知之事项提出反驳的机会,即部分学者所称的"认知结果的可反驳性"[2]。受制于一系列的主客观

---

[1] 阎朝秀:《司法认知研究》,中国检察出版社 2008 年版,第 22~35 页。

[2] 参见潘金贵主编:《证据法学》,法律出版社 2013 年版,第 284 页;张保生主编:《证据法学》,中国政法大学出版社 2018 年版,第 412 页。

原因，即便是对众所周知事实之认定也可能出现偏差。为保证司法认知的准确性和正确性，保障当事人的参与权和知情权，法院在采取司法认知的过程中理应给予当事人提供反驳的机会。例如，美国《联邦证据规则》第201条（e）款规定："当事人在及时请求的前提下，有权就'司法认知的适当性和认知的要旨'请求法院听证。在诉讼过程中，法院对某一事实认知后，对方当事人有可能提出反证或反驳意见，法院对此必须进行审查，然后作出认定。"

4. 认知程序的法定性。程序，指代以保证实体权利和义务得以实现或职权和职责得以履行的过程、步骤、方法的总和。程序法定则用以指代诉讼主体必须在法律规定的过程、步骤、方法的范围内进行活动，以保证诉讼活动处于一种有序、稳定和可预见的状态。程序法定之意义一方面在于助力实体公正的实现，另一方面则在于保证程序正义的看得见。作为法院行使审判权的一种方式，司法认知同样要遵循一定的、由法律明确规定的过程、步骤和方法，如司法认知的启动、司法认知的调查、司法认知的抗辩、司法认知的作出和救济程序。

5. 认知分类的多样性。同其他事物一样，从不同的角度进行审视，依据不同的分类标准，司法认知亦可以被划分为不同的类型。例如，以司法认知的事项是否为法律强行规定为标准，司法认知被划分为必须认知和可予认知两种；以司法认知的客体属性为标准，司法认知被划分为对案件事实的司法认知与对证据事实的司法认知两种；以法院采取司法认知的原因为标准，司法认知被划分为依职权的司法认知和依申请的司法认知两种；以司法认知的方式为标准，司法认知被划分为口头司法认知和书面司法认知两种；以司法认知适用的诉讼领域为标准，司法认知被划分为刑事诉讼司法认知、民事诉讼司法认知和行政诉讼司法认知三种；而以司法认知的内容为标准，司法认知则被划分为对事实的司法认知和对法律的司法认知两种。[1]

（三）司法认知与相关概念的辨析

我们不能也不应将那些不需要用证据加以证明的事实全然等同于司法认知，而是应当在深入分析司法认知与近似概念之联系和区别的基础上，将司法认知

---

[1] 关于法院是否应对法律采取司法认知，我国学界存在肯定说、否定说和折中说三种观点。例如，在陈光中教授看来，证据法的核心是通过正当的程序追求案件的事实真相，而有关法律的规定是对事实的评价，与发现事实真相无关，因此主张证据法中的司法认知仅指法官对案件事实的认知，而不包括对法律的认知。参见陈光中主编：《证据法学》，法律出版社2013年版，第457页。关于法院是否应对法律采取司法认知的肯定说、否定说、折中说观点，可以参见阎朝秀：《司法认知研究》，中国检察出版社2008年版，第156~157页。

与近似概念，特别是与免证事实、推定和自认区别开来。

1. 司法认知与免证事实。"经常在审判中会有一些事实并没有经过严格的证明程序而无疑义地被法庭认定为真实或真实存在，这种未经严格证明程序而得到法庭认定的事实，通俗地说就是免证事实。"[1] 就概念而言，免证事实是指不需要当事人提供证据证明，直接由法官确认其效力的事实。免证事实免除了当事人的举证证明义务，可以直接成为法院判决的事实基础。在我国传统的证据法研究中，部分学者基于司法认知与免证事实的共性联系，将两者视为同等范畴[2]，一定程度上忽视了两者之间的区别。

一方面，司法认知与免证事实确有联系，司法认知属于免证事实的一种。免证事实属于"种"概念，司法认知属于"属"概念，免证事实除了包括司法认知，还包括推定、自认等事实，免证事实的外延比司法认知广泛得多。另一方面，司法认知与免证事实的区别也较为明显，突出表现在：首先，司法认知和免证事实的认识角度不同。就某一无需举证的事实来说，免证事实是从当事人的角度来看的，作为待证事实的对应概念，免证事实一般放在证明对象之中，强调的是对当事人证明责任的免除。而司法认知则是从法院的角度来看的，强调的是法院的认证行为，即法官对于某一特定事实如何认证，属于一种特殊的认证活动。其次，免证事实，仅指某一不需要由当事人举证的事实本身，此一概念静态地描述了与证明对象有关的事实，它通常不涉及法官的认证行为和当事人的行为。而司法认知则动态地反映了法院与双方当事人之间的关系，体现了法官与当事人之间相互交涉的过程。

2. 司法认知与推定。如前所述，所谓推定，是指根据事实之间的常态联系，依照法律规定或经验法则，从已知的基础事实或曰前提事实推引未知的推定事实存在，并允许当事人提出反证用以推翻推定事实的证据法则。作为诉讼证明的两种特定方式，司法认知与推定既有共同点，又有明显的区别。

（1）司法认知与推定的共同点：①司法认知与推定的适用主体相同。推定和司法认知的适用主体都是确定的，只能是法官，并且专属于法官，这是由审判的中立性、客观性、被动性以及裁决的终结性所决定的。②司法认知和推定的价值功能基本相同。无论是推定还是司法认知，其基本价值功能都在于补足

---

〔1〕 周萃芳：《司法认知论》，中国人民公安大学出版社 2008 年版，第 4 页。

〔2〕 例如，裴苍龄教授认为："免证的事实法院可以认知。认知是法院对某些事实，可以不经证明，直接确认其为真实。"参见裴苍龄：《证据法学新论》，法律出版社 1989 年版，第 162~163 页。

常态的证据证明方式，用以减轻当事人的证明责任、简化审理程序、提高诉讼效率。除上述两种共同点外，司法认知与推定的联系还体现为司法认知的事实可以作为推定的前提事实。在推定所涉及的两个事实关系中，基础事实的真伪制约着推定事实的真伪，所以基础事实为真就显得尤为重要。而对司法认知而言，对于不符合案件真实情况的事实、虚假的事实，法院不能进行司法认知，亦即司法认知的真实性已然得到确认，因而可以直接作为推定的前提事实。

（2）司法认知与推定的区别：①司法认知与推定的构造不同。推定表示两个事实的关系。推定总是涉及两个事实，一个是已知的事实 A，叫作基础事实或前提事实；另一个是未知的事实 B，叫作推定事实。一般情况下，事实 A 与事实 B 之间具有共存关系，所以由事实 A 可以推导出事实 B 存在。而司法认知并不像推定一般有两类事实之分，司法认知的作出无须以任何事实为前提或基础。②司法认知与推定的内容不同。司法认知的内容具有客观性和确定性，而推定的内容则具有相对性和不确定性。司法认知的事项必须是明确的或者是当事人之间没有争议的，法官绝不能对虚假的、不符合案件真实情况的事实进行司法认知，即司法认知的事实必须具有客观真实性。而法律设置推定制度的目的之一即在于为无法直接证明的事实提供一条便捷路径，力图提高经验法则和逻辑规律在证明中的作用。因此，尽管推定的事实在通常情况下具有与客观证据相当的证明力，但推定事实只是法律上的一种假定，未必符合客观情况，其内容具有相对性和不确定性，这是司法认知与推定最本质的区别[1]。

3. 司法认知与自认。所谓自认，是指当事人在诉讼过程中对对方提出的不利于己方事实的承认，其本身属于免证事实的一种，建立在辩论原则和处分原则的法理基础之上。由于司法认知与自认同属于广义上的免证事实，因而具有一定的内在联系，但也存在明显的区别。

（1）司法认知与自认的主体不同。作为当事人所采取的诉讼行为的一种，自认的主体实为诉讼当事人，区别于以法官为主体的司法认知。

（2）司法认知与自认的对象不同。作为免证事实的一种，自认的对象是事实，事实以外的法律法规、经验法则等均不是自认的对象。而从两大法系国家和地区的证据法规范来看，司法认知的对象往往既包括事实，也包括法律。

（3）自认具有个案的特殊性，每个案件中当事人自认的内容都不完全相同，对其他案件没有借鉴意义。而司法认知的内容固定，基本不受个案差异之影响。

---

〔1〕 阎朝秀：《司法认知研究》，中国检察出版社 2008 年版，第 70 页。

（4）司法认知与自认的效力位阶不同。如果当事人自认的事实明显不可能、不真实，或者与法院已认知、已查明的事实相违背，应如何认定自认的效力呢？对于这一问题，最高院《民诉解释》第 92 条第 3 款规定："自认的事实与查明的事实不符的，人民法院不予确认。"德国法学家奥特马亦指出："荒唐的自认不具有任何拘束力，例如违反普遍的经验法则或违反明显的事实。"[1] 也就是说，对于属于司法认知的事实而当事人进行自认的，不具有自认的效力，自认不能与司法认知相抵触，即司法认知的效力高于自认的效力。

二、司法认知的效力与功能

（一）司法认知的效力

司法认知的效力主要体现在对当事人的效力、对法院的效力以及对其他证据的效力三个层面。

1. 对当事人的效力。①司法认知的事项即是"不证自明"的事项，因此当某项待证事实成为司法认知之事项，并得到法官的许可，便可免除当事人对认知对象的举证责任，即经司法认知的事实，当事人无须举证。②对一方当事人证明责任的免除，同时意味着对对方当事人证明责任的加重。从这个意义上来讲，司法认知实际影响着证明责任在当事人之间的分配。③凡是法律规定必须认知的事项，在法院没有依职权加以认知的时候，当事人及其诉讼代理人有权请求认知，即当事人享有司法认知的请求权。

2. 对法院的效力。对法院而言，司法认知是其采取的具有法律约束力的认证行为，法院一旦作出司法认知，就应当受其认知行为的约束。具体而言：①法院应当以裁定的方式作出司法认知，用以保证司法认知的严肃性。②司法认知应当公开进行，法院对司法认知的事实须向当事人释明，并为当事人提供反驳的机会。③对有陪审团审理的案件，法官应当就司法认知对陪审团作出指示。"按照判例法，如果法官在调查后决定对某一事实使用审判上的知悉，他就必须把这一事实从陪审团的审理内容中撤回来，即使调查曾使用听取证言的方式而且证人不同意这样做。"[2]

3. 对其他证据的效力。①经过法院司法认知的事实可以用来作为证据证明其他事实，如司法认知可以作为推定的前提事实。②法院认知的事实，可以促

---

[1] ［德］奥特马·尧厄尼系著，周翠译：《民事诉讼法》，法律出版社 2003 年版，第 237 页。
[2] 沈达明：《英美证据法》，中信出版社 1996 年版，第 65 页。

使其他某个事实或一组事实成为证据，从而构成证明的逻辑链条[1]。③当司法认知与其他证据产生冲突时，可能否定其他证据的效力，如自认不能与司法认知相抵触。

（二）司法认知的功能

司法认知之所以能在世界范围内得以广泛运用，并逐渐实现规范化和制度化，同它所具有的正向功能是分不开的。概括起来，司法认知的功能主要体现在如下四个方面：

1. 司法认知有助于提高诉讼效率。在诉讼过程中，有的事实需要法院进行调查和审查判断，需要当事人进行举证和质辩；而有的事实是明显的，当事人不能提出合理的争议，法院不需要作以进一步的调查。假使允许当事人对明显的事实提出没有根据的反驳，势必造成诉讼的拖延，而通过采取司法认知，法院便可以及时排除无谓的争议，明确案件的争点，集中有限的人力、物力和时间用以解决案件中存在的实质争议，最大限度地提高诉讼效率，实现诉讼效益。

2. 司法认知可以更为合理地配置证明责任，查明案件事实。法院适用司法认知，直接确认某一事实的真实性，在免除一方当事人举证责任的同时，则为另一方当事人设置了新的举证负担，即对方当事人必须提出证据予以反驳，否则就将承担该事实被最终确认的不利后果。而在司法实践中，某些事实存在的可能性远远超过不可能存在的可能性，对于这些事实，较之于直接证明而言，采取反证的方式不仅有助于提高诉讼效率，而且更加有利于案件事实的查明。从这个意义上来讲，司法认知有助于更为合理地配置证明责任，促进事实真相的查明。

3. 司法认知有助于避免混淆视听而统一认识。在实行陪审团审判的英美法系国家，审判权力项下的事实认定权与法律适用权相分离，陪审团仅对被告是否有罪这一事实问题负责，而包括证据可采性在内的一系列法律问题则专属于职业法官负责。[2]由于陪审员未曾受过专业的法律训练，单纯依靠常情和常理作出的事实裁断难免会因受到一系列内外部因素的影响而形成事实认定偏差。而通过采取司法认知，法官得以将那些不存在实质争议的事实排除出需要当事人证明的目录之中，在一定程度上有助于避免混淆陪审团之视听，避免陪审团作出于特定事实的偏离常态之判定，保证对于这些具有显见真实性之事实的认

---

〔1〕　See *Mckelvey on Evidence*, Ch. 2. Sec. 16.

〔2〕　参见步洋洋："中国式陪审制度的溯源与重构"，载《中国刑事法杂志》2018年第5期。

识一致性，即戴维斯教授所言的"司法认知有助于避免前后矛盾，尤其是通过法官指示陪审团某项事实已经成立来控制陪审团对事实的认定"。[1]不仅如此，司法认知的"统一性"作用还可以通过由不同诉讼地的不同法院对不同案件所涉及的类似事实作出相同的裁决而实现，即司法认知可以确保案件"在同一法院的不同案件之中、在不同辖区的法院之间有一个统一的处理结果"[2]。

4. 司法认知具有"平衡器"的积极作用。司法认知的平衡器作用可以从两个角度作以理解：一方面，司法认知能够同时满足国家行使审判权以维护社会秩序、实现社会公正与当事人对于事实认定真实性、程序运作正当性的需求，反映了个人利益与国家利益的平衡。另一方面，司法认知能够实现不同诉讼模式之间的"取长补短"，即在一定程度上克服当事人主义所具有的"司法竞技"弊端，强化法官职权干预因素，防范陪审团作出于特定事实的偏离常态之判定的同时，通过司法认知的程序化、规范化削弱职权主义下法官大包大揽之倾向，增强诉讼的对抗性。[3]

三、司法认知的范围

司法认知的范围又称司法认知的对象或司法认知的事项，具体表现为法院可以采取司法认知的案件事实或证据事实的种类。司法认知范围的实质是将当事人的主观证明责任与法官的认知职权进行合理配置，在防止法官司法认知之随意性，保证司法认知之正确适用的同时，减少对于司法认知的不当限制，避免将此一制度束之高阁，充分发挥其制度项下的正向功能。

关于司法认知的范围，各国或地区在认识上宽窄不一。作为首位对司法认知进行系统论述的证据法学家，塞耶在《普通法证据导论》一书中就曾指出"什么样的事实[4]在没有证据的情况下法庭可以进行和必须进行司法认知这个问题，他认为很难回答，种种原因导致对于司法认知的适用对象不可能予以精确描述"。[5]

---

[1] See I. H. Dennis, *The Law of Evidence*, Sweet & Maxwell, 1999, p. 392.

[2] ［美］约翰·W. 斯特龙主编，汤维建等译：《麦考密克论证据》，中国政法大学出版社 2004 年版，第 628 页。

[3] 潘金贵主编：《证据法学》，法律出版社 2013 年版，第 285 页。

[4] 塞耶在这里所适用的"事实"属于笼统性的定义，既包括司法认知对象中的事实，又包括司法认知对象中的法律。

[5] 周萃芳：《司法认知论》，中国人民公安大学出版社 2008 年版，第 4 页。

从两大法系国家或地区现有的证据立法规范来看，建立在不同时期不同判例的基础上，英美法系在立法上或学理上设定的司法认知范围较为宽泛、庞杂，囊括法律、政府事项、司法事项、自然现象、商业、历史、地理、财政、经济、科学、医术、人事、时间、距离、名称等各种显著事实。例如，英国证据法将司法认知的事项划分为众所周知的事实（排除法官基于私人身份知悉的事实）；经过调查后在司法上所知悉的事项；英国法、欧洲共同体立法和英国国会的立法程序；成文法的有关规定四类。[1] 美国《联邦证据规则》第 301 条则将司法认知的事项界定为"必须是不会引起合理争议的以下两种事实之一：在审判法院管辖范围内众所周知的事实；能够被准确地确认和随时可借助某种手段加以确认，该手段的准确性不容受到合理质疑"。[2] 相较于英美法系，大陆法系在立法和学理上对于司法认知范围之设定则较为原则、概括和审慎。例如，德国《民事诉讼法》第 291 条规定："显著的事实无需举证。"按照德国学者的解释，"所谓显著的事实，包括公众普遍熟知的事实与法院作为一种机构所熟知的事实两种"[3]。我国台湾地区则将司法认知的范围界定为公知事实、裁判上显著的事实、职务上已知的事实三类。

尽管各国或地区对于司法认知范围的界定并不一致，但从现行证据规范的内容来看，司法认知的范围不外乎事实和法律两大类。对于事实能够成为司法认知的对象，两大法系已达共识，而对于法律[4]（国内法和外国法）能否成为司法认知的对象，两大法系在学理观点、规范设定及实践做法等层面均存在着较为明显的差异，我国学界亦存在着肯定说、否定说和折中说三种观点。[5]

四、司法认知的程序

司法认知不仅代表了事实认定的一种结果状态，而且反映了事实认定的动

---

[1] 沈达明：《英美证据法》，中信出版社 1996 年版，第 61 页。

[2] 卞建林译：《美国联邦刑事诉讼规则和证据规则》，中国政法大学出版社 1996 年版，第 103 页。

[3] ［德］罗森贝克、施瓦布、戈特瓦尔德著，李大雪译：《德国民事诉讼法》，中国法制出版社 2007 年版，第 822~823 页。

[4] 尽管依据不同的分类标准，这里的法律可以被划分为不同的种类。如按照地域可以划分为国内法和外国法；按照渊源可以划分为成文法或制定法、普通法或习惯法；按照性质又可以划分为公法和私法等，但我们这里的探讨主要集中于国内法和外国法的划分层面上。

[5] 关于两大法系对于法律（国内法和外国法）能否成为司法认知对象问题的学理观点、规范设定及实践做法，可以参见周萍芳：《司法认知论》，中国人民公安大学出版社 2008 年版，第 168~246 页；阎朝秀：《司法认知研究》，中国检察出版社 2008 年版，第 155~164 页。

态过程，因而需要遵循基本的程序逻辑与程序规范以保障其公正性及透明性。考察域外国家和地区司法认知的相关程序规则，我们认为，司法认知大致应当遵循以下程序：

（一）司法认知的启动程序

司法认知的启动有两种方式，一种是法院依职权启动，一种是当事人申请启动。当事人提出的认知申请，对法院没有约束力，是否进行认知，需由法院审查后决定。

（二）司法认知的调查程序

为强化法院在司法认知上的能动性，法院在采取司法认知以前应当使用一些必要的核实与释明手段进行调查研究。调查研究的方式包括听取当事人陈述、询问证人和专家、查阅相关资料等。调查的目的不仅在于保证司法认知的正确性，而且在于保障当事人的诉讼权利。法院调查的范围和方式不受当事人请求的限制，可以考虑或者驳回任何一方或者双方当事人提出的意见，可以进行庭外调查，也可以仅以现有的或者当事人提供的材料为依据。

（三）司法认知的抗辩程序

司法认知的效力最终取决于案件判决的效力，在案件判决生效之前，司法认知并不等于调查程序的终结，案件事实只能在裁判作出时得以确定。因此，法院在采取司法认知时，特别是依职权主动启动司法认知时，应当立即告知双方当事人以使其获得反驳的机会。当事人提出反驳的方式可以是口头的，也可以是书面的，但是必须提出相应的证据或者充分的理由予以证明。

（四）司法认知的作出程序

司法认知是法院采取的有约束力的诉讼行为。为保证其严肃性，司法认知应当以裁定的方式作出。此种裁定应当指明认知的对象以及采取认知的根据和理由。认知裁定可以是口头的，也可以是书面的，但口头裁定需要记入审判笔录。

（五）司法认知的救济程序

尽管司法认知前的适时告知能够在一定程度上保障双方当事人的知情权和质辩权，但由于一系列的主客观原因，此项程序很可能会被忽略，即法官在未曾给予双方当事人反驳机会的情形下，径行以其认知的事实作为裁判的依据。我们认为，在此种情况下，依据司法认知作出的裁判应当被视为存在法律上的瑕疵，当事人可以对之提起上诉，寻求司法救济。

五、司法认知在我国

我国三大诉讼法中并无司法认知的明确规定，本应作为司法认知事项的规范内容仅在若干司法解释关于免证事实的规定中有所体现，这些司法解释主要有：

最高院《民诉证据规定》第 9 条规定："下列事实，当事人无需举证证明：①众所周知的事实；②自然规律及定理；③根据法律规定或者已知事实和日常生活经验法则，能推定出的另一事实；④已为人民法院发生法律效力的裁判所确认的事实；⑤已为仲裁机构的生效裁决所确认的事实；⑥已为有效公证文书所证明的事实。前款 1、3、4、5、6 项，当事人有相反证据足以推翻的除外。"

最高院《民诉解释》第 93 条规定："下列事实，当事人无须举证证明：①自然规律以及定理、定律；②众所周知的事实；③根据法律规定推定的事实；④根据已知的事实和日常生活经验法则推定出的另一事实；⑤已为人民法院发生法律效力的裁判所确认的事实；⑥已为仲裁机构生效裁决所确认的事实；⑦已为有效公证文书所证明的事实。前款第 2~4 项规定的事实，当事人有相反证据足以反驳的除外；第 5~7 项规定的事实，当事人有相反证据足以推翻的除外。"

最高院《行诉证据规定》第 68 条规定："下列事实法庭可以直接认定：①众所周知的事实；②自然规律及定理；③按照法律规定推定的事实；④已经依法证明的事实；⑤根据日常生活经验法则推定的事实。前款第 1、3、4、5 项，当事人有相反证据足以推翻的除外。"

从上述司法解释的内容中我们不难看出，上述规定不仅包含司法认识的内容，也包含推定的内容，司法认知被囊括在免证事实的规范之中而作以附属规定。相较于两大法系国家和地区对于司法认知的明确规范，我国司法解释关于司法认知的规定还显得相当粗糙。上述规定的事项中仅有第 1 项"众所周知的事实"与第 2 项"自然规律和定理"明显属于证据法中的司法认知，不仅认知的范围过于狭窄，而且缺乏明晰的适用程序规范。更为重要的是，此种将司法认知、推定及免证事实这三种既有联系，又有区别之概念作以一体化规定的立法范式极易带来概念上的混淆与误读。据此，我们认为，三大诉讼法及其相关司法解释应当在合理吸收域外国家和地区关于司法认知之有益立法经验的基础上，明确司法认知的概念，就司法认知的对象、司法认知的程序、司法认知的效力等核心内容作以明确规范，建构出有中国特色的本土化的司法认知体系的基本轮廓，用以充分发挥司法认知的正向功能，为新型诉讼与新型矛盾的解决提供可能空间。

🔄练习案例

上海市第二中级人民法院审理上海市人民检察院第二分院指控甲犯非法持有毒品罪一案，于 2015 年 9 月 24 日作出（2015）沪二中刑初字第 45 号刑事判决，认定甲犯非法持有毒品罪，判处无期徒刑。宣判后，甲不服，提出上诉。上海市高级人民法院于 2016 年 1 月 19 日作出（2015）沪高刑终字第 108 号刑事裁定，驳回上诉，维持原判。判决生效后，甲不服，提出申诉。

原判认定：2014 年 12 月 3 日 11 时许，甲在上海市闸北区天潼路 860 弄内的公共厕所旁签收快递后被公安民警抓获。民警当场从该快递盒内查获两大包白色晶体（经鉴定，重量为 1991.65 克，其中检出甲基苯丙胺成分，含量为 79.6%）。嗣后，民警又在甲居住的上海市闸北区大统路 1038 号 1505 室内，查获七包白色晶体（经鉴定，重量为 13.77 克，其中检出甲基苯丙胺成分）。甲系毒品再犯、累犯。上述事实，有当场实施抓捕的民警刘强基、梁民雄，房屋出租人吴俊影、章国梁，快递员刘强等人的证言，搜查笔录，扣押物品清单，毒品检验报告，前科资料等证据予以证实，足以认定。

关于甲提出不明知涉案快递件是毒品的申诉理由。经查，最高人民法院《全国部分法院审理毒品犯罪案件工作座谈会纪要》[法（2008）324 号] 规定：以虚假身份或者地址办理托运手续，在其托运的物品中查获毒品，行为人不能做出合理解释的，可以认定其"明知"是毒品。本案中，甲实际居住于上海市大统路 1038 号 1505 室，该址并不存在无法通信情况，能够快捷接收快递。但寄件人却寄至与甲实际住址有相当距离的上海市天潼路 860 弄 3 支弄 9 号，仅在快递件上留下甲的手机号码，且快递单上显示的收件人姓名并非甲本人。甲在签收快递件时既不署本人真实姓名，亦不署快递单上显示的收件人姓名。综合以上情况及甲有毒品犯罪前科，且本次在其暂住处亦查获毒品等，足以表明甲在主观上明知快递件内装有毒品。甲对此提出的申诉理由不能成立，法院不予采纳。

问题：

1. 上述案例中对于甲非法持有毒品犯罪中明知事实的认定采取了哪种认定案件事实方法？

2. 假如作为甲的辩护律师，你收集到了甲不明知是毒品的相关证据，上述的明知的法律规定是否可以推翻，为什么？

思考题

1. 什么是推定？
2. 如何理解推定和证据证明之间的关系？
3. 如何认识推定对证明责任及证明标准的影响？
4. 什么是司法认知？其特征有哪些？
5. 如何理解司法认知的效力？
6. 如何理解司法认知与推定之间的关系？
7. 司法认知与免证事实的区别与联系是什么？

声　　明　　1. 版权所有，侵权必究。

2. 如有缺页、倒装问题，由出版社负责退换。

图书在版编目（ＣＩＰ）数据

证据法学/魏虹主编. —2版. —北京：中国政法大学出版社,2019.9
ISBN 978-7-5620-9150-9

Ⅰ.①证…　Ⅱ.①魏…　Ⅲ.①证据－法学－中国　Ⅳ.①D925.013

中国版本图书馆CIP数据核字(2019)第165602号

出 版 者　　中国政法大学出版社
地　　址　　北京市海淀区西土城路25号
邮　　箱　　fadapress@163.com
网　　址　　http://www.cuplpress.com（网络实名：中国政法大学出版社）
电　　话　　010-58908435(第一编辑部)　58908334(邮购部)
承　　印　　固安华明印业有限公司
开　　本　　720mm×960mm　1/16
印　　张　　22.25
字　　数　　387千字
版　　次　　2019年9月第2版
印　　次　　2019年9月第1次印刷
印　　数　　1～5000册
定　　价　　56.00元